내 App에 날개를 달자!

iPhone SDK 튜토리얼 2

책의 예제 다운로드와 자료공유 사이트는 다음 링크를 이용해주세요.

chapter 2, 3, 6 **http://www.lingostar.co.kr** | chapter 4, 5 **http://goya320.github.com**

내 App에 날개를 달자!

iPhone SDK 튜토리얼 2

윤성관
고준일
공저

INFINITYBOOKS
인피니티북스

Coder's High

저자의 말

'튜토리얼'은 개발서적에서 중요한 키워드라 생각한다.

애플의 가이드 문서가 워낙 잘 되어 있고, 대부분의 클래스 사용법은 애플의 레퍼런스 문서를 참조해가면서 얻을 수 있는 상황에서 개발서적이 갖춰야 할 미덕은 무엇일까를 항상 고민해왔다.

내가 내린 결론은 '친절함'이다. 애플의 가이드 문서에 생략된 단계들, 레퍼런스 문서에 설명이 있지만 활용법이 다양한 부분들을 단계별로 자세히 설명함으로서 개발자의 수준을 끌어올리는데 견인차 역할을 하는 것이 의미 있는 개발서적이라 생각한다.

이 책의 예제들은 모두 SDS 멀티캠퍼스 등의 교육기관에서 프로젝트 과정에 사용된 것들이다. 그리고 그 예제들은 실제 개발 프로젝트에서 활용 중인 코드를 담고 있다.

이렇게 앱을 만들어 나가는 과정을 생략 없이 보여주는 것은 아직 개발 경험이 부족한 분들에게 도움이 될 것이다. 특히 개발 서적을 여러 권 읽었지만 아직 프로젝트 경험이 부족한 분들의 개발 능력을 업그레이드시켜주리라 믿는다.

이 책은 iOS의 모든 프레임워크를 담지 않는다. 한 권의 책에 모든 내용을 담아내기에는 이미 iOS가 매우 방대해졌다. 전체적인 내용을 훑어보는 백과사전류의 책보다는 하나하나의 분야를 파고 들어가는 책이 필요한 시기라 생각한다. 앞으로도 여러 분야에 걸쳐서 깊이 있는 예제를 '코더스 하이'를 통해 선보이려 한다. 독자 여러분들의 많은 관심과 애정 어린 질책을 부탁드린다.

2012. 3.
윤성관 · 고준일

코더스 하이: 마라토너들이 힘겨운 달리기를 계속하다 어느 순간 고통이 사라지고 환희를 느끼는 순간을 러너스 하이(Runner's High)라고 합니다. 코더스 하이(Coder's High)는 코딩의 힘겨움이 기쁨으로 바뀌는 순간을 위해 다양한 콘텐츠를 생산합니다. 코더스 하이와 함께 코딩의 즐거움을 느낄 수 있기 바랍니다. 코더스 하이는 콘텐츠 생산 집단의 독립적인 브랜드입니다.

Note 인덱스

목차

Chapter 03 LBS

Chapter 04 iPod Library 접근

Chapter 05 Apple Push Notification Service

CHAPTER

01

Note

Framework 정리

iOS SDK(Software Development Kit)를 다운로드하면 수많은 API(Application Programming Interface)들이 프레임워크 형태로 포함되어 있다. 우리는 그 프레임워크들을 이용해서 앱을 만든다. 여기에서는 iOS 5.0 기준으로 현재 SDK가 제공하는 프레임워크와 각각의 기능들을 간단히 알아본다.

미리 보기

학습 목표

1. SDK에서 제공하는 프레임워크에 대해 살펴본다.
2. 프레임워크 각각의 기능들을 알아본다.
3. iOS5에 추가된 프레임워크에 대해 알아본다.

학습 목차

iOS SDK(Software Development Kit)를 다운로드하면 수많은 API(Application Programming Interface)들이 프레임워크 형태로 포함되어 있다. 우리는 그 프레임워크들을 이용해서 앱을 만든다. UIKit 프레임워크를 사용하지 않고 아이폰 앱을 만들 수 없으며, MapKit 프레임워크를 사용하지 않고 지도를 사용하는 앱을 만드려면 상당한 수준의 기술자가 오랜 시간을 코딩에 투자해야 한다.

이렇듯 iOS SDK에서 제공하는 프레임워크를 알고 기본적으로 구현할 수 있는 기능의 범위를 아는 것은 내가 목표로 하는 앱의 제작에 소요되는 인력과 시간을 예측하는 데 필수적이다. 내가 원하는 기능이 특정 프레임워크에서 API로 제공된다면 혼자서 하루 일과 시간 내에 구현해 버릴 수도 있지만 API의 범위를 벗어나는 구현을 요구받았다면 일단 팀을 구성할 수 있을지를 먼저 알아봐야 한다.

여기에서는 iOS 5.0 기준으로 현재 SDK가 제공하는 프레임워크와 각각의 기능들을 간단히 알아본다. 물론 구현 가능여부를 판단하려면 각각의 클래스와 델리케이트 프로토콜까지 공부해야겠지만 그보다 먼저 여기에서 어느 프레임워크를 뒤져봐야 할지를 판단할 수 있도록 도와줄 것이다.

1.1 Cocoa Touch Frameworks

코코아 터치 레이어에는 iOS 애플리케이션을 만드는데 핵심적인 프레임워크들이 있다. 이 레이어는 기본적인 애플리케이션의 기반 기술들 외에 멀티테스킹이나 터치 이벤트 처리와 같은 중요한 기술들을 포함하고 있기 때문에 iOS 앱을 만드는 시작점이다. 많은 시간을 투자할 각오를 하자.

1.1.1 Address Book UI Framework

아이폰의 주소록 카드에 접근하는 UI를 제공하는 Objective-C 인터페이스이다. 이미 존재하는 카드를 선택하고 수정하거나 새로운 카드를 만들 수도 있다. 이러한 공통의 UI가 제공되기 때문에 앱을 만들면서 직접 주소록 카드를 만들 필요가 없고, 앱 마다 다른 주소록 카드를 사용함으로써 사용자를 혼란스럽게 만들지도 않는다. Core Service 레이어에 있는 Address Book을 통해 접근한 데이터에 대한 뷰를 제공한다.

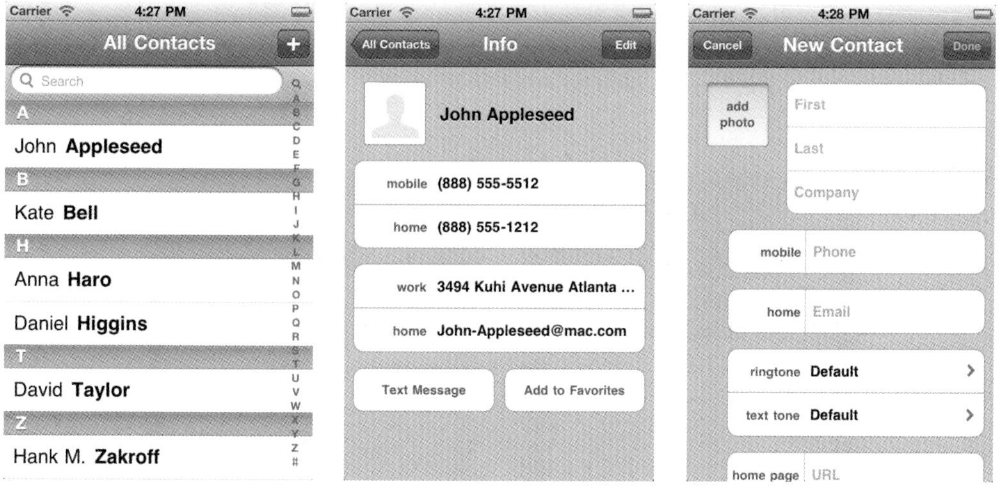

그림 1-1 ● AddressBookUI를 이용해 주소록 뷰를 만들 수 있다

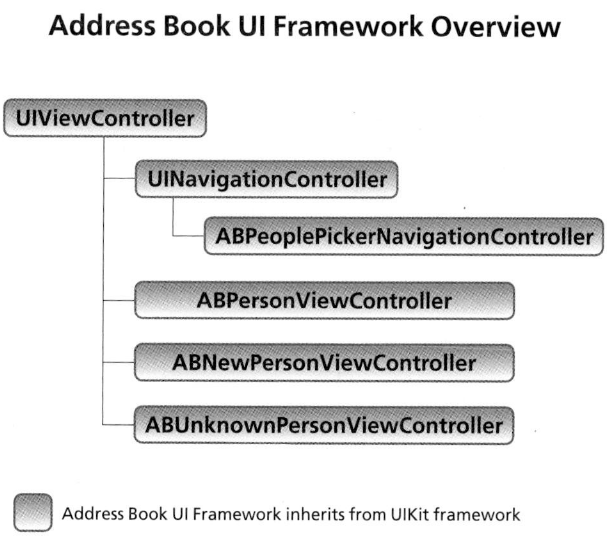

그림 1-2 ● AddressBookUI 클래스들은 UIKit 프레임워크를 상속해서 만들어졌다

1.1.2 Event Kit UI Framework

아이폰의 캘린더 이벤트를 보고 편집할 수 있는 뷰 컨트롤러를 제공한다. Core Service 레이어에 있는 Event Kit을 통해 접근한 데이터에 대한 뷰를 제공한다. iOS 4.0 이전까지 사용자의 캘

린더 이벤트에 접근하는 방법이 제공되지 않았기 때문에 앱 내에서 별도의 캘린더를 운영해야 했다. iOS 4.0에서 Event Kit 과 Event Kit UI 프레임워크가 추가되면서 사용자의 캘린더를 읽고 쓸 수 있게 되었다.

그림 1-3 ● EventKitUI를 이용해 만드는 캘린더 이벤트

1.1.3 Game Kit Framework

iOS 3.0과 함께 게임 킷이 발표되었을 때 게임 킷의 주된 기능은 피어 - 투 - 피어 블루투스 네트워크였다. 게임 내의 음성 채팅을 지원하는 기능이 부가적인 기능으로 소개되었다. iOS 4.1에서 게임 센터가 생기면서 발전한 게임 킷은 게이머들 간에 대전을 붙여주는 Matchmaking 기능, 게임 내에서 업적 달성 기능을 제공하는 Achievements 그리고 게이머들의 순위를 표시하는 Leaderboards 기능을 추가해서 개발자가 네트워크에 익숙하지 않더라도 게임 내에서 필요한 네트워크 기능을 넣을 수 있도록 해주는 프레임워크가 되었다.

그림 1-4 ● GameKit은 블루투스 P2P 통신 앱이다

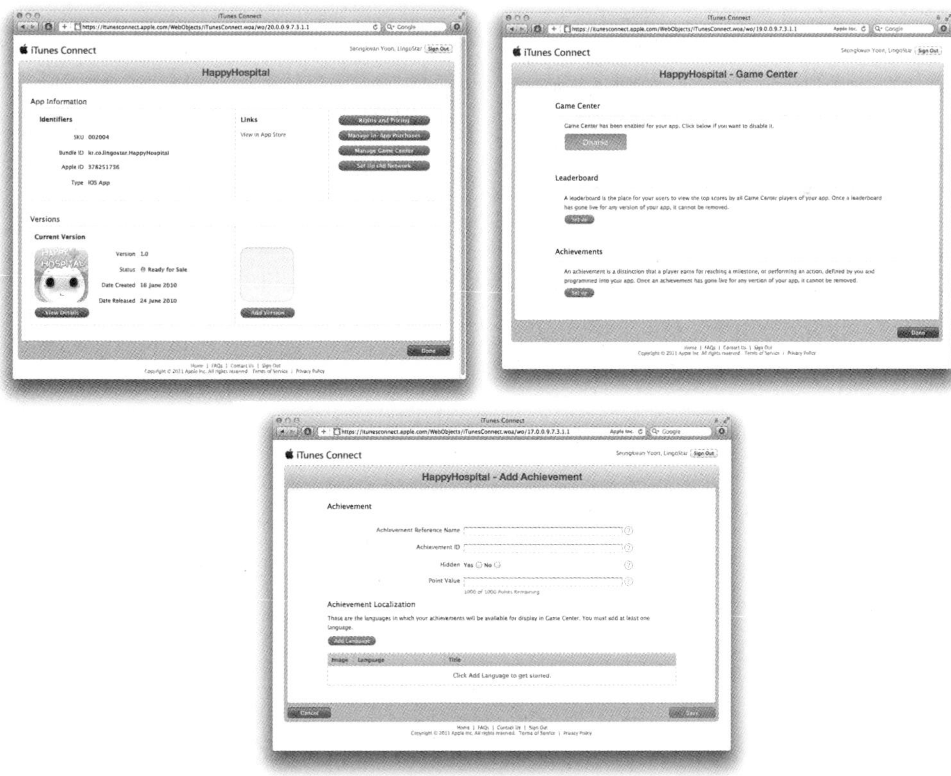

그림 1-5 ● GameCenter는 순위판과 업적 달성을 아이튠즈 커넥트에서 설정한다

1.1.4 iAd Framework

앱 내에 배너 광고를 붙일 수 있도록 하는 프레임워크로 iOS 4.0 발표와 함께 소개되었다. 앱 제작 시 iAd banner view를 포함시키기만 하면 애플의 광고 서비스와 연동되어 애플이 유치한 광고를 나의 앱에 소개하고 노출 수와 클릭 수에 따라 발생한 광고 수익을 개발자와 애플이 60 : 40으로 나누는 모델이다.

iAd 광고는 HTML 5 형태로 제작되어야 하며, Developer Site에서 제공하는 iAd Producer라는 개발 툴을 이용하면 보다 손쉽게 iAd 광고를 만들 수 있다.

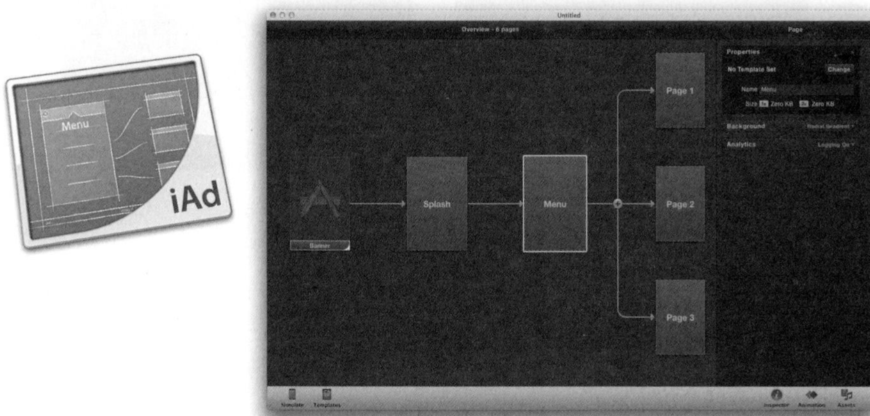

그림 1-6 ● iAd Producer를 이용해 iAd 광고를 만들 수 있다

앱스토어에서 iAdGallery 라는 앱을 다운로드해서 실행해보면 대표적인 iAd 광고를 볼 수 있다.

1.1.5 Map Kit Framework

애플리케이션에 지도 뷰를 손쉽게 더할 수 있도록 해주는 프레임워크이며, iOS 3.0에 소개되었다. 개발자는 맵 뷰를 뷰 계층 안에 올려놓는 것 만으로 네트워크를 통해 지도 서비스를 받을 수 있으며, 확대 축소와 이동이 기본적으로 제공된다. 원하는 위치를 표시하거나 사용자의 현재 위치를 표시하는 기능도 기본적으로 제공되며, 지도 위에 일정 지점을 표시하는 것도 구현 가능하다.

Map Kit은 iOS 4.0에서 크게 기능이 보강되었다. 지도 위에 그림을 그리거나 원하는 지도를 얹어서 기본 지도와 함께 사용할 수 있으며, 핀을 이동하는 기능도 지원한다.

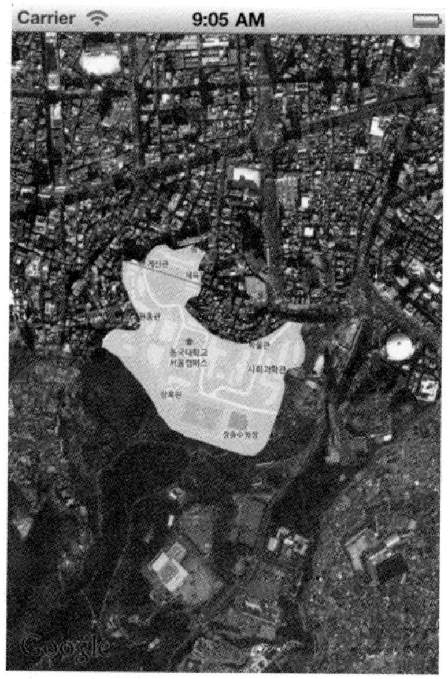

그림 1-7 ● MapKit을 이용하면 지도 위에 핀을 꽂을 수도 있고 다른 지도를 겹칠 수도 있다

1.1.6 Message UI Framework

MessageUI 프레임워크는 앱 내에서 메일이나 SMS를 보내기 위한 View Controller를 제공한다.

이를 앱에 포함시키면 사용자가 메시지를 보내기 위해 앱을 종료시킬 필요가 없다.

MessageUI 프레임워크에는 메일과 SMS를 보내기 위한 화면을 준비하고 있어 별도로 화면을 구성할 필요 없이 간단하게 사용할 수 있다.

1.1.7 UIKit Framework

모든 iOS 애플리케이션이 사용해야만 하는 프레임워크이다. UIKit 프레임워크 없이는 iOS 앱을 만들 수 없다. UIKit이 기본적인 그래픽 이벤트 기반 애플리케이션의 핵심 기능들을 제공하기 때문이다.

UIKit의 기능들은 대단히 방대해서 일일히 열거하기 어려울 정도이다. 애플리케이션의 UI와 WIndowing 시스템 제공, 이벤트 체인 관리, 웹 뷰를 이용한 URL 로딩, 멀티테스킹과 푸시 노티피케이션 서비스 등이며, 엑셀레로미터나 사용자의 사진 라이브러리 또는 카메라에 기본적으로 접근하는 방법들도 UIKit 에서 제공한다.

UIKit의 여러 뷰 요소들을 한 눈에 보려면 애플의 샘플 코드 중 'UICatalog' 를 보자.

1.2 Media Layer Frameworks

미디어 레이어에는 그래픽스와 비디오, 오디오 기술을 제공하는 프레임워크들이 모여있다. iOS 장치가 최고 수준의 멀티미디어 기능을 제공하는 것은 바로 이 미디어 레이어에 있는 프레임워크들 덕분이다.

1.2.1 Asset Library Framework

AssetsLibrary 프레임워크는 사진 앱 처럼 사용자의 아이폰에 내장된 이미지나 동영상을 엑세스할 수 있는 방법을 제공한다.

1.2.2 AV Foundation Framework

AV Foundation 프레임워크는 오디오비주얼 미디어를 만들거나 재생하는 목적으로 사용된다.

사실 이러한 목적을 가진 API들이 기존에 제공되고 있었지만 C언어로 해당 기능을 구현해야 되는 문제점이 있었다.

반면, AV Foundation은 iPhone App 개발자들에게 친숙한 Objective-C 인터페이스를 통해 디테일한 수준의 컨트롤을 제공하는 특징을 가지고 있다.

AV Foundation을 이용할 경우 실시간 Video 캡처 중에도 미디어 파일을 편집할 수 있다.

1.2.3 Core Audio

코어 오디오는 C 기반의 오디오 프레임워크이다. 코어 오디오를 이용하면 스테레오 오디오를 저수준에서 접근 가능하므로 앱 내에서 재생, 녹음, 합성 등의 기능을 자유롭게 사용할 수 있다. 하지만 사용법이 까다로운 단점이 있다. 단순히 음악과 효과음 등의 재생이 목적이라면 AV Foundation을 사용하길 권한다.

코어 오디오는 CoreAudio.framework과 AudioToolbox.framework, AudioUnit.framework으로 구성되어 있다.

1.2.4 Core Graphics Framework

2차원 드로잉을 지원하는 C 기반의 프레임워크이다. 각종 도형, 그라디언트, 패턴 등을 드로잉할 수 있으며, PDF 파일을 읽고 화면에 뿌리거나 새로운 PDF 파일을 만들수도 있다.

코어 그래픽스는 뷰의 컨텐츠를 직접 그려야 할 경우 사용하게 되며, 다른 그래픽스 라이브러리로의 다리 역할을 하기 때문에 더욱 중요하다.

1.2.5 Core MIDI Framework

하드웨어적인 건반이나 신서사이저와 같은 미디 장비와의 통신을 위한 표준을 제공해주는 프레임워크로서 iOS 4.2에서 추가되었다. 이 프레임워크를 이용해 iOS 장비의 독 커넥터를 통하거나 네트워크를 통해 미디 장비와 미디 메세지를 주고받을 수 있다.

그림 1-8 ● CoreMIDI를 이용한 MIDI 인터페이스

1.2.6 Core Text Framework

텍스트를 레이아웃하고 폰트를 다루는 작업을 위한 고성능의 C API이다. 화면에 문자를 표시하기 위한 모든 기능을 제공하므로, 코어 텍스트를 이용하면 워드 프로세서 같은 애플리케이션을 만들 수도 있다.

간단한 수준의 문자열을 다루는 정도라면 UIKit을 사용하길 권한다.

1.2.7 Core Video Framework

CoreVideo 프레임워크는 오디오와 비디오 재생을 위한 로우 레벨 루틴이다.

이것을 직접 사용하는 것은 금지된다.

1.2.8 Image I/O Framework

ImageIO 프레임워크는 앱에서 다양한 이미지 포멧의 파일을 만들거나 읽는데 사용된다.

ImageIO 프레임워크는 이미지의 손쉽게 메타데이터를 읽거나 색상 정보를 관리할 수 있지만 하이레벨의 API이다 보니 일부 제한적인 부분도 있다.

1.2.9 Media Player Framework

MediaPlayer 프레임워크는 iPhone에 동기화된 음악, 팟캐스트, 오디오북의 재생 및 컨트롤을 위한 목적으로 사용되는 프레임워크이다.

일반적인 Audio 관련 프레임워크와 다른 점은 직접 Audio 파일을 엑세스하는 것이 아니며, 오직 iTunes를 통해 동기화된 Audio만 재생이 가능하다는 점이다. 동기화된 mp3 파일의 플레이리스트, 앨범명, 아티스트명, 가사, 앨범표지 등의 정보를 가져오는 것이 가능하다.

MediaPlayer를 통해 재생하는 음악은 해당 앱이 종료 된 이후에도 계속해서 재생할 수 있다.

1.2.10 OpenAL Framework

Open Audio Library는 위치 기반의 오디오를 제공하는 크로스 플랫폼 API이다. OpenAL을 이용하면 3차원 공간에 음원과 청취자를 배치하고 음원과 청취자의 상호 위치에 따라 재생 형태가 달라지며, 청취자와 음원이 마치 3차원 공간상에 있는 듯한 느낌을 제공한다.

OpenGL의 오디오 버전이라고 생각하면 쉽다. 자세한 사항은 www.opanal.org를 참조한다.

OpenAL의 기능을 체험해보려면 애플의 'oalTouch' 샘플 코드를 본다.

1.2.11 OpenGL ES Framework

OpenGLES 프레임워크는 2D 또는 3D 그래픽 화면을 표현하기 위한 로우 레벨의 C API이다.

기존의 OpenGL의 임베디드 시스템을 위한 버전으로 하드웨어 가속기를 사용하여 빠르고 다양하게 표현할 수 있다.

아이폰에서는 이를 이용해 사용자 인터페이스에서부터 3D 게임까지 다방면에서 이용되고 있다.

1.2.12 Quartz Core Framework

QuartzCore 프레임워크는 이미지 프로세싱이나 비디오 이미지 조작이 가능하며 코어애니메이션을 위한 인터페이스를 포함하고 있다.

1.3 Core Services Layer Frameworks

코어 서비스 레이어는 모든 애플리케이션에서 필요한 기본적인 시스템 서비스를 가지고 있다. 직접 사용하지 않더라도 시스템의 하부를 구성하기 때문에 중요하다.

1.3.1 Address Book Framework

사용자의 장치에 저장된 주소록에 대한 접근을 할 수 있게 해준다. Cocoa Touch 레이어에 있는 Address Book UI 프레임워크는 주소록 데이터에 대한 그래픽 인터페이스를 제공하는 것이며, Address Book 프레임워크는 주소록 데이터로의 접근과 생성, 수정을 지원한다.

1.3.2 CFNetwork Framework

CFNetwork 프레임워크는 Wi-Fi나 3G를 통해 네크워킹을 구현하기 위해 사용되는 API이다.

1.3.3 Core Data Framework

애플리케이션이 복잡하고 많은 데이터를 처리해야 할 때 사용할 수 있는 로컬 데이터베이스 프레임워크이다. 데이터 파일을 SQLite로 저장하기 때문에 대용량의 데이터를 읽고 쓰는데 적당하며, Regular Expression을 이용해 검색도 가능하다.

UML 형식으로 그래피컬하게 데이터 모델링을 할 수 있으며 기본적으로 저장, Undo 기능을 제공한다. 애플리케이션을 새로 작성하거나 규모가 큰 업데이트를 고려한다면 코어 데이터 사용을 권하고 있다.

1.3.4 Core Foundation Framework

iOS 애플리케이션의 기본적인 데이터 관리와 로직을 담당하는 C API이다. 문자열, 콜렉션, 쓰레드, URL 접근, 소켓통신 등이 모두 이 프레임워크를 통해 제공된다. 아래의 Foundation 프레임워크는 Core Foundation의 Objective-C 래퍼이다.

1.3.5 Core Location Framework

위치와 방향 정보를 알려주는 프레임워크이다. 모바일 폰의 셀타워 위치 정보와 GPS, WiFi 중계기의 위치 등을 이용해 사용자 위치의 위도와 경도를 제공한다.

iOS 3.0부터 디지털 컴파스가 있는 장치에서는 방향 정보를 제공하며, iOS 4.0에서는 셀 타워를 이용한 저전력 위치 추적 기능도 제공한다.

1.3.6 Core Media Framework

CoreMedia 프레임워크는 오디오나 비디오를 재생하기 위해 C언어로 구성된 로우 레벨의 API이다.

1.3.7 Core Telephony Framework

CoreTelephony 프레임워크는 사용자의 휴대전화의 기본 정보들을 확인할 수 있다. 이를 토대로 특정 이동통신사에 가입된 사용자에게만 서비스를 제공하는 기능을 구현할 수 있다.

1.3.8 Event Kit Framework

EventKitUI 프레임워크는 아이폰에 내장된 캘린더 앱에 일정을 보여주는 뷰를 제공한다. 뿐만 아니라 새로운 일정을 등록하거나 기존의 일정을 편집하는 일도 가능하다.

이미 사용자 인터페이스가 내장 된 형태로 동작하며 각각의 화면에 대하여 개발 단계에서 설정할 수 있다.

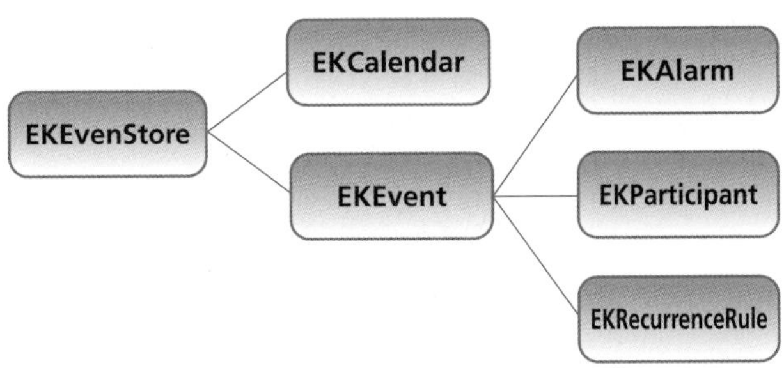

그림 1-9 ● EventKit의 주요 클래스들

1.3.9 Foundation Framework

Core Foundation에 대한 Objective-C 래퍼이다. Core Foundation에 있는 대부분의 기능들을 Objective-C의 문법으로 보다 편리하게 이용할 수 있도록 한다.

1.3.10 Mobile Core Services Framework

UTI (Uniform Type Identifiers)를 정의해놓은 프레임워크이다. UTI는 급증하는 데이터의 타입을 체계적으로 구분하여 정의한 것이다. UTI는 모든 애플리케이션이나 서비스가 인식할 수 있도록 도큐멘트 파일의 확장자, 페이스트 보드의 데이터, 번들 등의 타입을 정의한다. 예를 들어 JEPG, .jpg, .jpeg, image/jpeg 등을 UTI에서는 public.jpeg로 인식한다.

1.3.11 Quick Look Framework

QuickLook 프레임워크는 파일의 프리뷰 기능을 제공한다.

1.3.12 Store Kit Framework

StoreKit 프레임워크는 앱 내에서 컨텐츠를 판매하기 위한 목적으로 사용된다.

예를 들어 Game의 경우 첫 스테이지는 무료로 제공되지만 첫 스테이지 이후 게임을 계속 진행하기 위해서는 결재를 해야 한다던지, EBook 리더를 개발하여 해당 EBook 리더에서 볼 수 있는 컨텐츠를 추가로 구입해야 하는 경우, StoreKit을 이용하면 별도의 결재 시스템과의 연계 없이 사용자의 iTunes 결재 정보를 이용하여 컨텐츠를 판매할 수 있는 방법을 제공한다.

1.3.13 System Configuration Framework

3G 또는 WiFi 네트워크 연결 상태를 체크한다. 장치의 현재 네트워크 설정에 접근하는 기능을 제공하며, 특정 호스트에 접근할 수 있는지를 알아볼 수 있다. 호스트 접근성에 있어서 데이터 패킷이 디바이스를 출발하는지를 체크할 뿐 서버에 도착했는가를 체크하지는 않는다. Apple이 제공하는 Reachability 샘플 코드를 참고하자.

1.3.14 Core Motion Framework

CoreMotion 프레임워크는 하드웨어의 움직임을 감지하여 이를 앱에서 사용할 수 있는 기능을 제공한다.

하드웨어에는 기본적으로 가속도센서와 기기의 종류에 따라 자이로스코프를 이용하여 움직임을 감지하게 된다.

이와 같은 일은 CoreMotion 프레임워크에 포함된 CMMotionManger 클래스를 통해 정기적으로나 특정 주기로 확인할 수 있다.

1.4 Core OS Layer Frameworks

코어 OS 레이어는 다른 기술들에 대한 기반 로우 레벨 기능들을 제공한다. 애플리케이션 내에서 직접 코어 OS 레이어의 기능을 사용하지 않더라도 코어 OS 레이어의 기능들은 항상 상위의 프레임워크들을 위해 동작한다.

사용자의 키체인에 직접 접근하거나 30핀 독 커넥터에 연결되는 하드웨어를 만든다면 이 레이어의 프레임워크를 직접 사용하게 될 것이다. POSIX기반의 C API를 사용하는 경우에도 코어 OS 레이어의 도움을 받게 된다.

1.4.1 Accelerate Framework

엑셀러레이트 프레임워크는 CPU의 벡터연산 기능을 이용해서 복잡한 수학연산을 효율적으로 구현해놓은 것이다. 큰 수를 계산하거나 DSP(Digital Signal Process)가 필요한 분야에서 쓰임새가 있다. Mac OS X에는 예전부터 있었으나 iOS는 4.0 버전에서 추가되었다.

1.4.2 External Accessory Framework

iOS 장치의 30핀 독 커넥터 또는 블루투스를 이용해 무선으로 외부 장치와 통신하는 데 사용하는 프레임워크이다. 각각의 장치에 대한 접근 방식과 세션을 초기화하는 방법이 있다.

1.4.3 Security Framework

애플리케이션이 관리하는 데이터의 보안을 보장할 수 있도록 하는 프레임워크이다. Security 프레임워크를 사용하면 인증서와 개인키, 공개키 그리고 인증 정책을 관리할 수 있다. 암호화된 난수 발생 기능을 제공하며, 민감한 사용자 데이터를 보안이 지켜지는 저장소인 키체인에 넣을 수 있도록 해준다. iOS 3.0부터는 Security 프레임워크를 이용해 여러 개의 애플리케이션에서 키체인을 공유할 수 있다.

1.4.4 LibSystem

iOS는 OS의 수많은 로우 레벨 기능들에 엑세스할 수 있도록 인터페이스 세트를 만들고 LibSystem 라이브러리라는 이름을 붙였다. C 기반의 API이며, 쓰레드, 네트워크, 파일 접근, 메모리 관리와 수학연산에 대한 로우 레벨 접근법을 제공한다.

현재 iOS 4.2 기준은 HDD / Developer / Platforms / iPhoneOS.platform/ iPhoneOS4.2. sdk/usr/ 에서 확인할 수 있다.

1.5 iOS5에 추가된 Frameworks

1.5.1 Newsstand Kit 프레임워크

뉴스스탠드는 사용자가 잡지와 신문을 읽을 공간을 제공한다. 뉴스스탠드를 통해 잡지와 신문을 제공하려는 퍼블리셔는 Newsstand Kit 프레임워크(NewsstatndKit.framework)로 iOS 애플리케이션을 만들 수 있다. 사용했을 때의 큰 이점은 새 잡지와 신문의 백그라운드 다운로드이다. 다운로드를 시작한 후에는 시스템이 다운로드 작업을 다루고 사용 가능해질 때 이를 알려준다.

- **NKLibrary:** 애플리케이션의 뉴스스탠드 이슈 라이브러리를 보여준다.
- **NKIssue:** 라이브러리의 출판 이슈를 보여준다.
- **NKAssetDownload:** 애플리케이션 서버로부터 받은 자원을 표시해준다.

1.5.2 GLKit 프레임워크

GLKit 프레임워크(GLKit.framework)는 OpenGL ES 2.0 애플리케이션을 만들기 위해 필요한 노력들을 단순화하는 Objective-C 기반의 유틸리티 클래스들을 포함하고 있다.

GLView와 GLKViewController 클래스는 OpenGL ES 활성화 뷰와 관련 렌더링 루프의 표준 구현을 제공한다. 뷰는 애플리케이션을 대신해서 기본 프레임버퍼 객체를 관리한다. 애플리케이션은 그저 그것을 그릴 뿐이다.

GLKTextureLoader 클래스는 애플리케이션에 이미지 변환과 컨텍스트에 자동으로 텍스쳐 이미지를 불러오게 하는 로딩 루틴을 제공한다. 비동기적으로 텍스쳐가 로딩될 때, 애플리케이션은 텍스쳐가 컨텍스트에 로드될 때, 호출되는 completion handler 블록을 제공한다.

GLKit 프레임워크는 OpenGL ES 1.1에서의 동일 기능들을 제공하기 위해 백터, 매트릭스 그리고 사원법뿐만 아니라 매트릭스 스택의 구현을 제공한다.

GLKBaseEffect, GLSkyboxEffect 그리고 GLKReflectionMapEffect 클래스는 보편적인 그래픽 작업을 구현하는 그래픽 쉐이더들을 제공한다. 특히 GLKBaseEffect 클래스는 OpenGL ES 1.1

명세에서 볼 수 있는 광원과 물질 모델을 구현하고 OpenGL ES 1.1에서 OpenGL ES 2.0으로 애플리케이션을 마이그레이션하는 노력을 단순화한다.

1.5.3 Core Image 프레임워크

Core Image 프레임워크(CoreImage.framework)는 비디오와 스틸 이미지 조작에 강력한 내장 필터들을 제공한다. 이 내장 필터들을(touch up과 correcting photo같은) 단순한 작업에서부터(face와 feature detection과 같은) 보다 발전된 작업까지 사용할 수 있다. 이들 필터들을 사용할 때의 이점은 비파괴적인 작업으로 원본 이미지가 직접 변하지 않는다는 것이다. 추가로 Core Image는 작업의 속도와 효율을 위해 CPU와 GPU 사용 이점도 있다.

CIImage 클래스는 사진의 퀄리티를 높이기 위해 사용할 수 있는 표준 필터들에 접근할 수 있도록 하고 다른 타입의 필터들을 만들기 위해서 적절한 타입으로 CIFilter 객체를 만들고 설정할 수 있다.

1.5.4 트위터 프레임워크

트위터 프레임워크(Twitter.framework)는 사용자 대신 트위터 요청을 보내고 트윗을 구성하고 보내기 위한 지원을 한다. 요청을 위해 프레임워크는 요청의 사용자 인증 부분을 다루고 HTTP 부분을 생성하기 위해 템플릿을 제공한다. 트윗의 구성은 트윗 내용을 올리는 뷰 컨트롤러인 TWTweetComposeViewController 클래스 사용으로 이루어진다. 이 클래스는 사용자에게 트윗을 보내기 전에 수정할 기회를 준다.

사용자는 설정을 사용하는 대신 애플리케이션이 트위터와 통신하는지 여부를 제어한다. 트위터 프레임워크는 또한 사용자의 계정에 엑세스하기 위해 Account 프레임워크(Accounts.framework)와 같이 동작한다.

1.5.5 Account 프레임워크

Account 프레임워크(Accounts.framework)는 사용자 계정에 단일 로그인 모델을 제공한다. 단일 로그인 모델은 사용자 경험을 증진시키는데, 애플리케이션들이 계정에 관련된 로그인 정보를 위해 따로 사용자에게 정보를 입력하도록 할 필요가 없기 때문이다. 또한 애플리케이션에서 인증 절차 관리를 단순화하는 것으로 개발 모델을 단순화한다. iOS 5.0에서 애플리케이션들은 사용자의 트위터 계정에 엑세스하기 위해 트위터 프레임워크와 같이 이 프레임워크를 사용할 수 있다.

1.5.6 Generic Security Sevices 프레임워크

Generic Security Sevices 프레임워크(GSS.framework)는 iOS 애플리케이션에 보안 관련 서비스를 제공한다. 이 프레임워크의 기본 인터페이스는 IEFT RFC 2743과 RFC 4401을 준수한다. 추가로 iOS는 인증서들 관리를 위해 몇몇 추가요소가 있는데 표준규약은 아니지만 많은 애플리케이션들에 의해 요구된다.

1.5.7 Core Bluetooth 프레임워크

Core Bluetooth 프레임워크(CoreBluetooth.framework)는 개발자가 특히 블루투스 저전력(LE) 액세사리와 상호작용할 수 있도록 한다. 이 프레임워크의 Objective-C 인터페이스는 LE 액세서리를 스캔하고 연결하고 끊고, 서비스에서 속성을 읽거나 쓰도록 하고 서비스와 속성 변경 통지에 등록하거나 그 이상의 것을 할 수 있도록 한다.

CHAPTER 02

OpenAPI

API – Application Programming Interface

OpenAPI를 이용하면 공공기관이나 대형 포털 사이트에서 제공하는 컨텐츠를 내 앱에서 활용할 수 있다. 정보를 요청하고 응답을 처리하는 일반적인 방식을 TutorialExamples 예제를 통해 알아보자.

iPhone SDK Tutorial 2

미리보기

학습목표

1. OpenAPI의 개념을 안다.
2. XML 파서의 종류를 알고 적절한 선택을 할 수 있다.
3. NSURLConnection을 이용해 비동기(Asynchronous) 네트워크를 배운다.
4. 스크롤 뷰의 페이징 기법을 배운다.

학습목차

2.1 OpenAPI의 개요

OpenAPI란 공공기관이나 포털 사이트 등 컨텐츠 보유자가 자기가 가진 데이터를 공개하는 방식을 프로토콜로 선언한 것을 말한다.

생태계가 점점 중요해지면서 자기가 가진 컨텐츠를 활용하여 이차적인 가치를 창출하고자 하는 기업이나 기관들이 앞다투어 OpenAPI를 제공하고 있다. 개발자 입장에서는 지도나 검색 등의 대형 서비스를 직접 제공하는 것은 불가능하므로 OpenAPI를 잘 활용하여 자신이 만드는 앱의 가치를 크게 높일 수 있도록 잘 익혀둬야 한다.

2.1.1 OpenAPI의 개요

데이터를 제공할 때 어떤 형식으로 어떻게 제공할 것인지가 중요한 문제가 된다. 서버의 데이터베이스를 그대로 공개하는 것은 부담스러우므로 웹 애플리케이션을 서버의 앞단에 내세워 클라이언트의 요청에 대응할 수 있도록 한다.

클라이언트는 정해진 요청 형식에 맞춰서 데이터를 요청하고 그 결과물도 정해진 형식으로 받아온다.

OpenAPI는 이처럼 데이터를 요청하고 그 결과값을 읽는 형식이다. 보통의 경우 HTTP 형식으로 요청하고 그 결과값은 XML(eXtensible Markup Language)이나 JSON(JavaScript Object Notation) 형식으로 받아온다.

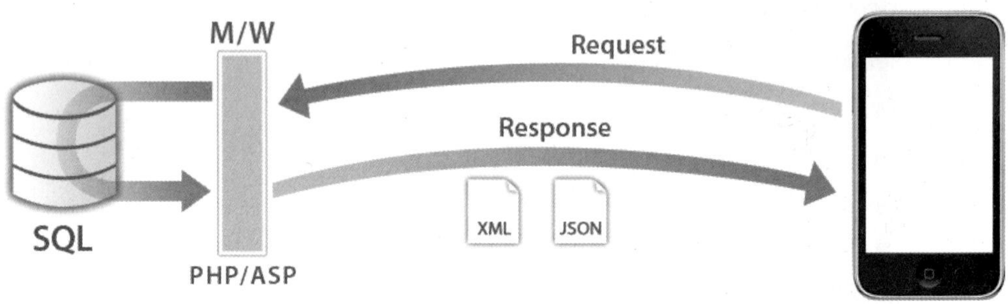

그림 2-1 ● OpenAPI의 개요

요청은 특정 주소에 매개변수를 넘기면서 만들어진다. 예를 들어 lingostar 서버에 예제의 목록을 요청하는 경우에는 http://lingostar.co.kr/xml/index.php?param=list 와 같은 주소를 만들어 보내거나, 첫 번째 예제의 아이콘 정보가 필요하다면 http://lingostar.co.kr/xml/index.php?param=item1&icon 과 같은 주소를 만들어 요청한다.

응답 역시 미리 정해진 형식에 맞춰 올 것이다. 위의 param=list의 요청에 대해 XML로 응답이 오는 경우에는 특정 형식의 XML 파일이 리턴될 것이며, 우리의 앱은 그 XML 파일의 내용을 기반으로 해서 뷰를 뿌리는 코드를 구현한다.

2.1.2 XML 파서(Parser)의 선택

요청을 만드는 것은 어렵지 않다. 서버의 미들웨어에서 원하는 조건을 매개변수에 채워넣어서 전달하면 된다. 일반적으로 웹 뷰에 URL 요청을 넣는 것과 같은 형식이다.

하지만 넘어온 데이터를 읽어내는 것은 간단하지 않다. 우리의 요청에 의해 만들어진 응답 파일에는 많은 데이터가 있을 것이다. 여러 개의 항목에 대한 제목과 구분자, 설명 문구가 있을 것이며, 이미지나 동영상 파일에 대한 링크도 있을 수 있다. 이러한 데이터들은 보통 XML이나 JSON 타입으로 우리에게 넘어온다. 응답을 처리하기 위해서는 XML 파일이나 JSON 파일을 파싱해야 하는 것이다. 우리는 XML 타입의 파일이 응답으로 제공되는 경우를 한정해서 설명할 것이다. JSON 타입의 파일로 응답을 받는 경우도 처리방식은 유사하다.

XML 문서 내의 데이터를 읽어내는 XML 파서는 SAX(XML용 간편 API, Simple API for XML) 타입과 DOM(문서객체모델, Document Object Model) 타입이 있다. SAX 타입의 파서는 이름 그대로 간단한 API를 제공하며, 순차적으로 XML 문서의 내용을 파싱한다. 파서에 의해 검출된 키와 값은 콜백에 의해 처리된다. iOS SDK에서 기본적으로 제공되는 클래스인 NSXMLParser(파운데이션 프레임워크)가 SAX 타입의 파서이다.

DOM 타입의 파서는 문서 전체를 읽어 메모리에 트리 구조로 올려놓고 원하는 요소(element)에 바로 접근 가능하도록 만든 파서이다. DOM 타입의 파서는 iPhone SDK의 파운데이션 프레임워크에 없다. Mac OS SDK에는 NSXMLNode라는 클래스가 DOM 타입의 파싱을 제공하지만 iOS SDK에서는 빠졌다. 그러므로 DOM 타입의 파서를 사용하려면 조금 더 로우 레벨의 libxml2를 이용하거나 외부 라이브러리를 이용해야 한다.

SAX 타입은 읽어나가면서 원하는 요소를 걸러내도록 되어 있기 때문에 거추장스럽고 시간은 많이 걸리지만 사용하는 메모리 양은 적은 편이며, DOM 타입은 그 반대로 빠르지만 메모리를 많이 사용한다.

애플의 XMLPerformance 라는 샘플 코드는 850KB 정도되는 XML 파일을 비동기적(asychronus)으로 다운로드한 뒤 SAX 방식으로 파싱해서 코코아 오브젝트의 배열로 만들어내기까지의 속도를 측정한다. 애플의 iOS 개발자 센터(http://developer.apple.com/library/ios)에서 "XML Performance"로 검색해서 예제를 다운로드해서 직접 실행해보자.

그림 2-2 ● 1_2_1_애플의 XMLPerformance 실행화면

다음의 블로그(http://www.raywenderlich.com/553/how-to-chose-the-best-xml-parser-for-your-iphone-project)에서는 애플의 예제에 부족한 부분인 외부 XML 라이브러리를 사용한 퍼포먼츠 측정 결과를 상세히 설명해두었다. 블로그 저자의 허락을 얻어 이 책에서 간단히 소개한다.

NSXMLParser는 iPhone SDK에 포함된 기본 SAX 파서이다. Objective-C로 쓰여져 있어서 직관적으로 사용할 수 있지만 DOM 타입의 파서만큼 사용하기 쉽지는 않다.

libxml2 역시 iPhone SDK에 기본으로 포함되어 있는 오픈소스 라이브러리이다. C 기반의 API이므로 사용이 조금 더 까다롭기는 하다. 하지만 SAX와 DOM을 함께 지원하며 SAX 프로세서는 아주 성능이 좋다. 읽는 중에 바로 데이터를 파싱할 수 있는데, 예를 들어 네트워크로부터 대용량의 XML 도큐멘트를 읽는 경우 읽는 중에 바로 사용자에게 내용을 표시할 수 있다.

TBXML은 가벼운 DOM XML 파서이다. 최소한의 메모리를 소모하면서 빠르게 동작하도록 디자인되었다. 검증(Validation) 기능이나 XPath를 지원하지 않으므로 읽기만 가능하고 쓰기는 불가능하다. [http://www.tbxml.co.uk]

TouchXML은 NSXML 스타일의 DOM XML 파서이다. 이 또한 읽기만 가능하지만 XPath를 지원한다. [https://github.com/mrevilme/TouchXML]

KissXML 역시 NSXML 스타일의 DOM XML 파서이며, TouchXML을 기반으로 하고 있다. KissXML의 특징은 읽기만이 아니라 편집과 쓰기까지 지원한다는 점이다. [http://code.google.com/p/kissxml/]

TinyXML은 C 기반의 조그만 DOM XML 파서이다. C 파일 4개와 헤더 파일 2개로 이루어져 있다. XML의 읽기와 쓰기를 지원하지만 직접적으로 XPath를 지원하지 않으므로 TinyXPath라는 라이브러리를 연결해서 사용해야 한다. [http://www.grinninglizard.com/tinyxml/]

GDataXML 역시 NSXML 스타일의 DOM XML 파서이며, 구글에 의해 Objective-C 클라이언트 라이브러리의 일부로서 개발되었다. 하나의 .m 파일과 헤더를 가지고 있으며, 읽기, 쓰기 그리고 XPath도 지원한다. [http://code.google.com/p/gdata-objectivec-client/source/browse/trunk/Source/XMLSupport/]

[표 2-3]은 각 파서의 순간 최대 메모리 사용량과 파싱 속도이다.

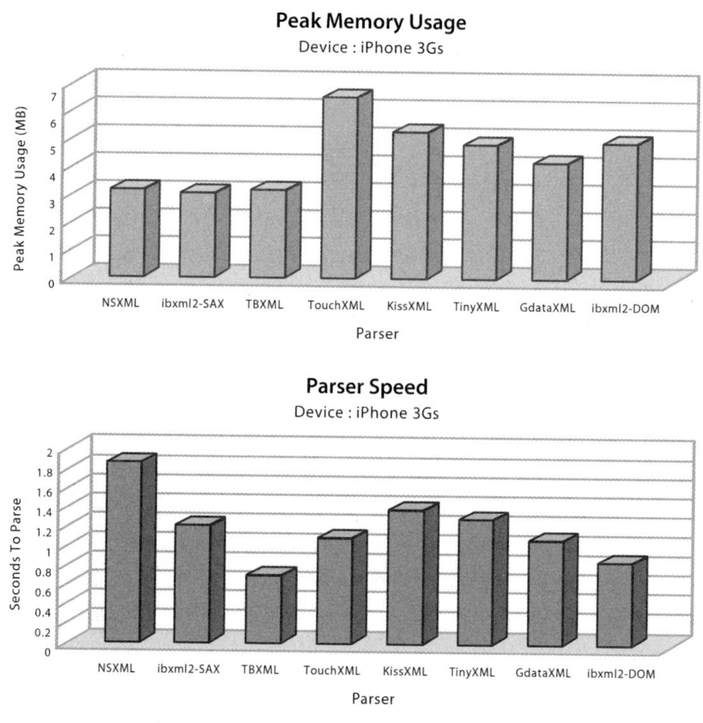

그림 2-3 ● XML 파서별 순간 최대 메모리사용량과 파싱 속도 비교

위에서 소개한 블로그 페이지에는 XML 파서 선택에 대한 보다 자세한 조언이 있으므로 XML 파서의 선택을 앞두고 한번 방문하길 권한다.

2.2 프로토콜과 데이터 모델링

프로토콜(규약, Protocol)은 서로 다른 기기 간에 주고받을 내용과 형식, 그리고 시기를 정해 놓은 일종의 약속이다. 클라이언트는 서버가 알 수 있는 형식으로 컨텐츠를 요청할 것이며, 서버는 클라이언트가 해독할 수 있는 형식으로 응답을 전달할 것이다. 그러므로 프로토콜은 OpenAPI에서의 '구현에 대한 약속 명세' 정도로 이해할 수 있겠다. 서버와 클라이언트는 모두 이렇게 보내면 상대방이 이해할 수 있을 것으로 믿고 메세지를 작성한다. 여기서는 일반적이고 간단한 방식으로 요청을 주고 받도록 할 것이다.

2.2.1 요청 형식과 응답 형식

요청 형식은 다음과 같다. 미들웨어로는 간단한 PHP 프로그램이 사용된다.

- **기본 주소:** http://lingostar.co.kr/xml/index.php
- **전체 리스트 요청:** http://lingostar.co.kr/xml/index.php?param=list
- **특정 아이템 요청:** http://lingostar.co.kr/xml/index.php?param=item&no=x

이에 대한 응답 형식은 다음과 같다.

[Listing 2-1] 전체 리스트 응답

```
<?xml version="1.0" encoding="UTF-8" ?>
<items>

<item>
   <no>1</no>
   <title>LightTheCandle</title>
   <thumb>http://lingostar.co.kr/xml/LightTheCandle/
                                          LightTheCandle_Thumb.png</thumb>
</item>
.
.
.
</items>
```

[Listing 2-2] 특정 아이템 응답

```
<?xml version="1.0" encoding="UTF-8" ?>
<item>
    <no>1</no>
    <title>LightTheCandle</title>
    <icon>http://lingostar.co.kr/xml/LightTheCandle/
                                        LightTheCandle_Icon.png</icon>
    <screenshot>http://lingostar.co.kr/xml/LightTheCandle/
                              LightTheCandle_ScreenShot_1.png</screenshot>
    <screenshot>http://lingostar.co.kr/xml/LightTheCandle/
                              LightTheCandle_ScreenShot_2.png</screenshot>
    <desc>스위치를 켜고 끄면 이미지 뷰의 촛불 그림과 레이블의 문자가 변하는 기본적인 예제.</desc>
    <purpose>Xcode와 InterfaceBuilder의 사용법에 친숙해지고 Obj-C의 기본 문법과
                                                    메세징 방식을 익힌다</purpose>
    <chapter>Ch3, Ch4, Ch5</chapter>
    <classes>NSObject, UILabel, UIImageView, UISwitch</classes>
</item>
```

2.2.2 데이터 모델링

애플리케이션은 전체 데이터를 다운로드하는 게 아니라 필요에 의해서 컨텐츠를 서버에 요청하고 일부를 받아온다.

애플리케이션에서는 서버로부터 넘겨받은 데이터를 사용하기 편한 형태 코코아 오브젝트로 만들어 뷰에 뿌린다. 우리는 다음과 같은 클래스를 애플리케이션의 데이터 모델로 사용할 것이다.

Example
int idOfExample ex) *6*
NSString *titleOfExample ex) *LightTheCandle*
NSString *descriptionOfExample ex) 스위치를 켜면 촛불과...
NSString *purposeOfExample ex) *Xcode*와 *InterfaceBuilder*의 사용법에 친숙해지고...
NSString *chapterOfExample ex) *Ch3, Ch4, Ch5*
NSString *classOfExample ex) *NSObject, UILabel, UIImageView, UISwitch*
NSString *thumbnailOfExample ex) *http://lingostar.co.kr/.../LightTheCandle_Thumb.png*
NSString *iconOfExample ex) *http://lingostar.co.kr/.../LightTheCandle_Icon.png*
NSArray *screenShotPathArray ex) *{http://lingostar.co.kr/..., http://lingostar.co.kr/..., ...}*

Example 클래스는 예제에 대한 정보를 가진다. 하나의 Example 오브젝트는 정수값 identifier에 의해 구별되며, 예제의 이름과 설명, 관련 챕터와 관련 클래스, 아이콘 파일의 경로와 썸네일 파일의 경로, 그리고 스크린샷들의 경로를 배열로 가지고 있게 된다.

우리가 처음 Example들의 리스트를 요청하면 모든 Example의 간략한 정보가 담긴 XML 파일이 넘어올 것이며 Example 클래스의 인스턴스 오브젝트들이 모두 생성되겠지만 idOfExample, titleOfExample, thumbnailOfExample과 같은 기본 정보만 가지게 될 것이다. 그 후 사용자가 개별 항목을 선택하면 서버에 개별 항목에 대한 정보를 요청하고 응답을 통해 Example 오브젝트의 나머지 내용을 채울 수 있게 된다.

2.3 예제 소개

OpenAPI를 익히기 위해 우리가 만들어볼 예제는 [그림 2-4]와 같다.

그림 2-4 ● 완성된 TutorialExamples의 스크린샷

예제는 이 책의 전편인 "iPhone SDK 튜토리얼"의 예제에 대한 정보를 서버로부터 받아오는 앱을 만들어볼 것이다.

2단계의 네비게이션을 가지는 간단한 애플리케이션이다. 하지만 구현은 만만치 않다.

첫 번째 뷰에서는 목록을 보여준다. 테이블 뷰 셀의 썸네일들은 셀이 화면에 나타날 때 일단 임시이미지(Placeholder)를 화면에 보여준 뒤 URL의 이미지 로딩을 요청하고, 요청이 끝나면 이미지를 업데이트한다. 비동기적으로 로딩하는 것이다.

두 번째 뷰는 화면 표시가 조금 더 복잡하다. 아이콘을 비동기적으로 로딩하는 이미지뷰와 예제의 제목을 보여주는 레이블이 있고, 그 아래에는 예제에 대한 설명이 있는 테이블 뷰가 나온다. 테이블 뷰가 끝나는 지점에는 예제의 스크린샷을 좌우로 페이징하는 스크롤 뷰와 페이지 콘트롤러가 있다.

이 두 번째 뷰는 인터페이스 빌더를 전혀 사용하지 않고 코드를 이용해 뷰를 구성할 것이다. 굳이 그렇게 하는 이유는 화면의 중간에 있는 테이블 뷰의 크기가 유동적이기 때문이다. 예제에 대한 설명 문구가 적으면 테이블 뷰의 높이는 300point도 안되겠지만 설명 문구가 많은 예제라면 600point로도 모자랄 수 있다. 즉, 테이블 뷰가 끝나는 지점부터 스크롤 뷰가 시작되고 그 테이블 뷰의 높이가 유동적이기 때문에 인터페이스 빌더를 사용하는 게 더 번거로울 수 있다. 이번 기회에 인터페이스 빌더를 전혀 사용하지 않고 뷰 컨트롤러와 뷰를 구성해보는 것도 좋은 경험이 될 것이다.

2.4 기본 틀 구성하기

이번 단계에서는 기본적인 앱의 골격을 만들어볼 것이다. 서버에 요청해서 데이터를 주고받기 전에 데이터 모델을 만들고, 전체적인 뷰의 전환 단계를 가늠해볼 수 있다.

2.4.1 더미데이터 만들기

File S NewProject를 클릭한 뒤 'Navigation-based Application' 을 선택하고, 프로젝트의 이름은 TutorialExamples로 한다([그림 2-5]).

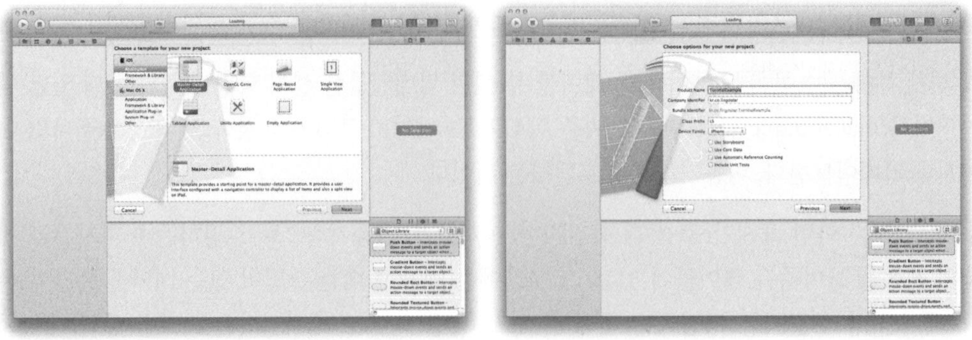

그림 2-5 ● TutorialExamples 새 프로젝트 만들기

새로운 프로젝트가 만들어지면 File → New File을 선택하고 Objective-C class 중 `NSObject`의 서브클래스를 만든다([그림 2-6]).

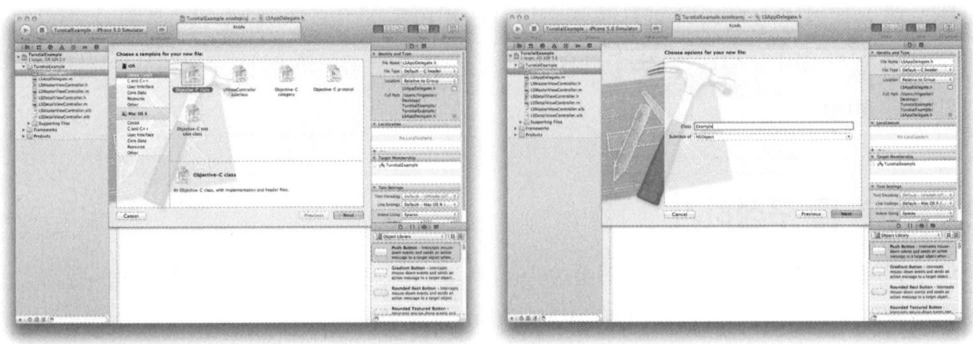

그림 2-6 ● Example 클래스 만들기

클래스의 이름은 Example로 한다.

`Example` 클래스는 데이터 모델 클래스로서 기본적으로 다음 프라퍼티들을 갖춘다.

[Listing 2-3] Example 클래스의 헤더

```
#import <Foundation/Foundation.h>

@interface Example : NSObject {
    int _idOfExample;
    NSString *_titleOfExample;
```

```
    NSString *_descriptionOfExample;
    NSString *_purposeOfExample;
    NSString *_chapterOfExample;
    NSString *_classOfExample;
    NSString *_thumbnailPath;
    NSString *_iconPath;
    NSArray *_screenShotPathArray;
}

@property int idOfExample;
@property (copy) NSString *titleOfExample;
@property (copy) NSString *descritpionOfExample;
@property (copy) NSString *purposeOfExample;
@property (copy) NSString *chapterOfExample;
@property (copy) NSString *classOfExample;
@property (copy) NSString *thumbnailPath;
@property (copy) NSString *iconPath;
@property (retain) NSArray *screenShotPathArray;

@end
```

[Listing 2-4] Example 클래스의 구현

```
#import "Example.h"

@implementation Example

@synthesize idOfExample = _idOfExample;
@synthesize titleOfExample = _titleOfExample;
@synthesize descritpionOfExample = _descriptionOfExample;
@synthesize purposeOfExample = _purposeOfExample;
@synthesize chapterOfExample = _chapterOfExample;
@synthesize classOfExample = _classOfExample;
@synthesize thumbnailPath = _thumbnailPath;
@synthesize iconPath = _iconPath;
@synthesize screenShotPathArray = _screenShotPathArray;

@end
```

Example 클래스는 예제를 나타내는 인스턴스 오브젝트들을 만들기 위한 클래스이며, 각각의 인스턴스 변수들은 예제 오브젝트가 가질 속성을 나타낸다.

idOfExample은 예제를 구별하기 위한 식별자 역할을 하는 정수값이며, titleOfExample은 예제의 제목을 가지는 문자열, descriptionOfExample은 예제의 설명을 가지는 문자열, thumbnailPath는 예제의 썸네일 그림 파일의 경로를 가지는 문자열, iconPath는 예제의 아이콘 그림 파일의 경로를 가지는 문자열, screenShotPathArray는 예제의 스크린샷 경로들을 모아놓은 배열 오브젝트이다.

언더바(_)를 인스턴스 변수 앞에만 붙이고 프라퍼티 앞에는 붙이지 않는 것은 내부적으로 사용하는 인스턴스 변수와 외부로 공개되는 프라퍼티를 구별하기 위한 일종의 코딩 규약(Coding Convention)이며, 필수적인 사항은 아니지만 명확한 구별을 위해 좋은 습관이라 할 수 있다.

예제 사이트에서 다운로드한 폴더 중 DummyData 폴더를 열고 폴더 내부의 리소스 파일을 프로젝트의 리소스 폴더로 드래그 앤 드롭한다.

그림 2-7 ● 예제를 위한 더미 데이터

여기까지의 예제 파일
TutorialExamples_DummyData.zip, TutorialExamples_step1.zip

이번 예제에서도 AppDelegate가 앱 내의 중요한 데이터들을 관리할 것이다.

TutorialExamplesAppDelegate 클래스에 전체 데이터 관리를 위한 기반을 만들 것이다. 헤더를 다음과 같이 수정한다.

[Listing 2-5] AppDelegate의 헤더

```
#import <UIKit/UIKit.h>

@interface TutorialExamplesAppDelegate : NSObject <UIApplicationDelegate> {
    UIWindow *_window;
    UINavigationController *_navigationController;
    NSMutableArray *_exampleArray;
}

- (NSArray *)createDummy;

@property (nonatomic, retain) IBOutlet UIWindow *window;
@property (nonatomic, retain) IBOutlet UINavigationController
                                                      *navigationController;
@property (readonly) NSMutableArray *exampleArray;
@end
```

exampleArray라고 하는 수정 가능한 배열 오브젝트를 만들고 readonly 프라퍼티로 만든다. 그리고 더미 데이터를 만들어 주는 메소드인 createDummy 메소드도 선언한다.

TutorialExamplesAppDelegate 구현 파일에는 다음 내용을 추가한다.

[Listing 2-6] AppDelegate의 구현

```
#import "TutorialExamplesAppDelegate.h"
#import "Example.h"

@implementation TutorialExamplesAppDelegate

@synthesize window=_window;
@synthesize navigationController=_navigationController;
@synthesize exampleArray = _exampleArray;

#pragma mark -
```

```
#pragma mark Application lifecycle

- (BOOL)application:(UIApplication *)application
didFinishLaunchingWithOptions:(NSDictionary *)launchOptions {
    _exampleArray =
                [[NSMutableArray alloc] initWithArray:[self createDummy]];
    self.window.rootViewController = self.navigationController;
    [self.window makeKeyAndVisible];

    return YES;
}

- (void)dealloc {
    [_exampleArray release];
    [navigationController release];
    [window release];
    [super dealloc];
}

- (NSArray *)createDummy
{
    Example *dummyExample = [[[Example alloc] init] autorelease];

    dummyExample.titleOfExample = @"LightTheCandle";
    dummyExample.descriptionOfExample =
            @"스위치를 켜고 끄면 이미지 뷰의 촛불 그림과 레이블의 문자가 변하는 기본적인 예제";
    dummyExample.purposeOfExample = @"Xcode와 InterfaceBuilder의 사용법에
                                    친숙해지고 Obj-C의 기본 문법과 메세징 방식을 익힌다";
    dummyExample.chapterOfExample = @"Ch3, Ch4, Ch5";
    dummyExample.classOfExample = @"NSObject, UILabel, UIImageView, UISwitch";
    NSString *thumbnailPath = [[NSBundle mainBundle]
                pathForResource:@"LightTheCandle_Thumb" ofType:@"png"];
    dummyExample.thumbnailPath = thumbnailPath;

    NSString *iconPath = [[NSBundle mainBundle]
                pathForResource:@"LightTheCandle_Icon" ofType:@"png"];
    dummyExample.iconPath = iconPath;
```

```
    NSString *screenShot1 = [[NSBundle mainBundle]
              pathForResource:@"LightTheCandleScreenShot_1" ofType:@"png"];
    NSString *screenShot2 = [[NSBundle mainBundle]
              pathForResource:@"LightTheCandleScreenShot_2" ofType:@"png"];
    dummyExample.screenShotPathArray =
                [NSArray arrayWithObjects:screenShot1, screenShot2, nil];

    return [NSArray arrayWithObject:dummyExample];
}
```

기본적인 더미 데이터가 만들어졌으므로 이것을 테이블 뷰에 뿌려서 확인해본다.

테이블 뷰를 관리하는 뷰 컨트롤러는 RootViewController이다.

RootViewController의 프라이빗 헤더에 appDelegate라는 메소드를 추가해서 애플리케이션의 델리게이트 오브젝트로 바로 접근을 용이하게 한다. appDelegate라는 메소드는 RootViewController의 외부에서 호출하지 않고 내부적으로 사용하는 메소드이므로 헤더를 깨끗하게 유지하기 위해 Objective-C의 카테고리(Category) 기법으로 프라이빗 헤더를 정의해서 사용한다.

RootViewController의 구현부에서는 appDelegate 메소드를 구현하고, 위에서 만든 더미 데이터를 테이블 뷰에 뿌린다.

[Listing 2-7] RootViewController의 구현부 중 테이블 뷰 데이터 소스 파트

```
#import "RootViewController.h"
#import "Example.h"
#import "TutorialExamplesAppDelegate.h"

@interface RootViewController(Private)
- (TutorialExamplesAppDelegate *)appDelegate;
@end

@implementation RootViewController
.
.
.
- (TutorialExamplesAppDelegate *)appDelegate
{
```

```
    return [[UIApplication sharedApplication] delegate];
}

#pragma mark -
#pragma mark Table view data source

- (NSInteger)numberOfSectionsInTableView:(UITableView *)tableView {
    return 1;
}

- (NSInteger)tableView:(UITableView *)tableView
numberOfRowsInSection:(NSInteger)section {
    int count = [[self appDelegate].exampleArray count];
    return count;
}

- (UITableViewCell *)tableView:(UITableView *)tableView
          cellForRowAtIndexPath:(NSIndexPath *)indexPath {

    static NSString *CellIdentifier = @"Cell";

    UITableViewCell *cell =
         [tableView dequeueReusableCellWithIdentifier:CellIdentifier];
    if (cell == nil) {
        cell = [[[UITableViewCell alloc]
               initWithStyle:UITableViewCellStyleDefault
               reuseIdentifier:CellIdentifier] autorelease];
    }

    Example *currExample =
          [[self appDelegate].exampleArray objectAtIndex:indexPath.row];

    NSData *imageData = [NSData dataWithContentsOfURL:
                       [NSURL fileURLWithPath:currExample.thumbnailPath]];
    UIImage *thumbImage = [UIImage imageWithData:imageData];
    cell.imageView.image = thumbImage;
    cell.textLabel.text = currExample.titleOfExample;
```

```
    return cell;
}
.
.
.
@end
```

Build & Run을 해보면 [그림 2-8]과 같이 테이블 뷰에 하나의 항목이 나온다.

그림 2-8 ● 최초 빌드. 테이블 뷰에 기본 항목이 표시됨

2.4.2 테이블 뷰 꾸미기

현재 테이블 뷰는 디폴트 스타일의 테이블 셀을 가지고 있다.

앱스토어에는 테이블 뷰를 사용하는 다양한 앱들이 있으며, 대부분 용도에 맞게 셀을 커스터마이즈한다. 우리도 이 책의 전반에 걸쳐 테이블 뷰 셀을 커스터마이즈할 것이다.이번에는 간단히 셀의 모양을 바꿔보자.

그림 2-9 ● 테이블 뷰 셀의 배경 이미지

리소스 중에 `listFrame`이라는 이미지가 테이블 뷰 셀에 채워질 배경 이미지이다. 기본 셀보다 크기도 크고 느낌도 다르므로 테이블 뷰의 설정을 조금 바꿔보자.

[Listing 2-8] RootViewController의 -viewDidLoad 메소드

```
- (void)viewDidLoad {
    [super viewDidLoad];

    self.navigationItem.title = @"Example List";
    self.tableView.rowHeight = 63;
    self.navigationController.navigationBar.tintColor =
            [UIColor colorWithHue:0.2 saturation:0.8 brightness:0.2 alpha:1.0];

}
```

[Listing 2-9] RootViewController의 - tableView:cellForRowAtIndexPath: 메소드

```
- (UITableViewCell *)tableView:(UITableView *)tableView
      cellForRowAtIndexPath:(NSIndexPath *)indexPath {

    static NSString *CellIdentifier = @"Cell";

    UITableViewCell *cell =
            [tableView dequeueReusableCellWithIdentifier:CellIdentifier];
    if (cell == nil) {
       cell = [[[UITableViewCell alloc]
              initWithStyle:UITableViewCellStyleDefault
              reuseIdentifier:CellIdentifier] autorelease];
    }

    UIImageView *cellBkgView = [[UIImageView alloc] initWithImage:
                                 [UIImage imageNamed:@"listFrame"]];
```

```
    [cell.contentView addSubview:cellBkgView];
    // Configure the cell.
    Example *currExample = [[self appDelegate].exampleArray
                             objectAtIndex:indexPath.row];

    UIImageView *thumbnailImageView = [[UIImageView alloc]
                                  initWithFrame:CGRectMake(20, 10, 40, 40)];
    NSData *imageData = [NSData dataWithContentsOfURL:
                    [NSURL fileURLWithPath:currExample.thumbnailPath]];
    UIImage *thumbImage = [UIImage imageWithData:imageData];
    thumbnailImageView.image = thumbImage;
    [cell.contentView addSubview:thumbnailImageView];

    UILabel *titleLabel =
            [[UILabel alloc] initWithFrame:CGRectMake(100, 15, 200, 30)];
    titleLabel.font = [UIFont boldSystemFontOfSize:21];
    titleLabel.textColor = [UIColor darkGrayColor];
    titleLabel.backgroundColor = [UIColor clearColor];
    titleLabel.text = currExample.titleOfExample;
    [cell.contentView addSubview:titleLabel];

    cell.accessoryType = UITableViewCellAccessoryDisclosureIndicator;

    return cell;
}
```

테이블 뷰 셀에는 기본적으로 이미지 뷰와 레이블이 있지만 우리가 원하는 위치와 크기로 조정할 수 없다. 그러므로 원하는 디자인을 반영하기 위해서는 직접 UI 요소들을 만들어서 셀에 넣어줘야 한다.

Build & Run을 해보자. 다음과 같은 화면이 나올 것이다.

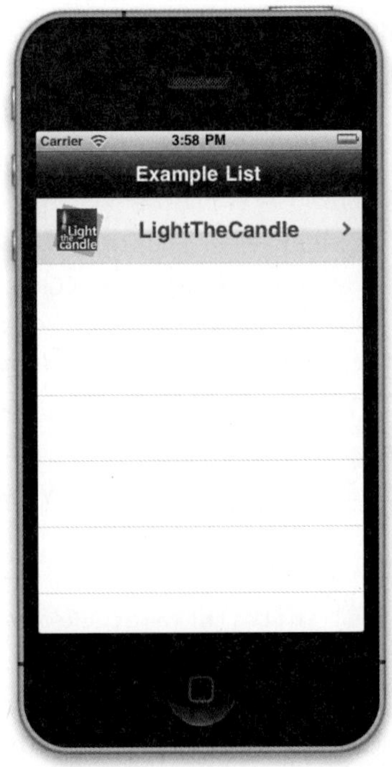

그림 2-10 ● 테이블 뷰 셀의 완성

> **여기까지의 예제 파일**
> TutorialExamples_step2.zip

2.4.3 디테일 뷰 만들기

이제 테이블 뷰의 항목을 선택하면 자세한 정보가 나오도록 디테일 뷰를 만들어 보자.

Xcode 메뉴의 File → New File에서 새로운 파일 타입 선택 창이 나오면 `UIViewController`의 서브클래스를 선택한 뒤 [그림 2-11]과 같이 사용자 인터페이스 xib 파일 생성을 하지 않고 파일을 만들도록 설정한다.

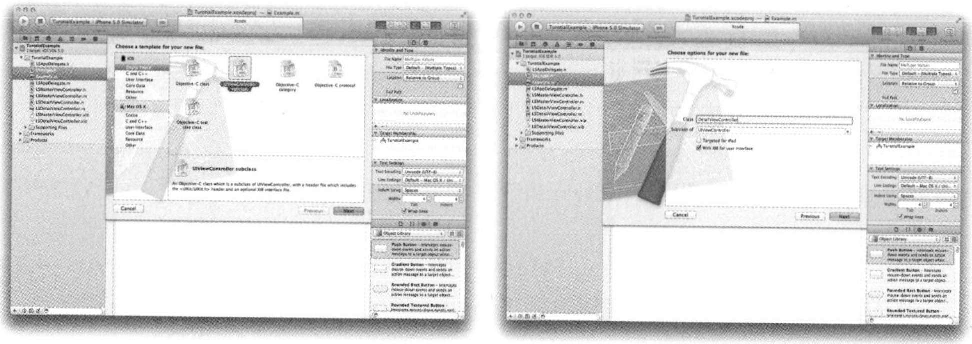

그림 2-11 ● 디테일 뷰 컨트롤러 만들기

파일의 이름은 DetailViewController로 한다.

아이템에 대한 자세한 정보를 보여주는 DetailViewController는 아이템의 정보량에 따라 뷰의 크기가 달라질 수 있기 때문에 인터페이스 빌더를 사용하지 않고 코드를 통해 뷰를 생성한다.

[Listing 2-10] DetailViewController의 헤더

```
#import <UIKit/UIKit.h>
#import "Example.h"

@interface DetailViewController : UIViewController <UITableViewDataSource,
UITableViewDelegate,UIScrollViewDelegate>{
   Example *_selectedExample;

   UILabel *_titleLabel;
   UIImageView *_iconImageView;
   UITableView *_descriptionTableView;
   UIImageView *_screenShotBG;
   UIScrollView *_screenShotPageView;
   UIPageControl *_screenShotPageControl;

   float _yPosition;
   float _descriptionTableViewHeight;
}
```

```
@property (retain) Example *selectedExample;

@end
```

예제의 자세한 정보를 보여주기 위해서는 다음과 같은 UI 요소들이 필요하다.

- 예제의 제목을 보여주는 레이블: _titleLabel
- 예제의 아이콘을 보여주는 이미지 뷰: _iconImageView
- 예제에 대한 설명이 적힌 테이블 뷰: _descriptionTableView
- 예제의 스크린샷의 배경: _screenShotBG
- 예제의 스크린샷이 여러개 이므로 각각의 스크린샷을 페이징 할 스크롤 뷰: _screenShotPageView
- 현재 보여지고 있는 스크린샷의 페이지 넘버를 알려주는 페이지 컨트롤: _screenShotPageControl

그리고 현재 DetailView에 표시할 예제 오브젝트인 _selectedExample과 각 UI 요소들의 위치를 잡기 위해 사용하는 변수인 _yPosition, 테이블 뷰의 크기가 가변적이므로 테이블 뷰가 뿌려진 뒤 그 크기를 가지고 있을 _descriptionTableViewHeight도 필요하다.

각 UI 요소들의 크기는 미리 정의해두고 코딩에 들어가자.

DetailViewController.m 파일에 [Listing 2-11]과 같이 크기를 지정한다.

[Listing 2-11] UI 레이아웃을 위한 선언

```
#define VMargin 20
#define VSmallMargin 5

#define ImageViewSize 180
#define LabelHeight 30
#define ScrollViewHeight 396
#define PageControlHeight 20

#define PageWidth 220
#define PageHeight 323
#define PageSpace 50
```

```
#define PageContentWidth 205
#define PageContentHeight 309
```

뷰 컨트롤러가 만들어지고 네비게이션컨트롤러에 의해 밀려 들어올 때 xib 파일을 읽어서 뷰를 로드하는 것이 일반적이나, 여기서 우리는 xib 파일을 생성하지 않았으므로 `-loadView` 메소드가 호출되어 뷰를 구성하게 된다.

[Listing 2-12] DetailViewController.m의 - loadView 메소드

```
@implementation DetailViewController
@synthesize selectedExample;

- (void)loadView {
   UIScrollView *detailScrollView = [[UIScrollView alloc]
                                initWithFrame:CGRectMake(0, 0, 320, 460)];
   UIColor *bkgColor = [UIColor colorWithRed:0.90 green:0.89 blue:0.86 alpha:1.0];
   detailScrollView.backgroundColor = bkgColor;

   _yPosition = VMargin;
   _iconImageView = [[UIImageView alloc] initWithFrame:CGRectMake(
        (320-ImageViewSize)/2, _yPosition, ImageViewSize, ImageViewSize)];
   [detailScrollView addSubview:_iconImageView];

   _yPosition = _yPosition + ImageViewSize + VMargin;
   _titleLabel = [[UILabel alloc] initWithFrame:
                             CGRectMake(0, _yPosition, 320, LabelHeight)];
   _titleLabel.font = [UIFont boldSystemFontOfSize:28];
   _titleLabel.textAlignment = UITextAlignmentCenter;
   _titleLabel.text = self.selectedExample.titleOfExample;
   _titleLabel.backgroundColor = [UIColor clearColor];
   [detailScrollView addSubview:_titleLabel];

   _yPosition = _yPosition + LabelHeight + VMargin;
   _descriptionTableView = [[UITableView alloc]
                             initWithFrame:CGRectMake(0, _yPosition, 320, 300)
                                   style:UITableViewStyleGrouped];
   _descriptionTableView.scrollEnabled = NO;
```

```
    _descriptionTableView.dataSource = self;
    _descriptionTableView.delegate = self;
    _descriptionTableView.backgroundColor = bkgColor;
    [detailScrollView addSubview:_descriptionTableView];

    _screenShotBG = [[UIImageView alloc] initWithFrame:
                CGRectMake(0, _yPosition + 300, 320, ScrollViewHeight)];
    _screenShotBG.image = [UIImage imageNamed:@"scrollviewBG"];
    [detailScrollView addSubview:_screenShotBG];

    _screenShotPageView = [[UIScrollView alloc] initWithFrame:
                CGRectMake(0, _yPosition + 300, 320, ScrollViewHeight)];
    _screenShotPageView.backgroundColor = [UIColor clearColor];
    _screenShotPageView.pagingEnabled = YES;
    _screenShotPageView.delegate = self;
    [detailScrollView addSubview:_screenShotPageView];

    _screenShotPageControl = [[UIPageControl alloc] initWithFrame:
               CGRectMake(0, _yPosition + 300, 320, PageControlHeight)];
    _screenShotPageControl.backgroundColor = [UIColor
                    colorWithRed:0.17 green:0.17 blue:0.17 alpha:1.0];
    [detailScrollView addSubview:_screenShotPageControl];

    self.view = [detailScrollView autorelease];
}
```

뷰를 만든 순서는 다음과 같다. 먼저 가장 아래쪽에 스크롤 뷰를 만들어서 컨텐츠를 스크롤 가능하도록 한다. 그 위에 레이블, 이미지 뷰, 테이블 뷰, 또 다른 스크롤 뷰와 페이지 컨트롤러를 올리고 스크롤 뷰의 크기를 늘려서 스크롤 가능하도록 한다.

UI 요소들의 위치를 잡는 데에는 `yPosition`이라는 `float` 변수가 결정적인 역할을 한다.

`yPosition`은 UI 요소의 높이와 여백값을 차곡차곡 더해가면서 다음 UI 요소의 위치를 정해준다.

인터페이스빌더의 인스펙터 창에서 설정하는 모든 내용은 위와 같이 Xcode에서 설정 가능하다. 하지만 아직 완전히 뷰를 설정하지는 못했다. 뷰 내에 뿌려질 데이터의 양이 가변적이기 때문이다.

-loadView 메소드 내에서는 테이블 뷰 역시 뷰 구성 요소의 일부로 사용되었으며, 각 셀의 크기가 가변적일 수 있으므로 테이블 뷰 아래에 보이게 될 스크롤 뷰와 페이지 컨트롤러는 아직 확실한 위치를 잡지 못하고 있다. 테이블 뷰의 셀이 채워진 이후에 호출되는 -viewDidAppear에서 스크롤 뷰와 페이지 컨트롤러를 다시 한번 위치조정하게 된다.

그리고, 이미지를 비롯한 대부분의 아직 준비되지 않았다. 데이터는 뷰가 만들어진 뒤에 사이트에 요청을 하고 로딩되고 뿌려질 것이므로 이미지 데이터를 뿌리는 것도 -viewDidAppear에서 해야 한다.

[Listing 2-13] – viewDidAppear 메소드에서 위치를 다시 잡아준다.

```
- (void)viewDidAppear:(BOOL)animated
{
   [super viewDidAppear:animated];

   NSData *iconData = [NSData dataWithContentsOfURL:
                [NSURL fileURLWithPath:self.selectedExample.iconPath]];
   _iconImageView.image = [UIImage imageWithData:iconData];

   CGSize tableViewSize = _descriptionTableView.contentSize;
   _descriptionTableView.frame = CGRectMake(0, _yPosition,
                        tableViewSize.width, tableViewSize.height);
   _descriptionTableViewHeight = tableViewSize.height;

   _yPosition = _yPosition + _descriptionTableViewHeight + VMargin;
   _screenShotPageView.frame = CGRectMake(0, _yPosition, 320, ScrollViewHeight);
   _screenShotBG.frame = CGRectMake(0, _yPosition, 320, ScrollViewHeight);

   NSArray *screenShotArray = self.selectedExample.screenShotPathArray;
   int i, leftOrigin;
   for (i=0; i<[screenShotArray count]; i++) {
      leftOrigin = i*(PageWidth+PageSpace*2) + PageSpace;
      CGRect rect = CGRectMake(leftOrigin, 37, PageWidth, PageHeight);
      UIImageView *screenShotContentFrame =
                        [[UIImageView alloc] initWithFrame:rect];
      screenShotContentFrame.image =
                        [UIImage imageNamed:@"scrollviewFrame"];
      [_screenShotPageView addSubview:screenShotContentFrame];
```

```
        rect = CGRectMake(leftOrigin+6, 37+5, PageContentWidth, PageContentHeight);
        UIImageView *screenShotContentPage =
                                [[UIImageView alloc] initWithFrame:rect];
        NSString *screenShotImagePath = [screenShotArray objectAtIndex:i];
        NSData *screenshotData = [NSData dataWithContentsOfURL:
                             [NSURL fileURLWithPath:screenShotImagePath]];
        UIImage *screenshotImage = [UIImage imageWithData:screenshotData];
        screenShotContentPage.image = screenshotImage;
        [_screenShotPageView addSubview:screenShotContentPage];
    }
    _screenShotPageView.contentSize =
            CGSizeMake(leftOrigin + PageWidth+PageSpace, PageHeight);

    _yPosition = _yPosition + ScrollViewHeight;
    _screenShotPageControl.frame =
                    CGRectMake(0, _yPosition, 320, PageControlHeight);
    _screenShotPageControl.numberOfPages = [screenShotArray count];
    _screenShotPageControl.currentPage = 0;

    float scrollViewHeight = _yPosition + PageControlHeight;
    [(UIScrollView *)self.view setContentSize:CGSizeMake(
                                            320, scrollViewHeight)];
}
```

위 코드에서 모든 셀이 로드된 테이블 뷰의 크기는 contentSize 프라퍼티로부터 읽어온다. contentSize 프라퍼티는 UITableView의 프라퍼티가 아니라 슈퍼클래스인 UIScrollView의 프라퍼티이다. 즉, 테이블 뷰는 스크롤 뷰의 서브클래스이므로 스크롤 뷰의 모든 속성들을 이용할 수 있다.

이렇게 테이블 뷰의 크기에 맞춰 스크롤 뷰와 페이지 컨트롤러의 위치를 바로잡았다면, 전체 스크롤 뷰 또한 그 크기에 맞춰줘야 한다. 위 코드에서는 지금까지 모든 UI 요소들의 크기와 여백값을 차곡차곡 쌓아온 yPosition에 페이지컨트롤의 높이를 더한 scrollViewHeight가 스크롤 뷰의 컨텐트 크기가 된다.

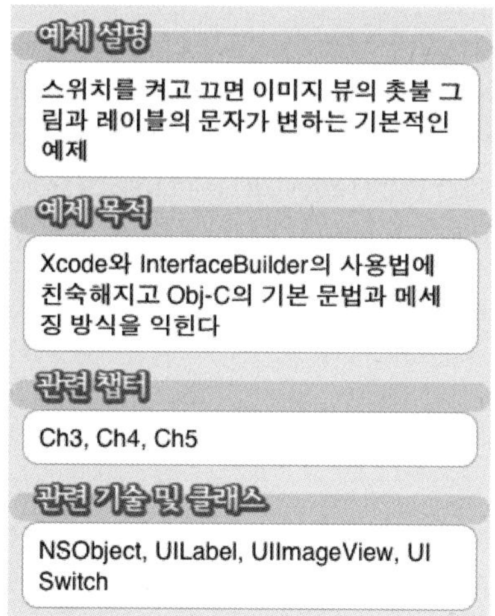

그림 2-12 ● 예제를 설명하는 테이블 뷰

테이블 뷰는 [그림 2-12]와 같이 `GroupedStyle` 테이블 뷰이며, 타이틀 뷰에 이미지를 사용하였다. 각 셀의 크기가 내용에 따라 가변적인 것을 주목하라! 많은 내용이 들어가더라도 전체 내용을 표시할 수 있도록 테이블 뷰 셀의 크기는 셀의 컨텐트 크기에 따라 함께 늘어난다.

[Listing 2-14] 테이블 뷰의 DataSource와 Delegate

```
#pragma mark -
#pragma mark descriptionTableView DataSource & Delegate
- (NSInteger)numberOfSectionsInTableView:(UITableView *)tableView {
   return 4;
}

- (NSInteger)tableView:(UITableView *)
      tableView numberOfRowsInSection:(NSInteger)section {
   return 1;
}

- (UITableViewCell *)tableView:(UITableView *)
tableView cellForRowAtIndexPath:(NSIndexPath *)indexPath {

   static NSString *CellIdentifier = @"Cell";
   UITableViewCell *cell = [tableView
```

```
        dequeueReusableCellWithIdentifier:CellIdentifier];
    if (cell == nil) {
        cell = [[[UITableViewCell alloc] initWithStyle:
                UITableViewCellStyleDefault reuseIdentifier:
                CellIdentifier] autorelease];
    }

    NSString *cellString;
    switch (indexPath.section) {
        case 0:
            cellString = self.selectedExample.descriptionOfExample;
            break;
        case 1:
            cellString = self.selectedExample.purposeOfExample;
            break;
        case 2:
            cellString = self.selectedExample.chapterOfExample;
            break;
        case 3:
            cellString = self.selectedExample.classOfExample;
            break;
    }
    cell.textLabel.font = [UIFont systemFontOfSize:16];
    cell.textLabel.lineBreakMode = UILineBreakModeCharacterWrap;
    cell.textLabel.numberOfLines = NSIntegerMax;
    cell.textLabel.text = cellString;
    return cell;
}

- (UIView *)tableView:(UITableView *)
tableView viewForHeaderInSection:(NSInteger)section
{
    UIImageView *sectionHeaderView = [[[UIImageView alloc]
                    initWithFrame:CGRectMake(0, 0, 320, 50)] autorelease];
    NSString *sectionHeaderFileName =
                [NSString  stringWithFormat:@"detailviewTitle%d", section];
    UIImage *sectionHeaderImage =
```

```
                                [UIImage imageNamed:sectionHeaderFileName];
    sectionHeaderView.image = sectionHeaderImage;

    return sectionHeaderView;
}

- (CGFloat)tableView:(UITableView *)
tableView heightForHeaderInSection:(NSInteger)section
{
    return 27;
}

- (CGFloat)tableView:(UITableView *)
tableView heightForRowAtIndexPath:(NSIndexPath *)indexPath
{
    NSString *cellString;
    switch (indexPath.section) {
        case 0:
            cellString = self.selectedExample.descriptionOfExample;
            break;
        case 1:
            cellString = self.selectedExample.purposeOfExample;
            break;
        case 2:
            cellString = self.selectedExample.chapterOfExample;
            break;
        case 3:
            cellString = self.selectedExample.classOfExample;
            break;
    }

    CGSize boundingSize = CGSizeMake(280, CGFLOAT_MAX);
    CGSize requiredSize = [cellString sizeWithFont:
              [UIFont systemFontOfSize:16]constrainedToSize:boundingSize
                              lineBreakMode:UILineBreakModeWordWrap];
    CGFloat requiredHeight = requiredSize.height;
```

```
    return requiredHeight + 15;
}
```

테이블 뷰의 기본적인 표시는 어렵지 않다. 4개의 섹션이 있으며, 각 섹션별로 하나씩의 셀을 가지고 있는 간단한 테이블 뷰이다.

각 셀에 표시될 내용도 -tableView:cellForRowAtIndexPath:에서 switch 문을 사용함으로써 간단하게 해결했다.

각 섹션의 헤더 뷰는 -tableView:viewForHeaderInSection:에서 섹션 번호를 이용해서 이미지 파일을 읽어들여 리턴하며, -tableView:heightForHeaderInSection: 헤더 뷰의 크기는 고정적으로 27포인트를 리턴한다.

각 셀의 크기를 리턴하는 -tableView:heightForRowAtIndexPath:에서는 셀에 들어갈 문자열을 확보한 뒤 NSString의 UIKit확장판에 있는 메소드인 -sizeWithFont: constrainedToSize:lineBreakMode:를 이용해 해당 문자열이 특정 서체로 정해진 구역 내에 그려질 경우 얼마만한 크기가 될 것인지를 얻어낸다.

앞서 설명한 것처럼 UIScrollView 클래스는 자체적으로 많은 프라퍼티와 메소드를 가지고 있지만 UIScrollViewDelegate 메소드를 통해 스크롤 뷰에서 발생하는 많은 이벤트를 대행 처리한다.

예를 들어, 사용자가 스크롤 뷰의 컨텐츠를 스크롤 시작했다던지, 사용자의 터치는 스크롤을 마쳤지만 컨텐츠는 아직 감속 상태로 이동중인 상태 등을 델리게이트 오브젝트를 통해 처리할 수 있다. 우리는 스크롤 뷰 내의 컨텐츠가 페이지를 바꾸었다는 것을 UIPageControl 오브젝트에게 통보하기 위해 스크롤뷰의 델리게이트 메소드를 사용한다.

Note | 스크롤 뷰의 델리게이트

UIScrollView의 델리게이트 메소드들 중 사용 빈도가 높은 메소드는 다음과 같다. 스크롤 뷰는 이동과 확대/축소가 가능하므로 델리게이트 메소드도 두 종류를 제공한다.

이동 관련 델리게이트 메소드

-(void)scrollViewDidScroll:(UIScrollView *)scrollView

스크롤 뷰 내의 컨텐츠가 스크롤된 경우 새로운 컨텐츠를 그려주기 위해 주로 사용한다.

```
-(void)scrollViewWillBeginDragging:(UIScrollView *)scrollView
-(void)scrollViewDidEndDragging:(UIScrollView *)scrollView willDecelerate:(BOOL)decelerate
```

스크롤 뷰가 막 터치를 받아서 컨텐츠 이동을 시작하려 할 때와 터치가 끝나서 컨텐츠 이동을 마무리 지은 경우 호출된다. 스크롤 뷰의 decelerating 프라퍼티가 YES로 되어 있으면 사용자 터치가 끝난 뒤에도 컨텐츠는 속도를 줄이면서 서서히 이동을 계속한다.

```
-(void)scrollViewWillBeginDecelerating:(UIScrollView *)scrollView
-(void)scrollViewDidEndDecelerating:(UIScrollView *)scrollView
```

스크롤 뷰의 decelerating 프라퍼티가 YES인 경우 사용자의 터치가 끝난 뒤에도 감속을 진행하면서 조금씩 이동을 계속하게 되는데, 그 감속 이동이 시작될 때와 감속 이동이 끝나서 완전히 멈출 때 호출된다.

확대/축소 관련 델리게이트 메소드

```
-(void)scrollViewDidZoom:(UIScrollView *)scrollView
```

스크롤 뷰의 줌 팩터가 바뀐 경우 호출된다. 바뀐 줌 레벨에 따라 컨텐츠를 확대/축소한다.

```
-(UIView *)viewForZoomingInScrollView:(UIScrollView *)scrollView
```

스크롤 뷰 내의 뷰들 중 현재 줌 레벨 변화에 따라 확대/축소가 일어나야 하는 뷰 오브젝트를 리턴한다.

```
-(void)scrollViewWillBeginZooming:(UIScrollView *)scrollView withView:(UIView *)view
-(void)scrollViewDidEndZooming:(UIScrollView *)scrollView withView:(UIView *)view atScale:(float)scale
```

스크롤 뷰의 줌 변화가 시작되기 직전과 끝난 직후에 호출된다.

우리는 스크롤 뷰의 델리게이트 메소드들 중 `-scrollViewDidEndDecelerating:` 메소드를 이용해서 사용자 터치에 의한 스크롤 뷰의 페이지 변화를 `UIControl`에 반영할 것이다.

`-scrollViewDidScroll:` 메소드를 사용하지 않고 `-scrollViewDidEndDecelerating:` 메소드를 이용하는 이유는 `-scrollViewDidScroll:`는 사용자가 스크롤을 하는 동안 계속해서 호출되는 메소드이며, `-scrollViewDidEndDecelerating:`는 스크롤이 멈췄을 때 한 번 불려지는 메소드이기 때문이다. `UIPageControl`의 페이지 업데이트가 실시간으로 반영될 필요는 없으므로 스크롤이 멈췄을 때 한 번만 계산하도록 한다.

DetailViewController.m의 끝부분에 다음과 같은 코드를 추가하자.

[Listing 2-15] 스크롤 뷰의 Delegate 메소드

```
#pragma mark -
#pragma mark ScrollView Delegate
- (void)scrollViewDidEndDecelerating:(UIScrollView *)scrollView
```

```
{
    int pageNumber =
          _screenShotPageView.contentOffset.x / (PageWidth + PageSpace);
    _screenShotPageControl.currentPage = pageNumber;
}
```

위 코드에서는 screenShotPageView의 컨텐트 이동 거리를 페이지의 크기로 나누어 현재 페이지 번호를 구한 뒤 그 값을 screenShotPageControl 오브젝트에 반영한다.

2.4.4 기본 브라우징

RootViewController의 테이블 뷰에서 하나의 아이템이 선택된 경우 DetailViewController로 넘어오기 위해 -tableView:didSelectRowAtIndexPath: 메소드를 다음과 같이 구현하자.

[Listing 2-16] RootViewController의 - tableView:didSelectRowAtIndexPath: 메소드

```
#import "DetailViewController.h"
.
.
.
- (void)tableView:(UITableView *)
tableView didSelectRowAtIndexPath:(NSIndexPath *)indexPath {
    DetailViewController *detailViewController = [[DetailViewController alloc] init];
    Example *currExample = [[self appDelegate].exampleArray
                              objectAtIndex:indexPath.row];
    detailViewController.selectedExample = currExample;
    [self.navigationController pushViewController:detailViewController
                                         animated:YES];
    [detailViewController release];
}
```

Build & Run을 하면 다음과 같은 결과가 나온다. 우리가 입력한 하나의 더미 데이터에 대해 전체적인 뷰 네비게이션을 해볼 수 있다.

이제 앱의 UI는 거의 완성되었다. 이제 본격적으로 데이터를 다루는 작업을 진행해보자.

그림 2-13 ● UI의 완성

> **여기까지의 예제 파일**
> TutorialExamples_step3.zip

2.5 요청과 응답

XML 파일을 요청하고 그 응답을 처리하는 것은 다양한 방법이 존재한다. 이 챕터에서 하는 방식은 그 한가지 예에 불과하다. 그러므로 이곳에서 소개하는 방식을 잘 숙지한 뒤 각자 상황에 맞는 방식을 채택하기 바란다.

2.5.1 데이터 요청하기

XML 데이터 요청은 일단 가장 간단한 방식인 URL 로딩으로 한다. 네트워크 상태가 양호하고 XML 파일의 크기가 아주 작은 경우에는 이 방식을 사용해도 무방하지만, XML 파일이 큰 경우라면 뒤에 나오는 어싱크러너스(Asynchronous) 로딩방식을 이용해 XML 파일을 로딩해야 한다.

[Listing 2-17] RootViewController의 - viewWillAppear 메소드

```
- (void)viewWillAppear:(BOOL)animated
{
    [super viewWillAppear:animated];
    NSURL *xmlURL = [NSURL URLWithString:
                       @"http://lingostar.co.kr/xml/index.php?param=list"];
    NSString *xmlString = [NSString stringWithContentsOfURL:xmlURL
                              encoding:NSUTF8StringEncoding error:nil];
    NSString *tidyXMLString = [xmlString stringByTrimmingCharactersInSet:
                        [NSCharacterSet whitespaceAndNewlineCharacterSet]];
}
```

`xmlURL` 변수는 XML 파일의 요청 주소를 가진다. `lingostar.co.kr/xml/index.php` 주소에는 PHP 프로그램이 있어서 `?param=` 뒤에 넘어오는 매개변수에 따라 XML 파일을 만들어서 리턴한다.

해당 위치에 있는 XML 파일을 `NSString` 오브젝트로 읽어온 뒤 XML 파일의 앞 뒤에 지저분하게 붙어있을 지 모르는 공백문자와 개행문자를 없애기 위해 `whitespaceAndNewlineCharacterSet` 문자 세트에 있는 문자들을 이용해 XML 파일을 깔끔하게 트리밍한다.

다운로드될 XML 파일의 내용을 미리 확인하려면 사파리의 '다운로드' 창에 주소를 붙여넣기 하면 XML 파일을 바로 다운로드 받을 수 있다. 브라우저의 주소창을 통해 XML을 로드하면 사파리가 XML을 렌더링해서 보여주므로 반드시 다운로드창을 이용한다.

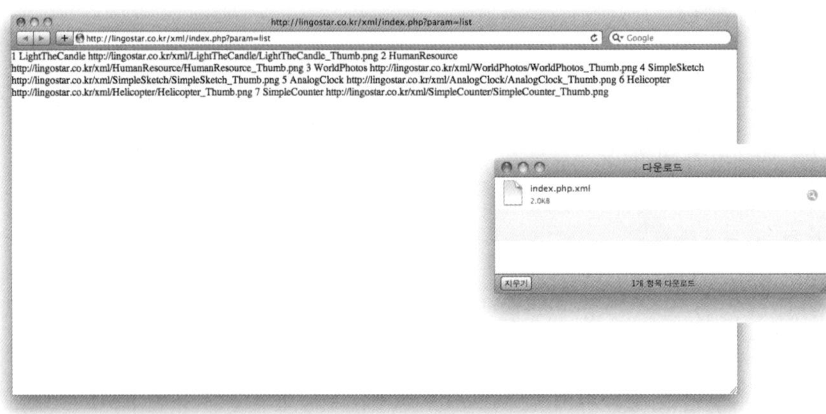

그림 2-14 ● list 요청 시 넘어오는 xml 파일

[Listing 2-18] index.php.xml 파일의 내용

```
<?xml version="1.0" encoding="UTF-8" ?>
<items><item>
    <no>1</no>
    <title>LightTheCandle</title>
    <thumb>http://lingostar.co.kr/xml/LightTheCandle/
                                          LightTheCandle_Thumb.png</thumb>
</item>
<item>
    <no>2</no>
    <title>HumanResource</title>
    <thumb>http://lingostar.co.kr/xml/HumanResource/
                                          HumanResource_Thumb.png</thumb>
</item>
<item>
    <no>3</no>
    <title>WorldPhotos</title>
    <thumb>http://lingostar.co.kr/xml/WorldPhotos/WorldPhotos_Thumb.png
    </thumb>
</item>
<item>
    <no>4</no>
    <title>SimpleSketch</title>
    <thumb>http://lingostar.co.kr/xml/SimpleSketch/SimpleSketch_Thumb.png
    </thumb>
</item>
<item>
    <no>5</no>
    <title>AnalogClock</title>
    <thumb>http://lingostar.co.kr/xml/AnalogClock/AnalogClock_Thumb.png
    </thumb>
</item>
<item>
    <no>6</no>
    <title>Helicopter</title>
    <thumb>http://lingostar.co.kr/xml/Helicopter/Helicopter_Thumb.png
    </thumb>
</item>
```

```
<item>
    <no>7</no>
    <title>SimpleCounter</title>
    <thumb>http://lingostar.co.kr/xml/SimpleCounter/SimpleCounter_Thumb.png
    </thumb>
</item></items>
```

XML 파일은 `<items>`라는 태그 안에 다수 개의 `<item>` 태그로 구성되어 있으며, 하나하나의 `<item>`은 예제의 번호와 제목과 썸네일 주소를 가지고 있다.

이 XML 파일은 `RootViewController`가 예제 목록 테이블 뷰를 뿌리기 위해 사용하는 정보만을 담고 있다.

2.5.2 TouchXML 불러들이기

이제 XML 파서를 이용해 위 파일을 파싱해보자. 여기에서 우리는 `TouchXML` 라이브러리를 사용할 것이다.

https://github.com/TouchCode/TouchXML 페이지에서 다운로드 버튼을 누른다.

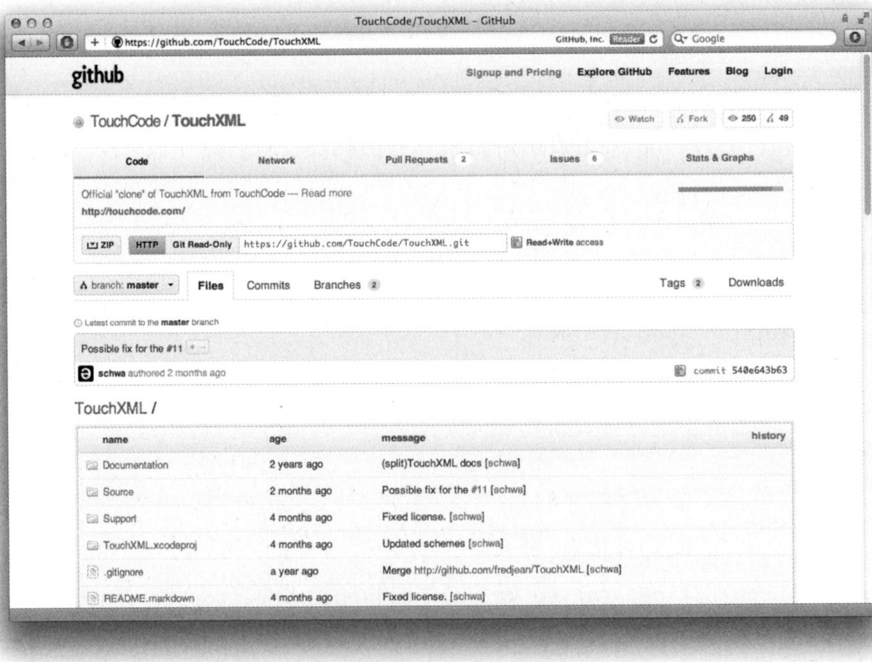

그림 2-15 ● github의 TouchXML 리포지터리

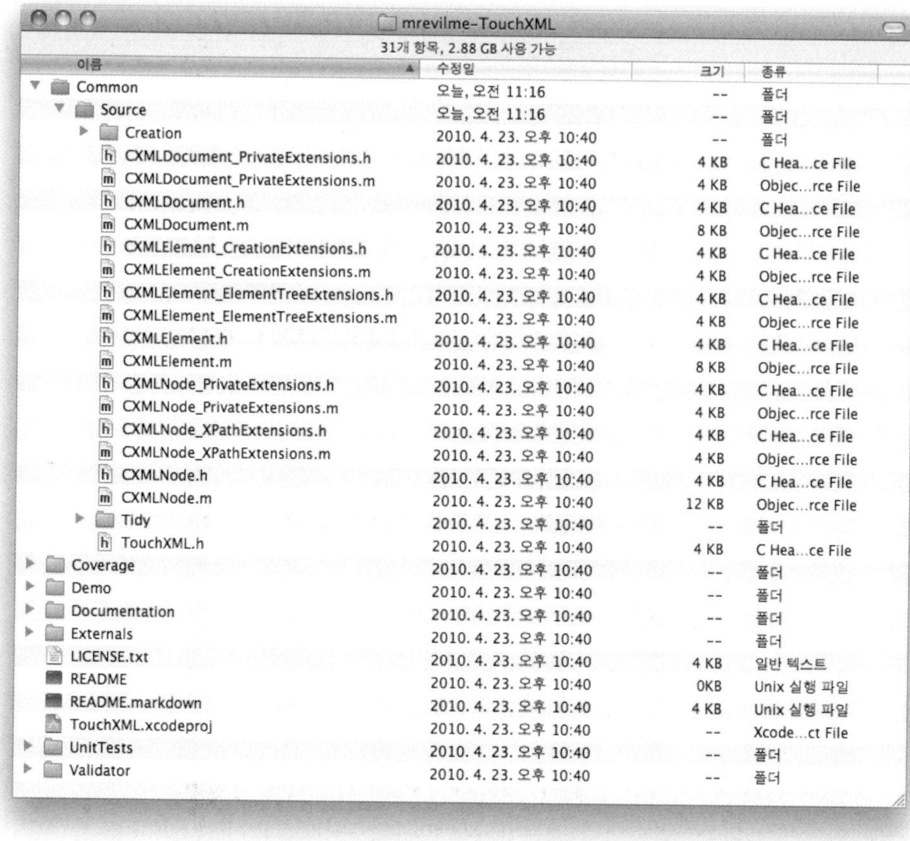

그림 2-16 ● 다운로드된 TouchXML의 구성

다운로드한 TouchXML의 내용 중 /Common/Source 폴더 내의 모든 소스코드들을 Xcode 프로젝트로 복사하며 불러들인 뒤 알아보기 쉽게 폴더의 이름을 TouchXML로 변경하자.

TouchXML을 불러들인 프로젝트의 구성은 다음과 같다.

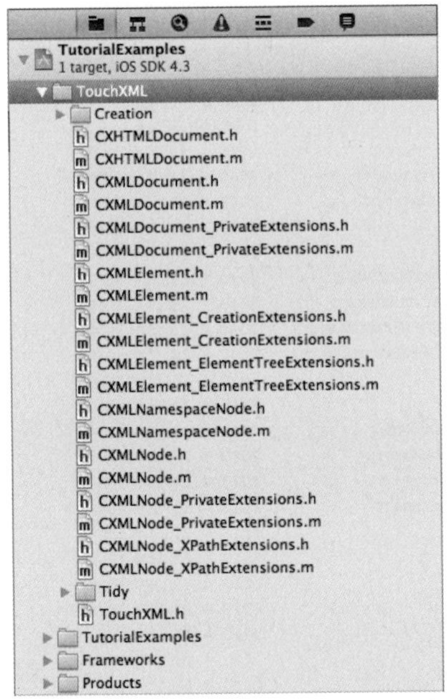

그림 2-17 ● TouchXML을 프로젝트로 불러들인다

`TouchXML`은 내부적으로 `libxml2`를 사용하기 때문에 프로젝트의 빌드 세팅을 변경해야 한다.

프로젝트 아이콘을 더블클릭하거나 메뉴바에서 Project → Edit Project Settings 를 선택해서 프로젝트의 빌드 설정창을 연다. 빌드 설정에는 수 많은 설정값이 있기 때문에 검색창을 이용하는 게 효과적이다.

'Header Search Paths' 항목에 [그림 2-18]과 같이 `/usr/include/libxml2` 값을 넣어준다.

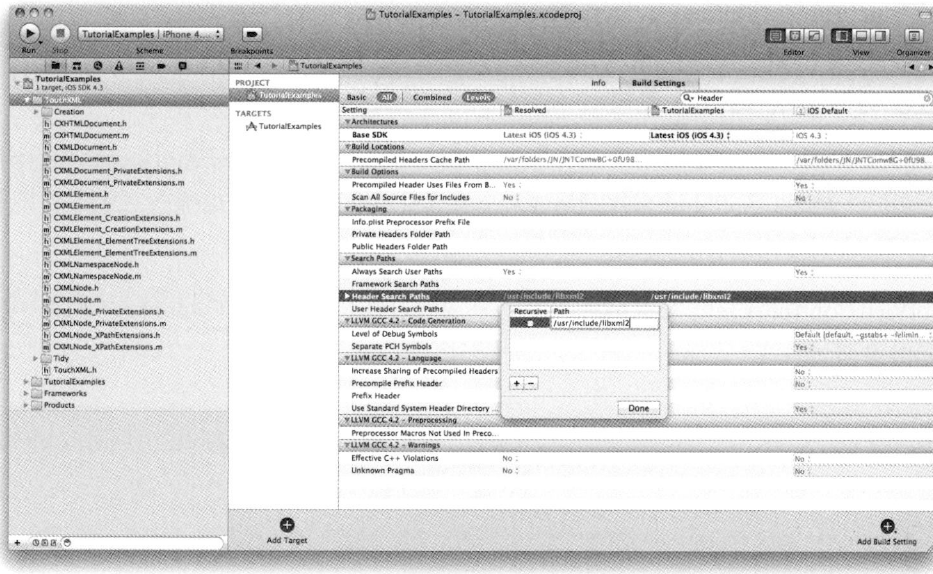

그림 2-18 ● 프로젝트 빌드 세팅에서 Header Search Paths 항목 수정

그리고 'Other Linker Flags' 항목을 찾아 `-lxml2` 값을 설정한다([그림 2-19]).

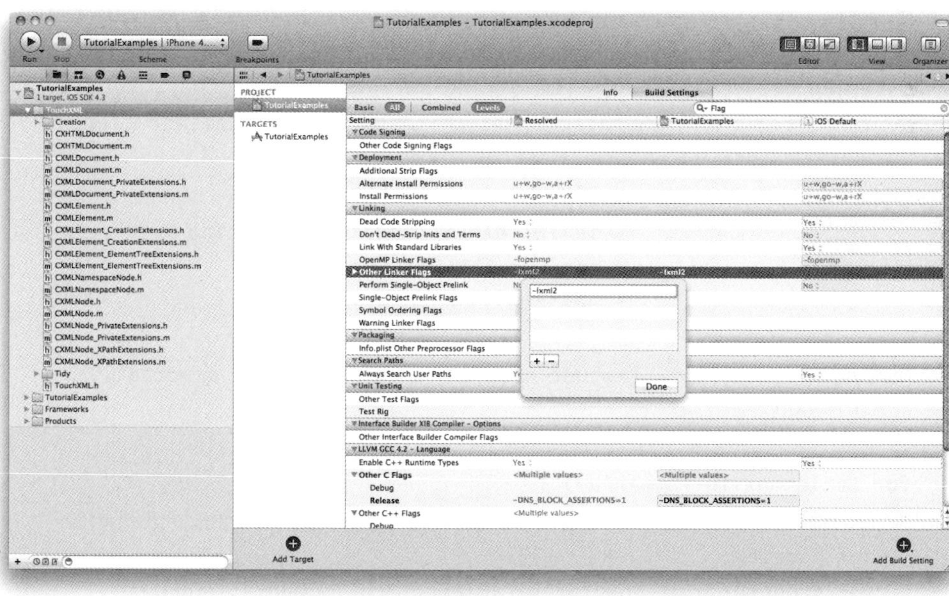

그림 2-19 ● 프로젝트 빌드 세팅에서 Other Linker Flag 항목 수정

이제 TouchXML을 사용할 준비가 끝났다.

2.5.3 테이블 뷰 데이터 로딩

TouchXML을 이용한 XML 파싱은 어렵지 않다. TouchXML은 NSXML을 모델 삼아 만들어진 라이브러리이다. NSXML은 iPhone SDK에는 포함되지 않았지만 Mac OS SDK에 있으므로 레퍼런스와 가이드 문서를 참조할 수 있다.

RootViewController.m에 TouchXML의 헤더를 포함시킨 뒤 -viewWillAppear: 메소드에 다음 내용을 추가한다.

[Listing 2-19] TouchXML을 이용한 XML 파싱

```
#import "TouchXML.h"
.
.
.
- (void)viewWillAppear:(BOOL)animated {
   [super viewWillAppear:animated];

   NSURL *xmlURL = [NSURL URLWithString:
         @"http://lingostar.co.kr/xml/index.php?param=list"];
   NSString *xmlString = [NSString stringWithContentsOfURL:xmlURL
                         encoding:NSUTF8StringEncoding error:nil];
   NSString *tidyXMLString = [xmlString stringByTrimmingCharactersInSet:
                      [NSCharacterSet whitespaceAndNewlineCharacterSet]];

   CXMLDocument *xmlDoc = [[[CXMLDocument alloc]
                           initWithXMLString:tidyXMLString
                           options:CXMLDocumentTidyXML
                           error:nil] autorelease];

   NSArray *itemArray = [xmlDoc nodesForXPath:@"//item" error:nil];
   CXMLElement *aElement;

   for (aElement in itemArray) {
      Example *newExample = [[Example alloc] init];
      int counter;
      for (counter = 0; counter < [aElement childCount]; counter++) {
```

```
            NSString *objString = [[[aElement childAtIndex:counter]
                                     stringValue] copy];
            NSString *keyString = [[[aElement childAtIndex:counter] name] copy];
            if ([keyString isEqualToString:@"no"]){
               newExample.idOfExample = [objString intValue];
            } else if ([keyString isEqualToString:@"title"]) {
               newExample.titleOfExample = objString;
            } else if ([keyString isEqualToString:@"thumb"]) {
               newExample.thumbnailPath = objString;
            }
            [objString release];
            [keyString release];
         }
         [[self appDelegate].exampleArray addObject:newExample];
         [newExample release];
      }
   }
```

위에서 읽은 XML 문자열을 이용해 CXMLDocument 클래스의 오브젝트인 xmlDoc을 만든다. xmlDoc 내의 <item> 태그를 XPath를 이용해 각각의 아이템을 itemArray 안에 CXMLElement 오브젝트로 만들어 넣은 뒤 하나하나의 CXMLElement 오브젝트를 우리가 앱에서 사용할 Example 오브젝트로 변환해낸다.

일단 CXMLElement 오브젝트가 만들어지면 XML은 트리 형태의 구조를 가지게 되고, 자식 노드의 번호로 childAtIndex: 메소드를 이용해 하나하나의 아이템을 읽어낼 수 있다.

이제 RootViewController가 정상적으로 XML을 로드하고 뿌려내는지 확인해보자.

지금까지 UI 테스트를 위해 더미 데이터를 활용하고 있었으므로 몇 부분 코드를 수정해야 한다.

먼저, 더미데이터를 생성하는 코드를 없애야 한다.

TutorialExamplesAppDelegate.m의 -application:didFinishLaunchingWithOptions: 메소드는 다음과 같이 구현된다.

[Listing 2-20] 빈 데이터 배열을 만든다

```
- (BOOL)application:(UIApplication *)application
didFinishLaunchingWithOptions:(NSDictionary *)launchOptions {
```

```
    _exampleArray = [[NSMutableArray alloc]
                      initWithArray:[self createDummy]];
    _exampleArray = [[NSMutableArray alloc] initWithCapacity:10];

    self.window.rootViewController = self.navigationController;
    [self.window makeKeyAndVisible];

    return YES;
}
```

그리고 이미지를 읽는 부분도 조금 변화가 필요하다.

RootViewController.m의 `-tableView:cellForRowAtIndexPath:`에서 이미지를 읽는 부분은 다음과 같이 바뀐다. 로컬에서 읽을 때는 `fileURLWithPath:` 메소드를 사용했지만 서버에 있는 이미지를 로드하기 위해서는 `URLWithString:` 메소드를 사용해야 한다.

[Listing 2-21] 테이블 뷰 셀의 이미지 데이터 읽는 방식을 조금 바꾼다

```
UIImageView *thumbnailImageView = [[UIImageView alloc] initWithFrame:
    CGRectMake(20, 10, 40, 40)];
NSData *imageData = [NSData dataWithContentsOfURL:
    [NSURL fileURLWithPath:currExample.thumbnailPath]];
NSData *imageData = [NSData dataWithContentsOfURL:
                      [NSURL URLWithString:currExample.thumbnailPath]];
UIImage *thumbImage = [UIImage imageWithData:imageData];
thumbnailImageView.image = thumbImage;
[cell.contentView addSubview:thumbnailImageView];
```

Build & Run을 해보자. [그림 2-20]과 같이 데이터가 로딩되는가?

그림 2-20 ● 예제 리스트 XML 파일을 파싱한 후 테이블 뷰에 뿌림

2.5.4 디테일 뷰 데이터 로딩

DetailViewController의 데이터를 로딩하는 방식은 RootViewController에서와 거의 동일하다. DetailViewController의 데이터를 로드하기 위한 XML 파일의 형식은 다음과 같다.

[Listing 2-22] 아이템 1에 대한 XML 응답

```
<?xml version="1.0" encoding="UTF-8" ?><items>
<item>
   <no>1</no>
   <title>LightTheCandle</title>
   <icon>http://lingostar.co.kr/xml/LightTheCandle/LightTheCandle_Icon.png</icon>
   <screenshot>http://lingostar.co.kr/xml/LightTheCandle/
                              LightTheCandle_ScreenShot_1.png</screenshot>
   <screenshot>http://lingostar.co.kr/xml/LightTheCandle/
                              LightTheCandle_ScreenShot_2.png</screenshot>
   <desc>스위치를 켜고 끄면 이미지 뷰의 촛불 그림과 레이블의 문자가 변하는 기본적인 예제.</desc>
   <purpose>Xcode와 InterfaceBuilder의 사용법에 친숙해지고 Obj-C의 기본 문법과
```

```
                                                   메세징 방식을 익힌다</purpose>
    <chapter>Ch3, Ch4, Ch5</chapter>
    <classes>NSObject, UILabel, UIImageView, UISwitch</classes>
</item></items>
```

디테일 뷰 데이터 로드 시 selectedExample의 idOfExample값을 이용해 다시 XML 파일을 요청하고, 다운로드된 파일을 CXMLDocument 파일로 변환한 뒤 XPath로 트리 구조로 만든다.

DetailViewController의 구현 파일에서도 TouchXML을 임포트하고, -viewWillAppear: 메소드에서 XML 요청을 하고 응답을 파싱할 것이다.

[Listing 2-23] DetailViewController에서의 XML 요청과 응답 처리

```
#import "TouchXML.h"
.
.
.
- (void)viewWillAppear:(BOOL)animated
{
    [super viewWillAppear:animated];

        self.title = self.selectedExample.titleOfExample;

    int exampleId = self.selectedExample.idOfExample;
    NSString *request = [NSString stringWithFormat:
                @"http://lingostar.co.kr/xml/index.php?param=item&no=%d",
                exampleId];
    NSURL *xmlURL = [NSURL URLWithString:request];
    NSString *xmlString = [NSString stringWithContentsOfURL:xmlURL
                            encoding:NSUTF8StringEncoding error:nil];
    NSString *tidyXMLString = [xmlString stringByTrimmingCharactersInSet:
                      [NSCharacterSet whitespaceAndNewlineCharacterSet]];
    CXMLDocument *xmlDoc = [[[CXMLDocument alloc] initWithXMLString:
                              tidyXMLString options:CXMLDocumentTidyXML
                              error:nil] autorelease];
    NSArray *itemArray = [xmlDoc nodesForXPath:@"//item" error:nil];
    CXMLElement *currElement = [itemArray lastObject];
    NSMutableArray *screenshots =
                              [[NSMutableArray alloc] initWithCapacity:10];
```

```
    int counter;
    for (counter = 0; counter < [currElement childCount]; counter++) {
        NSString *objString =
                    [[[currElement childAtIndex:counter] stringValue] copy];
        NSString *keyString =
                            [[[currElement childAtIndex:counter] name] copy];

        if ([keyString isEqualToString:@"icon"]) {
            self.selectedExample.iconPath = objString;
        } else if ([keyString isEqualToString:@"screenshot"]) {
            [screenshots addObject:objString];
        } else if ([keyString isEqualToString:@"desc"]) {
            self.selectedExample.descriptionOfExample = objString;
        } else if ([keyString isEqualToString:@"purpose"]) {
            self.selectedExample.purposeOfExample = objString;
        } else if ([keyString isEqualToString:@"chapter"]) {
            self.selectedExample.chapterOfExample = objString;
        } else if ([keyString isEqualToString:@"classes"]) {
            self.selectedExample.classOfExample = objString;
        }
        [objString release];
        [keyString release];
    }
    self.selectedExample.screenShotPathArray = screenshots;
    [screenshots release];
}
```

디테일 뷰의 -viewDidAppear:에서 이미지를 로딩할 때 사용한 메소드는 로컬에 있는 더미데이터를 로드하기 위해 -fileURLWithPath: 메소드를 이용해 이미지 데이터를 읽었지만 이번에는 서버에 있는 이미지 데이터를 로드해야 하므로 -URLWithString:을 사용해야 한다.

[Listing 2-24] 이미지 데이터 읽는 방식을 조금 바꾼다

```
- (void)viewDidAppear:(BOOL)animated
{
    [super viewDidAppear:animated];
    NSData *iconData = [NSData dataWithContentsOfURL:[NSURL
                        fileURLWithPath:self.selectedExample.iconPath]];
```

```
NSData *iconData = [NSData dataWithContentsOfURL:[NSURL
                             URLWithString:selectedExample.iconPath]];
iconImageView.image = [UIImage imageWithData:iconData];

CGSize tableViewSize = descriptionTableView.contentSize;
descriptionTableView.frame = CGRectMake(0, yPosition,
                           tableViewSize.width, tableViewSize.height);
descriptionTableViewHeight = tableViewSize.height;

yPosition =
        yPosition + descriptionTableViewHeight + DescTableViewMargin;
screenShotPageView.frame =
                CGRectMake(0,yPosition, 320, ScreenShotFrameHeight);
screenShotBG.frame =
                CGRectMake(0,yPosition, 320, ScreenShotFrameHeight);

NSArray *screenShotArray = selectedExample.screenShotPathArray;
NSString *screenShotImagePath;
int i, leftOrigin;
for (i=0; i<[screenShotArray count]; i++) {
   leftOrigin = i*(PageWidth+PageSpace*2)+PageSpace;
   CGRect rect = CGRectMake(leftOrigin, 37, PageWidth, PageHeight);
   UIImageView *screenShotContentFrame =
                        [[UIImageView alloc] initWithFrame:rect];
   screenShotContentFrame.image =
                        [UIImage imageNamed:@"scrollviewFrame"];
   [screenShotPageView addSubview:screenShotContentFrame];

   rect = CGRectMake(leftOrigin+6, 37+5, PageContentWidth,
                                           PageContentHeight);
   UIImageView *screenShotContentPage =
                        [[UIImageView alloc] initWithFrame:rect];
   NSString *screenShotImagePath = [screenShotArray objectAtIndex:i];
   NSData *screenshotData = [NSData dataWithContentsOfURL:[NSURL
                        fileURLWithPath:screenShotImagePath]];
   NSData *screenshotData = [NSData dataWithContentsOfURL:[NSURL
                        URLWithString:screenShotImagePath]];
   UIImage *screenshotImage = [UIImage imageWithData:screenshotData];
   screenShotContentPage.image = screenshotImage;
```

```
        [screenShotPageView addSubview:screenShotContentPage];
    }
    screenShotPageView.contentSize =
              CGSizeMake(leftOrigin + PageWidth + PageSpace, PageHeight);

    yPosition = yPosition + ScrollViewHeight;// + ScreenShotFrameMargin;
    screenShotPageControl.frame =
                         CGRectMake(0, yPosition, 320, PageControlHeight);
    screenShotPageControl.numberOfPages = [screenShotArray count];
    screenShotPageControl.currentPage = 0;

    float scrollViewHeight = yPosition + ScreenShotPageControlHeight;
                                        // + ScreenShotPageControlMargin;
    [(UIScrollView *)self.view
                        setContentSize:CGSizeMake(320, scrollViewHeight)];
}
```

Build & Run을 해보자.

그림 2-21 ● DetailViewController까지 완성

여기까지의 예제 파일
TutorialExamples_step4.zip

2.6 비동기(Asynchronous) 로딩

2.6.1 비동기(Asynchronous) 이미지 뷰

지금까지 우리는 XML 파일을 요청하고, 파싱해서 데이터를 뿌리는 작업을 해왔다. 예제에 사용된 이미지는 100KB 정도의 용량이므로 네트워크 상태가 양호한 곳에서는 무리 없이 앱을 사용할 수 있는 수준이다.

하지만 몇 배나 큰 이미지, 사운드, 동영상을 사용하는 앱이라면 지금과 같은 방식으로는 무리가 따른다. 현재 우리 예제에서 목록을 로드하고 화면을 갱신하는 데도 사용자가 불편해할 만큼의 시간이 걸리며, 목록이 늘어나면 사용할 수 없을 정도로 동작이 느려질 것이다.

그러므로 네트워크를 이용하는 앱을 제작하는 경우 비동기(Asynchronous) 방식의 데이터 로딩이 필수적이다.

비동기 방식의 뷰를 구성하는 데 있어서 가장 중요한 점은 사용자의 이벤트에 즉각적으로 반응하는 것이다. 사용자가 어떤 항목을 선택하면 바로 해당 항목의 뷰를 보여주고 즉시 표시할 수 있는 내용을 먼저 표시해준다. 그 후 로딩이 진행 중임을 알리고 로드가 끝나는 대로 화면에 적용하여 모든 뷰 요소가 채워질 때까지 계속 업데이트를 해야 한다. 이런 기능을 잘 활용하면 같은 성능의 기기에서 같은 네트워크를 사용하는 앱이라도 보다 쾌적한 사용자 체험을 제공하여 사용자의 선택을 받게 된다.

이미지를 비동기 로딩하는 `AsyncImageView` 클래스를 만들어서 `RootViewController`와 `DetailViewController`의 모든 서버 로딩 이미지를 표시하는 데 적용해보자.

Xcode의 File → New File... 메뉴를 선택하고 `UIView`의 서브클래스로 `AsyncImageView` 클래스를 만들자.

[Listing 2-25] AsyncImageView의 헤더 파일

```
#import <UIKit/UIKit.h>

@interface AsyncImageView : UIView {
    NSURLConnection *_asynConnection;
```

```
    NSMutableData *_receivedData;
    NSString *_fileName;

    id _delegate;
}

- (void)loadImageFromURL:(NSURL *)url;
- (UIImage *)image;
- (void)saveImage:(NSData *)imageData;
- (void)updateImageViewWithData:(NSData *)imageData;
- (NSString *)applicationDocumentDirectory;

@property (assign) id delegate;
@end

@protocol AsyncImageViewDelegate
@required
- (void)updateAsyncImageView:(AsyncImageView *)asyncImageView;
@end
```

NSURLConnection 클래스는 이번 비동기 로딩의 핵심 클래스로서, URL Request를 제공하면 해당 URL에서 데이터 로딩을 시작하며, 로드된 데이터는 델리게이트 메소드를 이용해 처리하게 된다. 그러므로 NSURLConnection에서 몇몇 델리게이트 메소드는 필수적으로 사용해야 한다.

Note | NSURLConnection의 델리게이트 메소드

`-(void)connection:(NSURLConnection *)connection didReceiveData:(NSData *)data`

비동기 커넥션으로부터 조금씩 넘어오는 데이터를 처리하는 유일한 메소드이다. 이 메소드 내에서 반드시 넘어오는 데이터를 쌓아놓는 작업을 해야 한다.

`-(void)connectionDidFinishLoading:(NSURLConnection *)connection`

비동기 커넥션이 전체 데이터 로딩을 완료한 경우 호출되는 메소드이다. 데이터 수신이 완료되었으므로 수신된 데이터를 처리하는 작업을 해야 한다.

`-(void)connection:(NSURLConnection *)connection didFailWithError:(NSError *)error`

비동기 커넥션이 요청된 데이터를 로딩할 수 없게 되었을 때 호출되는 메소드이다. 에러 처리를 해야 한다.

NSURLConnection 오브젝트에 NSURLRequest 오브젝트를 설정하면 커넥션이 연결되고 데이터 송수신이 시작된다. NSURLRequest의 타입에 따라서 http POST 방식의 커넥션을 만들 수도 있다.

우리는 AsyncImageView 클래스의 헤더에서 델리게이트 프로토콜을 선언했다. 어떤 오브젝트가 AsyncImageView를 사용할 때 델리게이트를 지정하도록 하고, AsyncImageView의 이미지 로딩이 끝나면 델리게이트 오브젝트에게 로딩 완료를 알려서 뷰의 레이아웃을 다시 짜도록 한다. 이미지의 크기가 일정한 경우라면 큰 효용이 없겠지만 다양한 크기의 이미지를 로드하고, 그 이미지의 크기에 따라 슈퍼 뷰의 레이아웃이 다시 짜여져야 한다면 이와 같은 콜백(Callback) 함수는 유용하게 사용할 수 있다.

먼저 AsyncImageView가 URL을 요청받아서 커넥션을 만드는 부분을 작성한다.

AsyncImageView.m에 다음 메소드를 추가한다.

[Listing 2-26] 다운로드된 파일이 있는지 점검하고 없으면 요청하는 메소드

```
- (void)loadImageFromURL:(NSURL *)url
{
   NSAutoreleasePool *pool = [[NSAutoreleasePool alloc] init];

   if (_asynConnection != nil) [_asynConnection release];
   if (_receivedData != nil) [_receivedData release];

   _fileName = [[[url path] lastPathComponent] copy];
   NSString *savePath = [[self applicationDocumentDirectory]
                              stringByAppendingPathComponent:_fileName];

   if (![[NSFileManager defaultManager] fileExistsAtPath:savePath]){
      UIImageView *imageView = [[[UIImageView alloc] initWithImage:
                  [UIImage imageNamed:@"loading.png"]] autorelease];
      [self addSubview:imageView];
      imageView.frame = self.bounds;
      [imageView setNeedsLayout];
      [self setNeedsLayout];

      NSURLRequest *request = [NSURLRequest
        requestWithURL:urlcachePolicy:NSURLRequestUseProtocolCachePolicy
                                                   timeoutInterval:60];
      _asynConnection = [[NSURLConnection alloc] initWithRequest:request
                                                       delegate:self];
   } else {
      NSData *imageData = [NSData dataWithContentsOfFile:savePath];
```

```
        [self updateImageViewWithData:imageData];
    }

    [pool release];
}
```

위 코드는 사용자의 아이폰에 한번 다운로드한 데이터의 캐시를 남기는 경우를 가정해서 작성한 것이다. 동일한 파일 이름을 가진 이미지가 앱의 도큐멘트 경로에 있는 경우 커넥션을 만들지 않고 바로 사용하고 캐시된 파일이 없으면 로딩을 시작한다.

로딩을 시작하기 전에 사용자에게 로딩 중이라는 안내용 이미지를 보여주는 정도의 친절은 기본이다.

애플리케이션의 도큐먼트 디렉토리는 다음과 같이 접근할 수 있다.

[Listing 2-27] 애플리케이션의 도큐멘트 디렉토리에 접근하는 메소드

```
- (NSString *)applicationDocumentDirectory
{
    NSArray *paths = NSSearchPathForDirectoriesInDomains
                        (NSDocumentDirectory, NSUserDomainMask, YES);
    return [paths lastObject];
}
```

커넥션이 연결되었으면 최소한 두 개의 델리게이트 메소드를 구현해야 한다. 다음 메소드를 AsyncImageView.m에 추가하자.

[Listing 2-28] NSURLConnection의 델리게이트 메소드

```
#pragma mark -
#pragma mark NSURLConnection Delegate

- (void)connection:(NSURLConnection *)connection didReceiveData:(NSData *)data
{
    if (_receivedData == nil) _receivedData =
                        [[NSMutableData alloc]initWithCapacity:2048];
    [_receivedData appendData:data];
}
```

```
- (void)connectionDidFinishLoading:(NSURLConnection *)connection
{
    //asynConnection.delegate = nil;
    [_asynConnection release];
    _asynConnection = nil;
    if ([self.subviews count] > 0){
        [[self.subviews lastObject] removeFromSuperview];
    }
    [self updateImageViewWithData:_receivedData];
    [self saveImage:_receivedData];
}
```

커넥션으로부터 전달받은 데이터를 _receivedData에 차곡차곡 쌓아두다가 커넥션이 데이터 수신을 완료했다는 호출이 오면 그 데이터를 이용해 화면을 업데이트하는 메소드를 호출하고 이미지 데이터는 저장한다.

이미지를 업데이트하는 메소드인 -updateImageViewWithData: 메소드는 커넥션 완료 시뿐만 아니라 -loadImageFromURL: 메소드에서 다운로드 파일이 존재하는 경우에도 호출된 적 있는 메소드이다.

[Listing 2-29] 다운로드가 완료된 이미지를 업데이트 하는 메소드

```
- (void)updateImageViewWithData:(NSData *)imageData
{
    UIImageView *imageView = [[[UIImageView alloc] initWithImage:
                        [UIImage imageWithData:imageData]] autorelease];
    [self addSubview:imageView];
    imageView.frame = self.bounds;
    [imageView setNeedsLayout];
    [self setNeedsLayout];

    if (_delegate != nil &&
          [_delegate respondsToSelector:@selector(updateAsyncImageView:)])
        [_delegate updateAsyncImageView:self];
}
```

델리게이트가 있는지 그리고 델리게이트가 프로토콜 메소드를 구현하고 있는지 확인한 후 -updateAsyncImageView: 메소드를 호출해서 슈퍼 뷰가 레이아웃을 다시 잡을 수 있도록 한다.

이미지를 저장하는 메소드와 현재 뷰가 표시하고 있는 이미지를 리턴하는 메소드를 추가한다.

[Listing 2-30] 이미지를 리턴하고 저장하는 메소드

```
- (UIImage *)image
{
   UIImageView *imageView = [self.subviews lastObject];
   return imageView.image;
}

- (void)saveImage:(NSData *)imageData
{
   NSString *savePath = [[self applicationDocumentDirectory]
                        stringByAppendingPathComponent:_fileName];

   BOOL result = [imageData writeToFile:savePath atomically:NO];
}
```

이제 RootViewController와 DetailViewController가 사용하고 있는 UIImageView들을 AsyncImageView로 대체하는 작업을 한다.

먼저, RootViewController와 DetailViewController에 AsyncImageView의 헤더를 각각 임포트한다.

[Listing 2-31] 두 개의 뷰 컨트롤러에 AsyncImageView의 헤더 임포트

```
#import "AsyncImageView.h"
```

RootViewController에서는 테이블 뷰 셀을 만들어서 리턴하는 메소드인 -tableView:cellForRowAtIndexPath: 메소드에서 썸네일을 표시하는 이미지 뷰를 비동기 로딩 방식으로 변경한다.

[Listing 2-32] RootViewController의 테이블 뷰 셀 이미지를 비동기 로딩 방식으로 바꾼다

```
- (UITableViewCell *)tableView:(UITableView *)tableView
        cellForRowAtIndexPath:(NSIndexPath *)indexPath {


   static NSString *CellIdentifier = @"Cell";
```

```
UITableViewCell *cell =
        [tableView dequeueReusableCellWithIdentifier:CellIdentifier];
if (cell == nil) {
   cell = [[[UITableViewCell alloc]
            initWithStyle:UITableViewCellStyleDefault
            reuseIdentifier:CellIdentifier] autorelease];
}

UIImageView *cellBkgView = [[UIImageView alloc] initWithImage:
                              [UIImage imageNamed:@"listFrame"]];
[cell.contentView addSubview:cellBkgView];
// Configure the cell.
Example *currExample = [[self appDelegate].exampleArray
                              objectAtIndex:indexPath.row];

UIImageView *thumbnailImageView =
       [[UIImageView alloc] initWithFrame:CGRectMake(20, 10, 40, 40)];
NSData *imageData = [NSData dataWithContentsOfURL:[NSURL
                       URLWithString:currExample.thumbnailPath]];
UIImage *thumbImage = [UIImage imageWithData:imageData];
thumbnailImageView.image = thumbImage;

AsyncImageView *thumbnailImageView =
    [[AsyncImageView alloc] initWithFrame:CGRectMake(20, 10, 40, 40)];
[thumbnailImageView loadImageFromURL:[NSURL
                       URLWithString:currExample.thumbnailPath]];
[cell.contentView addSubview:thumbnailImageView];

UILabel *titleLabel = [[UILabel alloc] initWithFrame:
                              CGRectMake(100, 15, 200, 30)];
titleLabel.font = [UIFont boldSystemFontOfSize:21];
titleLabel.textColor = [UIColor darkGrayColor];
titleLabel.backgroundColor = [UIColor clearColor];
titleLabel.text = currExample.titleOfExample;
[cell.contentView addSubview:titleLabel];

cell.accessoryType = UITableViewCellAccessoryDisclosureIndicator;
```

```
    return cell;
}
```

테이블 뷰 셀 내에서는 레이아웃을 다시 만들 필요가 없으므로 AsyncImageView의 델리게이트는 지정하지 않았다.

Build & Run을 해보자. 아마 테이블 뷰의 스크롤이 보다 부드러워졌음을 느낄 수 있을 것이다. UIImageView를 이용할 때는 테이블 뷰가 셀을 다시 그릴 때마다 반복적으로 이미지를 서버에서 로드해서 사용하고 있었는데, AsyncImageView로 변경한 뒤 한 번 로드한 이미지 파일은 로컬에 저장해두고 다시 읽을 때는 로컬에서 읽어들이므로 반응 속도가 한결 나아짐을 느낄 수 있을 것이다.

[Listing 2-33] DetailViewController의 헤더는 다음과 같이 변경된다

```
#import <UIKit/UIKit.h>
#import "Example.h"
#import "AsyncImageView.h"

@interface DetailViewController : UIViewController
<UITableViewDataSource, UITableViewDelegate, UIScrollViewDelegate>{
    Example *_selectedExample;

    UILabel *_titleLabel;
    UIImageView *_iconImageView;
    AsyncImageView *_iconImageView;
    UITableView *_descriptionTableView;
    UIImageView *_screenShotBG;
    UIScrollView *_screenShotPageView;
    UIPageControl *_screenShotPageControl;

    float _yPosition;
    float _descriptionTableViewHeight;
}

@property (retain) Example *selectedExample;
@end
```

[Listing 2-34] - loadView 메소드 중 iconImageView를 초기화하는 부분을 찾아 다음과 같이 변경한다

```
    _yPosition = VMargin;
    _iconImageView = [[UIImageView alloc] initWithFrame:CGRectMake(
            (320-ImageViewSize)/2, _yPosition, ImageViewSize, ImageViewSize)];
    [detailScrollView addSubview:_iconImageView];
    _iconImageView = [[AsyncImageView alloc]
                         initWithFrame:CGRectMake((320-ImageViewSize)/2,
                         _yPosition, ImageViewSize, ImageViewSize)];
    [detailScrollView addSubview:_iconImageView];
```

-viewDidAppear: 메소드에서는 iconImageView에 로드 요청을 하고, 스크린샷 이미지들도 AsyncImageView로 변경한다.

[Listing 2-31] viewDidAppear:메소드는 다음과 같이 변경된다

```
- (void)viewDidAppear:(BOOL)animated
{
    [super viewDidAppear:animated];

    NSData *iconData = [NSData dataWithContentsOfURL:[NSURL
                                  URLWithString:selectedExample.iconPath]];
    _iconImageView.image = [UIImage imageWithData:iconData];

    [iconImageView loadImageFromURL:[NSURL URLWithString:selectedExample.iconPath]];

    CGSize tableViewSize = _descriptionTableView.contentSize;
    _descriptionTableView.frame = CGRectMake(0, _yPosition,
                              tableViewSize.width, tableViewSize.height);
    _descriptionTableViewHeight = tableViewSize.height;

    _yPosition = _yPosition + _descriptionTableViewHeight + VMargin;
    _screenShotPageView.frame = CGRectMake(0, _yPosition, 320, ScrollViewHeight);
    _screenShotBG.frame = CGRectMake(0, _yPosition, 320, ScrollViewHeight);

    NSArray *screenShotArray = self.selectedExample.screenShotPathArray;
    int i, leftOrigin;
    for (i=0; i<[screenShotArray count]; i++) {
        leftOrigin = i*(PageWidth+PageSpace) + PageSpace;
```

```
    CGRect rect = CGRectMake(leftOrigin, 37, PageWidth, PageHeight);
    UIImageView *screenShotContentFrame =
                                    [[UIImageView alloc] initWithFrame:rect];
    screenShotContentFrame.image = [UIImage imageNamed:@"scrollviewFrame"];
    [_screenShotPageView addSubview:screenShotContentFrame];

    rect = CGRectMake(leftOrigin+6, 37+5, PageContentWidth, PageContentHeight);
    UIImageView *screenShotContentPage = [[UIImageView alloc]
                                                        initWithFrame:rect];
    NSString *screenShotImagePath = [screenShotArray objectAtIndex:i];
    NSData *screenshotData = [NSData dataWithContentsOfURL:[NSURL
                                   URLWithString:screenShotImagePath]];
    UIImage *screenshotImage = [UIImage imageWithData:screenshotData];
    screenShotContentPage.image = screenshotImage;
    AsyncImageView *screenShotContentPage =
                                  [[AsyncImageView alloc] initWithFrame:rect];
    NSString *screenShotImagePath = [screenShotArray objectAtIndex:i];
    [screenShotContentPage loadImageFromURL:[NSURL
                                   URLWithString:screenShotImagePath]];
    [_screenShotPageView addSubview:screenShotContentPage];
  }
  _screenShotPageView.contentSize =
            CGSizeMake(leftOrigin + PageWidth+PageSpace, PageHeight);

  _yPosition = _yPosition + ScrollViewHeight;
  _screenShotPageControl.frame = CGRectMake(0, _yPosition, 320, PageControlHeight);
  _screenShotPageControl.numberOfPages = [screenShotArray count];
  _screenShotPageControl.currentPage = 0;

  float scrollViewHeight = _yPosition + PageControlHeight;
  [(UIScrollView *)self.view setContentSize:CGSizeMake(
                                              320, scrollViewHeight)];
}
```

Build & Run을 해보자. 이미지들이 로딩 이미지로 일단 표시된 후 로딩이 완료되면 업데이트되는 것을 볼 수 있다.

2.7 정리 & 추가과제

지금까지 우리는 서버에 데이터를 요청하고 수신한 XML 데이터에 기반해서 뷰를 업데이트하는 예제를 만들어 봤다.

예제를 만드는 과정에서 최대한 상업용 앱을 만들 때 기본적으로 수행하게 되는 커스터마이즈와 UI의 설정도 함께 다루었으며, 대용량의 데이터를 로딩하는 방식에 대해서도 배웠다.

이 예제만으로 OpenAPI를 사용하는 상용 앱을 만들기는 어렵지만 추가 과제들에 대한 고민을 더한다면 충분히 쓸만한 앱을 만들 수 있으리라 본다.

2.7.1 테이블 뷰 셀 커스터마이즈

이번 예제에서 만든 테이블 뷰 셀은 외형만 살짝 바꾼 것에 지나지 않는다. 실제 앱을 만들다 보면 테이블 뷰 셀은 편집모드 진입, 순서 재정렬 등 여러 가지 다양한 상황들에 접하게 되므로 테이블 뷰 셀을 서브클래스해야 하는 경우가 발생할 것이다. 예제를 확장해서 테이블 뷰의 편집 기능을 추가하고 테이블 뷰 셀을 커스터마이즈해보자.

2.7.2 비동기(Asynchronous) XML 로딩

현재 XML 파일은 비동기 방식의 로딩을 하지 않고 있다. XML 파일도 용량이 커지면 서버로부터 바로 내려받기가 어려울 수 있으므로 XML 파일의 로딩도 비동기 방식으로 바꿔보자.

2.7.3 저장된 이미지 파일의 처리

다운로드한 파일을 로컬에 저장해놓고 다시 다운로드할 필요 없이 바로 읽어쓰는 방식은 아이폰처럼 네트워크의 성능이 보장되지 않은 환경에서는 유용한 방식이다. 하지만 이와 같은 방식을 사용하는 경우 다운로드한 파일을 언제 지울 것인지를 판단하는 문제가 있다.

너무 자주 비우면 파일 저장의 효과가 떨어지고, 너무 오래 보관하면 앱의 용량이 커질 뿐더러 업데이트된 내용을 반영하기 어려운 경우가 생긴다.

적당한 방식에 대해 고민하고 토론해보자.

APPENDIX A

Block & GCD

쓰레드 없는 코딩

iPHONE SDK TUTORIAL ADVANCE

학습 목표

1. Grand Central Dispatch의 개념을 이해한다.
2. Block 방식의 코딩을 읽고 쓸 수 있다.

목차

A.0 Thread 와 GCD

CPU의 클럭 스피드가 한계점에 도달한 지금, 하드웨어를 발전시키고 새로운 기기를 보다 잘 팔기 위해서 칩셋 제조 업체들이 선택한 방식은 코어의 수를 늘리는 것이었다. 하지만 듀얼코어가 싱글코어의 두 배 성능을 내지는 못한다. 4개의 코어를 가지고 있다고 해서 4배의 속도로 동작할 수는 없다. 하드웨어는 다중 코어이지만 프로그램은 하나의 작업을 여러개의 코어에 분산시키고 그 결과를 다시 가져오는 방식에 최적화되어 있지 않기 때문이다.

다중 코어 CPU를 만드는 작업을 폄하하고 싶은 생각은 없지만, 하드웨어가 성능 향상을 위해 코어를 여러 개 붙여버리는 것처럼 소프트웨어에서 그런 식으로 성능 향상을 하는 것은 쉽지가 않다. 멀티 쓰레드를 이용하는 프로그램을 작성하는 것은 매우 어려운 일이다. 그리고 그 목표가 다중 코어의 성능을 최대한 끌어내기 위해 멀티 쓰레드를 이용하는 것이라면 문제는 더 복잡해진다. 작업을 최대한 쪼개서 쉬는 코어가 없도록 여러 개의 쓰레드를 만들고 작업을 분산해야 하기 때문이다.

내가 만드는 프로그램이 다중 코어의 강력한 컴퓨팅 능력이 필요하지 않은 애플리케이션이라고 생각한다면 이런 예를 들어보면 어떨까? 우리는 매우 시간이 많이 걸리는 복잡한 계산을 하고 있다. 또는 네트워크로부터 파일을 다운로드하는 중이다. 이 작업을 메인 쓰레드에서 하고 있다면 어떤 일이 벌어질까? UI 요소들은 메인 쓰레드에서 동작하는데, 그 메인 쓰레드가 시간이 걸리는 작업을 하고 있다면 사용자는 아무런 일도 하지 못하고 기다리고 있어야 한다. 우리가 맥을 사용하면서 만나게 되는 회전하는 비치볼을 생각해보자. 마우스 커서가 컬러 비치볼로 변해서 회전하고 있을 때 우리는 아무런 일을 할 수 없다. 그냥 무기력하게 어서 빨리 비치볼이 사라지고 정상적인 화살표 커서가 나타나기를 기다릴 뿐이다. 쓰레드를 잘 이용하면 사용자가 비치볼을 보는 경우를 줄여줄 수 있다. 시간이 많이 걸리는 작업의 경우 별도의 쓰레드에서 작업을 요청하고 그 작업이 끝나면 콜백 함수를 이용해 결과를 반영하도록 하는 것이다. 설명은 간단하지만 실제로 구현하려면 만만치 않은 작업이다. 하지만 사용자가 체감하는 속도가 크게 향상되므로 가치있는 작업이다.

GCD(Grand Central Dispatch)를 이용하면 어려운 쓰레드 작업을 개발자가 직접하지 않아도 된다. 쓰레드를 이용해 코어의 활용을 최적화하는 작업이 어려운 이유는 쓰레드를 무조건 많이 만드는 게 효율적이지는 않기 때문이다. 쓰레드가 많으면 작업 내용을 각각의 쓰레드에 분기하고 그 결과를 취합하는 데 오히려 더 많은 컴퓨팅 파워가 소모될 수 있다. GCD를 이용하면 이런 걱정을 하지 않아도 된다. 코어의 개수에 따라 최적의 쓰레드를 만들고 없애면서 블럭 단위의 작업을 처리해준다. 우리가 할 일은 작업의 종류에 따라 queue를 만들고 queue에 블럭 단위의 작업을 만들어 넣어주는 것이다.

A.1 블럭(Block) 문법

A.1.1 기본적인 형태 익히기

Objective-C 2.1에 블럭 문법이 도입된 후 이전까지는 델리게이트를 지정해서 처리했을 법한 작업들을 이제는 블럭을 이용해 바로 콜백 함수를 지정하는 경우가 많아졌다. 그만큼 샘플코드들을 읽다보면 블럭을 상징하는 ^ 문자를 흔히 볼 수 있게 되었고, 블럭을 이해하지 못하면 코딩을 하기 어려운 정도가 되었다.

지금 잠깐의 시간을 투자해서 블럭 문법을 공부하고 넘어가자. 이 책의 곳곳에 블럭을 이용하는 코드가 사용될 것이므로 이 책을 공부하기 위해서라도 블럭의 이해는 필수이다.

블럭의 기본 구성은 [Listing A-1]과 같다. ^ (캐럿, /ˈkærət/) 문자가 제일 먼저 나와서 블럭 코드의 시작을 알리고 그 뒤에 리턴 타입과 변수가 지정된다. 중괄호가 열린 후 중괄호가 닫힐 때까지의 코드가 하나의 블럭을 이룬다.

[Listing A-1] Block 구문의 구성

```
^ int (NSArray *itemArray) { return [itemArray count]; } ················❶
ReturnType    Argument                        Body

^ (NSArray *itemArray) { NSLog (@"%d", [itemArray count]); } ··········❷
^  { NSLog (@"%@", @"Inside Block"); } ···································❸
```

리턴 타입이 void인 경우는 생략 가능하다. 즉 [Listing A-1]의 ❶번 코드에서 return type이 void라면 ❷번 코드와 같을 것이다. ❷번 코드는 사실상 void를 숨기고 있다.

```
^ void (NSArray *itemArray) { NSLog (@"%d", [itemArray count]); }
```

매개변수를 넘겨줄 필요가 없다면 역시 생략 가능하다. 위 ❷번 코드에서 매개변수인 itemArray를 넘겨받을 필요가 없다면 ❸번 코드와 같이 변경된다. ❷번 코드는 사실상 두 개의 void를 숨기고 있다.

```
^ void (void) { NSLog (@"%@", @"Inside Block"); }
```

위와 같은 블럭 구문을 포인터로 만들 수 있다. 블럭 포인터는 함수 포인터와 달리 *가 아닌 ^를 사용한다. [Listing A-2]의 ❶번 코드가 블럭 포인터를 만드는 방법이다. ❷번의 Multiply라는 이름의 블럭은 정수 두 개를 매개변수로 받아 그 둘의 곱을 정수값으로 리턴한다.

[Listing A-2] Block 구문의 구성

```
int (^myBlock)(int) = ^(int num) { return [obj testValue: value];} ··❶
ReturnType  Name  Argument                    Block Literal

int (^Multiply)(int, int) = ^(int num1, int num2) { ····················❷
   return num1 * num2;
};
```

A.1.2 블럭의 속성

블럭은 코드 조각을 나타내는 Objective-C 오브젝트이다. 함수 포인터와 다른 점은 복사된 오브젝트의 형태를 가진다는 것이다. 즉, 실행 코드가 오브젝트화한 것이라 보면 된다.

블럭은 스택에서 나와서 힙으로 복사된다. 그러므로 변수들은 private하다.

다음은 WWDC 2010의 Session 102에 나온 코드 조각이다. 블럭의 개념을 이해하기에 좋을 것 같아 예를 들어보자. [Listing A-3]에는 myBlock이라는 블럭이 있다. myBlock이 만들어질 때 multiplier는 7이었으며, 이후 multiplier가 13으로 변경되어도 그대로 7이다. 그 결과, myBlock에 3을 넣고 실행하면 21이라는 값이 로그에 찍힌다.

[Listing A-3] Block은 복사된다.

```
int multiplier = 7;
int (^myBlock)(int) = ^(int num) { return num * multiplier; };
multiplier = 13;

printf("%d\n", myBlock(3));
```

이와 같은 이유 때문에 블럭 내에서 변수의 값이 변경되어야 하는 경우라면 __block으로 변수를 지정해줘야 한다. [LIsting A-4]의 ❶에서 볼 수 있듯이 블럭 바깥에서 선언된 x는 블럭 내에서 수정되지 않는다. 블럭 내에서 값이 변경되려면 ❷에서와 같이 변수 앞에 __block으로 선언해 줘야 한다.

[Listing A-4] __block으로 지정된 변수는 수정 가능

```
int x = 123;                                    ┐
void (^printXAndY)(int) = ^(int y) {            │
   x=x+y;                                       │
   printf("%d %d\n", x, y);                     ├ ❶
};                                              │
printXAndY(456); // prints: 123 456             ┘

__block int x = 123;                            ┐
void (^printXAndY)(int) = ^(int y) {            │
   x = x+y;                                     │
   printf("%d %d\n", x, y);                     ├ ❷
};                                              │
printXAndY(456); // prints: 579 456             ┘
```

A.1.3 GCD의 속성

GCD의 queue는 블럭의 리스트이며 FIFO(First In, First Out) 방식으로 동작한다.

dispatch_async()를 호출해서 큐에 블럭을 더한다. 블럭 실행이 끝나면 자동으로 큐에서 빠져 나온다.

메인 큐는 UIKit의 메인 런루프와 함께 동작하면서 UI 이벤트나 UI의 업데이트를 관리하는 큐로서 dispatch_get_main_queue() 함수를 통해 메인 큐에 접근할 수 있다.

가끔 dispatch_sync() 함수를 사용하는 경우가 있다. 이 함수는 async와 반대로 블럭이 끝날 때까지 기다린다는 것이 다르다.

GCD의 큐를 이용하는 방식에 대해 다음 챕터에서 예제를 통해 알아보자.

> **Note | 스택(Stack)과 힙(Heap)**
>
> 블럭을 이용한 코딩을 하기 위해서는 스택과 힙에 대한 개념이 필요하다. 메모리 구조의 기본이므로 잘 알고 있겠지만 다시 한번 살펴보고 넘어가자.

A.2 GCD를 이용한 TutorialExamples

1장의 TutorialExamples 예제는 OpenAPI를 통해 XML 데이터로 넘겨받은 내용을 파싱한 뒤 이미지 파일의 URL을 읽어내고, 해당 URL에 있는 용량이 큰 데이터 파일을 비동기식(Asynchronous)으로 읽어서 화면에 표시한다.

TutorialExamples_Step5까지는 비동기식으로 이미지 파일을 읽어오지 않고 TutorialExamples_Step6에서 AsyncImageView 클래스를 이용하면서부터 비동기식 이미지 로드를 한다. 비동기식 로딩을 적용한 이후 가장 큰 차이점은 UI가 얼지 않는다는 것이다. TutorialExamples_Step5에서 이미지가 로드되기 전에 스크롤을 시도해보자. 아마 우리의 터치에 전혀 반응하지 않다가 이미지 로드가 끝난 뒤 갑작스럽게 화면이 업데이트 되는 것을 알 수 있을 것이다.

이번에 우리가 할 내용은 TutorialExamples_Step6의 GCD적인 구현이다. "1.6 비동기 로딩"에서는 AsyncImageView라는 비동기식으로 이미지를 로딩하는 뷰를 직접 구현해서 UI가 얼어버리는 것을 해결했지만, 이번에는 보다 간편하게 GCD와 Block을 이용함으로서 비동기식 로딩을 구현해보자.

비동기 로딩이 아직 구현되지 않은 TutorialExamples_Step5를 수정할 것이다.

수정할 부분은 두 곳이다. RootViewController의 테이블 뷰 셀 내에서 썸네일 이미지를 로드해서 뿌리는 부분과 DetailViewController에서 아이콘 이미지와 스크린샷 이미지를 로드해서 뿌리는 부분이다.

먼저 RootViewController의 썸네일 이미지를 로드하는 부분을 변경해보자. [Listing A-5]는 RootViewController의 -tableView:cellForRowAtIndexPath: 메소드이다.

[Listing A-5] 테이블 뷰 셀에서 썸네일 이미지 로드에 GCD를 이용한다.

```
Example *currExample = [[self appDelegate].exampleArray
                                     objectAtIndex:indexPath.row];

UIImageView *thumbnailImageView = [[UIImageView alloc]
                        initWithFrame:CGRectMake(20, 10, 40, 40)];

dispatch_queue_t thumbnail_queue =
                dispatch_queue_create("thumbnail_queue", NULL);
dispatch_async( thumbnail_queue , ^{
   NSData *imageData = [NSData dataWithContentsOfURL:[NSURL
                        URLWithString:currExample.thumbnailPath]];
   dispatch_async(dispatch_get_main_queue(), ^{
      UIImage *thumbImage = [UIImage imageWithData:imageData];
      thumbnailImageView.image = thumbImage;
   });
});
   [cell.contentView addSubview:thumbnailImageView];
   dispatch_release(thumbnail_queue);
```

dispatch_queue_create() 함수를 이용해 큐를 하나 만들고, URL로부터 데이터를 로딩하는 블럭을 dispatch_async() 함수를 이용해 큐에 건다. 받아온 데이터를 이용해 이미지 오브젝트를 만들고 이미지 뷰에 그 이미지를 넣는 작업은 UI를 업데이트하는 작업이므로 메인 큐에서 해야한다. dispatch_get_main_queue() 함수를 이용해 메인 큐를 얻어내고 이미지 업데이트 블럭을 메인 큐에 건다.

이제 DetailViewController의 -viewDidAppear 메소드를 보자. 마찬가지로 URL로부터 이미지 데이터를 읽어와 이미지 뷰에 업데이트하는 코드가 있다. 이미지를 모두 읽어서 화면에 뿌리기 전까지 사용자의 이벤트가 차단되는 코드가 바로 이 곳이다. 여기도 [Listing A-6]과 같이 GCD와 Block을 이용하는 코드로 변경한다.

[Listing A-6] 디테일 뷰에서 이미지를 로드하는 코드에 GCD를 이용한다.

```
- (void)viewDidAppear:(BOOL)animated
{
      [super viewDidAppear:animated];

   dispatch_queue_t image_queue =
                              dispatch_queue_create("image_queue", NULL);

   dispatch_async(image_queue, ^{
      NSData *iconData = [NSData dataWithContentsOfURL:[NSURL
                           URLWithString:selectedExample.iconPath]];
      dispatch_async(dispatch_get_main_queue(), ^{
         _iconImageView.image = [UIImage imageWithData:iconData];
      });
   });
   CGSize tableViewSize = _descriptionTableView.contentSize;
   _descriptionTableView.frame = CGRectMake(0, _yPosition,
                              tableViewSize.width, tableViewSize.height);
   _descriptionTableViewHeight = tableViewSize.height;

   _yPosition = _yPosition + _descriptionTableViewHeight + VMargin;
   _screenShotPageView.frame =
                        CGRectMake(0, _yPosition, 320, ScrollViewHeight);
   _screenShotBG.frame =
                        CGRectMake(0, _yPosition, 320, ScrollViewHeight);

   NSArray *screenShotArray = self.selectedExample.screenShotPathArray;
   int i, leftOrigin;
   for (i=0; i<[screenShotArray count]; i++) {
      leftOrigin = i*(PageWidth+PageSpace) + PageSpace;
         CGRect rect = CGRectMake(leftOrigin, 37, PageWidth, PageHeight);
      UIImageView *screenShotContentFrame =
                              [[UIImageView alloc] initWithFrame:rect];
      screenShotContentFrame.image =
                              [UIImage imageNamed: @"scrollviewFrame"];
      [_screenShotPageView addSubview:screenShotContentFrame];

      rect = CGRectMake(leftOrigin+6, 37+5, PageContentWidth,
                        PageContentHeight);
```

```
    UIImageView *screenShotContentPage =
                                [[UIImageView alloc] initWithFrame:rect];
    NSString *screenShotImagePath = [screenShotArray objectAtIndex:i];

    dispatch_async(image_queue, ^{
        NSData *screenshotData = [NSData dataWithContentsOfURL:[NSURL
                                       URLWithString:screenShotImagePath]];
        dispatch_async(dispatch_get_main_queue(), ^{
            UIImage *screenshotImage =
                                [UIImage imageWithData:screenshotData];
            screenShotContentPage.image = screenshotImage;
        });
    });
    [_screenShotPageView addSubview:screenShotContentPage];
  }
  _screenShotPageView.contentSize =
          CGSizeMake(leftOrigin + PageWidth+PageSpace, PageHeight);

  _yPosition = _yPosition + ScrollViewHeight;
  _screenShotPageControl.frame = CGRectMake(0, _yPosition, 320,
       PageControlHeight);
  _screenShotPageControl.numberOfPages = [screenShotArray count];
  _screenShotPageControl.currentPage = 0;

  float scrollViewHeight = _yPosition + PageControlHeight;
  [(UIScrollView *)self.view setContentSize:CGSizeMake(
                                         320, scrollViewHeight)];
  dispatch_release(image_queue);
}
```

Build & Run을 해보자. 테이블 뷰에 썸네일 이미지가 업데이트되지 않았을 때 또는 디테일 뷰에 이미지가 로드되지 않았을 때 스크롤을 시도해보자. 즉각 반응하면서 스크롤할 수 있을 것이다.

여기까지의 예제 파일
TutorialExamples_GCD.zip

APPENDIX

B

URL Scheme

앱에서 앱 호출하기

iPHONE SDK TUTORIAL ADVANCE

학습 목표

1. URL Scheme을 이해한다.
2. TutorialExamples 예제와 각각의 예제 앱들 간의 호출을 만들어 본다.

목차

B.0 URL 스킴(Scheme)이란?

스킴(scheme, 계획, 설계)이라는 용어는 다양한 분야에서 다양한 의미로 사용된다. 아이폰 앱 개발자들에게 URL 스킴은 앱 간의 통신을 위한 일종의 프로토콜이다.

간단한 예를 들어보자. 우리나라의 은행 앱들은 공인 인증서를 사용해서 로긴이나 거래 서명을 하도록 되어 있다. 모든 은행 앱들이 제각각 인증서를 앱 내부에 가지고 있으면서 로긴과 서명에 이용하도록 한다면 아이폰에서 우리나라 은행의 거래를 한다는 건 재앙이 되어버린다.

이 문제의 가장 좋은 해결사가 바로 URL 스킴을 이용하는 것이다. URL 스킴을 이용하면 [그림 B-1]과 같이 인증서는 인증서 관리 앱에 모아두고 은행이나 증권같이 인증서를 이용한 서명을 필요로 하는 앱에서 호출해 사용할 수 있다.

그림 B-1 ● 은행 앱과 인증서 앱 간의 스위칭

위와 같은 스위칭이 바로 URL 스킴을 이용한 앱 스위칭이다. 은행 앱은 인증서 관리 앱을 호출할 때 사용하는 특정한 URL이 있을 것이며, 인증서 앱은 은행 앱에 값을 돌려주기 위한 특정 URL이 있을 것이다. 서로 상대방을 호출하는 방식만 안다면 URL 스킴을 이용해 얼마든지 값을 주고받으면서 통신할 수 있다.

B.1 URL 스킴(Scheme) 구현법

URL 스킴을 구현하는 방법은 간단하다. 내가 만드는 앱의 plist에 URL Schemes를 등록해두고 그 내용을 공개하면 된다. 예를 들어, 내가 'CampusMap'이라는 앱을 만들고 외부에서 나의 앱을 호출할 때는 'campusmap://'이라는 프로토콜을 사용하길 원한다면 앱의 `plist`에 그렇게 설정하면 된다.

프로토콜 뒤에는 매개변수를 전달할 수도 있다. 예를 들어, 다른 앱에서 나의 CampusMap 앱을 호출하면서 제공하는 매개변수에 따라 앱을 시동하면서 지도의 시작 위치를 다르게 제공할 수 있다. 이것도 외부에 공개하는 약속이다. 'campusmap://location=central_lib' 이라고 하면 중앙도서관의 지도를 첫 화면에 보여주고 'campusmap://location=main_enterance' 라고 하면 정문의 지도를 보여주겠다고 외부에 알려준다. 앱 내에서 실제로 그렇게 구현해주면 된다.

URL 스킴을 잘 이용하면 나의 앱이 다른 앱과 보다 잘 연동하게 되고, 그만큼 내 앱의 효용이 커져서 앱이 성공하는 데 도움이 될 것이다.

다음 사이트들에서 아이폰 앱들이 제공하는 URL Scheme을 검색해볼 수 있다. 원하지 않는 충돌을 피할 수 있으며, 나의 URL 스킴도 다른 앱에서 사용할 수 있도록 등록하자.

- http://handleopenurl.com/
- http://wiki.akosma.com/IPhone_URL_Schemes

Note | URL 스킴의 충돌

URL 스킴은 Bundle Identifier와 달리 자유롭게 만들어 사용하는 것이기 때문에 아이폰 내에서 두 개 이상의 앱이 동일한 URL 스킴을 이용하는 경우가 발생할 수 있다.

이 경우 iOS는 어떻게 해결할까? 답은 간단하다. 사용자에게 맡긴다. 서로 다른 앱이 동일한 URL 스킴을 이용하는 경우, 액션 시트가 나와서 어떤 앱으로 갈지 사용자에게 선택하도록 하는 것이다. 간단하지만 가장 명쾌한 방법이다.

B.2 TutorialExamples 예제를 위한 URL 스킴(Scheme)

TutorialExamples은 이 책의 기본서인 'iPhone SDK 튜토리얼' 의 예제들을 정리해놓은 앱이다. 그러므로 각각의 예제를 설명하는 페이지에서 해당 예제를 바로 실행해보는 기능이 있으면 앱이 보다 유용해진다.

각 예제별 URL 스킴은 다음과 같이 결정했다.

예제 이름	URL 스킴
LightTheCandle	lightcandle://
HumanResource	humanresource://
WorldPhotos	worldphotos://
SimpleSketch	simplesketch://
AnalogClock	analogclock://
Helicopter	helicopter://
SimpleCounter	simplecounter://

TutorialExamples 예제의 모든 내용은 XML 응답 파일을 파싱해서 얻는다. 그러므로 예제에 대한 자세한 설명이 담긴 응답 XML 파일 내에는 URL 스킴이 포함되어야 한다.

개별 응답 XML 파일은 [Listring B-1]과 같이 넘어올 것이다. 우리는 `<urlscheme>`이라는 태그에 붙은 값을 읽어내면 된다.

[Listing B-1] 각 항목의 응답 xml 파일에는 urlscheme이 포함된다

```
<item>
    <no>7</no>
    <title>SimpleCounter</title>
    <icon>http://lingostar.co.kr/xml/SimpleCounter/SimpleCounter_Icon.png
    </icon>
    <screenshot>http://lingostar.co.kr/xml/SimpleCounter/
                                SimpleCounter_ScreenShot_1.png</screenshot>
    <screenshot>http://lingostar.co.kr/xml/SimpleCounter/
                                SimpleCounter_ScreenShot_2.png</screenshot>
    <screenshot>http://lingostar.co.kr/xml/SimpleCounter/
                                SimpleCounter_ScreenShot_3.png</screenshot>
    <screenshot>http://lingostar.co.kr/xml/SimpleCounter/
                                SimpleCounter_ScreenShot_4.png</screenshot>
    <screenshot>http://lingostar.co.kr/xml/SimpleCounter/
                                SimpleCounter_ScreenShot_5.png</screenshot>
    <desc>카운터 프로그램</desc>
    <purpose>뷰 애니메이션을 사용할 수 있다. KVO를 활용해서 구조를 깔끔하게 만드는 법을 알아본다.
                              게임 킷을 이용해서 블루투스 P2P 통신을 경험한다.</purpose>
    <chapter>Ch12, Ch17</chapter>
```

```
    <classes>CATransition, NSObject(KVO), GKPeerPickerController</classes>
    <urlscheme>simplecounter</urlscheme>
</item>;
```

SimpleSketch 앱에서도 준비해야 할 부분이 있다. 바로 [그림 B-2]와 같이 info.plist에 URL types라는 항목을 넣고 자기 자신의 번들 identifier를 URL identifier로 등록해주는 것이다. simplecounter://라는 프로토콜로 URL이 호출되면 kr.co.lingostar.SimpleCounter라는 번들 identifier를 가진 앱이 받게 된다.

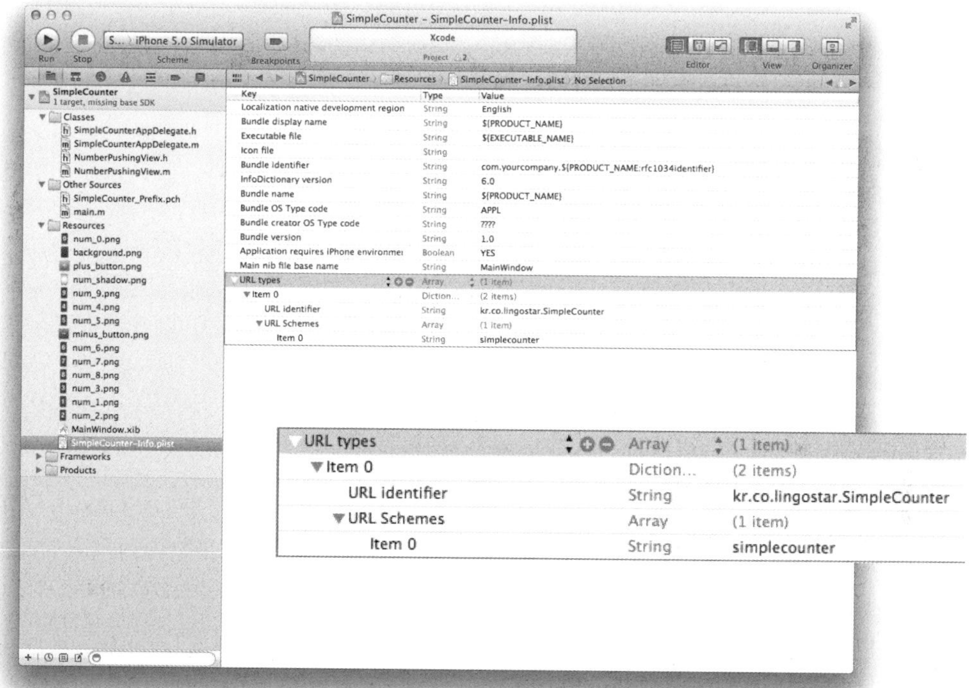

그림 B-2 ● SimpleCounter의 info.plist에 수신할 URL type 항목을 추가한다

URL 스킴을 통해 호출된 경우 -application:openURL:sourceApplication:annotation: 메소드가 호출된다. 이 메소드 내에서 URL의 매개변수들을 처리할 수 있다.

B.3 TutorialExamples에 URL 스킴 적용하기

먼저 TutorialExamples를 수정해보자. 모델 클래스인 Example의 헤더와 구현부는 다음 [Listing B-2]와 같이 변경된다.

<Listing B-2> Example 클래스에 urlScheme 인스턴스 변수를 추가한다.

```
//--------------------- Example.h ------------------//
#import <Foundation/Foundation.h>
@interface Example : NSObject {
   int _idOfExample;
   NSString *_titleOfExample;
   NSString *_descriptionOfExample;
   NSString *_purposeOfExample;
   NSString *_chapterOfExample;
   NSString *_classOfExample;
   NSString *_thumbnailPath;
   NSString *_iconPath;
   NSArray *_screenShotPathArray;
   NSString *_urlScheme;
}
@property int idOfExample;
@property (copy) NSString *titleOfExample;
@property (copy) NSString *descriptionOfExample;
@property (copy) NSString *purposeOfExample;
@property (copy) NSString *chapterOfExample;
@property (copy) NSString *classOfExample;
@property (copy) NSString *thumbnailPath;
@property (copy) NSString *iconPath;
@property (retain) NSArray *screenShotPathArray;
@property (copy) NSString *urlScheme;
@end

//--------------------- Example.m ------------------//
#import "Example.h"
@implementation Example
@synthesize idOfExample = _idOfExample;
@synthesize titleOfExample = _titleOfExample;
@synthesize descriptionOfExample = _descriptionOfExample;
```

```
@synthesize purposeOfExample = _purposeOfExample;
@synthesize chapterOfExample = _chapterOfExample;
@synthesize classOfExample = _classOfExample;
@synthesize thumbnailPath = _thumbnailPath;
@synthesize iconPath = _iconPath;
@synthesize screenShotPathArray = _screenShotPathArray;
@synthesize urlScheme = _urlScheme;
@end
```

예제에 대한 자세한 뷰를 뿌리는 DetailViewController의 -viewWillAppear: 메소드에 <urlScheme> 태그를 읽어내는 코드를 추가한다. 해당 앱을 실행할 수 있는 버튼은 바 버튼 아이템에 넣어주자.

<Listing B-3> 뷰가 보여지기 전에 XML 응답을 파싱하면서 urlScheme 값을 확보한다.

```
- (void)viewWillAppear:(BOOL)animated
{
   [super viewWillAppear:animated];

   self.title = self.selectedExample.titleOfExample;
   UIBarButtonItem *goURLBarButton = [[UIBarButtonItem alloc]
        initWithTitle:@"Go" style:UIBarButtonItemStylePlain target:self
        action:@selector(goURL:)];
   self.navigationItem.rightBarButtonItem = goURLBarButton;

   int exampleId = self.selectedExample.idOfExample;
   NSString *request = [NSString stringWithFormat:@"http:
         //lingostar.co.kr/xml/index.php?param=item&no=%d", exampleId];
     NSURL *xmlURL = [NSURL URLWithString:request];
     NSString *xmlString = [NSString stringWithContentsOfURL:xmlURL
          encoding:NSUTF8StringEncoding error:nil];
     NSString *tidyXMLString = [xmlString stringByTrimmingCharactersInSet:
                    [NSCharacterSet whitespaceAndNewlineCharacterSet]];
     CXMLDocument *xmlDoc = [[[CXMLDocument alloc]
            initWithXMLString:tidyXMLString options:CXMLDocumentTidyXML
            error:nil] autorelease];
     NSArray *itemArray = [xmlDoc nodesForXPath:@"//item" error:nil];
     CXMLElement *currElement = [itemArray lastObject];
```

```
    NSMutableArray *screenshots =
                            [[NSMutableArray alloc] initWithCapacity:10];

    int counter;
    for (counter = 0; counter < [currElement childCount]; counter++) {
        NSString *objString =
                [[[currElement childAtIndex:counter] stringValue] copy];
        NSString *keyString =
                        [[[currElement childAtIndex:counter] name] copy];

        if ([keyString isEqualToString:@"icon"]) {
            self.selectedExample.iconPath = objString;
        } else if ([keyString isEqualToString:@"screenshot"]) {
            [screenshots addObject:objString];
        } else if ([keyString isEqualToString:@"desc"]) {
            self.selectedExample.descriptionOfExample = objString;
        } else if ([keyString isEqualToString:@"purpose"]) {
            self.selectedExample.purposeOfExample = objString;
        } else if ([keyString isEqualToString:@"chapter"]) {
            self.selectedExample.chapterOfExample = objString;
        } else if ([keyString isEqualToString:@"classes"]) {
            self.selectedExample.classOfExample = objString;
        } else if ([keyString isEqualToString:@"urlscheme"]) {
            self.selectedExample.urlScheme = objString;
        }
        [objString release];
        [keyString release];
    }
    self.selectedExample.screenShotPathArray = screenshots;
    [screenshots release];
}
```

이제 바 버튼 아이템이 선택되면 호출되는 `-goURL:` 메소드를 만들어 보자.

[Listing B-4] 뷰가 보여지기 전에 XML 응답을 파싱하면서 urlScheme값을 확보한다.

```
- (IBAction)goURL:(id)sender
{
```

```
    NSString *exampleURLString = [NSString stringWithFormat:@"%@://",
                                  self.selectedExample.urlScheme];
    [[UIApplication sharedApplication] openURL:[NSURL
                                        URLWithString:exampleURLString]];
}
```

UIApplication에 +sharedApplication 메소드를 호출해서 싱글톤 오브젝트에 접근한 뒤 -openURL 메소드로 해당 URL로 가도록 한다. -openURL로 호출할 수 있는 기본 URL 스킴들은 'iPhone SDK 튜토리얼' 의 Note 중 '마법의 Link' 를 참고하자.

Build & Run을 해보자. [그림 B-3]과 같이 화면의 오른쪽 상단에 Go 바 버튼 아이템이 생겼다. 버튼을 터치해도 아직은 아무런 작동을 하지 않을 것이다. 'simplesketch://' 라는 URL에 반응하는 앱이 없기 때문이다.

그림 B-3 ● Go 버튼 추가

이제 SimpleSketch 프로젝트의 SimpleCounterAppDelegate 클래스에 다음 [Listing B-5]와 같은 코드를 추가한다. 이왕이면 -application:didFinishLaunchingWithOptions: 메소드 주변에 구현해서 사용자가 직접 아이콘을 터치해서 들어온 경우와 다른 초기 동작을 만들어 주자.

[Listing B-5] 뷰가 보여지기 전에 XML응답을 파싱하면서 urlScheme값을 확보한다.

```
- (BOOL)application:(UIApplication *)application openURL:(NSURL *)url
sourceApplication:(NSString *)sourceApplication annotation:(id)annotation
{
   NSLog(@"URL = %@", [url path]);
   return YES;
}
```

SimpleCounter를 Build & Run을 해보자. 일단 SimpleSketch가 설치되고 나면 TutorialExamples에서 URL 스킴을 이용해 실행 가능하다.

여기까지의 예제 파일
TutorialExamples_AppendixA.zip, SimpleCounter_AppendixA.zip

CHAPTER 03

LBS

Location Based Service

아이폰은 휴대장치이므로 사용자의 위치에 기반한 정보를 제공한다면 앱의 가치는 더욱 높아질 것이다. 앱 내에서 위치 기반 서비스를 이용하기 위한 방법을 CampusMap 예제를 통해 알아보자.

미리보기

학습목표

1. 위치 기반 서비스(LBS) 구현을 위한 API들을 알아본다.
2. 지도에 대한 이해도를 높인다.
3. MapKit 프레임워크의 부가적인 기능들을 익힌다.

학습목차

3.1 LBS의 개요

3.1.1 LBS

아이폰이 보급되면서 가장 비약적으로 발전하는 분야가 바로 위치 기반 서비스 제공이라 할 수 있다.

아이폰과 함께 위치 기반 서비스가 발전할 수 있는 이유는 개인용 컴퓨터 수준의 기능을 갖춘 아이폰을 항상 휴대하고 다닌다는 점이다. 언제 어디에서나 인터넷 연결이 가능하고 GPS 등의 장치를 이용해 위치를 확인할 수 있으며, 컨텐츠를 생산할 수 있는 능력도 가지고 있기 때문에 다른 기기와 달리 위치 기반 서비스의 활용도가 매우 크다.

어느 지역에 진입하는 순간 해당 지역의 뉴스를 펼쳐 보일 수도 있고, 가장 가까운 은행 위치를 알려줄 수도 있으며, 같은 관심사를 가진 사람이 근처에 있음을 알려줄 수도 있다.

2차원적인 맵에 표시하거나 음성으로 알려주거나 증강현실 형태로 방향까지 알려주는 것은 단지 표현 방식의 문제일 뿐이다. 중요한 것은 위치에 기반해서 유용한 서비스를 제공한다는 것이다.

3.1.2 LBS와 관련된 아이폰의 역사

iPhone SDK 2.0은 iPhone 3G와 함께 발표되었다. iPhone 3G는 이름 그대로 3G 이동통신망을 사용하며, GPS(Global Positioning System) 수신기를 탑재한 최초의 아이폰이었다. iPhone3G와 함께 선보인 iPhone SDK 2.0에는 GPS로부터 정보를 얻어내는 CoreLocation 프레임워크가 추가되었다.

CoreLocation을 통해 사용자의 GPS 정보를 얻어내기는 했지만 그 정보는 숫자로 된 위도와 경도 그리고 고도 정보일 뿐이며, 지도에 해당 위치를 찍는 것은 웹 뷰를 이용하거나 외부 라이브러리를 활용하는 등 개발자에게 맡겨진 상태였다.

iPhone 3Gs와 함께 iPhone SDK 3.0이 발표되면서 MapKit 프레임워크가 추가되어 개발자가 손쉽게 구글 지도를 이용하고 CoreLocation을 통해 얻어낸 사용자 위치 정보를 지도에 표시할 수 있게 되었다. 그리고 iPhone 3Gs에는 전자나침반(Digital Compass)이 포함되어 방향(Heading) 정보를 얻을 수 있게 된다. 이때부터 증강현실(AR, Argumented Reality) 기술이 사용되기 시작해서 현재 사용자의 위치에서 어느 방향으로 몇 m에 관심지점(POI, Point Of Interesting)이 있다는 것을 카메라 화면 위에서 알려주는 앱을 개발할 수 있게 되었다.

3.2 CoreLocation과 MapKit

3.2.1 CoreLocation

코어로케이션 프레임워크는 여섯 개의 클래스와 하나의 델리게이트 프로토콜로 이루어진 간단한 API로서 CLLocationManager가 위치 정보를 얻어오는 데 중심적인 역할을 한다. 코어로케이션이 사용자의 위치 정보를 알아내는 방법은 크게 3가지이다.

먼저, 아이폰의 서비스 제공자(이동통신사)의 중계기 위치값을 이용하는 방법이다. 아이폰은 항상 이동통신사의 중계기와 연결되어 있으므로 이동통신사의 중계기를 이용하면 사용자의 지역을 알아낼 수 있다. 물론 중계기를 이용해 얻어지는 위치값은 오차 범위가 지름 1~3km 정도로 매우 크지만 원하는 바로 값을 얻을 수 있다. 아이팟 터치에서는 사용할 수 없다.

두 번째는 GPS 수신기를 이용해 위치값을 얻어내는 것이다. GPS 수신기 회로에 전원이 공급되고 유효한 위치값을 수신하기까지 시간이 걸리지만 매우 정확한 값을 얻어낼 수 있다. 오차범위는 지름 40m 이내이다.

마지막으로 WiFi(Wireless Fidelity) 공유기(AP, Access Point)를 이용하는 방법으로, WiFi 신호 도달 거리인 지름 100m 정도의 정확도를 가진다. 하지만 AP의 MAC 어드레스가 Skyhook Wireless라는 회사에 등록되어 있어야 위치를 알 수 있다. 현재 국내에 잡히는 대부분의 무료 AP는 등록이 되어 있지 않아 위치 정보를 제공할 수 없다.

코어로케이션 프레임워크는 위의 3가지 중 사용 가능한 방법으로 최대한 정확한 정보를 구해내어 우리에게 제공한다. 우리가 직접 위 3가지 방법 중 하나를 선택할 수는 없다.

위치 정보를 알아내는 데 있어서 주의할 점은, 정확한 위치를 희망할 수록 위치를 잡는 데 시간이 많이 걸리고 사용자 아이폰의 배터리도 많이 소모된다는 것이다. 그리고 사용자가 위치 정보 수집을 거부하면 위치값을 얻을 수 없다.

> **Note |** CLLocationManager 클래스와 CLLocationManagerDelegate 프로토콜
>
> `CLLocationManager`는 사용자의 위치를 알아내는 데 사용하는 유일한 클래스이다. `CLLocationManager`를 만들고 설정한 뒤, 위치 업데이트를 시작하면 `CLLocationManagerDelegate`에 선언된 메소드를 통해 `CLLocation` 오브젝트가 넘어온다.

CLLocationManager의 속성과 메소드

`distanceFilter`

업데이트 정보가 만들어지기 위해 움직여야 하는 최소한의 거리 설정

`desiredAccuracy`

10m에서 3km까지의 정확도 설정

`kCLLocationAccuracyBest`

`kCLLocationAccuracyNearestTenMeters`

`kCLLocationAccuracyHundredMeters`

`kCLLocationAccuracyThreeKilometers`

`locationServicesEnabled`

이 값이 NO이면 사용자가 환경설정에서 위치 정보 서비스를 끈 상태이므로 위치 정보를 이용하는 코드를 건너뛰거나 사용자에게 경고를 보낼 수 있다.

`+(BOOL)headingAvailable`

사용자의 기기가 방향 정보를 제공할 수 있는 지를 확인한다.

`headingFilter`

방향 정보가 만들어지기 위해 회전해야 하는 최소한의 각도 설정

`-(void)startUpdatingLocation`

`-(void)stopUpdatingLocation`

위치 정보 업데이트를 시작하고 멈춘다.

`-(void)startUpdatingHeading`

`-(void)stopUpdatingHeading`

방향 정보 업데이트를 시작하고 멈춘다.

CLLocationManagerDelegate의 메소드

`-(void)locationManager:(CLLocationManager *)manager didUpdateToLocation:(CLLocation *)newLocation fromLocation:(CLLocation *)oldLocation`

위치 정보가 업데이트된 경우 이전의 위치값과 현재의 위치값이 `CLLocation` 오브젝트로 넘어온다.

`-(void)locationManager:(CLLocationManager *)manager didUpdateHeading:(CLHeading *)newHeading`

방향 정보가 업데이트된 경우 새로운 방향 정보값이 `CLHeading` 오브젝트로 넘어온다.

CLLocation의 프라퍼티와 메소드

`CLLocation`은 위도, 경도, 고도 값을 가지는 오브젝트이다.

`-(id)initWithLatitude:(CLLocationDegrees)latitude longitude:(CLLocationDegrees)longitude`
위도, 경도값을 이용해 CLLocation 오브젝트를 만든다.

`coordinate`
위도와 경도값을 가지는 구조체인 CLLocationCoordinate2D 프라퍼티

`altitude`
고도값을 가지는 double 타입의 프라퍼티

`timeStamp`
위치값이 생성된 날짜와 시각을 가지는 NSDate 오브젝트 프라퍼티

`speed`
현재 방향으로의 순간 속도를 가지는 double 타입의 프라퍼티. - 값은 잘못된 속도값이다.

`course`
정북을 기준으로 시계방향의 각도 값. 동쪽은 90, 남쪽은 180이다. CLHeading으로부터 얻어낸 방향값은 나침반에 기반한 각도 값이며 course 값은 이동의 방향이다.

CLHeading의 프라퍼티와 메소드

CLHeading은 진북과 자북값 외에 값을 계산하는 데 사용한 x, y, z raw 데이터도 넘겨준다.

`magneticHeading`
자북을 기준으로 현재의 방향을 각도로 표시한 double 타입의 프라퍼티이다.

`trueHeading`
진북을 기준으로 현재의 방향을 각도로 표시한 double 타입의 프라퍼티이다.

CLGeocoder의 프라퍼티와 메소드

위도와 경도로 표시되는 좌표는 지구상의 지점을 가리키는 가장 정확한 단위이지만 사람이 직접 사용하기에는 무리가 따른다. 일상적으로 사용하는 주소값을 정확한 좌표값으로 바꾸는 것을 지오코딩(Geocoding)이라 한다. 반대로 좌표를 주소값으로 바꾸는 것을 리버스지오코딩(Reverse-geocoding)이라 한다.

CLGeocoder 클래스는 주소에서 좌표를 얻는 지오코딩과 좌표를 이용해 주소를 만드는 리버스지오코딩을 모두 지원한다. 참고로 CLGeocoder는 iOS SDK 5에서 추가된 것이며, iOS SDK 4까지는 MapKit의 MKReverseGeocoder 클래스를 이용해 리버스지오코딩만 할 수 있었다.

```
-(void)reverseGeocodeLocation:(CLLocation *)location
        completionHandler:(CLGeocodeCompletion Handler)completionHandler
```
GPS를 통해 얻어낸 좌표값을 이용해 주소를 찾아낸다. 시간이 걸리는 작업이므로 비동기적으로 동작하며, 주소를 찾았을 때 동작할 completionHandler의 코드 블럭을 매개변수로 제공해야 한다. 리턴 값은 CLPlacemark이며 원하는 주소를 읽어낼 수 있다.

```
-(void)geocodeAddressString:(NSString *)addressString
completionHandler:(CLGeocodeCompletion Handler)completionHandler
```

주소를 나타내는 문자열을 이용해 좌표를 구한다. 시간이 걸리는 작업이므로 비동기적으로 동작하며, 좌표를 찾았을 때 동작할 `completionHandler`의 코드 블럭을 매개변수로 제공해야 한다. 리턴 값은 `CLPlacemark`이며, 원하는 좌표를 읽어낼 수 있다.

CLPlacemark의 프라퍼티와 메소드

주어진 좌표에 대한 플레이스마크 정보를 가진다. 플레이스마크 정보에는 좌표와 국가, 주, 도시, 거리 등이 있다. 보통 `CLGeocoder`에 의해 만들어지지만 우리가 직접 만들어도 된다.

`addressDictionary`

주소값을 가지는 `NSDcitionary` 오브젝트이다.

`areasOfInterest`

플레이스마크 주변의 대표적인 랜드마크를 가진다. 경복궁, 에펠탑 등

3.2.2 MapKit

MapKit 프레임워크는 지도를 앱 내에 편리하게 포함시킬 수 있도록 해주는 프레임워크이다. 현재는 구글 지도만을 제공하고 있으며 MKMapView를 이용하면 편리하게 지도와 위성사진, 하이브리드 맵을 사용자에게 제공할 수 있다.

MKMapView의 사용법은 아주 간단하다. 그냥 MapKit.framework를 프로젝트에 링크하고 맵뷰를 윈도우에 더하는 것만으로도 네트워크가 연결되어 있는 곳에서 세계지도를 볼 수 있다. 지도의 이동과 확대 · 축소는 기본적으로 제공되며, 지도 데이터는 자동으로 캐싱된다.

MKMapView에 원하는 영역을 표시하기 위해서는 MKRegion값을 설정하면 되는데, MKRegion은 위도와 경도 값을 가지는 CLLocationCoordinate2D와 MKCoordinateSpan으로 이루어져 있다. (지도 영역 표시는 'iPhone SDK 튜토리얼' 의 7장 WorldPhotos 예제를 참고한다.)

MapKit은 지도를 표시하는 것 외에도 다양한 기능들을 제공한다. 지도에 원하는 위치를 표시하고 해당 위치의 상세 정보 콜아웃(Callout)을 표시하는 기능 등이 iPhone SDK 3.0에서 기본적으로 제공되었으며, iPhone SDK 4.0이 발표되면서 MapKit은 지도 위에 도형이나 선을 그리고 나아가서 다른 지도를 얹을 수 있는 등 보다 다양한 기능을 제공하고 있다.

Note | MapKit의 주요 클래스와 프로토콜

MapKit에는 많은 클래스들이 있으나 크게 나누면 MKMapView, MKAnnotation 프로토콜, MKOverlay 프로토콜로 구분된다. 하나하나 살펴보자.

MKMapView 클래스

`MapKit`의 중심이 되는 뷰이다.

`region`

맵의 표시 영역을 설정한다.

`-(void)addAnnotations:(NSArray *)annotations`

지도 위에 위치 표시 아이템들을 더한다.

`-(void)addOverlays:(NSArray *)overlays`

지도 위에 선이나 원등의 그림을 더한다.

`-(CGPoint)convertCoordinate:(CLLocationCoordinate2D)coordinate toPointToView:(UIView *)view`

`-(CLLocationCoordinate2D)convertPoint:(CGPoint)point toCoordinateFromView:(UIView *)view`

지도상의 위치와 뷰의 좌표계 간의 위치값을 변환해준다.

MKAnnotation 프로토콜

맵위에 표시되는 오브젝트들이 준수해야 하는 메소드를 선언한 프로토콜이다. 어떤 오브젝트든지 `MKAnnotation` 프로토콜을 지키기만 하면 지도 위에 자신의 위치를 표시할 수 있다.

실제 지도 위에 그려지는 뷰는 `MKAnnotationView`의 서브클래스이다.

MKOverlay 프로토콜

지도 위에 그려지는 도형들이 준수해야 하는 메소드를 선언한 프로토콜이다. 어떤 오브젝트든지 `MKOverlay` 프로토콜을 지키기만 하면 지도 위에 그려질 수 있다. 실제 지도 위에 그려지는 뷰는 `MKOverlayView`의 서브클래스이다.

3.3 예제 소개

이번 장에서는 아이폰에서 사용 가능한 위치 기반 API를 소개하고 그것들을 적절히 활용해서 간단한 위치 기반 앱을 만들어보자.

앱의 이름은 CampusMap이다. 학교생활에 필요한 도서관, 식당, 프린터의 위치를 지도에 표시하고 나의 현재 위치로부터의 거리를 표시하는 앱이다. 마지막에는 증강현실도 살짝 가미해볼 것이다.

앱은 [그림 3-1]과 같이 두개의 탭 바 아이템으로 구성되며, 첫 번째 탭에는 지도가, 두 번째 탭에는 리스트가 표시된다.

지도 뷰에는 관심지점(POI)의 핀을 종류별로 다른 모양으로 표시하며, 리스트 뷰에는 관심지점이 펼쳐지고 접히는 테이블 뷰를 만들어 볼 것이다.

그림 3-1 ● 완성된 CampusMap 예제

3.4 기본 UI 구성

3.4.1 Empty Application에서 시작하기

CampusMap은 탭 바 컨트롤러를 사용하는 애플리케이션이지만 우리는 `Tabbed Application` 템플리트가 아닌 `Empty Application` 템플리트에서 시작한다.

`Empty Application` 템플리트는 아이폰 앱을 구동하기 위한 최소한의 클래스와 인터페이스 파일을 제공하므로 우리가 원하는 방향으로 직접 추가해가며 앱을 만들기에 적당하다.

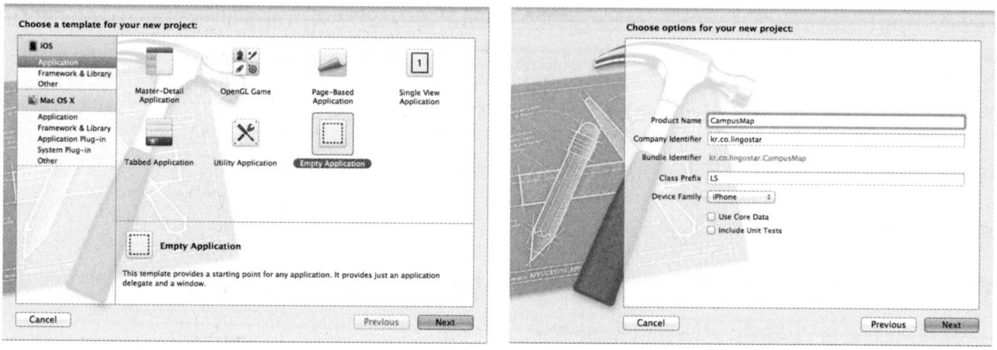

그림 3-2 ● 빈 애플리케이션을 만든다

우리는 위치 정보와 지도를 다룰 예정이므로 `MapKit.framework`와 `CoreLocation.framework`를 추가하자.

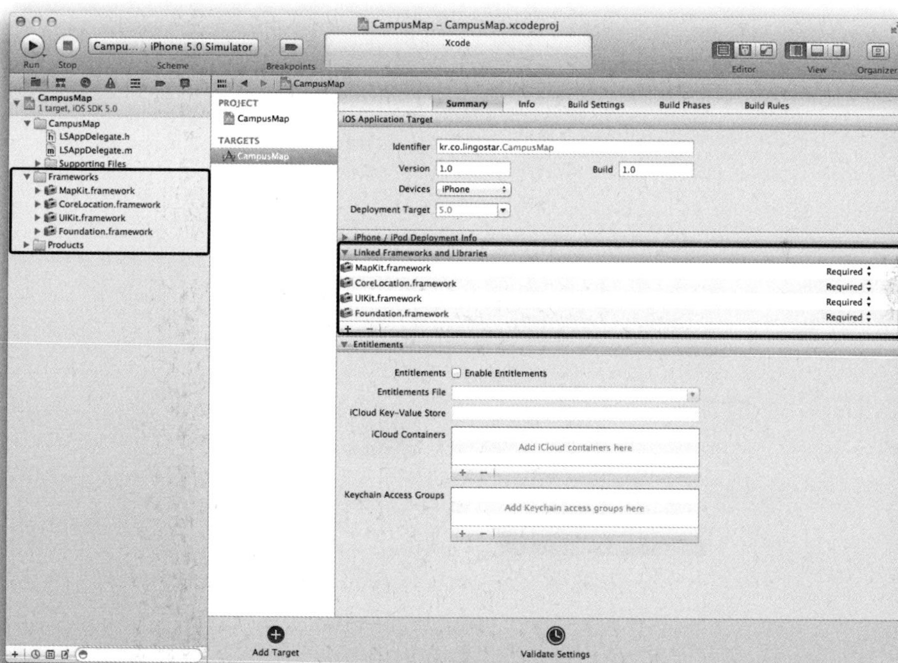

그림 3-3 ● 프레임워크 추가

Empty Application은 AppDelegate 클래스만 제공하고 있으며, -application:didFinishLaunchingWithOptions: 메소드에서 윈도우를 생성하고 화면에 채운다. 그러므로 이 메소드 내에서 윈도우의 rootViewController를 구성해야 한다.

[그림 3-4]는 뷰 컨트롤러 구성을 보여준다.

❶ 윈도우 안에는 탭 바 컨트롤러가 있다.

❷ 탭 바 컨트롤러에는 두 개의 뷰 컨트롤러가 묶인다. 이때, 네비게이션을 위해 네비게이션 컨트롤러를 만들어 탭 바 컨트롤러에 묶는다.

❸ 맵 뷰 컨트롤러와 리스트 뷰 컨트롤러는 네비게이션 컨트롤러의 루트 뷰 컨트롤러로 제공한다.

여기에서 핵심은 맵 뷰 컨트롤러와 리스크 뷰 컨트롤러를 탭 바 컨트롤러에 바로 제공하지 않고, 네비게이션 컨트롤러를 만들어서 탭 바 컨트롤러에 묶어주는 것이다. 이렇게 해야 각각의 탭에서 뷰의 전환이 일어날 수 있다.

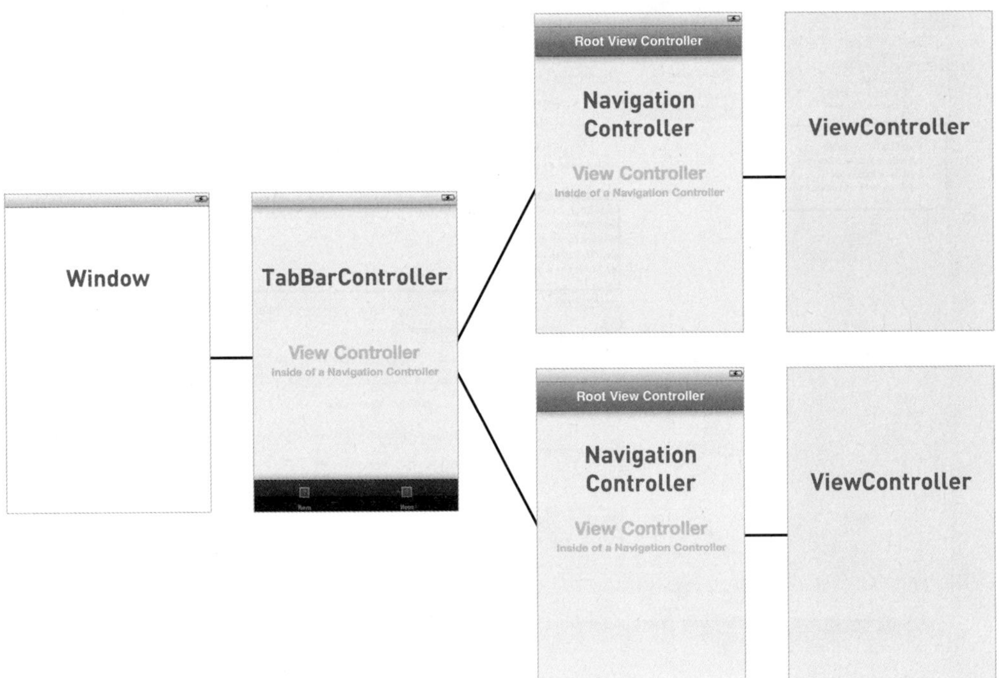

그림 3-4 ● 뷰 컨트롤러의 구성

지도와 POI 리스트를 표시할 뷰 컨트롤러를 만들어 보자. [그림 3-5]와 같이 File→New→New File... 메뉴를 이용해서 `UIViewController`의 서브클래스로 `CampusMapViewController`를 만들고, `UITableViewController`의 서브클래스로 `CampusPOIViewController`를 만들자.

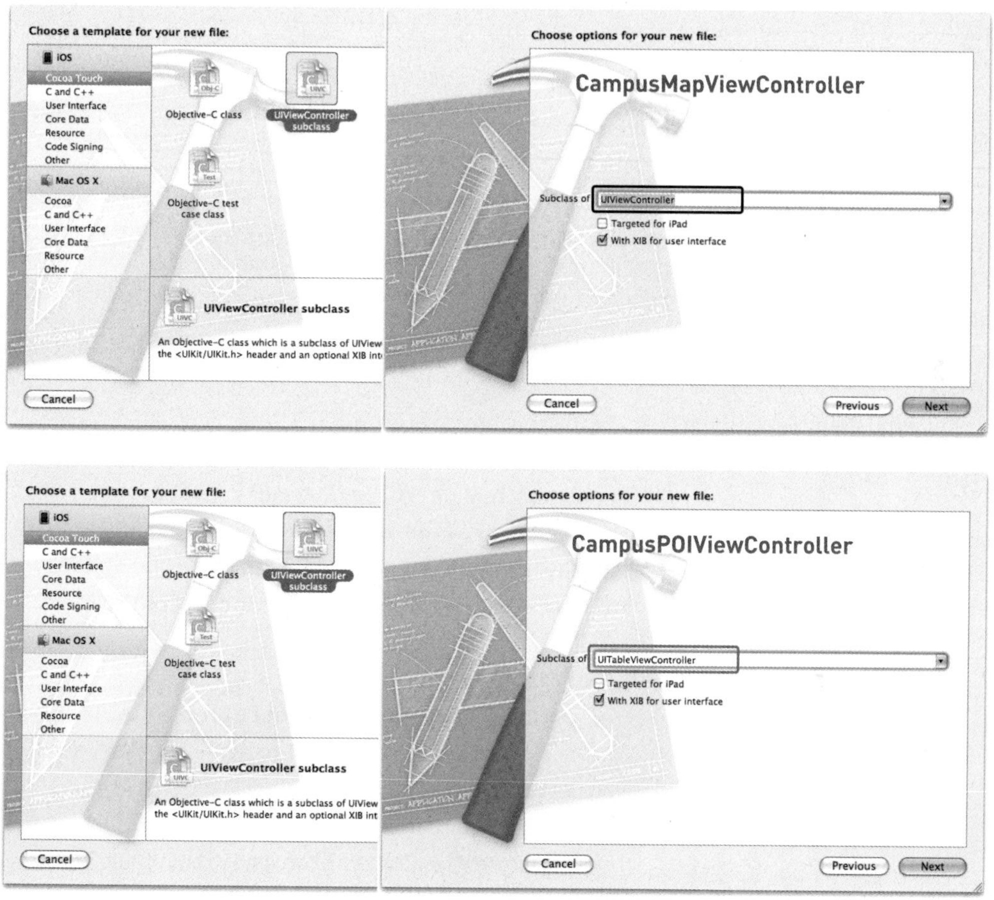

그림 3-5 • 뷰 컨트롤러 만들기

뷰 컨트롤러 파일이 생성되었으면 [Listing 3-1]과 같이 `LSAppDelegate.m`의 `-application:didFinishLaunching WithOptions:` 메소드를 구현한다.

[Listing 3-1] 뷰 컨트롤러들을 구성해서 윈도우에 넣어준다

```
#import "LSAppDelegate.h"
#import "CampusMapViewController.h"
#import "CampusPOIViewController.h"

@implementation LSAppDelegate

@synthesize window = _window;

- (BOOL)application:(UIApplication *)application
didFinishLaunchingWithOptions:(NSDictionary *)launchOptions
{
    self.window =
         [[UIWindow alloc] initWithFrame:[[UIScreen mainScreen] bounds]];

    CampusMapViewController *mapViewController =
                        [[CampusMapViewController alloc] initWithNibName:
                        @"CampusMapViewController" bundle:nil];
    UINavigationController *mapNavController =
                          [[UINavigationController alloc]
                          initWithRootViewController:mapViewController];

    CampusPOIViewController *poiViewController =
                                  [[CampusPOIViewController alloc]
                                  initWithStyle:UITableViewStylePlain];
    UINavigationController *poiNavController =
                          [[UINavigationController alloc]
                          initWithRootViewController:poiViewController];

    UITabBarController *tabBarController =
                                    [[UITabBarController alloc] init];
    tabBarController.viewControllers = [NSArray
             arrayWithObjects:mapNavController, poiNavController, nil];

    self.window.rootViewController = tabBarController;
    //self.window.backgroundColor = [UIColor whiteColor];
    [self.window makeKeyAndVisible];
    return YES;
}
```

`-initwithStyle:`이 `CampusPOIViewController`의 지정 초기화 메소드(Designated Initialize method)임을 주의하자.

Build & Run을 해보자. [그림 3-6]과 같이 탭 바 컨트롤러에 두 개의 탭이 만들어지고, 각각의 탭에는 네비게이션 바가 보일 것이다.

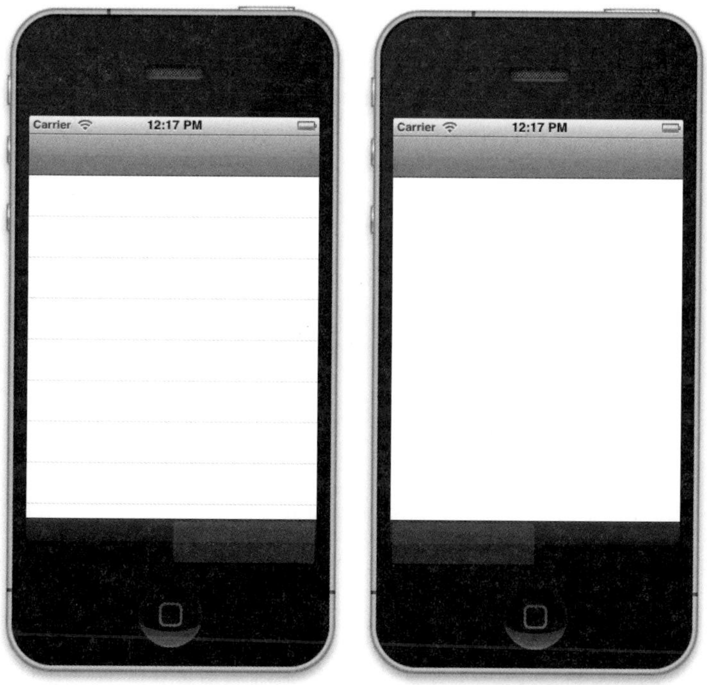

그림 3-6 ● 탭 바 컨트롤러가 나왔다

> **여기까지의 예제 파일**
> CampusMap_step1.zip

3.4.2 리소스 추가하기

먼저 예제 사이트로부터 CampusMap_Resource 폴더를 다운로드해서 Xcode 프로젝트의 SupportingFiles 폴더에 복사해넣는다.

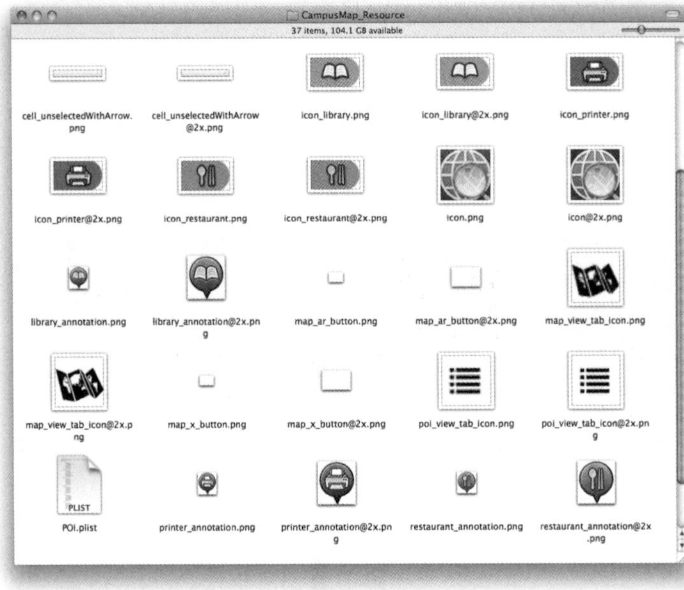

그림 3-7 ● 리소스를 프로젝트에 추가

SupportingFiles 폴더에는 이미지 리소스뿐만이 아니라 프로젝트에서 사용하는 다양한 파일들을 관리하므로 복사한 이미지들은 `Xcode` 프로젝트 내에서 New Group을 만들어 관리하는 것이 좋다.

POI.plist는 관심지점(Point Of Interest)를 미리 입력해둔 파일이다. 이 파일에 있는 지점들이 지도에 나타난다. `plist` 타입의 XML 파일이므로 이미지 파일들과는 별도로 관리하자.

> **여기까지의 예제 파일**
> CampusMap_Resource.zip

3.4.3 MapViewController 구성

첫 번째 탭을 선택하면 지도 뷰가 나타난다. 앱 시작 후 첫 번째 탭에서 화면을 제공할 `CampusMapViewController`의 UI를 구성하자.

탭 바에 의해 관리되는 뷰 컨트롤러들은 탭 바 아이템(Tab Bar Item)을 가지고 있는데 이것은 탭 바 위에 자신의 아이콘을 올리는 역할을 한다. 마치 네비게이션 컨트롤러에 묶여 있는 뷰 컨트롤러가 네비게이션 바 아이템을 가지는 것과 같은 구조이다.

[Listing 3-2]와 같이 CampusMapViewController의 초기화 메소드에서 뷰 컨트롤러의 title과 tabBarItem의 image를 설정하자.

[Listing 3-2] CampusMapViewController.m의 초기화 메소드

```
- (id)initWithNibName:(NSString *)nibNameOrNil
      bundle:(NSBundle *)nibBundleOrNil
{
    self = [super initWithNibName:nibNameOrNil bundle:nibBundleOrNil];
    if (self) {
        // Custom initialization
        self.title = @"Campus Map";
        self.tabBarItem.image = [UIImage imageNamed:@"map_view_tab_icon"];
    }
    return self;
}
```

뷰 컨트롤러의 title은 지정해두면 쓰임새가 많은 속성이다. 뷰 컨트롤러가 탭 바에 묶일 때는 탭 바 아이템의 타이틀로 지정되고, 네비게이션 단계로 쓰일 때는 네비게이션 바의 제목으로 사용되기도 한다. 물론 뒤로가기 버튼에도 뷰 컨트롤러의 타이틀이 사용된다.

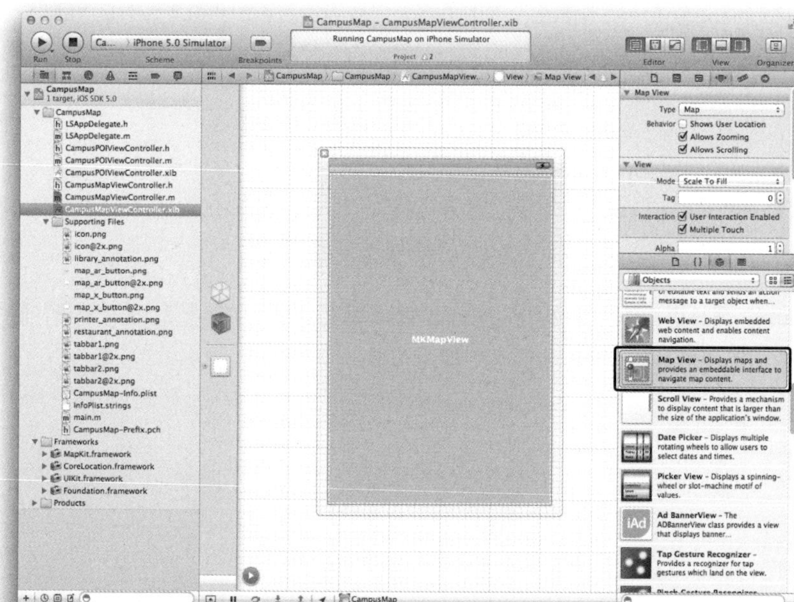

그림 3-8 • CampusMapViewController에는 맵 뷰를 채운다

UI 설계 파일인 CampusMapViewController.xib에는 우리가 원하는 대로 구성할 수 있는 뷰가 있다. [그림 3-8]과 같이 유틸리티 패널의 오브젝트 라이브러리 탭에서 MKMapView 오브젝트를 선택해 뷰 전체를 채우자.

3.4.4 POIListController 구성

두 번째 탭을 선택하면 POI의 목록 뷰가 나타난다. 두 번째 탭의 타이틀을 "Campus POI"으로 바꾸고 아이콘을 설정하자.

[Listing 3-3]과 같이 CampusPOIViewController의 초기화 메소드에서 뷰 컨트롤러의 title과 tabBarItem의 image를 설정하자.

[Listing 3-3] CampusPOIViewController.m의 초기화 메소드

```
- (id)initWithNibName:(NSString *)nibNameOrNil
               bundle:(NSBundle *)nibBundleOrNil
{
   self = [super initWithNibName:nibNameOrNil bundle:nibBundleOrNil];
   if (self) {
      // Custom initialization
      self.title = @"Campus POI";
      self.tabBarItem.image = [UIImage imageNamed:@"poi_view_tab_icon"];
   }
   return self;
}
```

CampusPOIViewController는 테이블 뷰 컨트롤러의 서브클래스로서 기본적으로 테이블 뷰가 있으므로 인터페이스 관련한 설정을 따로 할 필요가 없다.

Build & Run을 해보면 [그림 3-9]와 같이 탭 바 컨트롤러가 나타나고, 각각의 탭에는 지도와 테이블 뷰가 네비게이션의 루트 뷰로서 보일 것이다.

그림 3-9 ● 맵 뷰와 테이블 뷰가 각 탭의 네비게이션 루트 뷰로 설정되었다

> **여기까지의 예제 파일**
> CampusMap_step2.zip

3.5 데이터 모델링

3.5.1 DataModel 클래스 만들기

이제 CampusMap에서 사용할 데이터를 모델링하자. CampusMap에서 사용자에게 제공할 정보는 Library, Restaurant, Printer 세 종류이며, 모두 위치 정보와 이름 등 비슷한 속성을 가지고 있지만 각자 조금씩 다른 속성도 있다.

그러므로 모델 클래스는 하나의 클래스로 만드는 것보다 추상클래스(Abstract Class)를 하나 만들고 POI 종류별 특징을 나타낼 수 있는 서브클래스들로 구성하는 게 효과적이다.

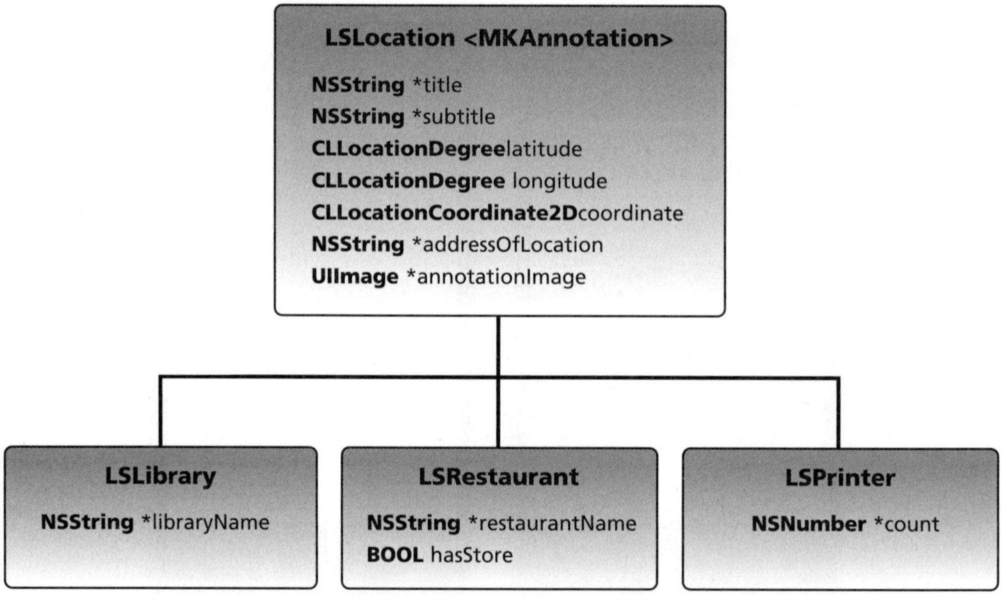

그림 3-10 ● 모델 클래스 구성

LSLocation 클래스는 공통적인 속성을 제공하는 추상(Abstract)클래스로서, 맵에 표시되기 위한 MKAnnotation 프로토콜을 준수한다.

LSLibrary와 LSRestaurant, LSPrinter 클래스는 LSLocation을 서브클래스하여 기본적인 속성들을 이어받았으며, 각자의 목적에 맞는 부가적인 속성들과 맵 위에 표시될 때의 이미지 등을 가진다.

Note | 추상클래스(Abstract Class)

직접 인스턴스화하지는 않고 서브클래스들에 속성을 제공하기 위해 존재하는 클래스. 서브클래스가 있어야 의미를 가지므로 '추상슈퍼클래스'라고도 한다.

Objective-C에서 추상클래스를 지정하는 별다른 설정사항은 없으며, 추상클래스를 인스턴스화하지 못하도록 강제하는 방법도 없다. 그러므로 추상클래스로 지정한 클래스의 인스턴스 오브젝트를 만들 수도 있지만 활용성이 떨어져 의미가 없다. 추상클래스가 아닌 그 서브클래스의 인스턴스 오브젝트를 만들어야 제대로 사용할 수 있다.

File → New File...을 선택한 뒤 `NSObject`의 서브클래스로 `LSLocation` 클래스를 만든다.

[Listing 3-1] LSLocation 클래스의 헤더

```
#import <Foundation/Foundation.h>
#import <CoreLocation/CoreLocation.h>
#import <MapKit/MapKit.h>

@interface LSLocation : NSObject <MKAnnotation>

@property (nonatomic, readonly) CLLocationCoordinate2D coordinate;

@property (copy) NSString *title;
@property (copy) NSString *subtitle;
@property (copy) NSString *location;
@property (strong, readonly) NSString *addressOfLocation;

@property CLLocationDegrees longitude;
@property CLLocationDegrees latitude;

@property (strong, readonly) UIImage *annotationImage;

@end
```

`MKAnnotation` 프로토콜은 필수적으로 `coordinate` 프라퍼티를 제공해야 하며, `-title`과 `-subTitle` 메소드는 선택적으로 구현해도 된다. 우리는 `title`과 `subTitle`이라는 프라퍼티를 만들고 @synthesize를 할 것이므로 `-title`과 `-subTitle` 메소드 호출에 응답할 수 있다.

위도와 경도가 바뀌면 KVO(Key-Value Observing, 키-값 감시) 매커니즘에 의해 주소값을 업데이트할 것이다. 주소는 `CLGeocoder`를 이용해 비동기식으로 읽어오므로 정상적으로 읽어왔을 때의 처리 코드를 블럭으로 넣어준다.

[Listing 3-2] LSLocation.m에는 KVO 설정과 MKAnnotation 준수 코드가 들어간다

```
#import "LSLocation.h"

@implementation LSLocation

@synthesize title = _title, subtitle = _subtitle;
@synthesize latitude = _latitude, longitude = _longitude;
```

```
@synthesize location = _location;
@synthesize addressOfLocation = _addressOfLocation;

- (id)init
{
    self = [super init];
    if (self != nil){
        _latitude = 37.558;
        _longitude = 127.000;
        [self addObserver:self forKeyPath:@"latitude" options:0 context:nil];
        [self addObserver:self forKeyPath:@"longitude" options:0 context:nil];
        self.title = @"POI";
    }
    return self;
}


- (void)observeValueForKeyPath:(NSString *)keyPath ofObject:(id)object
change:(NSDictionary *)change context:(void *)context
{
    if (_latitude != 0 && _longitude != 0){
        CLGeocoder *reverseGeocoder = [[CLGeocoder alloc] init];
        CLLocation *coordinate = [[CLLocation alloc] initWithLatitude:_latitude
                                                            longitude:_longitude];
        [reverseGeocoder reverseGeocodeLocation:coordinate completionHandler:
                                  ^(NSArray* placemarks, NSError* error){
            if ([placemarks count] > 0)
            {
                CLPlacemark *placemark = [placemarks objectAtIndex:0];
                _addressOfLocation = [[NSString alloc] initWithFormat:@"%@,
                    %@, %@, %@", placemark.locality, placemark.subLocality,
                    placemark.thoroughfare, placemark.subThoroughfare];
            }
        }];
    }
}

#pragma mark MKAnnotation Protocol
- (CLLocationCoordinate2D) coordinate
{
```

```
    CLLocationCoordinate2D theCoordiante =
                        CLLocationCoordinate2DMake(_latitude, _longitude);
    return theCoordiante;
}

- (NSString *)subtitle
{
    NSString *subtitleString;
    if (_location != nil)
        subtitleString = _location;
    else
        subtitleString = @"No Address";
    return subtitleString;
}
```

오브젝트의 초기화 시에 -init 메소드에서 latitude와 longitude 인스턴스 변수에 대해 KVO를 설정했다. 외부에서 latitude 또는 longitude 값이 변경되면 -observeValueForKeyPath:ofObject:change:context: 메소드가 호출되고, latitude와 longitude가 둘 다 유효한 좌표값을 가지고 있으면 CLGeocoder 클래스를 이용해 좌표값에 대한 주소를 얻어오는 작업을 시작한다.

CLGeocoder는 구글의 서버에 좌표값에 대한 주소를 요청한 뒤 받아오는 비동기 방식으로 주소를 얻어오며, 시간이 걸리거나 실패할 확률도 있다. 그러므로 주소값이 필요한 순간 요청해서 받아오는 것보다 좌표값이 바뀌면 KVO가 동작해 주소를 요청해서 주소를 받고, 한 번 받아온 주소는 다시 좌표가 변경되기 전까지 유지해주는 것이 유리하다. 물론 주소도 저장할 때 함께 저장한다.

MKAnnotation의 필수 구현 항목인 coordinate의 readonly 프라퍼티 구현은 위와 같이 getter 메소드를 오버라이드 함으로서 구현했다. -coordinate 메소드에서는 현재 가지고 있는 두 값 lati tude와 longitude를 이용해 CLLocationCoordinate2D 값을 만들어 리턴한다.

-subtitle은 필요하 때 구현하는 선택적 프로토콜 메소드(optional protocol method)이다. -subtitle이 구현되어 있으면 지도의 핀 뷰에서 콜 아웃이 나타날 때 표시된다.

위의 KVO에서 latitude와 longitude 값이 변경되는지를 감시해서 변동 사항이 있고, 서로 유효한 값이면 CLGeocoder를 이용해 주소 찾기 요청을 보낸다. ^(NSArray* placemarks, NSError* error){ ... } 블럭은 CLGeocoder가 주소값을 정상적으로 찾아냈을 때 실행되는 블럭으로서 placemarks 배열 안에 있는 CLPlacemark 오브젝트로부터 주소값을 읽어낸다. CLPlacemark 오브젝트는 다음의 프라퍼티를 가지고 있다.

CLPlacemark 프라퍼티	한국 주소 체계	미국 주소 체계
subThoroughfare	193-104	2000
thoroughfare	Pil-dong	Mission St.
subLocality	Jung-gu	Mission District
locality	Seoul	San Francisco
subAdministrativeArea	nil	San Francisco Country
administrativeArea	nil	CA
postalCode	100-856	94110
country	South Korea	United States
countryCode	KR	US

`CLPlacemark` 오브젝트는 각종 프라퍼티 정보를 어드레스 북용 주소 키에 맞춰 `NSDictionary` 오브젝트로 만들어 주는 `-addressDictionary` 메소드를 제공한다. 받아온 주소 데이터를 어드레스 북의 카드에 사용할 때는 이 값을 사용하면 편리하다.

File → New → New File ... 로 새로운 파일을 만든다. [그림 3-11]과 같이 `LSLocation` 클래스를 슈퍼클래스로 하고 `LSLibrary`를 만든다.

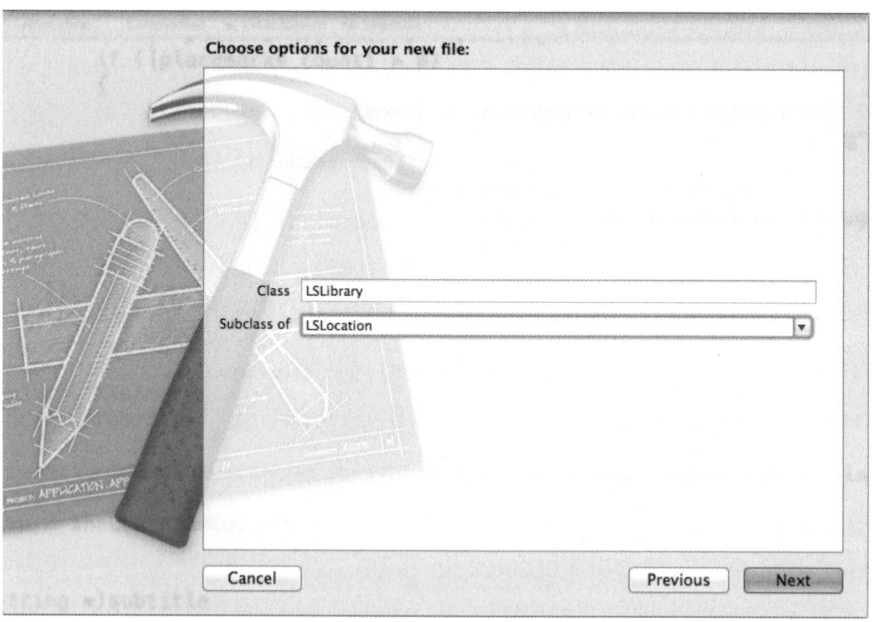

그림 3-11 ● LSLocation의 서브클래스 만들기

[Listing 3-5]와 같이 LSLibrary는 LSLocation의 모든 속성들을 이어받은 뒤 도서관의 이름 프라퍼티를 확장했다.

[Listing 3-5] LSLibrary의 헤더 파일

```
#import "LSLocation.h"

@interface LSLibrary : LSLocation

@property (copy) NSString *libraryName;

@end
```

[Listing 3-6]의 LSLibrary의 구현 파일에 LSLocation 클래스에서 선언한 프라퍼티인 annotationImage의 getter 메소드를 구현한다. 각 각의 서브클래스마다 다른 이미지를 리턴하므로 getter 메소드는 LSLocation에서 제공하지 않고 LSLibrary, LSRestaurant 같은 서브클래스에서 구현한다. 그러므로 LSLocation 클래스는 인스턴스 오브젝트를 만들어 사용할 경우 에러가 발생할 가능성이 있다.

[Listing 3-6] LSLibrary의 구현 파일

```
#import "LSLibrary.h"

@implementation LSLibrary

@synthesize libraryName = _libraryName;
@synthesize annotationImage=_annotationImage;

- (UIImage *)annotationImage
{
   if (_annotationImage == nil){
      NSString *imagePath = [[NSBundle mainBundle]
                     pathForResource:@"library_annotation" ofType:@"png"];
      _annotationImage =
                        [[UIImage alloc] initWithContentsOfFile:imagePath];
   }
   return _annotationImage;
}
```

```
- (NSString *)title
{
    return self.libraryName;
}

@end
```

[Listing 3-7] 부터 [Listing 3-10]의 LSRestaurant, LSPrinter 클래스는 앞서 만든 LSLibrary와 동일한 방식으로 만들어진다. 각각 도서관, 식당, 프린터 POI를 나타내는 데 적당한 프라퍼티를 확장한 것이다. 식당에는 식당의 이름과 매점을 함께 운영하는지에 대한 정보를, 프린터에는 해당 지점의 프린터 대수를 추가적으로 관리한다.

[Listing 3-7] LSRestaurant의 헤더 파일

```
#import "LSLocation.h"

@interface LSRestaurant : LSLocation

@property (copy) NSString *restaurantName;
@property BOOL store;

@end
```

[Listing 3-8] LSRestaurant의 구현 파일

```
#import "LSRestaurant.h"

@implementation LSRestaurant

@synthesize restaurantName = _restaurantName;
@synthesize store = _store;
@synthesize annotationImage=_annotationImage;

- (UIImage *)annotationImage
{
    if (_annotationImage == nil){
        NSString *imagePath = [[NSBundle mainBundle]
              pathForResource:@"restaurant_annotation" ofType:@"png"];
```

```
        _annotationImage =
                        [[UIImage alloc] initWithContentsOfFile:imagePath];
    }
    return _annotationImage;
}

- (NSString *)title
{
    return self.restaurantName;
}

@end
```

[Listing 3-9] LSPrinter의 헤더 파일

```
#import "LSLocation.h"

@interface LSPrinter : LSLocation

@property (copy) NSNumber *count;

@end
```

[Listing 3-10] LSPrinter의 구현 파일

```
#import "LSPrinter.h"

@implementation LSPrinter

@synthesize count = _count;
@synthesize annotationImage=_annotationImage;

- (UIImage *)annotationImage
{
    if (_annotationImage == nil){
        NSString *imagePath = [[NSBundle mainBundle]
                        pathForResource:@"printer_annotation" ofType:@"png"];
        _annotationImage =
```

```
                    [[UIImage alloc] initWithContentsOfFile:imagePath];
    }
    return _annotationImage;
}

- (NSString *)title
{
    return self.addressOfLocation;
}

@end
```

3.5.2 POI.plist 읽고 분류하기

사이트로부터 다운로드한 리소스 파일 중에는 POI 리스트가 plist 형태로 저장된 파일이 포함되어 있다. POI.plist 파일에는 관심지점들의 GPS 위치 정보와 부가 정보들이 들어있다.

POI 전체 데이터는 AppDelegate에서 관리한다. 다른 모든 클래스에서 접근하기 용이하기 때문에 앱 전체에 걸쳐 사용하는 데이터는 주로 AppDelegate가 관리하도록 하는 것이 효율적이다.

먼저 전체 POI 정보를 가지는 NSDictionary 오브젝트를 _poiDictionary라는 이름으로 만들고 'Library_POI', 'Restaurant_POI', 'Printer_POI'라는 키에 NSMutableArray 오브젝트를 POI 종류별로 각각 묶어두는 데이터 구조가 될 것이다.

그리고 외부에서 전체 POI 오브젝트 배열을 요구하거나 도서관 POI, 식당 POI, 프린터 POI를 따로 요구하는 요청에 대응할 수 있는 프라퍼티도 만들어 보자.

[Listing 3-11] AppDelegate 헤더에 POI를 쉽게 접근할 수 있는 프라퍼티를 선언한다

```
#import <UIKit/UIKit.h>

@interface LSAppDelegate : UIResponder <UIApplicationDelegate>

- (NSDictionary *)readPOIList;

@property (strong, nonatomic) UIWindow *window;

@property (strong, readonly) NSDictionary *poiDictionary;
@property (weak, readonly) NSArray *allPOIs;
```

```
@property (weak, readonly) NSArray *libraryPOIs;
@property (weak, readonly) NSArray *restaurantPOIs;
@property (weak, readonly) NSArray *printerPOIs;

@end
```

AppDelegate의 구현 파일에는 먼저 모델 클래스들의 헤더를 임포트하고 프라퍼티의 getter 메소드를 오버라이드 한다.

[Listing 3-12] AppDelegate 구현에 getter 메소드를 구현한다

```
#import "LSLibrary.h"
#import "LSRestaurant.h"
#import "LSPrinter.h"

- (NSArray *)allPOIs
{
   NSMutableArray *pois =
                 [[NSMutableArray alloc] initWithArray:self.libraryPOIs];
   [pois addObjectsFromArray:self.restaurantPOIs];
   [pois addObjectsFromArray:self.printerPOIs];

   return (NSArray *)pois;
}

- (NSArray *)libraryPOIs
{
   return [self.poiDictionary valueForKey:@"LibraryPOI"];
}

- (NSArray *)restaurantPOIs
{
   return [self.poiDictionary valueForKey:@"RestaurantPOI"];
}

- (NSArray *)printerPOIs
{
   return [self.poiDictionary valueForKey:@"PrinterPOI"];
}
```

_poiDictionary는 아직 만들지 않았다. self.poiDictionary 프라퍼티 접근으로 인해 poiDictionary의 getter 메소드가 호출될 때 만들어진다.

[Listing 3-13] poiDictionary의 getter 메소드

```
- (NSDictionary *)poiDictionary
{
   if (_poiDictionary == nil) {
      _poiDictionary =
            [[NSDictionary alloc] initWithDictionary:[self readPOIList]];
   }
   return _poiDictionary;

}

- (NSDictionary *)readPOIList
{
   NSMutableArray *printerArray =
                              [[NSMutableArray alloc] initWithCapacity:10];
   NSMutableArray *restaurantArray =
                              [[NSMutableArray alloc] initWithCapacity:10];
   NSMutableArray *libraryArray =
                              [[NSMutableArray alloc] initWithCapacity:10];

   NSString *poiFilePath =
         [[NSBundle mainBundle] pathForResource:@"POI" ofType:@"plist"];
   NSArray *poiFileArray = [NSArray arrayWithContentsOfFile:poiFilePath];

#define POI_LIB 0
#define POI_REST 1
#define POI_PRINTER 2
   NSDictionary *aPOI;
   NSMutableArray *targetArray;

   //[1] OI의 타입에 따라 클래스 결정··············································❶
   Class poiClass;
   for (aPOI in poiFileArray) {
      int poiType = [[aPOI valueForKey:@"type"] intValue];
      switch (poiType) {
```

```
        case POI_LIB:
            //[2] 클래스 얻어오기 ····················································· ❷
            poiClass = [LSLibrary class];
            targetArray = libraryArray;
            break;
        case POI_REST:
            poiClass = [LSRestaurant class];
            targetArray = restaurantArray;
            break;
        case POI_PRINTER:
            poiClass = [LSPrinter class];
            targetArray = printerArray;
            break;
    }
    //[3] 정해진 클래스로 오브젝트 만들기 ··············································· ❸
    LSLocation *newLocation = [[poiClass alloc] init];
    CLLocationDegrees latitude =
                            [[aPOI valueForKey:@"latitude"] doubleValue];
    CLLocationDegrees longitude =
                           [[aPOI valueForKey:@"longitude"] doubleValue];
    newLocation.latitude = latitude;
    newLocation.longitude = longitude;

    NSMutableArray *allKeys =
        [NSMutableArray arrayWithArray:[aPOI allKeys]];
    //[4] 별도 처리한 값을 제외하고 처리 ················································· ❹
    NSArray *excludeKeys = [NSArray arrayWithObjects:@"type",
                                        @"latitude",@"longitude", nil];
    [allKeys removeObjectsInArray:excludeKeys];
    NSString *key;
    for (key in allKeys) {
        [newLocation setValue:[aPOI valueForKey:key] forKey:key];
    }
    [targetArray addObject:newLocation];
}

NSDictionary *returnDictionary =
    [NSDictionary dictionaryWithObjectsAndKeys:libraryArray,
```

```
        @"LibraryPOI", restaurantArray, @"RestaurantPOI",
        printerArray, @"PrinterPOI", nil];
    return returnDictionary;
}
```

poiDictionary의 getter 메소드에서 _poiDictionary가 이미 만들어져 있으면 그대로 리턴하고 없으면 readPOIList 메소드를 호출해서 NSDictionary를 리턴받는다.

readPOIList 메소드는 POI.plist 파일로부터 정보를 읽어서 적당한 POI 오브젝트를 만들어서 배열에 넣는 역할을 하는데, plist에서 읽은 정보가 도서관인지, 식당인지, 프린터인지에 따라 새로운 오브젝트를 만드는 클래스를 바꿔준다.

[Listing 3-13] 코드의 ❶ 부분을 보면 Class 타입은 클래스에 대한 참조를 가지므로 switch 문에서 클래스와 만들어진 오브젝트가 들어갈 어레이가 결정되고 나머지 값은 그대로 반영된다.

오브젝트를 만드는 데 사용할 클래스는 ❷에서 볼 수 있듯 [LSLibrary class] 메소드 호출을 통해 얻어낼 수도 있다.

만약 클래스의 이름만을 알고 있는 경우라면 NSClassFromString (@"LSPrinter") 와 같은 방식으로 찾을 수도 있다.

코드 중 ❸ 부분에서 클래스가 정의되고 나면 POI에 있는 키를 기준으로 모든 값들을 newLocation에 옮겨 담는다. 이 중 type은 넣어줄 필요가 없는 값이므로 제외시키고 latitude, longitude 등은 스칼라 값을 넘겨줘야 하는데 NSDictionary로부터 읽은 값은 NSNumber 오브젝트이므로 따로 빼서 처리하고 있다. 그러므로 ❹와 같이 옮겨 담을 키에서 몇몇 키는 제외한다.

> **여기까지의 예제 파일**
> CampusMap_step3.zip

3.6 맵 뷰 만들기

3.6.1 맵 뷰 초기 위치 잡기

Campus Map 탭을 선택하는 경우 나타나는 CampusViewController에는 맵 뷰가 채워져 있다. 우리가 원하는 지역을 표시하거나 POI 핀을 꽂는 등 맵 뷰를 제어해야 하므로 MKMapView

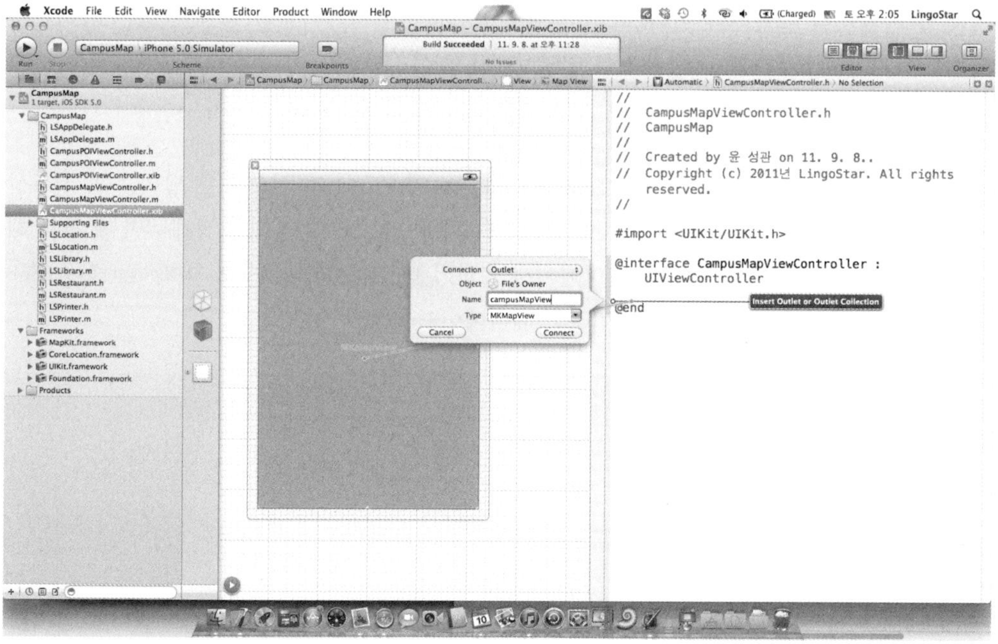

그림 3-12 ● MKMapView에 대한 아울렛 연결

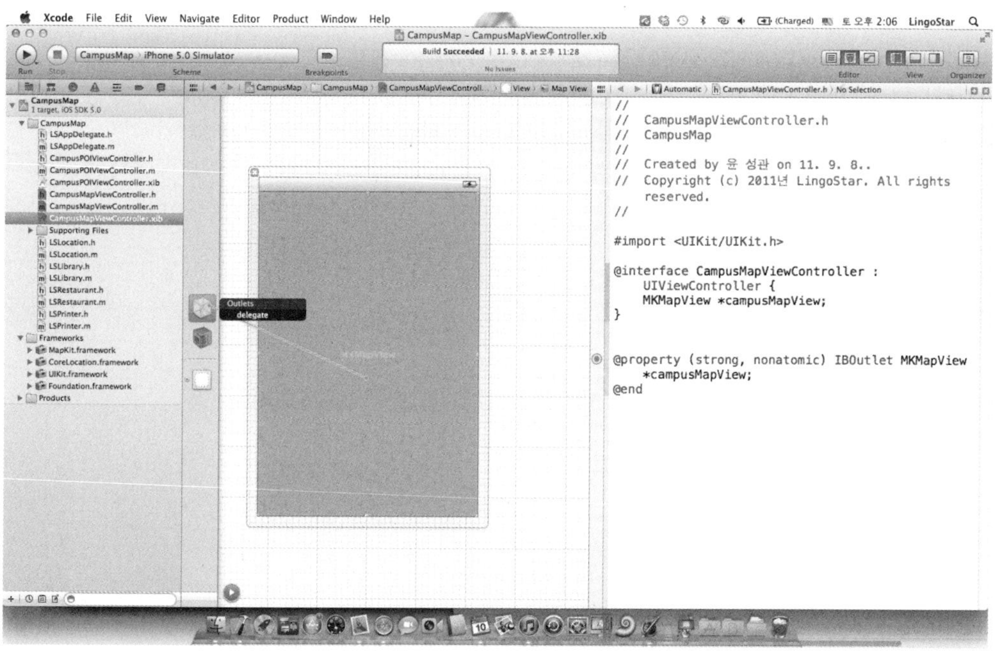

그림 3-13 ● MKMapViewDelegate 연결

에 대한 아울렛을 설정해야 한다. 그리고 MKMapView는 델리게이트를 필요로 하는 뷰이므로 CampusMapViewController 클래스를 델리게이트로 설정한다.

이제 맵 뷰에 우리가 원하는 장소가 표시되도록 하자.

CampusMapViewController.m의 -viewDidAppear: 메소드에 다음 코드를 넣어준다. 지도상의 원점과 표시 범위를 MKCoordinateRegion 구조체로 만들어 맵 뷰에 지정해주면 맵 뷰는 해당 위치를 표시한다. 위치 설정 시 애니메이션 효과가 나오길 원한다면 맵 뷰에 -setRegion:animated: 메소드를 이용하면 맵의 이동이 애니메이션된다.

[Listing 3-14] 맵 뷰의 초기 위치 지정

```
#import "CampusMapViewController.h"

@implementation CampusMapViewController

@synthesize campusMapView;

- (void)viewDidAppear:(BOOL)animated
{
   [super viewDidAppear:animated];

   CLLocationCoordinate2D center =
                              CLLocationCoordinate2DMake(37.558, 127.000);
   MKCoordinateSpan span = MKCoordinateSpanMake(0.003, 0.003);
   MKCoordinateRegion initialRegion =
                                     MKCoordinateRegionMake(center, span);

   campusMapView.region = initialRegion;
}
```

Build & Run을 해보면 학교 캠퍼스가 맵 뷰의 시작점으로 나타날 것이다.

그림 3-14 ● 맵 뷰의 위치 잡기

3.6.2 커스텀 핀 뷰 만들기

애노테이션(Annotation)은 '주석' 또는 '부가 설명'이라는 뜻을 가진다.

MKAnnotation은 맵 킷 프레임워크의 주석이다. 즉 지도에 부가 설명을 하는 것을 의미한다. 보다 자세히 설명하자면 MKAnnotation은 클래스가 아니라 프로토콜이다. 어떤 클래스든 MKAnnotation을 지원하기만 하면 지도 위에 자신의 위치를 표시할 수 있다.

MKAnnotation을 이용해 POI를 맵에 핀으로 찍어보자. AppDelegate가 POI.plist 파일을 읽어서 종류별로 LSLocation 오브젝트를 만들어 두었다. AppDelegate의 헤더 파일에는 각 POI에 접근할 수 있는 프라퍼티가 선언되어 있으므로 손쉽게 불러 사용할 수 있다.

지도에 핀을 꽂으려면 MKAnnotation 프로토콜을 지원하는 오브젝트를 맵 뷰의 메소드인 addAnnotat ion:을 이용해 더해주면 된다. MKAnnotation 프로토콜을 지원하는 오브젝트는 자신의 위치를 알고 있기 때문에 맵 뷰가 해당 영역을 표시하면 빨간 색 기본 핀을 자동으로 지도에 꽂아준다.

만약 원하는 모양의 핀을 꽂고 싶거나 콜 아웃의 표시 내용과 액션을 설정하고 싶다면 MKMapViewDelegate 메소드를 구현해야 한다. 예를 들어, 전국의 주유소 위치를 알려주는 애플리케이션을 만들 때 핀의 모양을 정유사 심볼로 넣는다던지 사용자가 핀을 터치했을 때 주유소 이름과 주소가 적힌 콜 아웃이 나타나고, 콜 아웃의 버튼을 터치하면 주유소의 기름 값 정보 뷰로 넘어가도록 하고 싶다면 MKMapViewDelegate 프로토콜의 메소드를 최소한 3개는 구현해줘야 한다.

Note | MKMapViewDelegate 메소드

MKMapView는 델리게이트를 필요로 하는 오브젝트이다. 즉, 맵 뷰에서 일어나는 여러 가지 이벤트들을 델리게이트 메소드를 호출하는 방식으로 우리가 처리할 수 있도록 한다.

그러므로 MKMapViewDelegate 메소드를 잘 아는 것은 맵 뷰의 사용에 매우 중요하다.

맵 뷰의 업데이트

```
-(void)mapView:(MKMapView *)mapView regionWillChangeAnimated:(BOOL)animated
-(void)mapView:(MKMapView *)mapView regionDidChangeAnimated:(BOOL)animated
```

맵 뷰가 표시하는 영역이 바뀌기 직전과 바뀐 직후에 호출되는 메소드

```
-(void)mapViewWillStartLoadingMap:(MKMapView *)mapView
-(void)mapViewDidFinishLoadingMap:(MKMapView *)mapView
```

맵 뷰가 맵 데이터의 로딩을 시작하기 직전과 마친 직후에 호출되는 메소드

사용자 위치 표시

```
-(void)mapViewWillStartLocatingUser:(MKMapView *)mapView
-(void)mapViewDidStopLocatingUser:(MKMapView *)mapView
-(void)mapView:(MKMapView *)mapView didUpdateUserLocation:(MKUserLocation *)userLocation
```

맵 뷰가 사용자 위치 표시를 시작하기 직전, 사용자 위치 표시를 그만둔 직후, 그리고 사용자 위치 표시를 하는 중에 사용자의 위치가 업데이트되었을 때 호출되는 메소드

주석 표시

```
-(MKAnnotationView *)mapView:(MKMapView *)mapView viewForAnnotation:(id [MKAnnotation]) annotation
```

맵 뷰에 주석(Annotation)이 있는 경우, 각각의 주석에 대해 핀 역할을 하는 뷰 오브젝트를 지정해서 리턴하는 메소드

```
-(void)mapView:(MKMapView *)mapView annotationView:(MKAnnotationView *)view calloutAccessory
ControlTapped:(UIControl *)control
```

맵 뷰의 주석(Annotation)에 대한 자세한 설명을 보여주는 콜 아웃 뷰의 액세서리 콘트롤을 사용자가 터치한 경우에 호출되는 메소드

```
-(void)mapView:(MKMapView *)mapView annotationView:(MKAnnotationView *)annotationView didChange
DragState: (MKAnnotationViewDragState)newState fromOldState:(MKAnnotationViewDragState)oldState
```

맵 뷰의 주석(Annotation) 오브젝트를 이동하기 위한 메소드. MKAnnotationViewDragState에는 Starting, Dragging, Ending이 있다.

그림 3-15 ● 녹색 핀과 콜 아웃. 액세서리는 콜 아웃의 좌우에 넣을 수 있다

뷰 오버레이

`-(MKOverlayView *)mapView:(MKMapView *)mapView viewForOverlay:(id [MKOverlay])overlay`

맵 뷰에 오버레이가 있는 경우 각 각의 오버레이에 대한 뷰 오브젝트를 지정해서 리턴하는 메소드

먼저 POI 정보를 가지고 있는 AppDelegate에 접근할 수 있는 메소드를 준비하자. CampusMapViewController.m 파일에서 카데고리로 확장을 해서 내부적으로 사용하는 메소드를 선언하자. 헤더에 바로 선언해도 되지만 이런 방식이 헤더 파일을 깔끔하게 유지시켜준다.

[Listing 3-15] CampusMapViewController.m, AppDelegate에 대한 접근 메소드

```
#import "CampusMapAppDelegate.h"

@interface CampusMapViewController(Private)
- (CampusMapAppDelegate *)appDelegate;
@end

@implementation CampusMapViewController

...

- (CampusMapAppDelegate *)appDelegate
{
   return [[UIApplication sharedApplication] delegate];
}
```

AppDelegate의 appPOIs라는 프라퍼티를 이용하면 POI.plist로 부터 읽어들인 모든 POI 오브젝트를 NSArray 형태로 접근할 수 있다. campusMapView에 addAnnotations: 메소드를 이용해 넘겨주자.

[Listing 3-16] CampusMapViewController.m, 맵 뷰에 Annotation 추가

```
- (void)viewDidAppear:(BOOL)animated
{
    [super viewDidAppear:animated];

    CLLocationCoordinate2D center =
                            CLLocationCoordinate2DMake(37.558, 127.000);
    MKCoordinateSpan span = MKCoordinateSpanMake(0.003, 0.003);
    MKCoordinateRegion initialRegion =
                                    MKCoordinateRegionMake(center, span);

    campusMapView.region = initialRegion;

    [campusMapView addAnnotations:[self appDelegate].allPOIs];
}
```

이렇게 맵 뷰에 addAnnotation만 해도 POI의 좌표에 핀이 꽂힌다. Build & Run을 해보자.

그림 3-16 ● Annotation을 더하기만 하면 기본 핀이 꽂힌다

핀의 모양을 우리가 원하는 대로 변경하려면 -mapView:viewForAnnotation: 메소드를 구현하고 적당한 MKAnnotationView 뷰 오브젝트를 리턴한다.

[Listing 3-17] CampusMapViewController.m, 맵 뷰의 핀 모양 변경하기

```
#pragma mark -
#pragma mark MapView delegate

- (MKAnnotationView *)mapView:(MKMapView *)mapView
            viewForAnnotation:(id <MKAnnotation>)annotation
{
   if ([annotation isKindOfClass:[MKUserLocation class]])
      return nil;

   static NSString *LocationAnnotationIdentifier;
   if ([annotation isKindOfClass:[LSLibrary class]]){
      LocationAnnotationIdentifier = @"LibraryAnnotation";
   } else if ([annotation isKindOfClass:[LSRestaurant class]]) {
      LocationAnnotationIdentifier = @"RestaurantAnnotation";
   } else if ([annotation isKindOfClass:[LSPrinter class]]) {
      LocationAnnotationIdentifier = @"PrinterAnnotation";
   } else {
      return nil;
   }


   MKAnnotationView *annotationView = [campusMapView
                          dequeueReusableAnnotationViewWithIdentifier:
                          LocationAnnotationIdentifier];
   if (!annotationView){
      MKAnnotationView *customAnnotationView = [[MKAnnotationView alloc]
                        initWithAnnotation:annotation
                           reuseIdentifier:LocationAnnotationIdentifier];
      customAnnotationView.centerOffset = CGPointMake(0, -10);
      customAnnotationView.canShowCallout = YES;
      customAnnotationView.image =
                              [(LSLocation *)annotation annotationImage];

      UIButton *rightDetailButton =
                  [UIButton buttonWithType:UIButtonTypeDetailDisclosure];
      customAnnotationView.rightCalloutAccessoryView = rightDetailButton;
```

```
        return customAnnotationView;
    } else {
        annotationView.annotation = annotation;
    }
    return annotationView;
}
```

MKMapView는 UITableView처럼 재사용 큐(Reuse Queue)를 운영한다. MKAnnotationView 오브젝트는 UITableViewCell 오브젝트처럼 화면에서 사라질 때 메모리에서 즉시 내려가는 게 아니라 재사용 큐에 들어가 있다가 화면에 다시 표시해야 할 때 identifier별로 재활용된다.

customAnnotationView에는 콜 아웃을 표시할 것인지를 설정하는 canShowCallout 프라퍼티와 왼쪽과 오른쪽에 뷰 오브젝트를 설정할 수 있는 rightCalloutAccessoryView와 leftCalloutAccessoryView 프라퍼티가 있다.

지금 Build & Run을 하면 POI별로 서로 다른 아이콘이 표시되는 것을 볼 수 있을 것이다. 하지만 기본 핀이 나올 때처럼 화면 위에서 핀이 떨어지는 멋진 애니메이션이 더 이상 제공되지 않는다. 우리가 AnnotationView를 커스터마이즈하면 애니메이션도 직접 구현해줘야 한다. 다음 -mapView:didAddAnnotationViews: 메소드를 오버라이드해서 기본 핀처럼 화면 위에서 핀이 떨어지는 애니메이션을 구현해보자.

[Listing 3-18] CampusMapViewController.m, 핀이 하늘에서 떨어지는 애니메이션 구현

```
- (void)mapView:(MKMapView *)mapView didAddAnnotationViews:(NSArray *)views {
    MKAnnotationView *annotationView;
    float animationDelay = 0.0;
    for (annotationView in views) {
        CGRect endFrame = annotationView.frame;

        annotationView.frame = CGRectMake(annotationView.frame.origin.x,
                                          annotationView.frame.origin.y - 400.0,
                                          annotationView.frame.size.width,
                                          annotationView.frame.size.height);

        [UIView beginAnimations:nil context:NULL];
        [UIView setAnimationDuration:0.3];
        [UIView setAnimationDelay:animationDelay];
        [UIView setAnimationCurve:UIViewAnimationCurveEaseIn];
```

```
        [annotationView setFrame:endFrame];
        [UIView commitAnimations];
        animationDelay = animationDelay + 0.02;
    }
}

- (void)mapView:(MKMapView *)mapView annotationView:(MKAnnotationView *)
view calloutAccessoryControlTapped:(UIControl *)control
{

}
```

아래쪽에 구현된 -mapView:annotationView:calloutAccessoryControlTapped: 메소드는 콜 아웃의 액세서리를 사용자가 탭한 경우를 처리하는 메소드이다. 선택한 POI에 대해 자세한 정보를 제공하는 뷰로 네비게이션하는 등의 작업을 할 수 있다.

Build & Run을 해보면 커스텀 어노테이션 뷰가 화면 위에서 핀 뷰가 날아와서 꽂히는 애니메이션이 구현된 것을 확인할 수 있다. 핀을 터치하면 콜 아웃도 나온다.

그림 3-17 ● 커스텀 어노테이션 뷰가 애니메이션되고 콜 아웃도 제공된다

3.6.3 POI별 핀 불러오기

맵 뷰에 올라가는 POI들이 너무 가까운 위치에 겹쳐 있어서 보기도 불편하고 선택하기도 어렵다. 사용자는 보통 도서관이나 식당 또는 프린터의 위치 등 관심 있는 장소의 위치를 찾고 싶어 한다. 그러므로 네비게이션 바에 POI의 종류를 선택할 수 있는 세그먼티드 컨트롤(NSSegmentedControl) 오브젝트를 넣어서 POI 종류별로 지도에 핀이 꽂히도록 하자.

세그먼티드 컨트롤에는 도서관과 식당, 프린터의 아이콘이 들어간다. 세그먼티드 컨트롤을 시각적으로 확인하면서 작업하기 위해 인터페이스 빌더를 이용해 만들자. `CampusMapViewController.xib` 파일에 세그먼티드 컨트롤 오브젝트를 만들고 `CampusMapViewController`에 아울렛 연결을 하자.

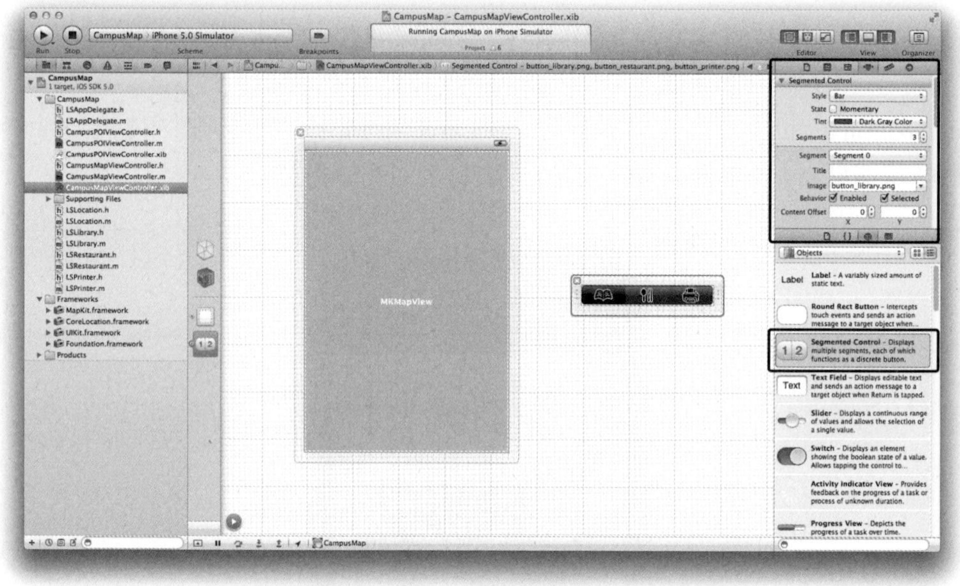

그림 3-18 ● 세그먼티드 컨트롤 만들기

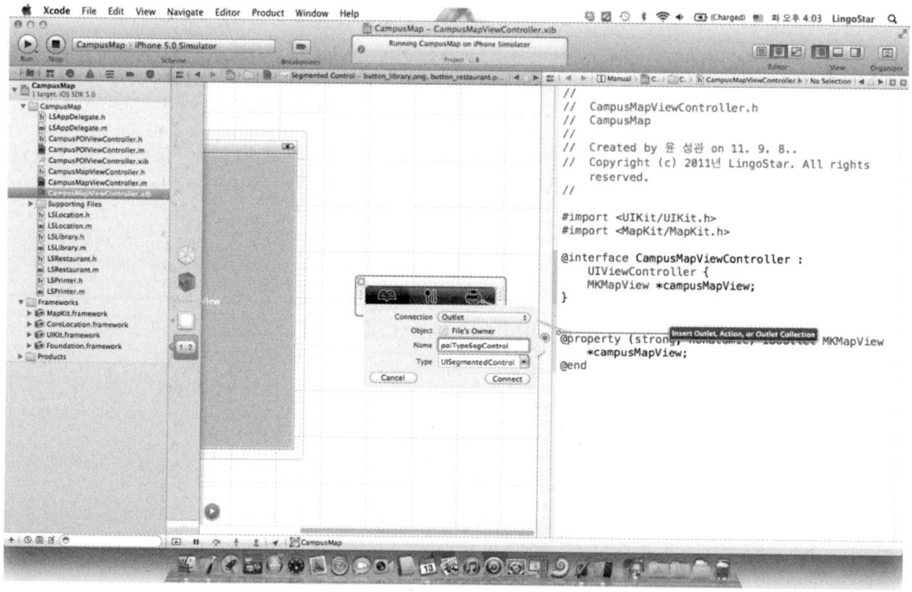

그림 3-19 ● 세그먼티드 컨트롤 액션 연결

세그먼티드 컨트롤의 선택이 바뀌는 경우 실행될 액션 메소드도 필요하다.

UIControlValue Changed에 -poiUpdate:라는 메소드를 연결하자.

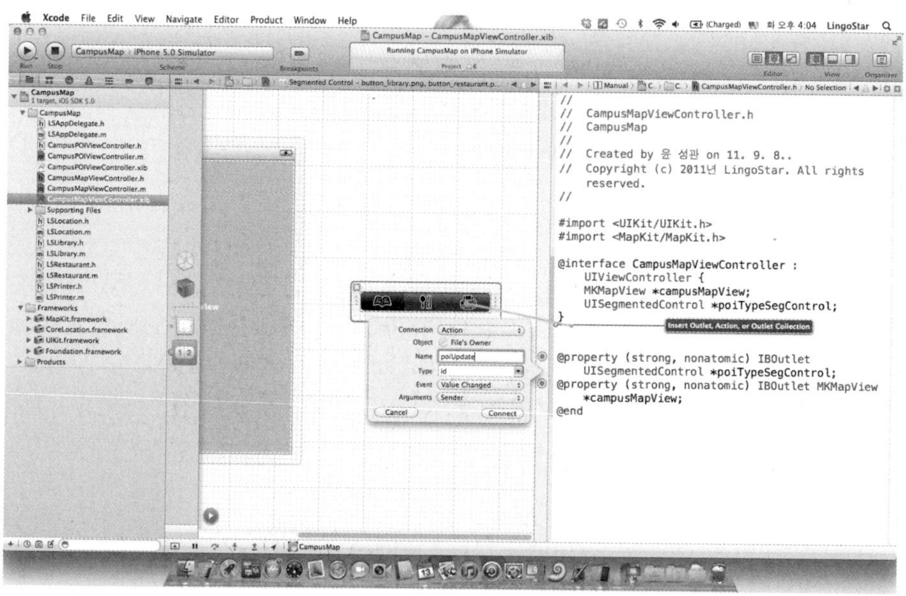

그림 3-20 ● 세그먼티드 컨트롤 액션 연결

[Listing 3-19] 세그먼티드 컨트롤 선택이 바뀐 경우 실행될 액션

```
- (IBAction)poiUpdate:(id)sender
{
    [campusMapView removeAnnotations:campusMapView.annotations];
    int poiType = self.poiTypeSegControl.selectedSegmentIndex;
    NSArray *selectedPOIs;
    switch (poiType) {
        case 0:
            selectedPOIs = [self appDelegate].libraryPOIs;
            break;
        case 1:
            selectedPOIs = [self appDelegate].restaurantPOIs;
            break;
        case 2:
            selectedPOIs = [self appDelegate].printerPOIs;
            break;
    }
    [campusMapView addAnnotations:selectedPOIs];
}
```

앞서 -viewDidAppear에서 맵 뷰에 전체 POI를 애노테이션(annotation)으로 더해줬었다. 이제 세그먼티드 컨트롤의 선택에 따라 POI가 종류별로 더해져야 한다. -viewDidAppear 메소드는 다음과 같이 수정되어야 한다.

[Listing 3-20] 세그먼티드 컨트롤 선택이 바뀐 경우 실행될 액션

```
- (void)viewDidAppear:(BOOL)animated
{
    [super viewDidAppear:animated];

    CLLocationCoordinate2D center =
                    CLLocationCoordinate2DMake(37.558, 127.000);
    MKCoordinateSpan span = MKCoordinateSpanMake(0.003, 0.003);
    MKCoordinateRegion initialRegion = MKCoordinateRegionMake(center, span);

    campusMapView.region = initialRegion;

    [campusMapView addAnnotations:[self appDelegate].allPOIs];
    self.poiTypeSegControl.selectedSegmentIndex = 0;
```

```
    [self.poiTypeSegControl sendActionsForControlEvents:
                                           UIControlEventValueChanged];
}
```

세그먼티드 컨트롤을 네비게이션 아이템의 타이틀 뷰로 넣고, 네비게이션 바의 스타일을 투명한 검은색으로 바꿔서 세그먼티드 컨트롤과 어울리게 만든다.

[Listing 3-21] 세그먼티드 컨트롤을 네비게이션 바의 중간에 더하기

```
- (void)viewDidLoad
{
    [super viewDidLoad];

    self.navigationItem.titleView = self.poiTypeSegControl;
    self.navigationController.navigationBar.barStyle =
                                           UIBarStyleBlackTranslucent;

}
```

Build & Run해보자. [그림 3-21]와 같이 네비게이션 바에 세그먼티드 컨트롤이 있고, 선택한 값에 따라 원하는 POI만 지도에 찍어볼 수 있다.

그림 3-21 ● 원하는 POI만 선택해서 볼 수 있다

여기까지의 예제 파일
CampusMap_step4.zip

3.7 POI 리스트 뷰 만들기

3.7.1 CampusPOIViewController

CampusPOIViewController는 모든 POI들을 테이블 뷰에 목록으로 표시하는 뷰이다. 앱을 만들다 보면 다양한 종류의 테이블 뷰를 만들게 되는데, 이번 예제에서는 조금 색다른 동작을 하는 테이블 뷰를 만들어 보고자 한다.

데이터는 3가지 종류로 나뉜다. 도서관 POI와 식당 POI 그리고 프린터 POI가 있다. 이렇게 다양한 종류의 모델 데이터를 하나의 테이블 뷰에 뿌리는 경우라면 테이블 뷰의 섹션을 나누어 처리하는 것이 일반적이다. 하지만 각각의 POI가 수십 개라면 섹션으로 나누었다고 해도 하나의 테이블 뷰에 뿌리기 부담스럽다. 식당을 찾는 사용자는 도서관 POI를 모두 스크롤한 뒤에야 첫 번째 식당 POI를 보게 되므로 친절하지 못한 인터페이스이다.

가장 일반적인 해결 방법은 목록에 대해 뷰 계층을 만드는 것이다. 하지만 뷰 네비게이션 계층이 많으면 사용자는 지루해한다. 도서관 목록과 식당 목록을 보고 싶은데 '도서관'이라는 항목을 선택해서 도서관 아이템들이 나열된 테이블을 보고 난 뒤, Back 버튼을 눌러 '식당'이라는 항목을 선택해서 식당 아이템들이 나열된 테이블을 봐야 한다면 앱 사용 시 속도감이 많이 떨어질 것이다.

POI 나열에 대해 CampusMap 예제에서 제시하는 해결법은 '펼쳐지는 테이블 뷰'이다. 섹션을 통해 구분하지 않고 섹션 역할을 하는 3개의 제목 셀을 만들 것이다. 각각의 셀은 토글 방식으로 기본적으로 접혀있다가 사용자가 해당 항목을 보기 위해서 제목 셀을 터치하면 목록이 펼쳐지고 다시 제목 셀을 터치하면 목록이 접히면서 제목 셀만 남는다. 그러므로 모든 항목이 접혀있으면 3개의 제목 셀만 보일 것이고, 도서관 POI 제목과 식당 POI 제목을 누르면 도서관 POI 목록과 식당 POI 목록이 펼쳐지고 프린터 POI는 여전히 제목만 있는 접힌 상태를 유지한다. 물론 제목 셀과 목록 셀을 구별하기 쉽게 셀을 디자인해야 한다.

`CampusPOIViewController` 클래스의 헤더를 구성해보자.

[Listing 3-22] CampusPOIViewController 클래스의 헤더

```
#import <UIKit/UIKit.h>

@interface CampusPOIViewController : UITableViewController {
   int _titleRow[3];
}

@property BOOL libraryExpanded;
@property BOOL restaurantExpanded;
@property BOOL printerExpanded;

@property (readonly) int numOfLibrary;
@property (readonly) int numOfRestaurant;
@property (readonly) int numOfPrinter;

@end
```

이 테이블 뷰에서는 각각의 POI가 펼쳐져 있는지를 알아내는 것이 중요하다. 그러므로 BOOL 값으로 _libraryExpanded, _restaurantExpanded, _printerExpanded를 선언한다. 각 POI 제목 셀을 터치하면 이 값이 반대로 바뀔 것이며, 이 값에 따라 각 목록이 펼쳐지는지 접히는지를 알 수 있고 각 POI 제목 셀이 몇 번째 row에 위치해야 하는지 indexPath를 계산해낼 수도 있다.

도서관 POI의 개수, 식당 POI의 개수, 프린터 POI의 개수를 프라퍼티로 선언해서 보다 편하게 접근하도록 한다.

_titleRow[3]는 각 POI 제목 셀이 있어야 하는 위치를 가지는 정수 배열이다.

_library Expanded, _restaurantExpanded, _printerExpanded의 값이 변경될 때마다 각 POI의 개수를 이용해 POI 제목 셀의 위치를 계산해서 배열에 저장한다.

이제 구현을 시작해보자.

[Listing 3-23] CampusPOIViewController의 구현을 다음과 같이 시작한다

```
#import "CampusPOIViewController.h"
#import "LSAppDelegate.h"
#import "LSLibrary.h"
#import "LSRestaurant.h"
```

```
#import "LSPrinter.h"

@interface CampusPOIViewController(Private)
- (LSAppDelegate *)appDelegate;
- (void)refreshTitleRow;
@end


@implementation CampusPOIViewController

@synthesize libraryExpanded = _libraryExpanded,
         restaurantExpanded = _restaurantExpanded,
            printerExpanded = _printerExpanded;

...

- (LSAppDelegate *)appDelegate
{
   return [[UIApplication sharedApplication] delegate];
}

#pragma mark - View lifecycle

- (void)viewDidLoad
{
   [super viewDidLoad];

   //[1] ····························································· ❶
   _libraryExpanded = _restaurantExpanded = _printerExpanded = NO;
   //[2] ····························································· ❷
   [self refreshTitleRow];
   //[3] ····························································· ❸
   [self addObserver:self forKeyPath:@"libraryExpanded" options:0
                                                         context:nil];
   [self addObserver:self forKeyPath:@"restaurantExpanded" options:0
                                                            context:nil];
   [self addObserver:self forKeyPath:@"printerExpanded" options:0
                                                         context:nil];
}
```

```
- (void)observeValueForKeyPath:(NSString *)keyPath ofObject:(id)object
change:(NSDictionary *)change context:(void *)context
{
    if ([keyPath isEqualToString:@"libraryExpanded"] |
        [keyPath isEqualToString:@"restaurantExpanded"] |
        [keyPath isEqualToString:@"printerExpanded"]){
            [self refreshTitleRow];
            [self.tableView reloadData];
    }
}
```

위 [Listing 3-23]에서 뷰가 로드되면 ❶ _libraryExpanded, _restaurantExpanded, _printerExpanded의 값을 모두 NO로 설정한 뒤, ❷ -refreshTitleRow 메소드를 이용해 POI 제목 셀의 위치를 최초 계산한다. 그 후 ❸ libraryExpanded, restaurantExpanded, printerExpanded 프라퍼티의 변화에 대해 KVO를 설정한다. KVO가 정상적으로 동작하기 위해서는 _libraryExpanded, _restaurantExpanded, _printerExpanded에 직접 값을 넣지 않고 프라퍼티를 이용해 값을 설정하도록 한다.

[Listing 3-24] 제목 셀의 위치 업데이트

```
- (void)refreshTitleRow
{
    _titleRow[0] = 0;
    if (_libraryExpanded) {
        _titleRow[1] = self.numOfLibrary + 1;
    } else {
        _titleRow[1] = _titleRow[0] + 1;
    }
    if (_restaurantExpanded){
        _titleRow[2] = _titleRow[1] + self.numOfRestaurant + 1;
    } else {
        _titleRow[2] = _titleRow[1] + 1;
    }
}

- (int)numOfLibrary
{
```

```
    return [[self appDelegate].libraryPOIs count];
}

- (int)numOfRestaurant
{
    return [[self appDelegate].restaurantPOIs count];
}

- (int)numOfPrinter
{
    return [[self appDelegate].printerPOIs count];
}
```

libraryExpanded, restaurantExpanded, printerExpanded 프라퍼티에 변경이 있을 때마다 -refreshTitleRow 메소드가 호출되어 제목 POI의 위치를 업데이트한다.

readonly 프라퍼티로 설정된 numOfLibrary, numOfRestaurant, numOfPrinter는 @synthesize 하지 않고 직접 엑세스 메소드를 구현한다.

[Listing 3-25] 테이블 뷰를 화면에 출력

```
#pragma mark -
#pragma mark Table view data source

- (NSInteger)numberOfSectionsInTableView:(UITableView *)tableView {
    return 1;
}

- (NSInteger)tableView:(UITableView *)tableView
 numberOfRowsInSection:(NSInteger)section {
    //[1] ..................................................................... ❶
    int rowCount = 3;
    if (_libraryExpanded) rowCount += self.numOfLibrary;
    if (_restaurantExpanded) rowCount += self.numOfRestaurant;
    if (_printerExpanded) rowCount += self.numOfPrinter;
    return rowCount;
}

- (UITableViewCell *)tableView:(UITableView *)tableView
```

```
cellForRowAtIndexPath:(NSIndexPath *)indexPath {

    static NSString *CellIdentifier = @"Cell";

    UITableViewCell *cell =
            [tableView dequeueReusableCellWithIdentifier:CellIdentifier];
    if (cell == nil) {
        cell = [[UITableViewCell alloc]
                initWithStyle:UITableViewCellStyleDefault
              reuseIdentifier:CellIdentifier];
    }

    int rowNum = indexPath.row;
    if (rowNum == _titleRow[0]){
        //[2] ······································································ ❷
        cell.textLabel.text = @"Library";
    } else if ( _titleRow[0] < rowNum && rowNum < _titleRow[1]) {
        //[3] ······································································ ❸
        LSLibrary *currLibrary =
                [[self appDelegate].libraryPOIs objectAtIndex:(rowNum-1)];
        cell.textLabel.text = currLibrary.location;
    } else if ( rowNum == _titleRow[1] ) {
        cell.textLabel.text = @"Restaurant";
    } else if ( _titleRow[1] < rowNum && rowNum < _titleRow[2]) {
        int index = rowNum - _titleRow[1];
        LSRestaurant *currRestaurant =
                [[self appDelegate].restaurantPOIs objectAtIndex:index-1];
        cell.textLabel.text = currRestaurant.restaurantName;
    } else if (rowNum == _titleRow[2]) {
        cell.textLabel.text = @"Printer";
    } else if (rowNum > _titleRow [2]) {
        int index = rowNum - _titleRow[2];
        LSPrinter *currPrinter =
                   [[self appDelegate].printerPOIs objectAtIndex:index-1];
        cell.textLabel.text = currPrinter.location;
    }

    return cell;
}
```

❶ 테이블 뷰의 셀 개수를 가지는 rowCount는 기본적으로 추가된 POI 제목 셀의 개수인 3을 기본으로, 목록이 펼쳐진 POI의 항목 개수를 더해서 전체 row의 개수를 리턴한다.

테이블 뷰 셀에는 일단 기본 정보만 표시해보자. 우리가 원하는 동작을 하도록 만든 뒤 셀을 꾸며도 늦지 않을 것이다.

요청된 indexPath의 row 값을 읽어서 POI 제목 셀인지 POI 항목 셀인지를 판단한 뒤 ❷ POI 제목 셀이면 그냥 POI 종류를 나타내는 문자열을 넣어주고, ❸ POI 항목 셀이면 해당 항목을 읽어낸 뒤 항목의 이름이나 위치값을 넣어준다.

[Listing 3-26] 제목 셀이 선택되면 해당 POI를 펼치거나 접는다

```
#pragma mark -
#pragma mark Table view delegate

- (void)tableView:(UITableView *)tableView
didSelectRowAtIndexPath:(NSIndexPath *)indexPath {

   LSLocation *selectedPOI;
   int rowNum = indexPath.row;
   if (rowNum == _titleRow[0]){
      //[1] ································································ ❶
      self.libraryExpanded = !self.libraryExpanded;
      return;
   } else if ( _titleRow[0] < rowNum && rowNum < _titleRow[1]) {
      //[2] ································································ ❷
      selectedPOI =
               [[self appDelegate].libraryPOIs objectAtIndex:(rowNum-1)];
   } else if ( rowNum == _titleRow[1] ) {
      self.restaurantExpanded = !self.restaurantExpanded;
      return;
   } else if ( _titleRow[1] < rowNum && rowNum < _titleRow[2]) {
      int index = rowNum - _titleRow[1];
      selectedPOI = [[self appDelegate].restaurantPOIs objectAtIndex:index-1];
   } else if (rowNum == _titleRow[2]) {
      self.printerExpanded = !self.printerExpanded;
      return;
   } else if (rowNum > _titleRow [2]) {
```

```
        int index = rowNum - _titleRow[2];
        selectedPOI = [[self appDelegate].printerPOIs objectAtIndex:index-1];
    }
}
```

선택된 셀이 ❶ POI 제목 셀이면 해당 POI가 펼쳐졌는지를 관리하는 프라퍼티 값을 변경해주고, ❷ POI 항목 셀이면 선택된 POI 항목을 확보한다. 항목을 선택한 경우라면 보다 자세한 뷰로 넘겨서 선택한 POI에 대한 보다 깊은 정보를 제공할 것이다.

Build & Run을 해보자. [그림 3-22]와 같이 제목 셀을 선택하면 해당 POI 목록이 펼쳐지고 접혀질 것이다.

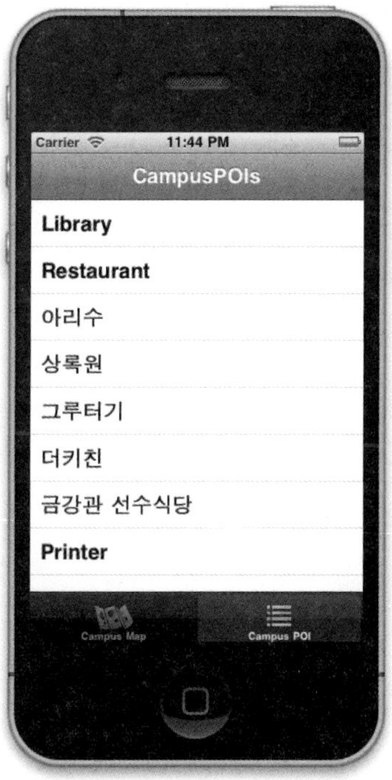

그림 3-22 ● 제목 셀을 선택하면 POI가 펼쳐지고 접힌다

여기까지의 예제 파일
CampusMap_step5.zip

Note | 테이블 뷰 인덴테이션 (TableView Indentation, 테이블 뷰 들여쓰기)

우리는 이번 예제에서 테이블 뷰 셀의 디자인을 다르게 줄 것이므로 테이블 뷰의 들여쓰기를 구현하지 않겠지만 계층화된 데이터를 한 화면에 보여주기 위해 사용할 수 있는 간단하고 효과적인 방법이 테이블 뷰 셀의 들여쓰기 값을 주는 것이다.

예제에서 도서관, 식당, 프린터는 범주에 해당하므로 들여쓰기 값을 0으로 주고 각 항목들에게는 1~2의 들여쓰기 값을 준다면 범주와 항목을 구별하기 쉬울 것이다.

UITableViewDelegate 메소드인 -tableView: indentationLevelForRowAtIndexPath: 를 오버라이드 하고 적당한 정수값을 리턴하면 각각의 IndexPath에 해당하는 셀에 대해 들여쓰기 값을 지정할 수 있다.

소스코드는 다음과 같다.

```
- (NSInteger)tableView:(UITableView *)tableView
      indentationLevelForRowAtIndexPath:(NSIndexPath *)indexPath
{
   return [self indentLevelOfIndexPath:indexPath];
}

- (int)indentLevelOfIndexPath:(NSIndexPath *)indexPath
{
   int rowNum = indexPath.row;
   if (rowNum == _titleRow[0] | rowNum == _titleRow[1] | rowNum == _titleRow[2])
      return 0;
   else
      return 1;
}
```

들여쓰기를 적용한 결과는 [그림 3-23]과 같다.

그림 3-23 ● 제목 셀을 선택하면 POI가 펼쳐지고 접힌다

3.7.2 셀 커스터마이즈

테이블 뷰에 표시하는 도서관, 식당, 프린터 범주와 각 범주에 해당하는 항목들을 구별하기 위해 서로 다른 셀을 사용할 것이다.

두 종류의 셀은 표시하는 내용과 동작 방식이 확연히 다르기 때문에 셀 구분자(Cell Identifier)를 이용해 셀의 종류를 나눈다. 셀 구분자는 셀의 재활용을 통해 메모리 효율을 높이기 위한 것임을 염두에 두고 다음 코드를 보자.

New File로 `UITableViewCell` 클래스의 서브클래스 2개를 만든다. 각각 POITypeCell과 POIItemCell이라는 이름을 준다.

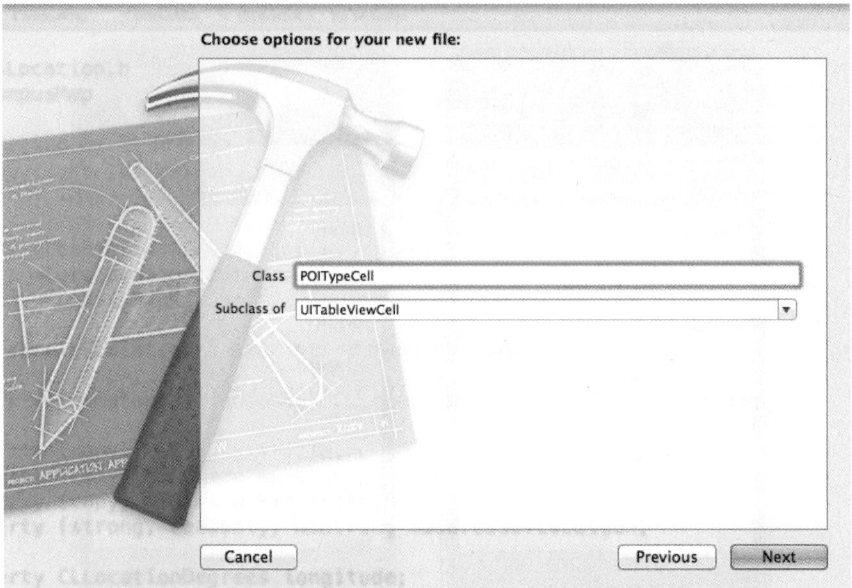

그림 3-24 ● 테이블 뷰 셀의 서브클래스 만들기

셀 클래스를 서브클래스를 하면서 고려할 점은 셀이 재활용될 때 변경되는 속성을 구분하는 것이다.

POITypeCell은 표시하고자 하는 POI 종류에 따라 아이콘 이미지와 레이블의 텍스트가 변경될 것이다. POIType으로 POI의 종류를 지정하면 자동으로 해당 POI의 이미지와 레이블을 표시하도록 구현하는 것이 가장 깔끔할 것이다.

POIItemcell은 배경이나 그림이 바뀌지는 않지만 POI의 이름과 현 위치에서의 거리가 표시되어야 한다.

[Listing 3-27] 제목 셀 POITypeCell의 헤더

```
#import <UIKit/UIKit.h>

@interface POITypeCell : UITableViewCell

@property int poiType;
@property int numberOfItems;
```

```
@property (strong , readonly) UIImageView *iconImageView;
@property (strong , readonly) UILabel *typeLabel;
@property (strong , readonly) UILabel *numberOfPOILabel;

@end
```

제목 셀의 구현부는 코드 분량이 많을 뿐 어려운 내용은 없다. 셀 초기화 때 셀의 내부의 서브 뷰들을 직접 코드를 통해 만드는 것이 대부분을 차지한다. 제목 셀의 POI 타입은 Library, Restaurant, Printer 중 하나이다. poiType의 setter 메소드를 오버라이드해서 제목 셀이 표시할 POI 타입이 설정되면 자동으로 아이콘과 내용을 바꾸도록 한다.

[Listing 3-28] 제목 셀 POITypeCell의 구현

```
#import "POITypeCell.h"

@implementation POITypeCell

@synthesize poiType=_poiType, numberOfItems=_numberOfItems;
@synthesize iconImageView=_iconImageView;
@synthesize typeLabel=_typeLabel;
@synthesize numberOfPOILabel=_numberOfPOILabel;

- (id)initWithStyle:(UITableViewCellStyle)style
    reuseIdentifier:(NSString *)reuseIdentifier
{
   self = [super initWithStyle:style reuseIdentifier:reuseIdentifier];
   if (self) {
      UIImage *backgroundImage =
                       [UIImage imageNamed:@"cell_selectedWithArrow.png"];
      self.backgroundView =
                      [[UIImageView alloc] initWithImage:backgroundImage];
      self.backgroundView.autoresizingMask =
                                   UIViewAutoresizingFlexibleWidth
                                   | UIViewAutoresizingFlexibleHeight;
      self.backgroundView.frame = self.bounds;

      _iconImageView =
            [[UIImageView alloc] initWithFrame:CGRectMake(0, 8, 62, 37)];
```

```
        _typeLabel =
                [[UILabel alloc] initWithFrame:CGRectMake(80, 10, 150, 27)];
        _numberOfPOILabel =
                [[UILabel alloc] initWithFrame:CGRectMake(80, 35, 150, 14)];

        _typeLabel.backgroundColor = [UIColor clearColor];
        _typeLabel.font = [UIFont boldSystemFontOfSize:24];
        _typeLabel.textColor = [UIColor darkGrayColor];

        _numberOfPOILabel.backgroundColor = [UIColor clearColor];
        _numberOfPOILabel.font = [UIFont systemFontOfSize:12];
        _numberOfPOILabel.textColor = [UIColor colorWithHue:0.2
                                  saturation:0.7 brightness:0.7 alpha:1.0];

        [self addSubview:_typeLabel];
        [self addSubview:_iconImageView];
        [self addSubview:_numberOfPOILabel];
    }
    return self;
}

- (void)setSelected:(BOOL)selected animated:(BOOL)animated
{
    [super setSelected:selected animated:animated];

    // Configure the view for the selected state
}

- (void)dealloc
{
    [super dealloc];
}

- (void)setPoiType:(int)poiType
{
    _poiType = poiType;
    NSString *typeString;
    UIImage *typeIconImage;
```

```
    switch (poiType) {
        case POI_LIBRARY:
            typeString = @"Library";
            typeIconImage = [UIImage imageNamed:@"icon_library"];
            break;
        case POI_RESTAURANT:
            typeString = @"Restaurant";
            typeIconImage = [UIImage imageNamed:@"icon_restaurant"];
            break;
        case POI_PRINTER:
            typeString = @"Printer";
            typeIconImage = [UIImage imageNamed:@"icon_printer"];
            break;
    }
    _typeLabel.text = typeString;
    _iconImageView.image = typeIconImage;
}

- (void)setNumberOfItems:(int)numberOfItems
{
    _numberOfItems = numberOfItems;
    _numberOfPOILabel.text =
                    [NSString stringWithFormat:@"%d Items", numberOfItems];
}
```

위 코드에서는 POI_LIBRARY, POI_RESTAURANT, POI_PRINTER 세 개의 매크로를 사용한다. POI의 타입을 나타내는 세 개의 매크로는 별도의 헤더에 선언해서 모든 클래스에서 손쉽게 사용할 수 있도록 하는 게 효과적이다.

File 메뉴에서 New File...을 선택한 뒤 C 헤더를 만들고 Function.h라는 이름을 준다.

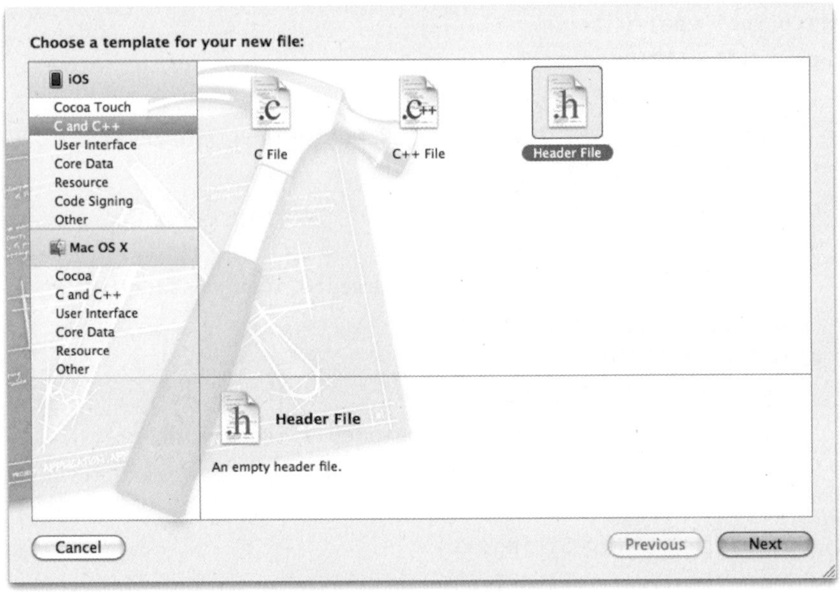

그림 3-25 ● 헤더 파일 만들기

[Listing 3-29] Function.h 파일에 매크로 선언하기

```
#define POI_LIBRARY 0
#define POI_RESTAURANT 1
#define POI_PRINTER 2
#define POI_ALL 10
```

Function.h를 따로 임포트 하지 않아도 자동으로 모든 클래스에 임포트 되도록 하려면 프로젝트의 Supporting Files 그룹에 있는 CampusMap-Prefix.pch 파일을 다음과 같이 수정한다.

[Listing 3-30] 모든 클래스에 자동으로 임포트하기

```
#import <Availability.h>

#ifndef __IPHONE_3_0
#warning "This project uses features only available in iPhone SDK 3.0
     and later."
#endif

#ifdef __OBJC__
```

```
    #import <UIKit/UIKit.h>
    #import <Foundation/Foundation.h>
    #import "Function.h"
#endif
```

이제 앞서 코딩한 LSAppDelegate 클래스의 -readPOIList 메소드에서도 POIType을 별도로 선언할 필요 없이 [Listing 3-29]의 선언을 매크로 상수를 이용하면 된다.

이제 항목을 표시하는 POIItemCell을 만들어 보자.

[Listing 3-31] 항목 셀 POIItemCell의 헤더

```
#import <UIKit/UIKit.h>
#import "LSLibrary.h"
#import "LSRestaurant.h"
#import "LSPrinter.h"

@interface POIItemCell : UITableViewCell

@property (strong) LSLocation *poiLocation;
@property (strong, readonly) UILabel *nameLabel;

@end
```

항목 셀의 구현부 역시 제목 셀의 구현부처럼 어려운 내용은 없다. 셀 초기화 때 셀의 내부의 서브뷰들을 직접 코드를 통해 만들고 poiLocation 프라퍼티가 변경되면 이름을 업데이트하는 setter 메소드의 오버라이드가 있다.

[Listing 3-32] 항목 셀 POIItemCell의 구현

```
#import "POIItemCell.h"

@implementation POIItemCell
@synthesize poiLocation=_poiLocation;
@synthesize nameLabel=_nameLabel;

- (id)initWithStyle:(UITableViewCellStyle)style
    reuseIdentifier:(NSString *)reuseIdentifier
{
```

```
    self = [super initWithStyle:style reuseIdentifier:reuseIdentifier];
    if (self) {
        UIImage *backgroundImage = [UIImage imageNamed:@"subcell.png"];
        self.backgroundView =
                          [[UIImageView alloc] initWithImage:backgroundImage];
        self.backgroundView.autoresizingMask =
                                          UIViewAutoresizingFlexibleWidth
                                          | UIViewAutoresizingFlexibleHeight;
        self.backgroundView.frame = self.bounds;

        _nameLabel =
                [[UILabel alloc] initWithFrame:CGRectMake(50, 15, 180, 20)];

        _nameLabel.backgroundColor = [UIColor clearColor];
        _nameLabel.font = [UIFont boldSystemFontOfSize:18];
        _nameLabel.textColor = [UIColor lightGrayColor];

        [self addSubview:_nameLabel];

    }
    return self;
}

- (void)setSelected:(BOOL)selected animated:(BOOL)animated
{
    [super setSelected:selected animated:animated];

    // Configure the view for the selected state
}

- (void)setPoiLocation:(LSLocation *)poiLocation
{
    _poiLocation = poiLocation;

    _nameLabel.text = _poiLocation.title;
}

@end
```

이제 테이블 뷰 셀을 만들고 리턴하는 UITableViewDataSource 메소드를 수정해야 한다. 앞서 구현한 코드는 제목과 항목의 차이 없이 기본 테이블 뷰 셀을 만들어 리턴하는 단순한 동작을 하기 때문에 -tableView:cellForRowAtIndexPath: 메소드는 전면적으로 수정해야 한다.

[Listing 3-33] 테이블 뷰 셀을 리턴하는 부분은 전면적으로 수정이 필요하다

```
#import "POITypeCell.h"
#import "POIItemCell.h"
#define TypeCellHeight 52
#define ItemCellHeight 47
.
.
.
@implementation CampusPOIViewController
.
.
.
- (UITableViewCell *)tableView:(UITableView *)tableView
         cellForRowAtIndexPath:(NSIndexPath *)indexPath {

   static NSString *TypeCellIdentifier = @"TypeCell";
   static NSString *ItemCellIdentifier = @"ItemCell";

   //[1] ........................................................... ❶
   NSString *identifier;
   if (indexPath.row == _titleRow[POI_LIBRARY] ||
       indexPath.row == _titleRow[POI_RESTAURANT] ||
       indexPath.row == _titleRow[POI_PRINTER]){
      identifier = TypeCellIdentifier;
   }else{
      identifier = ItemCellIdentifier;
   }

   UITableViewCell *cell =
            [tableView dequeueReusableCellWithIdentifier:identifier];

if (cell == nil) {
   Class cellClass;
```

```
if ([identifier isEqualToString:@"TypeCell"]){
      cellClass = [POITypeCell class];
   } else {
      cellClass = [POIItemCell class];
   }
   cell = [[cellClass alloc]
            initWithStyle:UITableViewCellStyleDefault
            reuseIdentifier:identifier];
}

int rowNum = indexPath.row;
if (rowNum == _titleRow[POI_LIBRARY]){
   //[2] ........................................................................ ❷
   [(POITypeCell *)cell setPoiType:POI_LIBRARY];
   [(POITypeCell *)cell setNumberOfItems:self.numOfLibrary];
} else if ( rowNum == _titleRow[POI_RESTAURANT] ) {
   [(POITypeCell *)cell setPoiType:POI_RESTAURANT];
   [(POITypeCell *)cell setNumberOfItems:self.numOfRestaurant];
} else if (rowNum == _titleRow[POI_PRINTER]) {
   [(POITypeCell *)cell setPoiType:POI_PRINTER];
   [(POITypeCell *)cell setNumberOfItems:self.numOfPrinter];
} else if ( _titleRow[POI_LIBRARY] < rowNum && rowNum <
            _titleRow[POI_RESTAURANT]) {
   //[3] ........................................................................ ❸
   LSLibrary *currLibrary = [[self appDelegate].libraryPOIs
         objectAtIndex:(rowNum-1)];
   [(POIItemCell *)cell setPoiLocation:currLibrary];
} else if ( _titleRow[POI_RESTAURANT] < rowNum && rowNum <
            _titleRow[POI_PRINTER]) {
   int index = rowNum - _titleRow[1];
   LSRestaurant *currRestaurant =
            [[self appDelegate].restaurantPOIs objectAtIndex:index-1];
   [(POIItemCell *)cell setPoiLocation:currRestaurant];
} else if (rowNum > _titleRow [POI_PRINTER]) {
   int index = rowNum - _titleRow[POI_PRINTER];
   LSPrinter *currPrinter =
               [[self appDelegate].printerPOIs objectAtIndex:index-1];
```

```
        [(POIItemCell *)cell setPoiLocation:currPrinter];
    }

    return cell;
}
```

❶ TypeCell과 ItemCell은 서로 다른 identifier를 가져야 한다. 셀의 모양과 구성이 다르므로 재활용을 위해 구별하는 것이다.

❷ 제목 셀이면 셀에 poiType을 매크로 값과 아이템의 갯수를 넣어준다. ❸ 항목 셀이면 해당 POI 오브젝트를 찾아서 넣어준다.

위와 같이 poiType 또는 POI 오브젝트를 넣어주기만 하면 나머지는 각 종류에 맞게 만들어진 cell 오브젝트가 자동으로 내용을 뿌려준다.

제목 셀과 항목 셀은 높이가 조금 다르게 디자인되었으므로 셀의 높이를 리턴하는 메소드인

UITable ViewDelegate를 오버라이드하자.

[Listing 3-34] 테이블 뷰 셀의 높이를 리턴하는 메소드

```
- (CGFloat)tableView:(UITableView *)tableView
heightForRowAtIndexPath:(NSIndexPath *)indexPath
{
    int rowNum = indexPath.row;
    CGFloat height;
    if (rowNum == _titleRow[POI_LIBRARY] ||
        rowNum == _titleRow[POI_RESTAURANT] ||
        rowNum == _titleRow[POI_PRINTER])
        height = TypeCellHeight;
    else
        height = ItemCellHeight;

    return height;
}
```

-viewDidLoad 메소드에서 네비게이션 바의 스타일을 바꿔준다.

[Listing 3-35] CampusPOIViewController.m, 네비게이션 바의 스타일을 바꾼다

```
- (void)viewDidLoad
{
    [super viewDidLoad];

    self.navigationController.navigationBar.barStyle =
                                                UIBarStyleBlackTranslucent;

    _libraryExpanded = _restaurantExpanded = _printerExpanded = NO;
    [self refreshTitleRow];
    [self addObserver:self forKeyPath:@"libraryExpanded" options:0 context:nil];
    [self addObserver:self forKeyPath:@"restaurantExpanded" options:0 context:nil];
    [self addObserver:self forKeyPath:@"printerExpanded" options:0 context:nil];
}
```

Build & Run을 해보자.

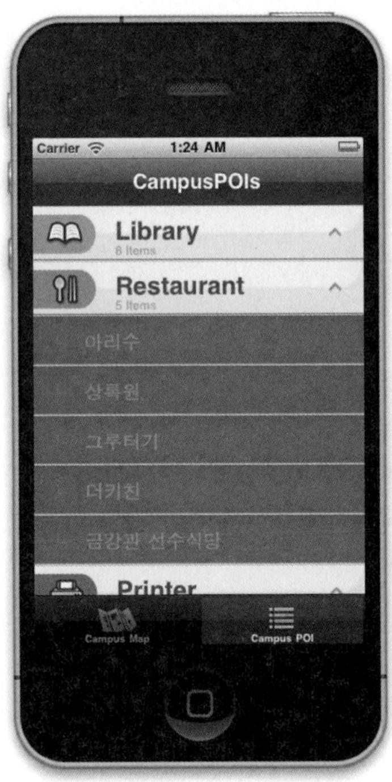

그림 3-26 ● 셀을 커스터마이즈한 테이블 뷰

여기까지의 예제 파일
CampusMap_step6.zip

3.8 증강현실(Argumented Reality) 확장

3.8.1 사용자 위치 확인

증강현실을 위한 첫 번째 단계는 사용자의 위치 정보를 알아내는 것이다. CoreLocation을 이용해서 사용자의 위치를 찾을 수 있다. 사용자의 위치를 정확히 알아내는 것은 시간이 많이 걸리는 작업이므로 비동기 방식으로 동작한다. 애플리케이션이 시동을 끝낸 직후부터 위치를 찾기 시작하자.

CampusMapAppDelegate 클래스에 다음 코드를 추가한다.

[Listing 3-36] CampusMapAppDelegate.h, 코어 로케이션 관련 선언을 추가한다

```
#import <UIKit/UIKit.h>
#import <CoreLocation/CoreLocation.h>

@interface LSAppDelegate : UIResponder <UIApplicationDelegate,
CLLocationManagerDelegate>

- (NSDictionary *)readPOIList;

@property (strong, nonatomic) UIWindow *window;

@property (strong, readonly) NSDictionary *poiDictionary;
@property (weak, readonly) NSArray *allPOIs;
@property (weak, readonly) NSArray *libraryPOIs;
@property (weak, readonly) NSArray *restaurantPOIs;
@property (weak, readonly) NSArray *printerPOIs;

@property (strong, readonly) CLLocation *currUserLocation;
@end
```

사용자의 위치가 업데이트될 때마다 CLLocationManagerDelegate 메소드가 호출된다. 이를 통해 사용자 위치와 POI 간의 거리를 구할 수 있다.

[Listing 3-37] CampusMapAppDelegate.m, 위치 업데이트 코드를 추가한다

```
#import "LSAppDelegate.h"
#import "CampusMapViewController.h"
#import "CampusPOIViewController.h"
#import "LSLocation.h"
#import "LSLibrary.h"
#import "LSRestaurant.h"
#import "LSPrinter.h"

@implementation LSAppDelegate

@synthesize window = _window;
@synthesize poiDictionary = _poiDictionary;
@synthesize currUserLocation=_currUserLocation;

- (BOOL)application:(UIApplication *)application
didFinishLaunchingWithOptions:(NSDictionary *)launchOptions
{
   self.window =
         [[UIWindow alloc] initWithFrame:[[UIScreen mainScreen] bounds]];

   CampusMapViewController *mapViewController =
                  [[CampusMapViewController alloc]
                  initWithNibName:@"CampusMapViewController" bundle:nil];
   UINavigationController *mapNavController =
                           [[UINavigationController alloc]
                           initWithRootViewController:mapViewController];

   CampusPOIViewController *poiViewController =
                                    CampusPOIViewController alloc]
                                    initWithStyle:UITableViewStylePlain];
   UINavigationController *poiNavController =
                           [[UINavigationController alloc]
                           initWithRootViewController:poiViewController];

   UITabBarController *tabBarController = [[UITabBarController alloc] init];
   tabBarController.viewControllers = [NSArray
            arrayWithObjects:mapNavController, poiNavController, nil];
```

```
    self.window.rootViewController = tabBarController;
    [self.window makeKeyAndVisible];

    CLLocationManager *locationManager = [[CLLocationManager alloc] init];
    locationManager.delegate = self;
    locationManager.desiredAccuracy = kCLLocationAccuracyBest;
    locationManager.distanceFilter = kCLDistanceFilterNone;
    [locationManager startUpdatingLocation];
    return YES;
}
.
.
.
#pragma mark -
#pragma mark CLLocation Manager Delegate
- (void)locationManager:(CLLocationManager *)locationManager
     didUpdateToLocation:(CLLocation *)newLocation
            fromLocation:(CLLocation *)oldLocation
{
    _currUserLocation = newLocation;
}
```

POI들의 슈퍼클래스인 LSLocation 클래스에는 POI와 현재 사용자와의 거리 정보를 가지는 distance 프라퍼티를 추가한다.

[Listing 3-38] LSLocation.h, 사용자와의 거리 정보를 가지는 프라퍼티를 추가한다

```
#import <Foundation/Foundation.h>
#import <CoreLocation/CoreLocation.h>
#import <MapKit/MapKit.h>

@interface LSLocation : NSObject <MKAnnotation>

@property (nonatomic, readonly) CLLocationCoordinate2D coordinate;

@property (copy) NSString *title;
@property (copy) NSString *subtitle;
```

```
@property (copy) NSString *location;
@property (strong, readonly) NSString *addressOfLocation;

@property CLLocationDegrees longitude;
@property CLLocationDegrees latitude;

@property (strong, readonly) UIImage *annotationImage;

@property (readonly) int distance;
@property (strong, readonly) NSString *distanceString;

@end
```

[Listing 3-39] LSLocation.m, AppDelegate로부터 사용자 위치를 얻어와서 계산한다

```
#import "LSLocation.h"
#import "LSAppDelegate.h"

@implementation LSLocation

@synthesize title = _title, subtitle = _subtitle;
@synthesize latitude = _latitude, longitude = _longitude;
@synthesize location = _location, addressOfLocation = _addressOfLocation;
@synthesize distance = _distance;
.
.
.
- (int)distance
{
   LSAppDelegate *appDelegate = [[UIApplication sharedApplication] delegate];
   CLLocation *userLocation = appDelegate.currUserLocation;
   CLLocation *poiLocation = [[CLLocation alloc]
               initWithLatitude:self.latitude longitude:self.longitude];
   CLLocationDistance distanceInMeter =
                     [userLocation distanceFromLocation:poiLocation];

   return distanceInMeter;
}
```

```
- (NSString *)distanceString
{
   CLLocationDistance distanceInMeter = self.distance;
   NSString *composedString;
   if (distanceInMeter > 1000){
      composedString =
          [NSString stringWithFormat:@"%.2fkm", (distanceInMeter/1000)];
   } else {
      composedString = [NSString stringWithFormat:@"%.1fm",distanceInMeter];
   }
   return composedString;
}
```

distance는 POI와 사용자 위치간의 거리를 리턴하는 getter 메소드이며, distanceString은 distance 값을 레이블에 표시하기 좋도록 m 또는 km 문자열로 만들어 제공하는 getter 메소드이다.

POI와 사용자의 거리를 테이블 뷰에 업데이트할 수 있도록 POIItemCell 클래스를 다음과 같이 수정한다. 넘겨받은 POI 오브젝트의 distanceString 프라퍼티를 이용해 레이블에 거리를 업데이트할 것이다.

[Listing 3-40] POIItemCell.h, 거리를 업데이트할 수 있는 레이블을 추가한다

```
#import <UIKit/UIKit.h>
#import "LSLibrary.h"
#import "LSRestaurant.h"
#import "LSPrinter.h"

@interface POIItemCell : UITableViewCell

@property (strong) LSLocation *poiLocation;
@property (strong, readonly) UILabel *nameLabel;
@property (strong, readonly) UILabel *distanceLabel;
@end
```

[Listing 3-41] POIItemCell의 구현에 거리를 업데이트할 수 있는 레이블을 추가한다

```
#import "POIItemCell.h"
```

```
@implementation POIItemCell

@synthesize poiLocation=_poiLocation;
@synthesize nameLabel=_nameLabel;
@synthesize distanceLabel=_distanceLabel;

- (id)initWithStyle:(UITableViewCellStyle)style
    reuseIdentifier:(NSString *)reuseIdentifier
{
   self = [super initWithStyle:style reuseIdentifier:reuseIdentifier];
   if (self) {
      UIImage *backgroundImage = [UIImage imageNamed:@"subcell.png"];
      self.backgroundView =
                     [[UIImageView alloc] nitWithImage:backgroundImage];
      self.backgroundView.autoresizingMask =
                                    UIViewAutoresizingFlexibleWidth
                                    | UIViewAutoresizingFlexibleHeight;
      self.backgroundView.frame = self.bounds;

      _nameLabel =
             [[UILabel alloc] initWithFrame:CGRectMake(50, 15, 180, 20)];
      _distanceLabel =
            [[UILabel alloc] initWithFrame:CGRectMake(240, 20, 80, 12)];

      _nameLabel.backgroundColor = [UIColor clearColor];
      _nameLabel.font = [UIFont boldSystemFontOfSize:18];
      _nameLabel.textColor = [UIColor lightGrayColor];

      _distanceLabel.backgroundColor = [UIColor clearColor];
      _distanceLabel.font = [UIFont boldSystemFontOfSize:11];
      _distanceLabel.textColor = [UIColor lightGrayColor];

      [self addSubview:_nameLabel];
      [self addSubview:_distanceLabel];
   }
   return self;
}
```

```
- (void)setSelected:(BOOL)selected animated:(BOOL)animated
{
    [super setSelected:selected animated:animated];

    // Configure the view for the selected state
}

- (void)setPoiLocation:(LSLocation *)poiLocation
{
     _poiLocation = poiLocation;


    _nameLabel.text = _poiLocation.title;
    _distanceLabel.text = _poiLocation.distanceString;
}

@end
```

Build & Run을 해보면 POIItemCell에 현재 사용자와 POI 간의 거리가 나오는 것을 확인할 수 있다.

그림 3-27 ● POI와 사용자 간 거리 측정

여기까지의 예제 파일
CampusMap_step7.zip

3.8.2 ARToolKit 이용하기

증강현실을 구현하기 위해서는 현재 사용자 아이폰이 어디를 향하고 있는지(Heading)에 대한 정보를 기반으로 화면에 POI를 표시하는 복잡한 수학 계산이 필요하다.

여기에서는 AR을 구현하기 위해 직접 계산을 하는 방법은 다루지 않을 것이다. 오픈소스 코드를 이용해 개념을 익히면서 손쉽게 증강현실 기능을 CampusMap 애플리케이션에 추가해보자.

https://github.com/zac/iphonearkit 사이트에 가서 iPhoneARKit이라는 프로젝트를 다운로드한다.

이 프로젝트는 ARC(Automatic Reference Counting)가 도입되기 이전에 만들어진 프로젝트이기 때문에 ARC를 사용 중인 프로젝트에 넣으면 빌드 에러가 난다. ARC의 기준에 맞춰 마이그레이션할 수 있으며, 빌드 에러가 해결되지 않는다면 샘플 코드를 참고하기 바란다. 샘플 코드에는 ARC 환경에서 빌드하기 위해 약간의 수정을 가한 코드가 포함되어 있다.

그림 3-28 ● 오픈소스 iPhone ARKit의 fork에는 최신 업데이트가 있다

프로젝트의 파일 중 `ARCoordinate`와 `ARViewController`가 핵심적인 코드이며, `ARGeoCoordinate`와 `ARGeoViewController`는 각각의 좌표계 변환을 위한 서브클래스이다. 우리는 4개 클래스 모두 프로젝트에 포함시킨다.

CampusMap 프로젝트에 ARKit의 클래스들을 포함시킨 경우 약간의 문제가 발생한다. CampusMap에는 LSLocation이라는 모델 클래스가 있는데 ARKit에도 유사한 기능을 하는 모델 클래스가 있다.

우리는 ARKit의 ARGeoCoordinate 클래스를 수정해서 우리가 만든 LSLocation에 대한 정보를 가지도록 할 것이다.

[Listing 3-42] ARGeoCoordinate의 헤더에 LSLocation의 정보를 추가한다

```
#import <Foundation/Foundation.h>
#import "ARCoordinate.h"
#import "LSLocation.h"
#import <CoreLocation/CoreLocation.h>

@interface ARGeoCoordinate : ARCoordinate {
    CLLocation *geoLocation;
    LSLocation *_poiLocation;
}

@property (nonatomic, retain) CLLocation *geoLocation;
@property (retain) LSLocation *poiLocation;

- (float)angleFromCoordinate:(CLLocationCoordinate2D)first
                toCoordinate:(CLLocationCoordinate2D)second;

+ (ARGeoCoordinate *)coordinateWithLocation:(CLLocation *)location;

- (void)calibrateUsingOrigin:(CLLocation *)origin;
+ (ARGeoCoordinate *)coordinateWithLocation:(CLLocation *)location
                                 fromOrigin:(CLLocation *)origin;

@end
```

[Listing 3-43] ARGeoCoordinate의 구현에는 @synthesize만 하면 된다

```
#import "ARGeoCoordinate.h"

@implementation ARGeoCoordinate
```

```
@synthesize geoLocation;
@synthesize poiLocation = _poiLocation;

...
```

카메라로 찍는 화면 위에 POI의 방향을 알려주는 AR 뷰는 맵 뷰위에 모달 형식으로 올라오는 게 적당하다.

`CampusMapViewController`에 AR 기능을 열고 닫을 수 있는 기능을 추가하자.

먼저 CampusMapViewController.xib에 AR 버튼을 만들고 `-presentARView:` 라는 액션 메소드를 연결하자.

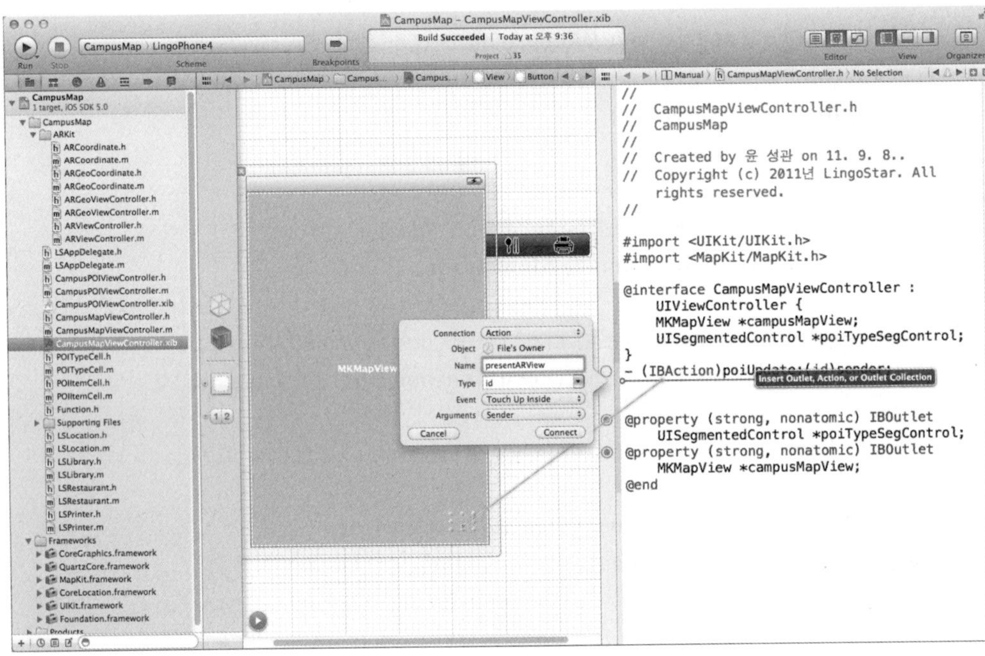

그림 3-29 ● AR 버튼을 만들고 액션 메소드 연결

버튼은 처음 만들어질 때 슈퍼 뷰의 좌측 상단을 기준으로 자기 위치를 정하도록 되어 있다. 네비게이션 바와 탭 바가 있는 구조라면 버튼이 보이지 않을 가능성이 있다. 그러므로 [그림 3-30]과 같이 버튼의 기준점을 우측 하단으로 바꿔주자.

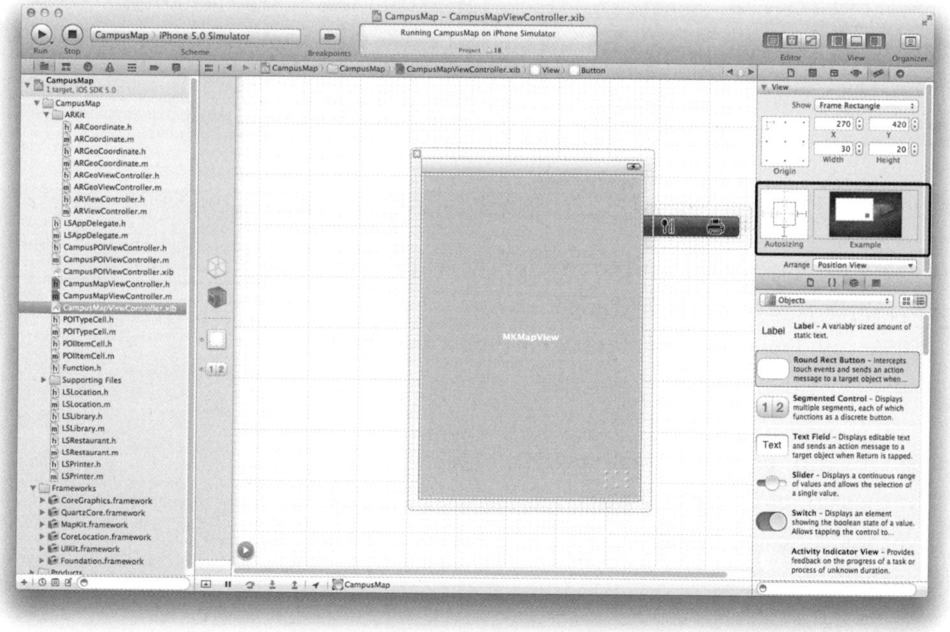

그림 3-30 ● 버튼의 위치는 우측 하단 기준

[Listing 3-44] CampusMapViewController.h, AR관련 속성들이 추가된다

```
#import <UIKit/UIKit.h>
#import <MapKit/MapKit.h>
#import <CoreLocation/CoreLocation.h>
#import "ARGeoViewController.h"
#import "ARGeoCoordinate.h"

@interface CampusMapViewController : UIViewController {
   MKMapView *campusMapView;
   UISegmentedControl *poiTypeSegControl;
}

- (IBAction)poiUpdate:(id)sender;
- (IBAction)presentARView:(id)sender;
- (IBAction)closeARView:(id)sender;

@property (strong, nonatomic) IBOutlet UISegmentedControl *poiTypeSegControl;
```

```
@property (strong, nonatomic) IBOutlet MKMapView *campusMapView;
@property (strong, readonly) ARGeoViewController *arViewController;

@end
```

[Listing 3-45] CampusMapViewController.m, ARView를 열고 닫는 메소드

```
@interface CampusMapViewController(Private)
- (LSAppDelegate *)appDelegate;
- (NSArray *)poiARCoordinatesWithType:(int)poiType;
@end

@implementation CampusMapViewController
@synthesize poiTypeSegControl;
@synthesize campusMapView;
@synthesize arViewController;

...

#pragma mark -
#pragma mark Argumented Reality
- (IBAction)presentARView:(id)sender
{
    arViewController = [[ARGeoViewController alloc] init];
    arViewController.debugMode = YES;

    arViewController.delegate = self;

    arViewController.scaleViewsBasedOnDistance = YES;
    arViewController.minimumScaleFactor = .5;

    arViewController.rotateViewsBasedOnPerspective = YES;

    [arViewController addCoordinates:[self poiARCoordinatesWithType:
                            self.poiTypeSegControl.selectedSegmentIndex]];
    arViewController.centerLocation = [self appDelegate].currUserLocation;
```

```
    [arViewController startListening];

    [self presentModalViewController:arViewController animated:NO];

    UIButton *closeButton = [[UIButton alloc]
                             initWithFrame:CGRectMake(280, 20, 30, 20)];
    [closeButton setImage:[UIImage imageNamed:@"map_x_button.png"]
                                     forState:UIControlStateNormal];
    [closeButton addTarget:self action:@selector(closeARView:)
                  forControlEvents:UIControlEventTouchUpInside];
    [arViewController.ar_overlayView addSubview:closeButton];
}

- (IBAction)closeARView:(id)sender
{
    [arViewController dismissModalViewControllerAnimated:NO];
    [self dismissModalViewControllerAnimated:NO];
}
```

ARKit에서는 POI의 방향과 위치 등을 AR뷰에 반영하기 위해 내부적으로 코어 애니메이션의 CATransform3D를 사용하며, 코어 그래픽스의 상수값도 일부 이용한다. 그러므로 프로젝트에 QuartzCore. framework와 CoreGraphics.frameworks를 포함한다.

ARKit은 MapKit을 모델로 만들었다. 맵 킷에서 Annotation을 더하는 것처럼 ARViewController에는 ARCoordinate 오브젝트를 더해줘야 한다. 현재 맵 뷰가 표시하고 있는 POI들을 이용해 ARViewController에 정보를 제공할 수 있는 ARGeoCoordinate 오브젝트를 만든다.

[Listing 3-46] CampusMapViewController.m, ARGeoCoordinate 오브젝트 만들기

```
- (NSArray *)poiARCoordinatesWithType:(int)poiType;
{
    NSMutableArray *tempLocationArray =
                        [[NSMutableArray alloc] initWithCapacity:10];
    NSArray *poiArray;
    switch (poiType) {
        case POI_ALL:
            poiArray = [self appDelegate].allPOIs;
```

```
            break;
        case POI_LIBRARY:
            poiArray = [self appDelegate].libraryPOIs;
            break;
        case POI_RESTAURANT:
            poiArray = [self appDelegate].restaurantPOIs;
            break;
        case POI_PRINTER:
            poiArray = [self appDelegate].printerPOIs;
            break;
    }

    for (LSLocation *poiLocation in poiArray) {
        CLLocation *tempLocation = [[CLLocation alloc]
                                    initWithLatitude:poiLocation.latitude
                                           longitude:poiLocation.longitude];
        ARGeoCoordinate *tempCoordinate =
                    [ARGeoCoordinate coordinateWithLocation:tempLocation];
        tempCoordinate.title = poiLocation.title;
        tempCoordinate.poiLocation = poiLocation;

        [tempLocationArray addObject:tempCoordinate];
    }

    return (NSArray *)tempLocationArray;
}
```

ARView에 올라가는 이미지는 델리게이트 메소드를 통해 제공한다. CampusMapViewController 클래스가 ARViewDelegate 프로토콜을 준수하므로 여기에 프로토콜 메소드인 -viewForCoordinate: 메소드를 구현한다.

[Listing 3-47] ARView에 보여질 POI 뷰 제공

```
#define BOX_WIDTH 150
#define BOX_HEIGHT 100

- (UIView *)viewForCoordinate:(ARCoordinate *)coordinate {
```

```
    CGRect theFrame = CGRectMake(0, 0, BOX_WIDTH, BOX_HEIGHT);
    UIView *tempView = [[UIView alloc] initWithFrame:theFrame];

    //tempView.backgroundColor = [UIColor colorWithWhite:.5 alpha:.3];

    UILabel *titleLabel = [[UILabel alloc]
                          initWithFrame:CGRectMake(0, 0, BOX_WIDTH, 20.0)];
    titleLabel.backgroundColor = [UIColor colorWithWhite:.3 alpha:.8];
    titleLabel.textColor = [UIColor whiteColor];
    titleLabel.textAlignment = UITextAlignmentCenter;
    titleLabel.text = coordinate.title;
    [titleLabel sizeToFit];

    titleLabel.frame = CGRectMake(BOX_WIDTH / 2.0 - titleLabel.frame.size.width /
                       2.0 - 4.0, 0, titleLabel.frame.size.width + 8.0,
                       titleLabel.frame.size.height + 8.0);

    UIImageView *pointView = [[UIImageView alloc] initWithFrame:CGRectZero];
    pointView.image = [(ARGeoCoordinate *)coordinate poiLocation].annotationImage;
    pointView.frame = CGRectMake(
                      (int)(BOX_WIDTH / 2.0 - pointView.image.size.width / 2.0),
                      (int)(BOX_HEIGHT / 2.0 - pointView.image.size.height / 2.0),
                      pointView.image.size.width, pointView.image.size.height);

    [tempView addSubview:titleLabel];
    [tempView addSubview:pointView];

    return tempView;
}
```

Build & Run을 해보자. AR 버튼을 누르면 현재 위치를 기준으로 각 방향에 POI들이 보일 것이다.

그림 3-31 ● AR을 이용한 위치 정보

> **여기까지의 예제 파일**
> CampusMap_step8.zip

3.9 정리 & 추가과제

지금까지 우리는 지도에 원하는 위치를 표시하고 거리와 방향을 이용하는 방법을 배웠다.

펼치고 접을 수 있도록 변형한 테이블 뷰도 만들어 보았다.

증강현실의 경우 아주 초보적인 형태의 오픈소스 라이브러리를 한 번 사용해보는 정도로만 그친 것이 아쉽지만, 이 예제를 기반으로 보다 쓸모있는 방식의 구현을 할 수 있기 바란다.

보다 나은 위치 기반 서비스를 위해 CampusMap 예제를 발전시키는 방법은 매우 다양하다. 다음은 이 책의 수준 안에서 또는 약간 넘어서는 정도에서 도전해 볼만한 과제이다.

3.9.1 지도 오버레이

iOS 4에서 확장된 MapKit에는 구글 지도 위에 우리의 지도를 오버레이하는 기능이 있다. 이 기능을 이용해 구글 지도의 특정 영역을 앱의 특성에 맞게 수정해보자.

[그림 3-32]는 CampusMap의 배경이 된 동국대학교 캠퍼스의 위성 지도 위에 그림지도를 올

린 예를 보여준다. 이런 방식으로 추가한 지도는 구글 지도와 함께 이동/확대/축소된다.

애플의 샘플코드 중 'TileMap'이라는 예제를 참고하자.

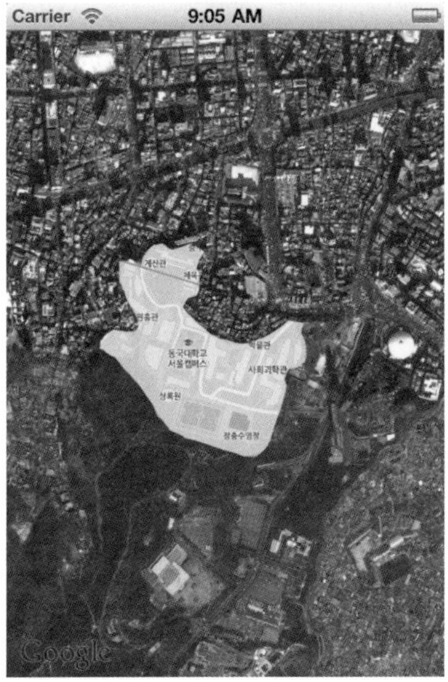

그림 3-32 ● 구글 위성 지도 위에 다른 그림 지도를 올렸다

3.9.2 비디오 개선

iOS 4에서 확장된 AVFoundation을 이용하면 증강현실에서 UIImagePickerController를 이용하지 않고도 보다 간편하게 카메라 화면을 얻을 수 있다.

이 책의 5장까지 마친 뒤라면 이 과제를 어렵지 않게 구현해낼 수 있을 것이다.

APPENDIX

C

Universal App

하나의 앱으로 아이폰과 아이패드에서 구동하기

iPhone SDK Tutorial Advance

학습목표

1. Universal Project를 만드는 데 필요한 내용을 안다.
2. iPad의 UISplitViewController와 UIPopOver Controller의 사용법을 안다.

목차

C.1 유니버설(Universal) 앱

C.1.1 유니버설 앱의 소개

아이폰과 아이패드는 iOS 운영체제를 사용하고 있다. 물론 화면 크기가 다르고 UI 구성 요소에서 조금의 차이는 있지만 거의 동일한 API를 가지고 있다. 기본적으로 UI를 제외한 나머지 모든 부분을 아이폰 앱과 아이패드 앱이 공유할 수 있다.

그래서 많은 앱들이 아이폰/아이패드용 앱을 분리하지 않고 하나의 앱으로 릴리즈한 뒤, 실행 환경이 아이폰이면 아이폰 대응 UI를 제공하고, 아이패드이면 아이패드용 UI를 제공하는 방식으로 동작한다. 바로 이번에 우리가 만들어 보고자 하는 유니버설 앱이다.

C.1.2 iPad HIG

앞서 설명한 것처럼 아이패드는 아이폰과 거의 동일한 API를 가진다. 그럼 아이폰 앱을 단지 펼쳐놓으면 되는 걸까?

[그림 C-1]은 전형적인 아이폰/아이패드 유니버설 앱의 UI를 보여준다. 아이폰에서는 목록을

선택하고 그 내용을 보기 위해 화면이 네비게이션 된 반면, 아이패드는 화면이 분리되어서 왼쪽에 목록이, 오른쪽에 컨텐츠가 보인다. 아이패드의 넓은 화면을 살려서 한 단계의 네비게이션을 줄인 것이다.

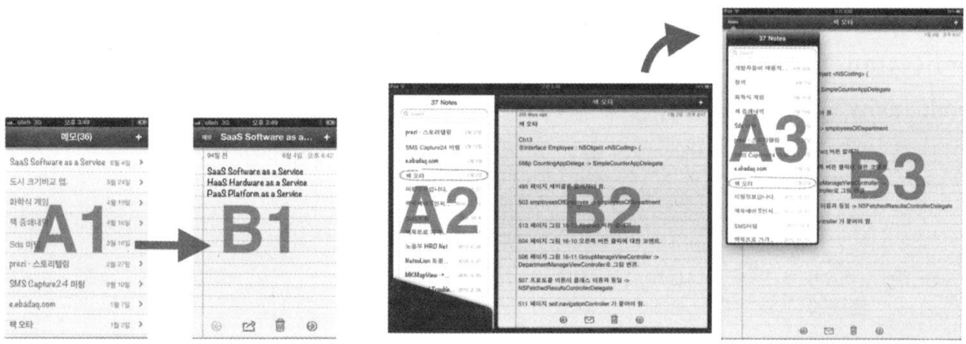

그림 C-1 ● 아이폰 앱을 아이패드 앱으로 만든 일반적인 경우

이게 정말 정답일까?

많은 앱들이 이러한 방식으로 아이폰/아이패드 앱을 출시하고 있으며 앱의 종류에 따라 어쩔 수 없는 경우도 있다. 하지만 아이패드는 사용환경과 사용자의 의도가 아이폰과는 크게 다르다. 아이폰은 모바일, 즉 움직이며 사용하는 것에 초점이 맞춰지고, 앱들은 최대한 빠르게 컨텐츠에 엑세스하고 언제든 종료되었다가 다시 구동되는 것에 최적화되어 있어야 한다. 반면 아이패드는 다르다. 아이패드도 충분히 휴대성이 있지만 기본적으로 장시간 사용을 위한 기기다. 3분 뒤에 내가 탈 버스가 오는데 가방에서 아이패드를 꺼낼 사람은 많지 않다.

앱의 UX(User eXperience)도 여기에 맞춰서 기획되어야 한다. 중요한 것은 컨텐츠를 이용하는 방식과 집중도가 다르더라도 항상 중심에는 '사용자가 관심을 가지고 있는 컨텐츠'에 있다는 것을 잊지말자.아이패드의 넓은 화면을 단지 숨어 있던 기능들을 나열하는 데 사용하지 말고 사용자에게 새로운 UI 사용 경험을 줄 수 있는 방향으로 개선하는 것이 아이폰 앱을 아이패드 앱으로 변환하는 데 있어서 권장하는 사항이다.

보다 자세한 내용은 애플의 'iPad Human Interface Guideline' 문서를 참고하자. 바람직한 예를 보여주며 여러분들의 아이폰 앱을 아이패드에 맞게 최적화할 수 있도록 도와줄 것이다.

C.2 유니버설 프로젝트의 분석

먼저, 유니버설 타입으로 만든 프로젝트를 분석해보자.

File → NewProject... 를 선택한 뒤 [그림 C-2]와 같이 Master-Detail Application의 Universal 프로젝트를 만든다. Master-Detail Application 템플리트는 Xcode 3 이전의 Navigation-based Application 템플리트에서 발전된 것이다. 주로 많은 양의 데이터를 다루는 업무용(Productivity 타입) 애플리케이션 제작의 기반이 되며, 뷰는 여러 단계의 네비게이션을 가지고 있어서 큰 범주에서 시작해 세부 항목을 보고 편집할 수 있는 애플리케이션이다.

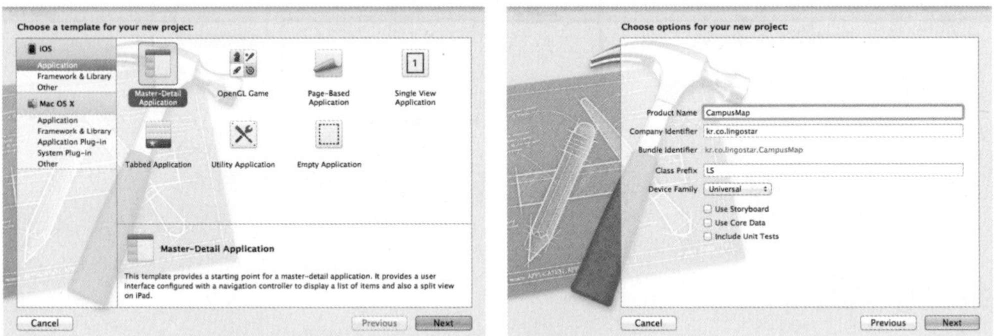

그림 C-2 ● Master-Detail Application의 Universal 앱을 만들어 보자

유니버설로 만든 프로젝트는 타겟의 설정에서 아이폰/아이패드용으로 각각 설정해 줄 수 있다.

[그림 C-3]은 유니버설 프로젝트의 설정 화면을 보여준다.

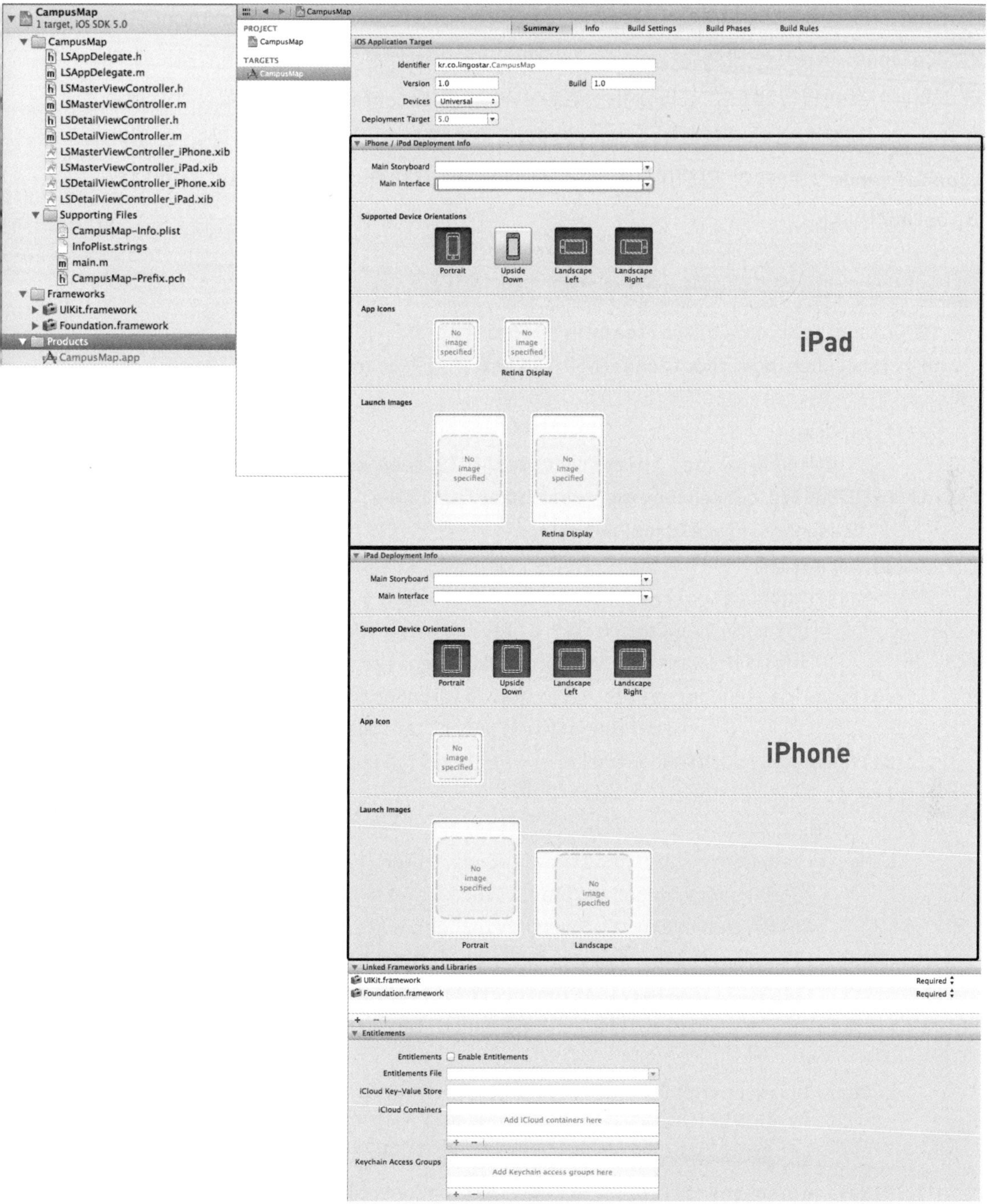

그림 C-3 • Universal 앱의 설정

[Listring C-1]은 애플리케이션이 시작한 뒤 처음 불리는 -application:didFinishLaunchingWithOptions: 메소드를 보여준다. 굵은 글씨체로 되어 있는 부분이 아이폰과 아이패드에 따라 인터페이스 파일을 별도로 불러들이는 부분이다. -userInterfaceIdiom이 핵심적인 메소드로서, 유니버설 타입의 프로젝트에서는 이 메소드를 이용해 기기의 종류를 파악할 수 있다. typedef enum으로 되어 있으며, UIUserInterfaceIdiomPhone과 UIUserInterfaceIdiomPad가 있다.

[Listing C-1] 애플리케이션이 시작할 때 기기의 종류에 따라 다른 NIB 파일을 로드한다

```
- (BOOL)application:(UIApplication *)application
didFinishLaunchingWithOptions:(NSDictionary *)launchOptions
{
   self.window =
         [[UIWindow alloc] initWithFrame:[[UIScreen mainScreen] bounds]];
   if ([[UIDevice currentDevice] userInterfaceIdiom] ==
         UIUserInterfaceIdiomPhone) {
   //[1] 아이폰의 경우 ··························································· ❶
      LSMasterViewController *masterViewController =
            [[LSMasterViewController alloc]
            initWithNibName:@"LSMasterViewController_iPhone" bundle:nil];
      self.navigationController = [[UINavigationController alloc]
                    initWithRootViewController:masterViewController];
      self.window.rootViewController = self.navigationController;
   } else {
   //[2] 아이패드의 경우 ························································ ❷
      LSMasterViewController *masterViewController =
             [[LSMasterViewController alloc]
             initWithNibName:@"LSMasterViewController_iPad" bundle:nil];
      UINavigationController *masterNavigationController =
                    [[UINavigationController alloc]
                    initWithRootViewController:masterViewController];

      LSDetailViewController *detailViewController =
             [[LSDetailViewController alloc]
             initWithNibName:@"LSDetailViewController_iPad" bundle:nil];
      UINavigationController *detailNavigationController =
                    [[UINavigationController alloc]
                    initWithRootViewController:detailViewController];
```

```
        self.splitViewController = [[UISplitViewController alloc] init];
        self.splitViewController.delegate = detailViewController;
        self.splitViewController.viewControllers =
            [NSArray arrayWithObjects:masterNavigationController,
            detailNavigationController, nil];

        self.window.rootViewController = self.splitViewController;
    }
    [self.window makeKeyAndVisible];
    return YES;
}
```

다음 설명은 [그림 C-1]과 함께 보자.

아이폰의 경우 Master-Detail Application은 Navigation-based Application과 크게 다를 게 없다. 테이블 뷰(A1)가 루트 뷰 컨트롤러로 제공되고 항목을 선택하면 자세한 뷰(B1)가 나온다. 아이패드의 경우 랜드스케이프(Landscape) 모드일 때는 화면이 좌우로 분할되어 왼쪽에는 목록(A2)이, 오른쪽에는 컨텐츠(B2)가 표시되고, 포트레이트(Portrait) 모드일 때는 목록은 사라지고 컨텐츠(B3)가 화면 전체를 채우다가 버튼을 누르면 목록(A3)이 Pop Over되는 방식이다. 그렇다. [그림 C-1]에서 소개한 전형적인 아이패드 애플리케이션의 형태이다.

[Listing C-1]의 ❶ 부분은 기기가 아이폰인 경우다. LSMasterViewController_iPhone.xib 파일을 로드하면서 LSMasterViewController 오브젝트를 만든다. LSMasterViewController_iPhone.xib 파일에는 테이블 뷰가 있다.

❷ 부분은 기기가 아이패드인 경우다. 마찬가지로 LSMasterViewController_iPad.xib 파일을 로드하면서 LSMasterViewController 오브젝트를 만드는데 LSMasterViewController_iPad.xib 파일에도 역시 테이블 뷰가 있다. LSMasterViewController는 아이패드 UI에서 왼쪽의 목록을 보여주는 부분이다. 아이패드의 경우 목록만 나오는 게 아니라 컨텐츠까지 한 화면에 나타난다. 그러므로 LSDetailViewController까지 만든다.

LSMasterViewController와 LSDetailViewController는 각각 네비게이션컨트롤러에 담겨서 UISplitViewController 오브젝트를 구성한다. splitViewController 오브젝트의 델리게이트로 detailViewController가 선택된 것에 주의하자. UISplitViewController는 UIPopOverController와 한 쌍을 이룬다. 기기의 방향에 따라서 LSMasterViewController

는 PopOver로 숨어들어갈 것이다.

LSMasterViewController에 구현된 메소드들에서는 작업 수행 시 기기의 종류를 파악한 뒤 동작한다. 예를 들면, 테이블 항목이 선택된 경우 아이폰에서는 LSDetailViewController 오브젝트를 만들고 네비게이션컨트롤러에게 push를 요청하지만, 아이패드에서는 그냥 현재 보여지고 있는 컨텐츠 뷰를 업데이트하면 된다.

[Listing C-2]는 UISplitViewController의 델리게이트 메소드이다. UISplitViewController 클래스가 아이패드 전용 클래스이므로 아이폰 기기에 대응하는 코드는 없다. 아이패드가 랜드스케이프에서 포트레이트로 회전하면 목록을 보여주는 LSMasterViewController 오브젝트는 화면에서 사라지고 컨텐츠를 보여주는 LSMasterViewController가 화면 전체를 채운다. 그 때 네비게이션바에는 버튼이 추가된다.

[Listing C-2] UISplitViewController의 델리게이트 메소드

```
#pragma mark - Split view

- (void)splitViewController:(UISplitViewController *)splitController
     willHideViewController:(UIViewController *)viewController
          withBarButtonItem:(UIBarButtonItem *)barButtonItem
       forPopoverController:(UIPopoverController *)popoverController
{
   barButtonItem.title = NSLocalizedString(@"Master", @"Master");
   [self.navigationItem setLeftBarButtonItem:barButtonItem animated:YES];
   self.popoverController = popoverController;
}

- (void)splitViewController:(UISplitViewController *)splitController
     willShowViewController:(UIViewController *)viewController
  invalidatingBarButtonItem:(UIBarButtonItem *)barButtonItem
{
   // Called when the view is shown again in the split view, invalidating
         the button and popover controller.
         [self.navigationItem setLeftBarButtonItem:nil animated:YES];
   self.popoverController = nil;
}
```

지금까지 Master-Detail Application 템플리트를 통해 전형적인 유니버설 애플리케이션의 동작방식을 살펴봤다. 우리가 아이폰/아이패드 사용 중 접하는 많은 유니버설 애플리케이션들이 위와 같은 구성을 가지고 있으므로 잘 익혀두자.

C.3 CampusMap을 Universal로 바꾸기

C.3.1 MVC에서 M과 V

2장에서 LBS를 다룰 때 만든 예제 CampusMap을 아이패드와 아이폰 양쪽에서 사용 가능한 유니버설 앱으로 만들어 보자. CampusMap 앱에 증강현실 기능을 넣기 전인 CampusMap_step7에 유니버설 프로젝트를 위한 코드를 옮기는 방식으로 진행할 것이다.

자, MVC 구조가 빛을 발하는 순간이다. 유니버설 프로젝트에서도 모델 클래스들은 전혀 수정할 필요가 없다. `LSLocation`과 그 서브클래스들인 `LSLibrary`, `LSRestaurant`, `LSPrinter`는 그대로 사용하면 된다. 뷰 클래스들도 마찬가지이다. `POITypeCell`과 `POIItemCell`은 뷰이며 아이폰이나 아이패드 화면에서 동일하게 사용할 수 있다. 결과적으로 프로젝트가 변경되면서 수정해야 하는 부분은 컨트롤러 뿐이다. 모델과 뷰는 그대로 재사용한다.

C.3.2 리팩터링

CampusMap 프로젝트는 Master-Detail Application 템플리트와 완전히 일치하는 뷰 구조가 아니다. 실무 환경에서 만들어지는 많은 프로젝트들이 정형화된 틀에 박혀 있지 않듯, 우리가 원하는 방식대로 자유롭게 바꿔가며 코딩하면 된다. 템플리트는 시작점일 뿐이니까.

`LSMasterViewController`라는 이름과 `LSDetailViewController`라는 이름을 리팩터링을 통해 CampusMap에서 사용했던 `CampusPOIViewController`와 `CampusMapViewController`로 바꾸도록 하자. xib 파일의 이름까지 모두 바꾼다.

Xcode의 Edit → Refactor → Rename의 도움을 받으면 조금 낫긴 하지만 xib의 File Owner 클래스까지 잘 변경되었는지 직접 자세히 확인하기 바란다.

[그림 C-4]는 모델과 뷰 클래스를 가져오고 뷰 컨트롤러의 이름을 변경한 프로젝트 화면이다.

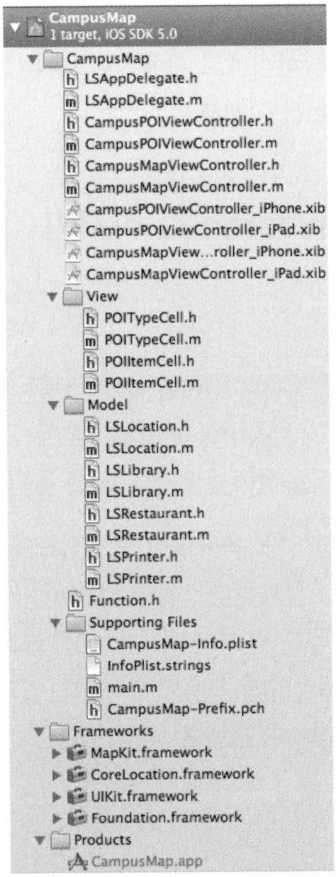

그림 C-4 ● 모델과 뷰 클래스를 가져오고 뷰 컨트롤러 이름을 변경한 프로젝트

C.3.3 기본 구조 작성하기

전형적인 Master-Detail based Application의 경우 Landscape 방향의 아이패드 기기에서 왼쪽은 UITableView가 있고 오른쪽에는 컨텐츠를 보여주는 뷰가 있다. 왼쪽의 테이블 뷰 선택 항목이 오른쪽의 컨텐츠 뷰에 보여지는 것이다. 머릿속에 잘 떠오르지 않으면 [그림 C-1]을 다시 보자.

동일한 앱의 아이폰 버전에서는 네비게이션이 있다. 첫 화면에는 테이블 뷰가 있고 항목을 선택하면 컨텐츠를 보여주는 뷰가 네비게이션된다.

CampusMap 앱은 전형적인 Master-Detail based Application이라 볼 수 없다. 아이폰 앱에는 네비게이션이 아니라 탭이 있다. 목록을 나타내는 테이블 뷰나 지도를 보여주는 맵 뷰는 동일한 데이터를 다른 형식으로 보여주는 동일 레벨의 뷰이므로 탭 바를 사용한다. 아이패드 앱은

한 화면 내에서 두 개의 뷰를 동시에 보여준다. 이 부록의 내용을 학습한 뒤 여러분이 직접 CampusMap의 기능을 확장해보기 바란다.

뷰 구조에 따라 프로젝트는 아이폰 버전에서는 탭 바 컨트롤러가 사용되고, 아이패드 버전에서는 스필릿 뷰 컨트롤러가 사용되어야 한다. [Listing C-3]과 [Listing C-4]의 코드에서 기본적인 앱의 골격을 잡아보자.

[Listing C-3] 유니버설 앱의 기본 뷰 골격 잡기, LSAppDelegate의 헤더

```
#import <UIKit/UIKit.h>
#import <CoreLocation/CoreLocation.h>
@interface LSAppDelegate : UIResponder <UIApplicationDelegate>

@property (strong, nonatomic) UIWindow *window;

@property (strong, nonatomic) UINavigationController *navigationController;

@property (strong, nonatomic) UISplitViewController *splitViewController;

@property (strong, nonatomic) UITabBarController *tabBarController;

@property (strong, readonly) NSDictionary *poiDictionary;
@property (weak, readonly) NSArray *allPOIs;
@property (weak, readonly) NSArray *libraryPOIs;
@property (weak, readonly) NSArray *restaurantPOIs;
@property (weak, readonly) NSArray *printerPOIs;
@property (strong, readonly) CLLocation *currUserLocation;

@end
```

[Listing C-4] 유니버설 앱의 기본 뷰 골격 잡기, LSAppDelegate의 구현

```
#import "LSAppDelegate.h"

#import "CampusPOIViewController.h"

#import "CampusMapViewController.h"

#import "LSLibrary.h"
```

```
#import "LSRestaurant.h"
#import "LSPrinter.h"

@interface LSAppDelegate()
- (NSDictionary *)readPOIList;
@end

@implementation LSAppDelegate

@synthesize window = _window;
@synthesize navigationController = _navigationController;
@synthesize splitViewController = _splitViewController;
@synthesize tabBarController = _tabBarController;
@synthesize currUserLocation = _currUserLocation;
@synthesize poiDictionary = _poiDictionary;
- (BOOL)application:(UIApplication *)application
didFinishLaunchingWithOptions:(NSDictionary *)launchOptions
{
    self.window = [[UIWindow alloc]
        initWithFrame:[[UIScreen mainScreen] bounds]];

    if ([[UIDevice currentDevice] userInterfaceIdiom] ==
        UIUserInterfaceIdiomPhone) {
        CampusPOIViewController *poiViewController =
            [[CampusPOIViewController alloc]
            initWithNibName:@"CampusPOIViewController_iPhone" bundle:nil];
        UINavigationController *poiNavigationController =
                            [[UINavigationController alloc]
                            initWithRootViewController:poiViewController];

        CampusMapViewController *mapViewController =
            [[CampusMapViewController alloc]
            initWithNibName:@"CampusMapViewController_iPhone" bundle:nil];
        UINavigationController *mapNavigationController =
                            [[UINavigationController alloc]
                            initWithRootViewController:mapViewController];

        self.tabBarController = [[UITabBarController alloc] init];
        self.tabBarController.viewControllers =
                        [NSArray arrayWithObjects:poiNavigationController,
```

```
                         mapNavigationController, nil];

        self.window.rootViewController = self.tabBarController;
    } else {
        CampusPOIViewController *poiViewController =
                [[CampusPOIViewController alloc]
                initWithNibName:@"CampusPOIViewController_iPad" bundle:nil];
        UINavigationController *poiNavigationController =
                            [[UINavigationController alloc]
                            initWithRootViewController:poiViewController];

        CampusMapViewController *mapViewController =
                [[CampusMapViewController alloc]
                initWithNibName:@"CampusMapViewController_iPad" bundle:nil];
        UINavigationController *mapNavigationController =
                            [[UINavigationController alloc]
                            initWithRootViewController:mapViewController];

        self.splitViewController = [[UISplitViewController alloc] init];
        self.splitViewController.delegate = mapViewController;
        self.splitViewController.viewControllers =
                        [NSArray arrayWithObjects:poiNavigationController,
                        mapNavigationController, nil];

        self.window.rootViewController = self.splitViewController;
    }
    [self.window makeKeyAndVisible];
    return YES;
}
.
.
.
- (NSArray *)allPOIs {...}

- (NSArray *)libraryPOIs {...}

- (NSArray *)restaurantPOIs {...}

- (NSArray *)printerPOIs {...}
```

```
- (NSDictionary *)poiDictionary {...}

- (NSDictionary *)readPOIList {...}

#pragma mark -
#pragma mark CLLocation Manager Delegate
- (void)locationManager:(CLLocationManager *)locationManager
    didUpdateToLocation:(CLLocation *)newLocation
           fromLocation:(CLLocation *)oldLocation;
{
   _currUserLocation = newLocation;
}
@end
```

위 코드 중 {...}으로 생략된 부분은 2장 CampusMap의 메소드와 동일한 구현이므로 CampusMap 예제의 설명을 찾아보기 바란다.

굵은 글씨체로 된 코드가 뷰의 구조를 잡기 위해 변경한 부분이다. 아이폰인 경우 CampusPOIViewController와 CampusMapViewController를 만들고 탭 바 컨트롤러에 넣은 뒤 탭 바 컨트롤러를 윈도우의 루트 뷰 컨트롤러로 지정한다. 아이패드인 경우 기존의 방식 그대로 CampusPOIViewController와 CampusMapViewController를 스플릿 뷰 컨트롤러에 넣고 윈도우의 루트 뷰 컨트롤러로 지정한다.

Build & Run을 해보면 컨텐츠는 없지만 뷰 구조는 잡힌 앱의 동작을 볼 수 있다.

위 코드 이전에 몇가지 필요한 작업이 있다. Function.h 파일을 가져온 뒤 CampusMap-Prefix.pch 파일에 import하는 등 앞선 Ch2에서 했던 동일한 작업들을 반복해야 한다. 이미 CampusMap 예제를 만들면서 설명한 작업이기 때문에 굳이 반복해서 설명하지 않았다. 빌드에 문제가 생기면 사이트에서 예제 파일을 다운로드해서 비교해볼 수 있다.

여기까지의 예제 파일
CampusMap_AppendixC_step1.zip

C.3.4 CampusMap POI 테이블 뷰

테이블 뷰에서 아이폰 기기에 대응하는 코드는 변경되는 부분이 없다. 그러므로 아이패드 기기에 대응하는 코드 부분을 분기해서 작성해보자.

먼저 이미지 리소스와 POI.plist 등의 파일을 불러오자. [그림 C-5]는 프로젝트의 파일들을 보여준다.

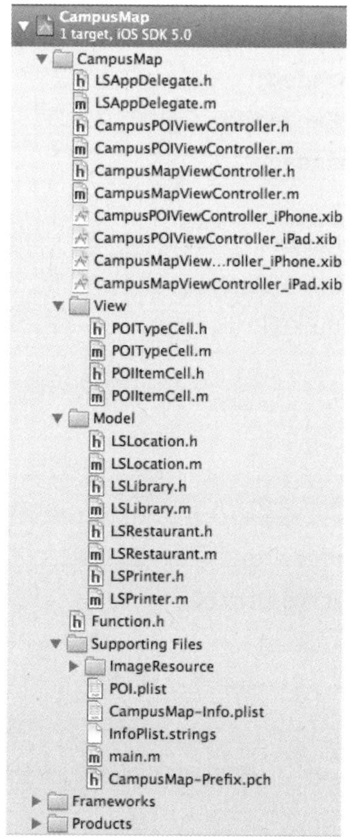

그림 C-5 ● 프로젝트 파일 목록

[Listing C-5]는 `CampusPOIViewController`의 헤더를 보여준다. 테이블 뷰의 셀을 선택해도 네비게이션이 일어나지 않으므로 `detailViewController`가 필요 없다.

[Listing C-5] CampusPOIViewController의 헤더, detailViewController가 필요 없다

```
#import <UIKit/UIKit.h>

@class CampusMapViewController;

@interface CampusPOIViewController : UITableViewController
```

```
{
  int _titleRow[3];
}

@property (strong, nonatomic)CampusMapViewController *detailViewController;

@property BOOL libraryExpanded;
@property BOOL restaurantExpanded;
@property BOOL printerExpanded;

@property (readonly) int numOfLibrary;
@property (readonly) int numOfRestaurant;
@property (readonly) int numOfPrinter;
@end
```

[Listing C-6] CampusPOIViewController의 구현부

```
#import "CampusPOIViewController.h"
#import "CampusMapViewController.h"
#import "LSAppDelegate.h"
#import "LSLibrary.h"
#import "LSRestaurant.h"
#import "LSPrinter.h"
#import "POITypeCell.h"
#import "POIItemCell.h"

#define TypeCellHeight 52
#define SubCellHeight 47

@interface CampusPOIViewController (Private)
- (LSAppDelegate *)appDelegate;
- (void)refreshTitleRow;
@end

@implementation CampusPOIViewController

//@synthesize detailViewController = _detailViewController;
```

```
@synthesize libraryExpanded = _libraryExpanded,
         restaurantExpanded = _restaurantExpanded,
            printerExpanded = _printerExpanded;

- (id)initWithNibName:(NSString *)nibNameOrNil
               bundle:(NSBundle *)nibBundleOrNil
{
   self = [super initWithNibName:nibNameOrNil bundle:nibBundleOrNil];
   if (self) {
      self.title = NSLocalizedString(@"CampusPOIs", @"CampusPOIs");
      if ([[UIDevice currentDevice] userInterfaceIdiom] ==
           UIUserInterfaceIdiomPad) {
         self.clearsSelectionOnViewWillAppear = NO;
         self.contentSizeForViewInPopover = CGSizeMake(320.0, 600.0);
      }
   }
   return self;
}

#pragma mark - View lifecycle

- (void)viewDidLoad
{
   [super viewDidLoad];
   // Do any additional setup after loading the view, typically from a nib.
   if ([[UIDevice currentDevice] userInterfaceIdiom] ==
         UIUserInterfaceIdiomPad) {
      [self.tableView selectRowAtIndexPath:
          [NSIndexPath indexPathForRow:0 inSection:0]
            animated:NO scrollPosition:UITableViewScrollPositionMiddle];
   }

   self.navigationController.navigationBar.barStyle =
                                             UIBarStyleBlackTranslucent;

   _libraryExpanded = _restaurantExpanded = _printerExpanded = NO;
   [self refreshTitleRow];
```

```
    [self addObserver:self forKeyPath:@"libraryExpanded"
              options:0 context:nil];
    [self addObserver:self forKeyPath:@"restaurantExpanded"
              options:0 context:nil];
    [self addObserver:self forKeyPath:@"printerExpanded"
              options:0 context:nil];
}

.
.
.

- (BOOL)shouldAutorotateToInterfaceOrientation:
(UIInterfaceOrientation)interfaceOrientation
{...}

- (void)observeValueForKeyPath:(NSString *)keyPath ofObject:(id)object
change:(NSDictionary *)change context:(void *)context
{...}

- (LSAppDelegate *)appDelegate {...}

- (void)refreshTitleRow {...}

- (int)numOfLibrary {...}

- (int)numOfRestaurant {...}

- (int)numOfPrinter {...}

// Customize the number of sections in the table view.
- (NSInteger)numberOfSectionsInTableView:(UITableView *)tableView
{...}

- (NSInteger)tableView:(UITableView *)tableView
 numberOfRowsInSection:(NSInteger)section
{...}
```

```
// Customize the appearance of table view cells.
- (UITableViewCell *)tableView:(UITableView *)tableView
        cellForRowAtIndexPath:(NSIndexPath *)indexPath
{
   static NSString *TypeCellIdentifier = @"TypeCell";
   static NSString *SubCellIdentifier = @"SubCell";

   NSString *identifier;
   if (indexPath.row == _titleRow[POI_LIBRARY] ||
       indexPath.row == _titleRow[POI_RESTAURANT] ||
       indexPath.row == _titleRow[POI_PRINTER])
       identifier = TypeCellIdentifier;
   else
      identifier = SubCellIdentifier;

   UITableViewCell *cell =
             [tableView dequeueReusableCellWithIdentifier:identifier];
   if (cell == nil) {
      Class cellClass;
      if ([identifier isEqualToString:@"TypeCell"]){
         cellClass = [POITypeCell class];
      } else {
         cellClass = [POIItemCell class];
      }
      cell = [[cellClass alloc] initWithStyle:UITableViewCellStyleDefault
            reuseIdentifier:identifier];

      if ([[UIDevice currentDevice] userInterfaceIdiom] ==
           UIUserInterfaceIdiomPhone) {
           cell.accessoryType =
           UITableViewCellAccessoryDisclosureIndicator;
      }
   }

   int rowNum = indexPath.row;
   if (rowNum == _titleRow[POI_LIBRARY]){
      [(POITypeCell *)cell setPoiType:POI_LIBRARY];
      [(POITypeCell *)cell setNumberOfItems:self.numOfLibrary];
```

```
    } else if ( rowNum == _titleRow[POI_RESTAURANT] ) {
        [(POITypeCell *)cell setPoiType:POI_RESTAURANT];
        [(POITypeCell *)cell setNumberOfItems:self.numOfRestaurant];
    } else if (rowNum == _titleRow[POI_PRINTER]) {
        [(POITypeCell *)cell setPoiType:POI_PRINTER];
        [(POITypeCell *)cell setNumberOfItems:self.numOfPrinter];
    } else if ( _titleRow[POI_LIBRARY] < rowNum && rowNum <
                                            _titleRow[POI_RESTAURANT]) {
        LSLibrary *currLibrary =
                [[self appDelegate].libraryPOIs objectAtIndex:(rowNum-1)];
        [(POIItemCell *)cell setPoiLocation:currLibrary];
    }  else if ( _titleRow[POI_RESTAURANT] < rowNum && rowNum <
                                                _titleRow[POI_PRINTER]) {
        int index = rowNum - _titleRow[1];
        LSRestaurant *currRestaurant =
                [[self appDelegate].restaurantPOIs objectAtIndex:index-1];
        [(POIItemCell *)cell setPoiLocation:currRestaurant];
    } else if (rowNum > _titleRow [POI_PRINTER]) {
        int index = rowNum - _titleRow[POI_PRINTER];
        LSPrinter *currPrinter =
                  [[self appDelegate].printerPOIs objectAtIndex:index-1];
        [(POIItemCell *)cell setPoiLocation:currPrinter];
    }

    return cell;
}

- (CGFloat)tableView:(UITableView *)tableView
heightForRowAtIndexPath:(NSIndexPath *)indexPath
{...}

- (void)tableView:(UITableView *)tableView
didSelectRowAtIndexPath:(NSIndexPath *)indexPath
{
    LSLocation *selectedPOI;
    int rowNum = indexPath.row;
    if (rowNum == _titleRow[0]){
        self.libraryExpanded = !self.libraryExpanded;
```

```
        return;
    } else if ( _titleRow[0] < rowNum && rowNum < _titleRow[1]) {
        selectedPOI = [[self appDelegate].libraryPOIs objectAtIndex:(rowNum-1)];
    } else if ( rowNum == _titleRow[1] ) {
        self.restaurantExpanded = !self.restaurantExpanded;
        return;
    } else if ( _titleRow[1] < rowNum && rowNum < _titleRow[2]) {
        int index = rowNum - _titleRow[1];
      selectedPOI = [[self appDelegate].restaurantPOIs objectAtIndex:index-1];
    } else if (rowNum == _titleRow[2]) {
        self.printerExpanded = !self.printerExpanded;
        return;
    } else if (rowNum > _titleRow [2]) {
        int index = rowNum - _titleRow[2];
        selectedPOI = [[self appDelegate].printerPOIs objectAtIndex:index-1];
    }

    if ([[UIDevice currentDevice] userInterfaceIdiom] ==
                                                UIUserInterfaceIdiomPhone) {

    } else {
        // Navigation logic may go here -- for example,
        // create and push another view controller.
    }
}
```

[Listing C-6]은 POI의 리스트를 보여주는 테이블 뷰를 구현한다. -viewDidLoad 메소드에서 실행 환경이 아이패드인 경우 스필릿 뷰의 첫 번째 셀을 선택하는 코드를 없앤다. 전형적인 Master-Detail 기반의 앱인 경우 스필릿 뷰 왼쪽의 리스트에서 첫 번째 항목이 선택되고 오른쪽의 디테일 뷰에서는 그 컨텐츠가 표시되는 상태로 첫 화면이 표시되도록 한 것인데, 우리의 앱은 테이블 뷰의 선택 항목이 컨텐츠 뷰 영역에 영향을 미치지 못하므로 해당 코드를 없앤다.

테이블 뷰 셀을 표시하는 부분과 테이블 뷰 셀이 선택된 경우의 동작은 아이폰 앱의 경우와 거의 동일하지만 액세서리 표시라던가 테이블 뷰에서 POI 항목 펼쳐보기 등의 코드를 템플리트 안에 어떻게 넣어야 하는 지를 보여준다.

C.3.5 CampusMap Map 뷰

맵 뷰 컨트롤러의 코드도 거의 재사용이 가능하다. [Listing C-7]과 [Listing C-8]의 코드를 보면 아이폰 코드가 큰 변경 없이 들어간다는 것을 알 수 있다.

[Listing C-7] CampusMapViewController의 헤더에서도 detailViewController는 필요 없다

```
#import <UIKit/UIKit.h>
#import <MapKit/MapKit.h>
@interface CampusMapViewController : UIViewController
                        <UISplitViewControllerDelegate, MKMapViewDelegate>

- (IBAction)poiUpdate:(id)sender;


@property (strong, nonatomic) id detailItem;
@property (nonatomic, retain) IBOutlet UISegmentedControl
                                                        *poiTypeSegControl;
@property (nonatomic, retain) IBOutlet MKMapView *campusMapView;
@property (strong, nonatomic) IBOutlet UILabel *detailDescriptionLabel;

@end
```

[Listing C-8] CampusMapViewController의 구현부

```
#import "CampusMapViewController.h"
#import "LSAppDelegate.h"
#import "LSLibrary.h"
#import "LSRestaurant.h"
#import "LSPrinter.h"

@interface CampusMapViewController ()
@property (strong, nonatomic) UIPopoverController *popoverController;
- (void)configureView;
- (LSAppDelegate *)appDelegate;
@end

@implementation CampusMapViewController
```

```
@synthesize detailItem = _detailItem;
@synthesize detailDescriptionLabel = _detailDescriptionLabel;
@synthesize popoverController = _myPopoverController;
@synthesize poiTypeSegControl = _poiTypeSegControl;
@synthesize campusMapView=_campusMapView;

- (id)initWithNibName:(NSString *)nibNameOrNil
              bundle:(NSBundle *)nibBundleOrNil
{
   self = [super initWithNibName:nibNameOrNil bundle:nibBundleOrNil];
   if (self) {
      self.title = NSLocalizedString(@"CampusMap", @"CampusMap");
   }
   return self;
}

#pragma mark - Managing the detail item

- (void)setDetailItem:(id)newDetailItem
{
   if (_detailItem != newDetailItem) {
      _detailItem = newDetailItem;

      // Update the view.
      [self configureView];
   }

   if (self.popoverController != nil) {
      [self.popoverController dismissPopoverAnimated:YES];
   }
}

- (void)configureView
{
   // Update the user interface for the detail item.

}
```

```
#pragma mark - View lifecycle

- (void)viewDidLoad
{
   [super viewDidLoad];
   // Do any additional setup after loading the view, typically from a nib.
   self.navigationItem.titleView = self.poiTypeSegControl;
   self.navigationController.navigationBar.barStyle =
         UIBarStyleBlackTranslucent;
   [self configureView];
}

.
.
.

- (void)viewWillAppear:(BOOL)animated
{...}

- (BOOL)shouldAutorotateToInterfaceOrientation:(UIInterfaceOrientation)
interfaceOrientation
{...}

#pragma mark - Split view

- (void)splitViewController:(UISplitViewController *)splitController
     willHideViewController:(UIViewController *)viewController
          withBarButtonItem:(UIBarButtonItem *)barButtonItem
       forPopoverController:(UIPopoverController *)popoverController
{
   barButtonItem.title = NSLocalizedString(@"CampusPOIs", @"CampusPOIs");
   [self.navigationItem setLeftBarButtonItem:barButtonItem
                                     animated:YES];
   self.popoverController = popoverController;
}

- (void)splitViewController:(UISplitViewController *)splitController
      willShowViewController:(UIViewController *)viewController
      invalidatingBarButtonItem:(UIBarButtonItem *)barButtonItem
```

```
{
    // Called when the view is shown again in the split view, invalidating
    // the button and popover controller.
    [self.navigationItem setLeftBarButtonItem:nil animated:YES];
    self.popoverController = nil;
}

- (LSAppDelegate *)appDelegate
{...}

#pragma mark -
#pragma mark MapView delegate

- (MKAnnotationView *)mapView:(MKMapView *)mapView viewForAnnotation:
(id <MKAnnotation>)annotation
{...}

- (void)mapView:(MKMapView *)mapView annotationView:
(MKAnnotationView *)view calloutAccessoryControlTapped:
(UIControl *)control
{ }

- (void)mapView:(MKMapView *)mapView didAddAnnotationViews:(NSArray *)views
{...}
- (IBAction)poiUpdate:(id)sender
{...}

@end
```

우리의 CampusMap 예제에는 해당하지 않지만 전형적인 Master-Detail 기반 앱의 경우 테이블 뷰([그림 C-1]의 A3)에서 선택된 아이템은 `detailItem` 프라퍼티에 설정되어 디테일 뷰([그림 C-1]의 B3)에 반영된다. 그러므로 detailItem의 `setter` 메소드인 `-setDetailItem` 메소드에서 `-configureView` 메소드를 호출해서 뷰를 리프레시 한다. `-configureView` 메소드는 `-viewDidLoad`에서도 호출되어 뷰를 업데이트한다.

`UISplitView`의 델리게이트 메소드인 `-splitViewController:willHideViewController:withBarButtonItem:forPopoverController:` 와 `-splitViewController:willShowView`

`Controller:invalidatingBarButtonItem:` 에서는 아이패드 기기 회전에 따라 POI 테이블 뷰가 보이고 팝 오버 버튼이 사라지게 하거나, POI 테이블 뷰가 숨어들어 가고 팝 오버 버튼이 나타나게 하는 구현을 한다.

디바이스를 아이폰과 아이패드로 번갈아 선택해가면서 Build & Run을 해 보자. 아이폰에서는 앞서 작업했던 CampusMap과 동일하게 동작할 것이고, 아이패드에서는 [그림 C-6]과 같이 기기 방향에 따라 스플릿 뷰와 팝 오버가 나타날 것이다.

여기까지의 예제 파일
CampusMap_AppendixC_step2.zip

CHAPTER 04

iPod Library 접근

아이팟 라이브러리 접근을 통해 아이폰에 동기화되어 있는 음악, 오디오북, 팟캐스트에 접근하여 정보를 탐색하고 재생할 수 있는 방법에 대해 배운다.

미리 보기

학습 목표

1. 아이팟 라이브러리에 대해 알아본다.
2. 아이폰에 동기화된 뮤직라이브러리에 접근하여 정보를 탐색하고 사용한다.

학습 목차

4.1 iPod Library 개요

아이폰에는 기본적으로 다양한 종류의 내장 애플리케이션이 있다.

이 중 음악, 캘린더, 연락처, 사진 등의 애플리케이션은 iTunes를 통해 사용자의 PC에 있는 데이터와 동기화하여 사용하는 방식을 가진다.

그래서 사용자들은 이와 같은 방식으로 자신의 PC에 있는 사진, 음악, 연락처, 일정 데이터를 손쉽게 아이폰으로 옮겨올 수 있다.

이러한 데이터를 사용하는 앱들은 이미 애플에서 만들어 놓고 있지만, 서드파티 앱에서도 이를 활용할 수는 없을까? 사실 애플에서는 API를 통해 서드파티 개발자들에게도 이러한 데이터를 활용는 있는 방법을 제공해준다.

이번 장에서는 그 중 아이폰에 내장된 뮤직라이브러리 접근에 대해 살펴볼 예정이다.

4.1.1 프레임워크

서드파티 앱에서 음악을 재생하려면 우선 사용자가 어떠한 곡들을 가졌는지 알아야 한다. MediaPlayer.framework를 이용하면 아이폰에 내장된 전체 곡에 대한 정보를 가져올 수 있다. 음악 파일에 대한 상세 정보도 접근할 수 있고, 앨범, 아티스트, 제목을 기준으로 그룹을 만들 수도 있다. 또한, 검색 조건을 주어 원하는 곡들만 가져올 수도 있다.

그리고 좀 더 쉽고 편하게 개발을 진행할 수 있도록 사용자 인터페이스도 제공한다.

4.1.2 뮤직 플레이어

MediaPlayer 프레임워크에는 곡 목록을 가져오는 것뿐만 아니라 가져온 곡 목록을 재생해주는 방법도 제공한다.

MediaPlayer에 포함된 MPMusicPlayerController 클래스에는 음악을 재생할 수 있는 다양한 기능을 제공한다.

곡 재생, 일시 정지, 이전 곡 재생, 이후 곡 재생 등과 같이 곡 재생을 위해 필요한 기본적인 기능을 내장하고 있으며, 재생 중인 곡의 현재 재생 상태를 NSNotification을 통해 감지할 수 있는 기능을 제공한다.

4.1.3 아이팟 라이브러리 접근

아이팟 라이브러리는 사용자의 아이폰에 내장된 노래, 오디오북, 팟캐스트들이 들어 있는 라이브러리를 말한다.

애플은 개발자들에게 이 아이팟 라이브러리 접근을 허용하고 있어 기발한 아이디어만 있다면 얼마든지 이를 응용해 애플리케이션을 개발할 수 있다.

- 게임의 배경음악을 사용자의 iPod 음악으로 재생
- 사용자가 즐겨듣는 노래를 SNS 서비스를 통해 알리는 기능
- 사용자가 좋아하는 장르의 노래 추천해주는 기능

iPod Library로 데이터에 접근하는 방식은 [그림 4-1]과 같이 두 종료로 나누어 진다.

하나는 Media Picker를 이용한 접근 방식이고, 또다른 하나는 Media Query를 통한 접근 방식이다.

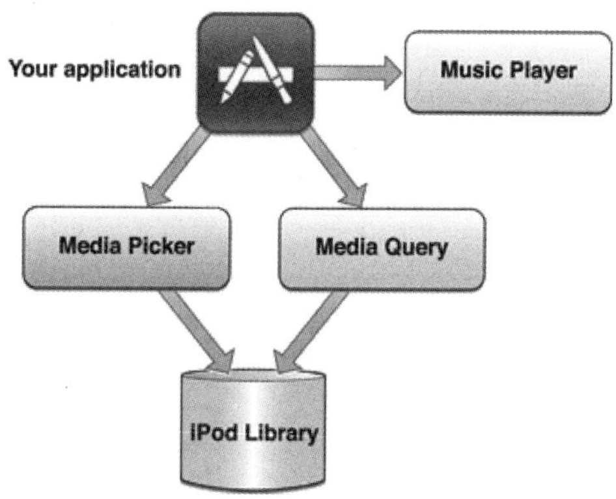

그림 4-1 ● iPod Library 데이터 접근 방식

Media Picker 방식

Media Picker 방식은 사용자가 재생을 원하는 곡을 선택할 수 있는 사용자 인터페이스가 구성되어 있는 Media Picker 컨트롤러를 사용하는 방식이다.

Media Picker 컨트롤러는 사용자의 아이폰에 있는 음악, 오디오북, 팟캐스트 목록을 기존의 내장된 음악 앱과 동일하게 표시하는 기능이 있다. 그래서 개발에 많은 시간과 노력을 들이지 않고도 곡 목록을 사용자에게 제공할 수 있는 장점이 있다.

Media Query 방식

Media Query 방식은 Media Query 오브젝트를 통해 직접 사용자 인터페이스를 구성하는 방식이다. Media Query 방식은 사용자 인터페이스를 직접 구성해야 하는 단점이 있지만, 곡 목록을 원하는 형태로 구성할 수 있다는 큰 장점이 있다.

Media Picker를 이용한 방식과 Media Query를 이용한 방식 중 어떤 방식을 선택할지는 음악 재생 기능이 앱의 전체 기능 중 얼마나 큰 비중을 차지하는지에 따라 달라진다.

예를 들어 음악 재생을 앱의 부가기능 중 하나로 추가하고자 한다면 Media Picker 방식을 통해 간단하게 기능을 추가할 수 있지만, 음악 재생기능이 주 기능이라면 Media Picker 방식을 사용하기보다는 Media Query 방식을 통해 사용자에게 좀 더 특화된 곡 목록을 제공해주는 것이 필요할 것이다.

이제 예제를 통해 Media Picker 방식과 Media Query 방식으로 간단한 뮤직 플레이어 앱을 만들어 보자.

4.2 예제 소개

앞서 살펴본 내용을 바탕으로 간단한 뮤직 플레이어를 만들어 보도록 하자.

이번 예제에서는 4.4절에서 Media Query를 이용하여 직접 곡 목록을 구성하는 방법을 살펴보고, 이어서 4.5절에서 사용자가 선택한 곡을 재생할 수 있는 뮤직 플레이어를 구현한다. 그리고서 4.6절에서는 Media Picker를 이용하여 좀 더 쉽게 곡 목록을 구현하는 방법을 살펴볼 것이다.

그리고 마지막으로 4.7절에서는 현재 재생 중인 곡을 트위터에 포스팅할 수 있는 기능을 구현해볼 예정이다.

각 파트별로 예제를 진행하기 위해서는 기본적인 준비과정이 필요하다.

이번 절에서는 프로젝트 진행에 필요한 몇 가지 준비과정들을 진행한다.

4.3 프로젝트 준비

4.3.1 프로젝트 생성

우선 File → New Project 를 선택하여 새로운 프로젝트를 만든다.

프로젝트 템플릿은 Master Detail Application을 선택한다.

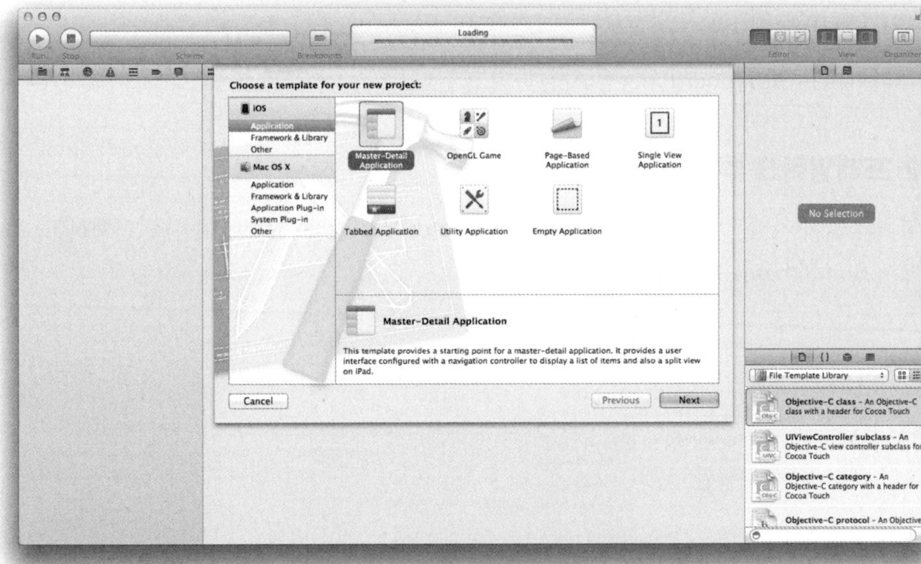

그림 4-2 ● 새로운 프로젝트 생성

프로젝트명은 SimpleMusicPlayer로 설정한다.

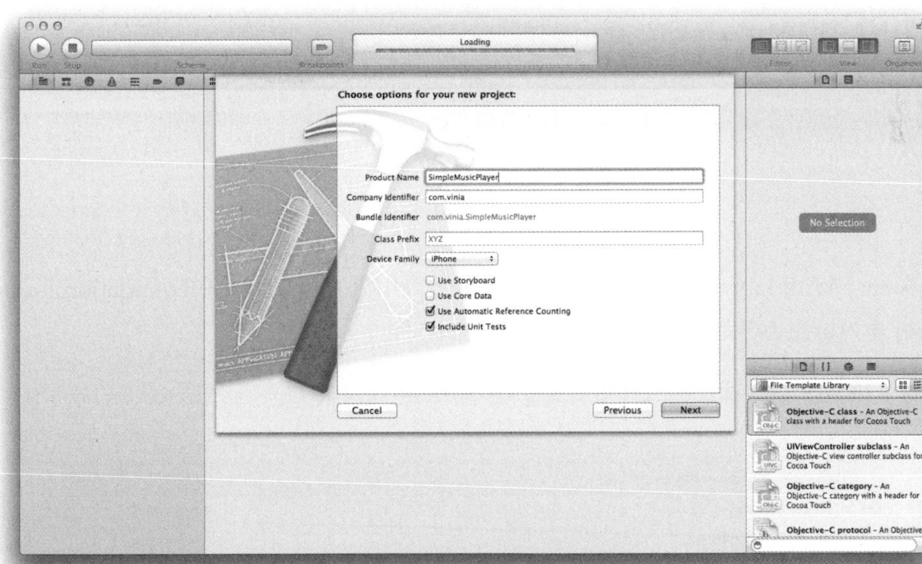

그림 4-3 ● 프로젝트명 설정

Use Storyboard는 체크하지 않았다.

이번 예제에서는 Storyboard 기능을 사용하지 않는다.

4.3.2 프레임워크 추가

프레임워크를 추가하기 위해 좌측 Project Navigator에서 프로젝트 아이콘을 선택하고, 우측 화면에서 Build Phases를 선택한다.

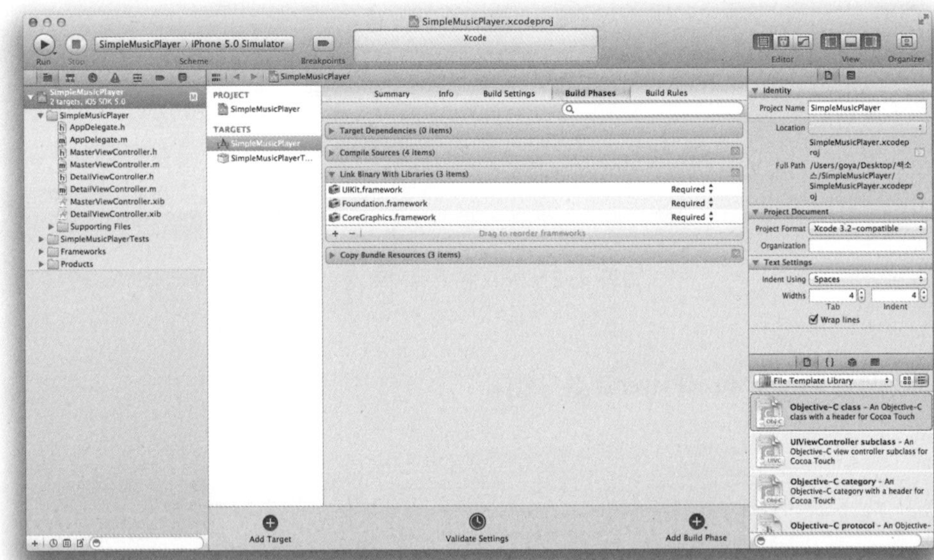

그림 4-4 ● 프레임워크 추가

Link Binary With Libraries를 확장하면 기본적으로 UIKit.framework과 Foundation.framework이 추가된 모습을 확인할 수 있다.

하단에 + 버튼을 눌러 새로운 프레임워크를 추가하도록 하자.

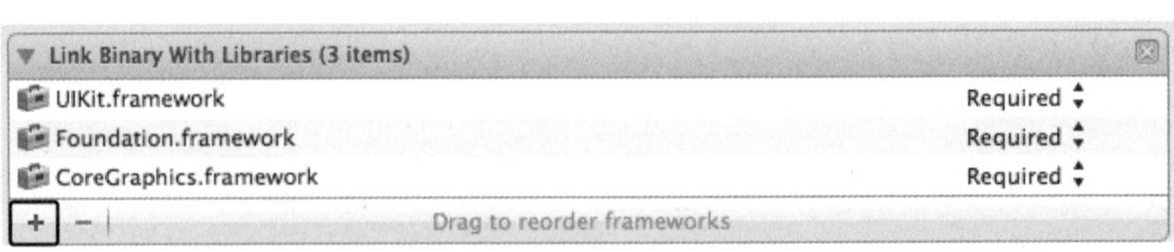

그림 4-5 ● 새로운 프레임워크 추가

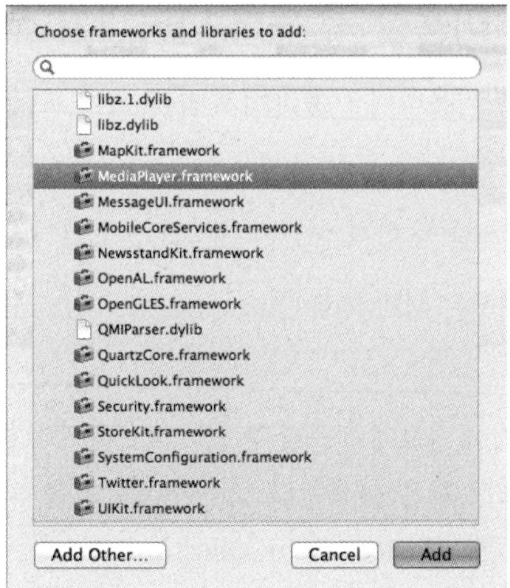

그림 4-6 ● 새로운 프레임워크가 추가된 모습

4.3.3 리소스 추가

SimpleMusicPlayerResource.zip 파일을 프로젝트에 추가한다.

파일을 압축 해제하면 이미지 파일이 나타나고 이 파일을 프로젝트에 추가한다.

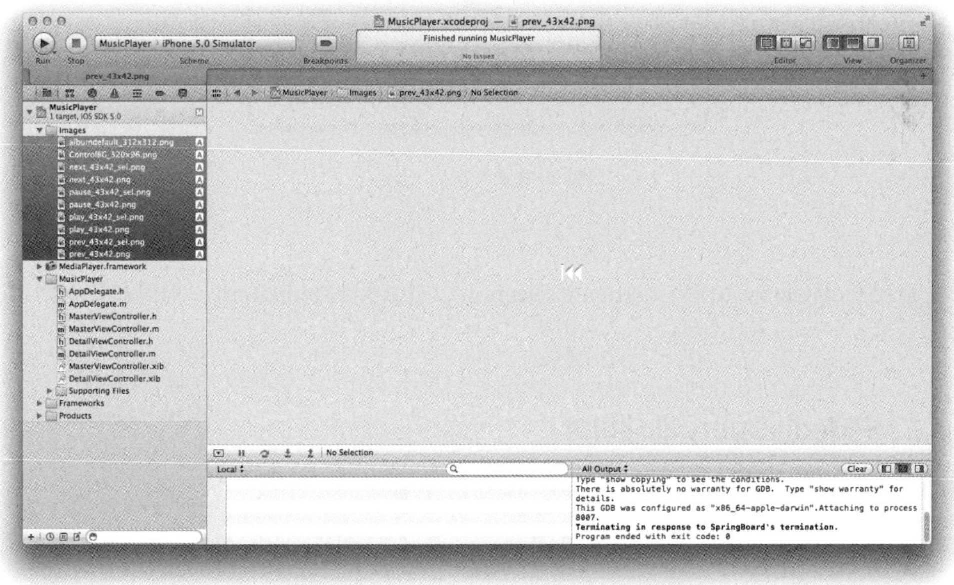

그림 4-7 ● 이미지 파일을 프로젝트에 추가

4.4 Media Query를 이용한 곡 목록 나타내기

이번 절에서는 Media Query를 이용하여 사용자에게 곡 목록을 표시하도록 한다.

앞서 곡 목록을 표시하기 위한 Media Query와 Media Picker 두 가지 방법에 대해 간략히 설명했지만, 좀 더 구체적으로 살펴보도록 하자.

Media Query를 이용하기 위해서는 MPMediaQuery, MPMediaItemCollection, MPMediaItem 클래스에 대한 이해가 필요하다.

MPMediaQuery는 전체 곡에 대한 정보에 접근할 수 있는 오브젝트이고, MPMediaItemCollection은 전체 곡을 앨범이나 아티스트 혹은 플레이리스트 단위로 그룹 지어 놓은 컬렉션이다. 그리고 마지막으로 MPMediaItem은 MPMediaItemCollection 오브젝트에 속한 각각의 음악을 의미한다.

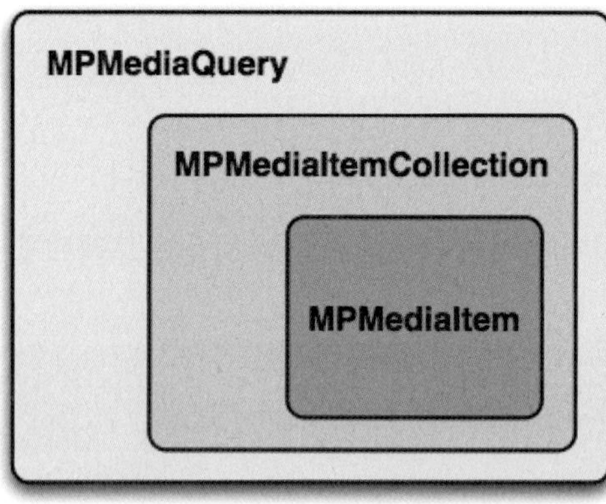

그림 4-8 ● Media Query

이제 MPMediaQeury, MPMediaItemCollection 그리고 MPMediaItem을 어떻게 사용하는지를 구체적으로 살펴보도록 하자.

4.4.1 MPMediaQuery에 대하여

MPMediaQuery는 아이팟 라이브러리에 접근하는 방법을 제공한다.

MPMediaQeury 오브젝트를 통해 전체 곡에 접근할 수도 있고, 앨범, 아티스트, 플레이리스트 단위로 그룹을 지어 곡에 접근할 수도 있다.

그러기 위해서는 우선 MPMediaQuery 오브젝트를 생성해야 한다.

```
MPMediaQuery *mediaQuery = [[MPMediaQuery alloc] init];
```

MPMediaQuery 오브젝트를 생성하고 나면 그다음 해야 할 일은 곡을 어떤 기준으로 나눌 것인지를 정해야 한다.

전체 곡을 나타낼 것인지 앨범이나 아티스트별로 나누어 나타낼 것인지를 정하는 것이다.

MPMediaQuery 오브젝트는 setGroupingType:이라는 메소드를 통해 원하는 형태로 곡을 그룹 지을 수 있도록 하고 있다.

```
[mediaQuery setGroupingType:MPMediaGroupingAlbum];
```

위의 코드를 보면 MPMediaGroupingAlbum을 통해 전체 곡을 앨범 단위로 그룹을 짓도록 설정하였다. 이 외에도 아래와 같이 다양한 형태로 그룹을 지을 수 있다.

타입	설명
MPMediaGroupingTitle	곡의 타이틀이 동일할 경우 이를 바탕으로 그룹 생성
MPMediaGroupingAlbum	앨범명이 동일한 곡들로 그룹 생성
MPMediaGroupingArtist	아티스트명이 동일한 곡들로 그룹 생성
MPMediaGroupingAlbumArtist	앨범과 아티스트가 모두 동일한 곡들로 그룹 생성
MPMediaGroupingComposer	작곡가 이름이 동일한 곡들로 그룹 생성
MPMediaGroupingGenre	장르가 동일한 곡들로 그룹 생성
MPMediaGroupingPlaylist	재생 목록이 동일한 곡들로 그룹 생성
MPMediaGroupingPodcastTitle	팟캐스터 제목

4.4.2 MPMediaItemCollection에 대하여

위와 같이 MPMediaQuery는 사용자의 아이폰에 동기화된 모든 곡에 접근할 수 있는 오브젝트라고 생각할 수 있다면, MPMediaItemCollection은 MPMediaQuery에서 설정한 그룹 단위로 나누어진 하나의 컬렉션을 의미한다.

MPMediaItemCollection은 MPMediaQuery 오브젝트에 있는 collections 프로퍼티를 통해 접근할 수 있다. 이 프로퍼티는 NSArray이며 사용자의 아이폰에 동기화된 곡이 하나 이상 존재한다면 collection 프로퍼티에는 하나 이상의 MPMediaItemCollection 오브젝트들이 NSArray 아이템으로 존재하게 된다.

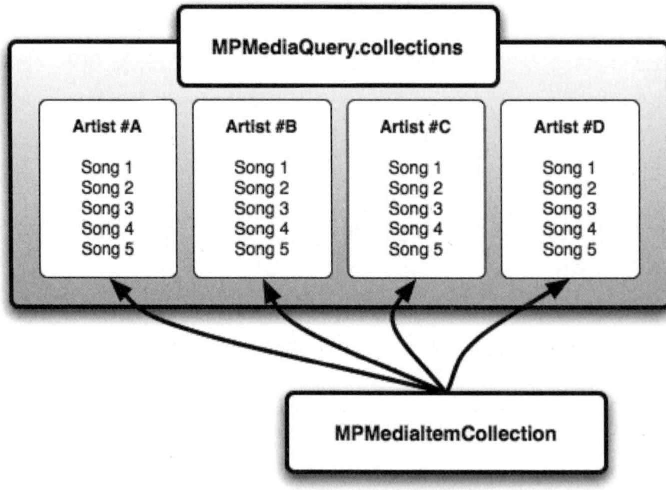

그림 4-9 ● MPMediaItemCollection

예를 들어 MPMediaQuery 객체에게 setGroupingType: 메소드에 파라메터를 MPMediaGroupingArtist로 설정한다면 MPMediaQuery 오브젝트의 collections 프로퍼티를 접근하면 아티스트별로 곡을 그룹 지어 아티스트의 수만큼 MPMediaItemCollection이 존재하게 된다.

```
MPMediaItemCollection *myCollections = [mediaQuery.collections objectAtIndex:0];
```

4.4.3 MPMediaItem에 대해서

앞서 살펴본 MPMediaItemCollection에는 앨범이나 아티스트별로 나누어진 곡 목록을 의미한다고 설명했다.

MPMediaItemCollection은 곡 목록이기 때문에 그 속에는 각각의 곡들이 존재하게 된다.

MPMediaItem은 MPMediaItemCollection에 속한 각각의 곡을 의미한다.

MPMediaItem은 MPMediaItemCollection의 items 프로퍼티를 통해 접근 가능하다.

items 프로퍼티는 NSArray를 반환하는데 이 NSArray에 포함된 item 하나하나가 바로 MPMdeiaItem을 의미하게 된다.

```
NSArray *myItems = myCollections.items;
```

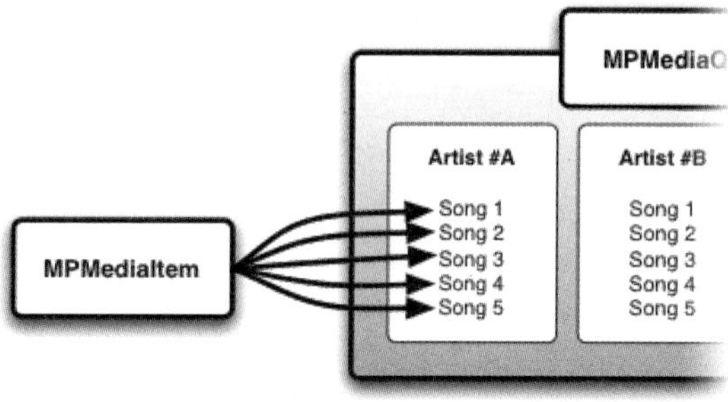

그림 4-10 ● MPMediaItem

MPMediaItem 오브젝트는 아이팟 라이브러리에 동기화된 각각의 곡을 의미하게 되고, 이를 통해 곡을 재생하거나 곡의 정보를 살펴볼 수 있게 된다.

4.4.4 MediaQuery 오브젝트 생성

프로젝트에서 MasterViewController.h 파일을 열어 다음과 같이 MediaPlayer.h 파일을 임포트하고 `MPMediaQuery` 클래스 타입의 `mediaQuery`의 프로퍼티를 선언하자.

[Listing 4-1] MPMediaQuery 클래스 타입의 mediaQuery의 프라퍼티 선언하기

```
#import <UIKit/UIKit.h>
#import <MediaPlayer/MediaPlayer.h>
@class DetailViewController;
@interface MasterViewController : UITableViewController
@property (strong, nonatomic) DetailViewController *detailViewController;
@property (strong, nonatomic) MPMediaQuery *mediaQuery;

@end
```

이제 MasterViewController.m 파일을 열어 선언된 `mediaQuery`의 객체 생성하고, 생성된 `MPMediaQuery` 객체를 통해 아티스트 목록을 가져오자.

가져온 아티스트 목록은 `MasterViewController`의 테이블 뷰에 표시하도록 하자.

[Listing 4-2] 가져온 목록을 테이블 뷰에 표시하기

```
#import "MasterViewController.h"
#import "DetailViewController.h"
@implementation MasterViewController
```

```
@synthesize detailViewController = _detailViewController;
@synthesize mediaQuery = _mediaQuery;
- (id)initWithNibName:(NSString *)nibNameOrNil bundle:(NSBundle *)nibBundleOrNil
{
    self = [super initWithNibName:nibNameOrNil bundle:nibBundleOrNil];
    if (self) {
        self.title = NSLocalizedString(@"Master", @"Master");

        self.mediaQuery = [[MPMediaQuery alloc] init];
        [self.mediaQuery setGroupingType:MPMediaGroupingAlbum];
    }
    return self;
}
```

self.mediaQuery = [[MPMediaQuery alloc] init]으로 MPMediaQuery 오브젝트를 생성한 후 setGroupingType: 메소드를 통해 곡 목록을 어떤 기준으로 나눌 것인지 결정한다.

예제에서는 MPMediaGroupingAlbum를 통해 앨범 단위로 나누도록 하고 있다.

이제 mediaQuery는 아티스트 단위로 곡 목록이 형성되었고, MasterViewController 클래스에서 아티스트 목록을 화면에 표시하도록 하자.

4.4.5 아티스트 목록 표시

아래와 같이 MasterViewController.m 파일에서 UITableView의 델리게이트 메소드를 구현하여 아티스트 목록을 UITableView의 셀에 표시하도록 하자.

[Listing 4-3] 아티스트 목록을 UITableVIEW의 셀에 표시하기

```
// Customize the number of sections in the table view.
- (NSInteger)numberOfSectionsInTableView:(UITableView *)tableView
{
    return 1;
}
- (NSInteger)tableView:(UITableView *)tableView
 numberOfRowsInSection:(NSInteger)section
{
    // [1] Collections의 개수만큼 Cell의 개수를 설정한다. ............ ❶
```

```
    return [self.mediaQuery.collections count];
}
// Customize the appearance of table view cells.
- (UITableViewCell *)tableView:(UITableView *)tableView
         cellForRowAtIndexPath:(NSIndexPath *)indexPath
{
    static NSString *CellIdentifier = @"Cell";

    UITableViewCell *cell =
        [tableView dequeueReusableCellWithIdentifier:CellIdentifier];
    if (cell == nil) {
        cell = [[UITableViewCell alloc] initWithStyle:UITableViewCellStyleDefault
                                      reuseIdentifier:CellIdentifier];
        cell.accessoryType = UITableViewCellAccessoryDisclosureIndicator;
    }
    // [2] 대표곡 가져오기 ·········································· ❷
    MPMediaItemCollection *myItemCollection =
            [self.mediaQuery.collections objectAtIndex:indexPath.row];
    MPMediaItem *representativeItem = myItemCollection.representativeItem;

    NSString *songTitle = [representativeItem
                           valueForProperty:MPMediaItemPropertyAlbumTitle];
    cell.textLabel.text = songTitle;

    // [3] 앨범아트 나타내기 ········································· ❸
    MPMediaItemArtwork *mediaItemArtwork =
        [representativeItem valueForProperty:MPMediaItemPropertyArtwork];
    UIImage *artworkImage = [mediaItemArtwork imageWithSize:CGSizeMake(44, 44)];
    cell.imageView.image = artworkImage;

    cell.accessoryType = UITableViewCellAccessoryDisclosureIndicator;
    return cell;
}
```

❶ **Collection의 개수만큼 Cell의 개수를 설정한다.**

mediaQuery에서 나누어 놓은 그룹(앨범)의 개수만큼 테이블 뷰의 Cell을 생성하도록 설정했다.

❷ **대표곡 가져오기**

mediaQuery.collections에서 테이블 뷰가 표시하고자 하는 Index에 해당하는 MPMediaItemCollection 오브젝트를 가져온다.

가져온 MPMediaItemCollection에는 다수 곡이 포함되어 있기 때문에 representativeItem을 통해 대표곡 한 곡을 반환하도록 한다. 어차피 모든 곡의 앨범명은 같을 것이기 때문에 대표곡이 어떤 곡이 되든 상관없다.

대표곡을 통해 곡의 상세정보에 접근한다.

MPMediaItem의 valueForProperty: 메소드는 곡의 정보를 접근하기 위한 메소드이다.

예제에서는 MPMediaItemPropertyAlbumTitle을 통해 앨범명을 가져오고 있다. 가져온 앨범명은 테이블 뷰의 textLabel에 표시하도록 설정한다.

❸ **앨범아트 나타내기**

앨범목록을 나타낼 때 사용자에게 앨범 재킷표지까지 보여준다면 좀 더 쉽게 앨범을 선택할 수 있을 것이다.

MPMediaItem의 valueForProperty: 메소드를 통해 이번에는 MPMediaItemPropertyArtwork 를 사용하여 앨범아트를 가져오도록 한다.

가져온 앨범아트는 MPMediaItemArtwork 오브젝트이다. 하지만 MPMediaItemArtwork에 포함된 imageWithSize: 메소드를 통해 우리에게 친숙한 UIImage 오브젝트를 가져올 수 있다.

여기까지 진행 후 장치를 USB로 연결하여 Run을 시켜보면 [그림 4-11]과 같이 앨범 목록이 나타나는 모습을 확인할 수 있다.

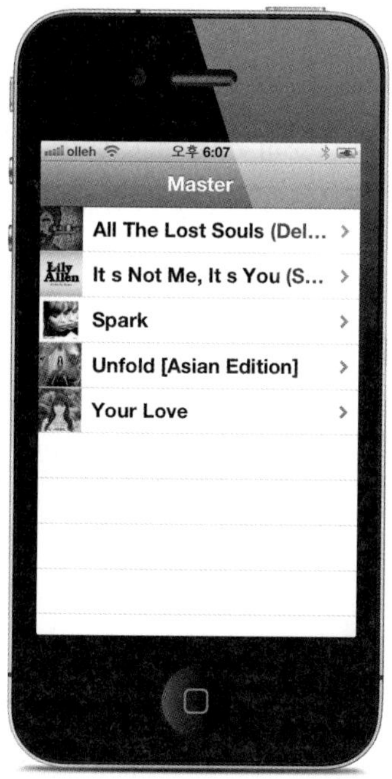

그림 4-11 ● 앨범아트 목록 표시

4.4.6 곡 목록 표시

Xcode 4.2 부터는 기존의 NavigationView-based Application이라는 템플릿이 Master-Detail Application으로 변경되었다.

Master-Detail Application 템플릿은 기본적으로 다음과 같은 구조를 가진다.

그림 4-12 ● Master-Detail Application 템플릿

Master-Detail Application은 기존의 Navigation-based Application과 마찬가지로 각 화면이 UINavigationController에 의해 제어된다.

MasterViewController는 UINavigationController의 RootViewController로 첫 화면에 표시가 되고, 여기에서 사용자의 행동에 따라 두 번째 화면인 DetailViewController의 View가 화면상에 나타나는 구조이다.

지금까지는 MasterViewController를 통해 앨범 목록을 표시하였고, 이제부터 DetailView Controller를 구현하여 사용자가 선택한 앨범의 곡을 표시하도록 하자.

기존의 DetailViewController.xib에는 UIView와 UILabel로 이루어진 모습을 확인할 수 있다.

DetailViewController에서는 MasterViewController와 마찬가지로 DetailViewController에는 UITableView를 구성하여 곡 목록을 표시해야 한다.

그래서 기존 DetailViewController.xib 파일에서 UIView와 UILabel을 삭제하고 대신 UITableView를 추가하도록 하자.

[그림4-13]과 같이 UITableView를 추가하고 나면 DetailViewController 오브젝트에서 UITableView를 제어할 수 있도록 설정해야 한다.

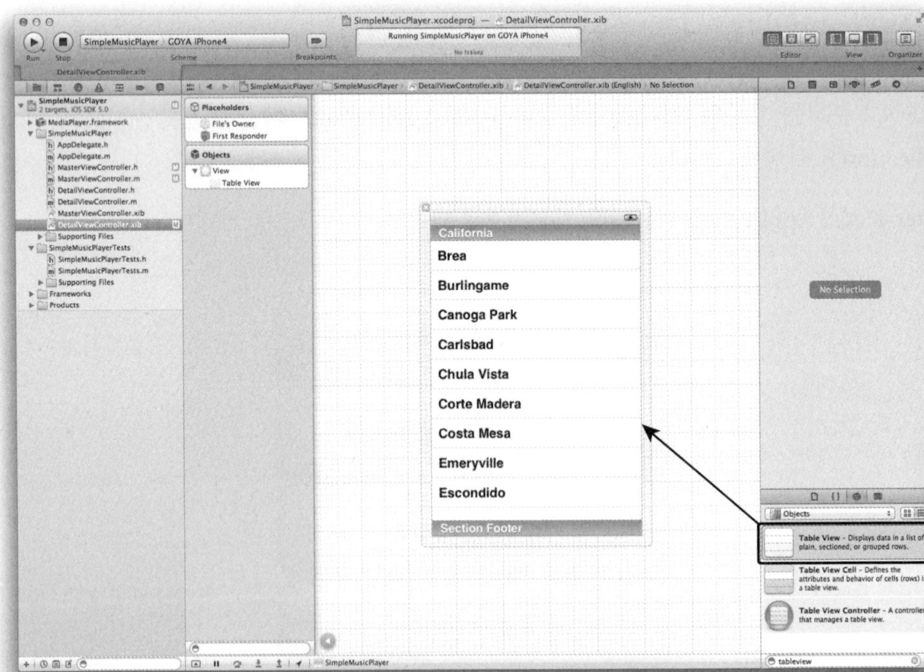

그림 4-13 ● UITableView 추가

[그림4-14]와 같이 UITableView의 Delegate 프로퍼티와 Datasource 프로퍼티를 Fils's Owner(DetailViewController 오브젝트)에 연결하여 UITableView에 데이터를 표시하거나, 사용자의 이벤트에 대해 동작을 필요로 할 때 어떤 오브젝트가 이러한 동작에 대해 위임할 것인지를 설정한다.

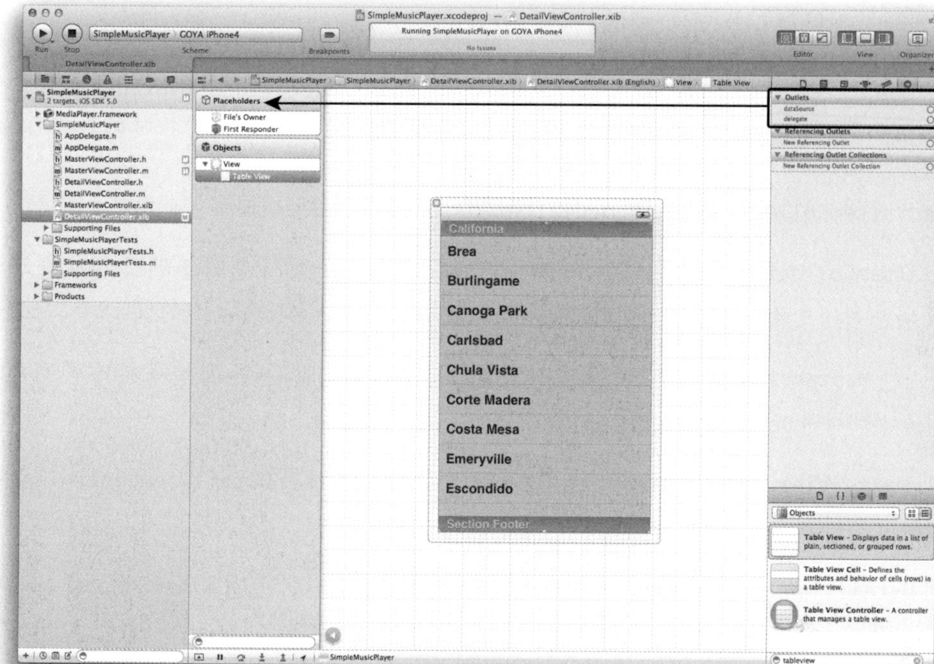

그림 4-14 ● Fils's Owner(DetailViewController 오브젝트)에 연결

Delegate를 연결하고 나면 [그림4-15]와 같이 설정된 모습을 확인할 수 있다.

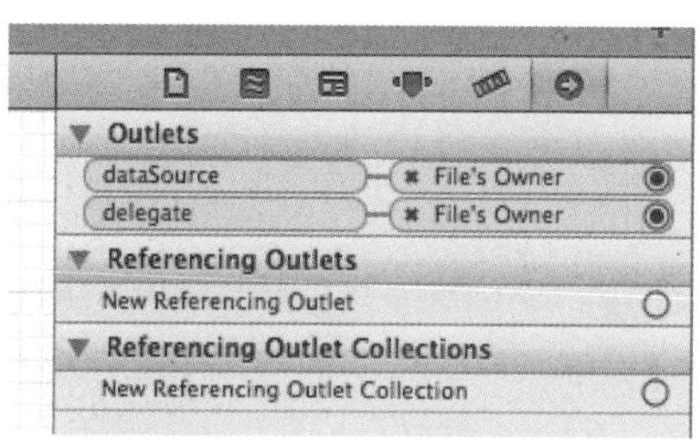

그림 4-15 ● UITableView설정

이제 DetailViewController의 클래스를 수정해서 테이블 뷰의 컨트롤러의 역할을 수행하도록 바꿔보자.

[Listing 4-4] 테이블 뷰의 컨트롤러 기능 수행하기(DetailViewController.h)

```
#import <UIKit/UIKit.h>
#import <MediaPlayer/MediaPlayer.h>
@interface DetailViewController : UIViewController
@property (strong, nonatomic) IBOutlet UILabel *detailDescriptionLabel;
@property (strong, nonatomic) MPMediaItemCollection *mediaItemCollection;
```

MPMediaItemCollection 타입의 mediaItemCollection을 프로퍼티로 선언하자.

mediaItemCollection 프로퍼티는 MasterViewController 에서 선택한 앨범 정보를 전달받기 위한 목적으로 사용될 예정이다.

사용자는 MasterViewController에서 전체 앨범 목록을 확인할 수 있고, 전체 목록 중 하나의 앨범을 선택하면 DetailViewController로 전향되게 된다.

이 때 MasterViewController에서 사용자가 선택한 앨범 정보를 DetailViewController에 전달하기 위한 목적으로 mediaItemCollection을 선언하였다.

이제 DetailViewController를 구현하여 화면에 사용자가 선택한 앨범의 곡 정보를 나타내도록 하자.

[Listing 4-5] 선택한 앨범의 곡 정보를 화면에 나타내기(DetailViewController.m)

```
#import "DetailViewController.h"
@interface DetailViewController ()
- (void)configureView;
@end

@implementation DetailViewController

@synthesize detailItem = _detailItem;
@synthesize detailDescriptionLabel = _detailDescriptionLabel;
@synthesize mediaItemCollection = _mediaItemCollection;

#pragma mark - Managing the detail item

- (void)setDetailItem:(id)newDetailItem
```

```
{
    if (_detailItem != newDetailItem) {
        _detailItem = newDetailItem;

        // Update the view.
        [self configureView];
    }
}

- (void)configureView
{
    // Update the user interface for the detail item.

    if (self.detailItem) {
        self.detailDescriptionLabel.text = [self.detailItem description];
    }
}

- (void)viewDidLoad
{
    [super viewDidLoad];
    // Do any additional setup after loading the view, typically from a nib.
    [self configureView];
}
```

우선, DetailViewController.h에서 선언한 mediaItemCollection의 Synthesize를 구현한다.

그리고 기존 코드에서 Xcode가 자동으로 생성한 코드 중 불필요한 코드를 제거한다.

이제 DetailViewController를 통해 UITableView에 데이터를 표시하기 위해 UITableView 델리게이트 메소드를 선언하여 구현하자.

[Listing 4-6] UITableView에 곡명 표시하기(DetailViewController.m)

```
#pragma mark - TableView Delegate method
// Customize the number of sections in the table view.
- (NSInteger)numberOfSectionsInTableView:(UITableView *)tableView
{
    return 1;
}
```

```
    // [1] UITableView의 Cell 개수 설정 ........................................ ❶
- (NSInteger)tableView:(UITableView *)tableView
 numberOfRowsInSection:(NSInteger)section
{
    return [self.mediaItemCollection.items count];
}

    // [2] UITableView Cell에 곡명 표시 ........................................ ❷
- (UITableViewCell *)tableView:(UITableView *)tableView
         cellForRowAtIndexPath:(NSIndexPath *)indexPath
{
    static NSString *CellIdentifier = @"Cell";

    UITableViewCell *cell =
            [tableView dequeueReusableCellWithIdentifier:CellIdentifier];
    if (cell == nil) {
        cell = [[UITableViewCell alloc] initWithStyle:UITableViewCellStyleDefault
                                      reuseIdentifier:CellIdentifier];
        cell.accessoryType = UITableViewCellAccessoryDisclosureIndicator;
    }

    // Configure the cell.
    MPMediaItem *song = [self.mediaItemCollection.items objectAtIndex:
                         indexPath.row];
    cell.textLabel.text = [song valueForProperty: MPMediaItemPropertyTitle];

    return cell;
}
```

❶ **UITableView의 Cell 개수 설정**

mediaItemCollection의 items 배열의 Count로 UITableView Cell의 개수를 설정한다.

❷ **UITableView Cell 곡명 표시**

UITableView Cell에 선택한 앨범의 곡명을 나타내기 위해 MPMediaItem의 valueFor Property: 메소드로 MPMediaItemPropertyTitle을 설정한다.

이제 MasterViewController.m에서 곡 목록을 DetailViewController 오브젝트로 전달하기 위한 코드를 추가한다.

[Listing 4-7] 곡 목록을 DetailViewController 오브젝트로 전달하기(MasterViewController.m)

```
- (void)tableView:(UITableView *)tableView
didSelectRowAtIndexPath:(NSIndexPath *)indexPath
{
    if (self.detailViewController) {
        self.detailViewController = nil;
    }
    self.detailViewController = [[DetailViewController alloc]
                    initWithNibName:@"DetailViewController" bundle:nil];

    }
    self.detailViewController.mediaItemCollection =
                [self.mediaQuery.collections objectAtIndex: indexPath.row];
    [self.navigationController pushViewController:self.detailViewController
                                        animated:YES];
}
```

tableView didSelectRowAtIndexPath: 메소드는 테이블 뷰에 특정 셀이 선택될 때 호출될 메소드이기 때문에 여기에서 선택한 앨범의 곡 목록을 불러올 수 있도록 self.detailViewController.mediaItemCollection에 선택한 아티스트의 collection 오브젝트를 전달한다.

그림 4-16 ● 앨범의 곡 목록

여기까지의 예제 파일
SimpleMusicPlayer-step1.zip

4.5 뮤직플레이어 만들기

이전까지 앨범 목록과 곡 리스트를 나타내는 기능을 구현하였다.

이제 앨범 목록에서 곡 목록을 거쳐 사용자가 최종 선택한 곡을 재생할 수 있도록 뮤직플레이어 기능을 만들어보자.

음악의 재생은 MediaPlayer.framework에 있는 MPMusicPlayerController 오브젝트를 통해 구현할 수 있다.

MPMusicPlayerController 오브젝트는 곡의 재생, 정지, 일시 정지, 이전 곡, 이후 곡 탐색, 음량 조절 등의 기능을 가진다. 이 외에도 곡의 랜덤재생이나 반복재생을 설정할 수 있다.

4.5.1 뮤직플레이어 타입 정하기

MPMusicPlayerController는 Application Music Player과 iPod Music Player 두 가지 타입으로 나누어진다. 자신의 앱에서 음악이 어떤 상황에서 재생되어야 하는지에 따라 타입을 선택하게 된다.

- **Application Music Player**

  Application Music Player는 내장된 음악 앱과 별개로 동작한다.

  사용자가 음악 재생 중 여러분의 앱을 구동하면 기존 음악 앱이 재생하던 음악은 재생을 멈추고 여러분의 앱이 음악 재생 권한을 가지는 타입이다.

  반대로 여러분의 앱을 종료하거나 다른 앱이 구동되었을 때에는 여러분의 앱이 재생하던 음악이 멈추게 된다.

- **iPod Music Player**

  iPod Music Player는 기존 내장된 음악 앱과 상태를 공유한다.

  사용자가 내장된 음악을 통해 음악을 재생 중 여러분의 앱을 구동시키면 여러분의 앱에서도 기존에 재생 중인 곡이 계속해서 재생된다.

  그리고 여러분의 앱에서 재생을 시작한 곡은 여러분의 앱이 종료된 이후에도 계속해서 재생된다.

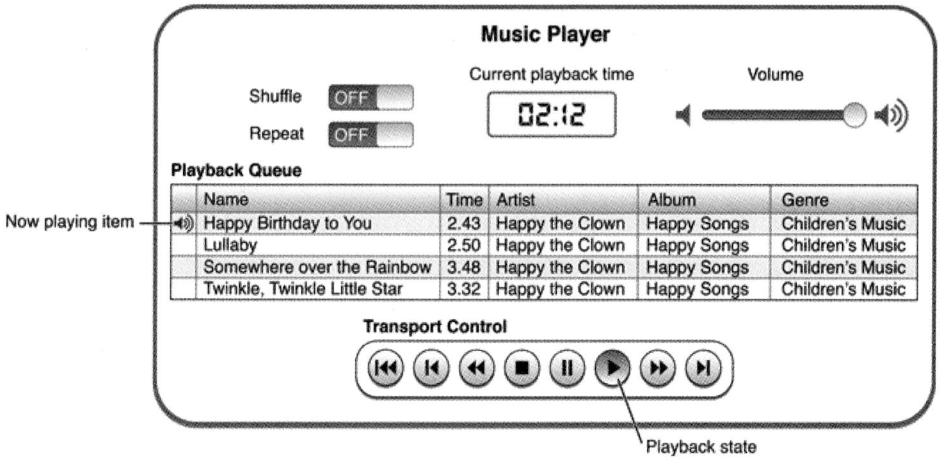

그림 4-17 ● iPod Music Player

4.5.2 뮤직플레이어 기능

뮤직플레이어를 통해 구현할 수 있는 기능들에 대해 알아보자.

타입	설명
Shuffle	임의로 곡을 선곡하여 재생하는 기능
Repeat	재생목록이나 곡 단위로 반복하여 재생하는 기능
Playback State	재생 상태
Volume	음량조절
Playback Time	재생 중인 곡의 재생 시간
Playback Queue	재생할 곡의 목록

뮤직플레이어를 사용하기 위해서는 MediaPlayer 프레임워크에서 MediaPlayer.h 파일을 임포트해야 한다.

```
#import <MediaPlayer/MediaPlayer.h>
```

4.5.3 새로운 ViewController 추가하기

음악을 재생할 화면을 구성하기 위해 New File을 선택하여 새로운 파일을 만든다.

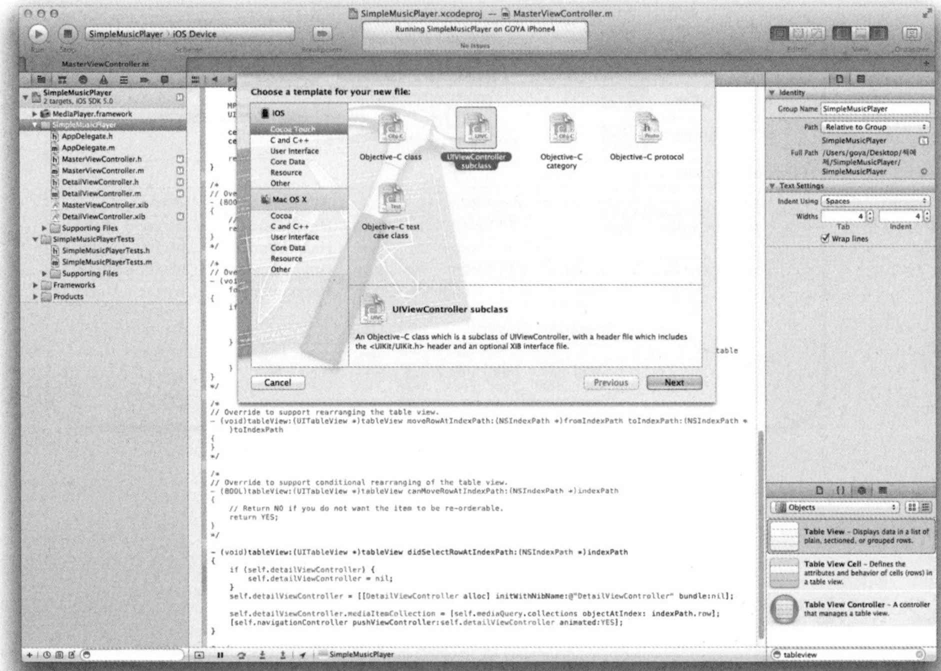

그림 4-18 ● 새로운 파일 생성

새로운 파일은 UIViewController subClass를 선택하여 만들고, 이름은 MusicPlayerView Controller로 하자.

그리고 [그림 4-19]와 같이 MusicPlayerViewController.h, MusicPlayerViewController.m, MusicPlayerViewController.xib 파일이 새로 만들어져 프로젝트에 추가될 것이다.

이 중, MusicPlayerViewController.xib 파일을 선택해서 화면 구성을 만들어 보자.

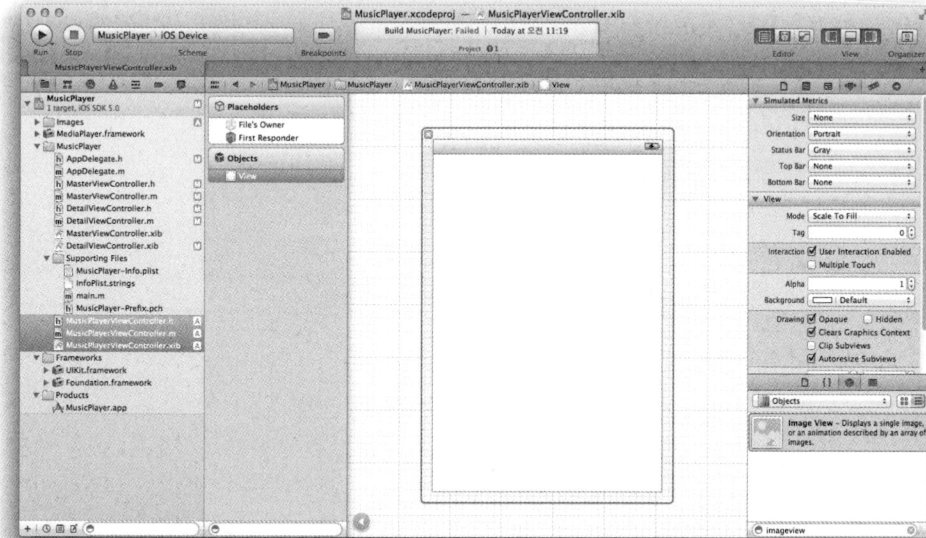

그림 4-19 ● MusicPlayerViewController.xib 파일의 화면 구성

처음에는 비어 있는 상태이지만, 여기에 몇 가지 컨트롤을 배치하여 아이폰에 내장된 뮤직 플레이어의 형태와 유사하게 구성할 예정이다.

그전에 앞서 예제 프로젝트의 템플릿이 Master-Detail Application이기 때문에 UINavigation Controller에 의해 화면전환이 이루어지게 된다. 그래서 상단에 Navigation Bar가 있다는 가정을 하고 화면에 컨트롤들을 배치해야 한다.

화면에 나타난 UIView를 선택하고, 우측 Attributes Inspector 항목에서 Simulated Metrics 항목을 열어 Top Bar에 Navigation Bar가 표시되도록 선택한다(그림 4-20).

여기에서 선택한 Navigation Bar는 가상의 네비게이션 바이지 실재 네비게이션 바가 추가된 것은 아니다. 새로 추가한 MusicPlayerViewController에는 네비게이션 바가 없어도 실재 프로그램이 동작하는 시점에는 네비게이션 바가 나타나기 때문에 개발 시점에서 그때를 가정해 화면을 배치하기 위한 목적으로 Simulated Metrics 항목을 사용한 것이다.

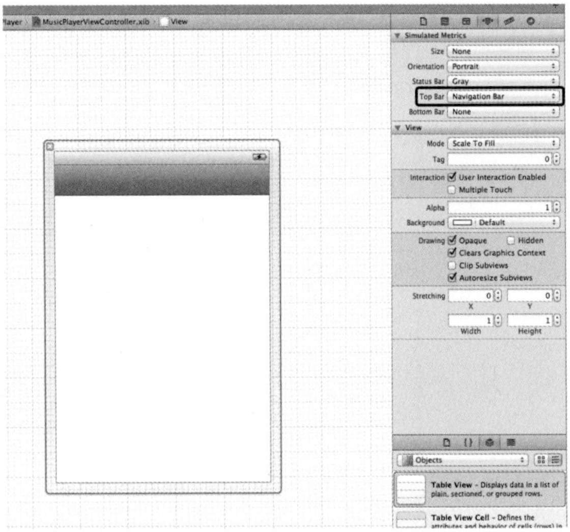

그림 4-20 ● Top Bar에서 Navigation Bar 선택

이제 MusicPlayer에 컨트롤을 배치해보도록 하자.

4.5.4 MusicPlayer 컨트롤 배치하기

UIImageView를 하나 추가하여 앨범 재킷 이미지를 표시할 수 있게 하여보자.

그림 4-21 ● 앨범 재킷 이미지

UIImageView를 화면에 배치하고 Size Inspector에서 UIImageView의 크기를 320x320으로 설정한다.

그리고 Attribute Inspector 탭에서 ImageView의 Image 항목에 있는 noartwork_320x320.png 파일을 선택하자. noartwork_320x320.png 파일은 곡의 앨범아트가 없으면 기본적으로 표시해 주는 이미지이다.

그리고 하단에는 이전, 이후, 재생 버튼이 위치할 곳에 또 UIImageView를 올려 배경 이미지를 표시하도록 하자.

그림 4-22 ● 재생 버튼 배경 이미지

UIImageView를 올린 후 Attribute Inspector에서 bottom_bg_320x96.png 파일을 선택해 배경이 표시되도록 하자.

배경 이미지가 표시되었으면 상위에 UIButton과 UISlider를 배치하여 곡을 컨트롤할 수 있도록 하자.

그림 4-23 ● UIButton과 UISlider

버튼은 각각 타입을 Rounded Rect 타입에서 Custom 타입을 변경하고 아래 표와 같이 Attribute Inspector에서 상태에 따라 다른 이미지를 버튼에 표시하도록 설정하자.

	Default	Selected
왼쪽 버튼	prev_43x42.png	prev_43x42_sel.png
가운데 버튼	play_43x42.png	play_43x42_sel.png
오른쪽 버튼	next_43x42.png	next_43x42_sel.png
배경	bottom_bg_320x96.png	

그림 4-24 ● 버튼 이미지

이번에는 화면 상단에 나타날 컨트롤 패널을 구성해보자.

UISlider 1개와 UILabel 3개 그리고 UIButton 2개로 이루어진 이 화면은 평소에는 숨겨져 있다가 사용자가 앨범아트를 탭하는 순간 나타난다.

컨트롤 패널을 만들기 위해 우선 [그림4-25]와 같이 UIView를 앨범아트 이미지 뷰 위에 올린다. 그리고 UIView의 사이즈는 320x76으로 설정한다.

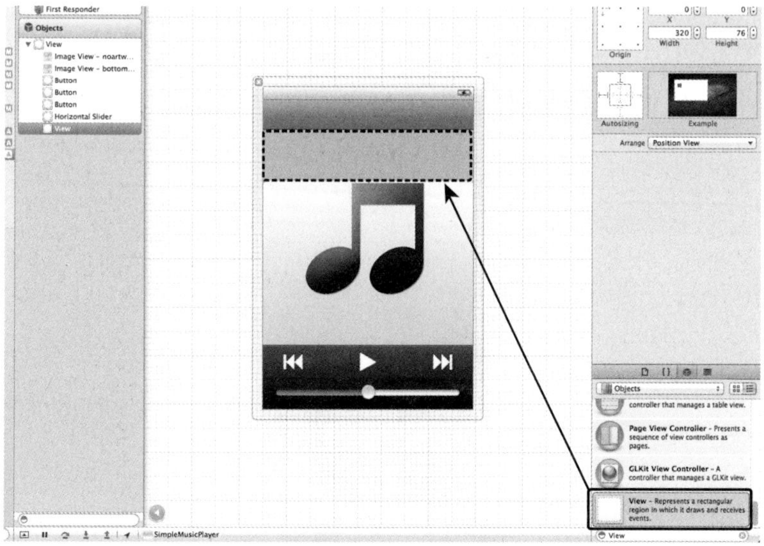

그림 4-25 ● UIVIEW

UIView를 화면에 배치하고, 해당 뷰의 Attribute Inspector 창에서 Hidden을 체크해 UIView를 화면에 나타나지 않도록 한다.

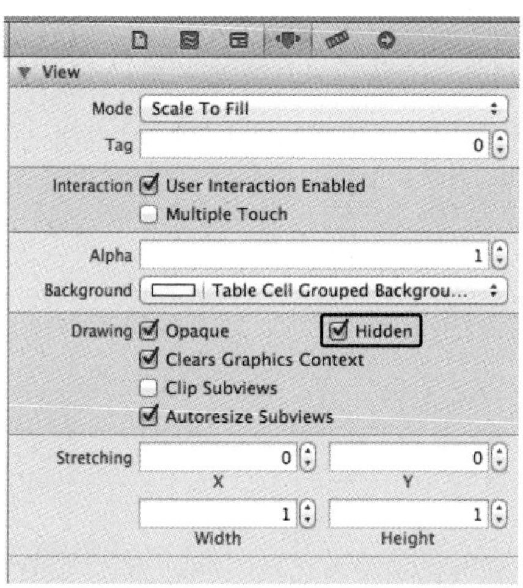

그림 4-26 ● VIEW 설정에서Hidden에 체크하기

UIView는 화면에 나타나지는 않지만 컨트롤 패널을 구성하고 있는 배경과 버튼 그리고 그 외 컨트롤들을 사용자의 터치 이벤트를 통해 사용자에게 보여주거나 숨기기 위한 목적으로 사용된다. 즉, 컨트롤 패널의 컨트롤들을 담기 위한 목적을 가진 컨테이너라고 생각하면 된다.

이제 UIView에 컨트롤 패널의 배경을 표시할 UIImageView를 추가하자.

[그림4-27]과 같이 UIImageView와 같은 사이즈를 가진 UIImageView를 UIView 위에 추가한다.

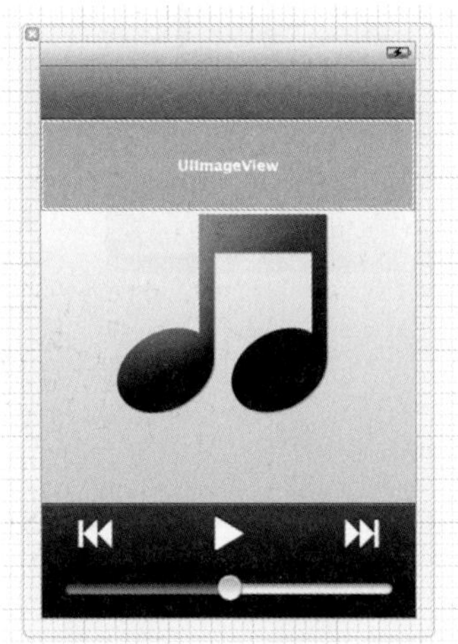

그림 4-27 ● UIImageView

추가하고 나면 UIImageView에 사용할 이미지를 top_bg_320x76.png로 선택한다.

top_bg_320x76.png는 반투명한 PNG 이미지이다. 그래서 앨범 재킷 표지 위에 나타나면 앨범 재킷이 약간 비치는 모습을 확인할 수 있을 것이다.

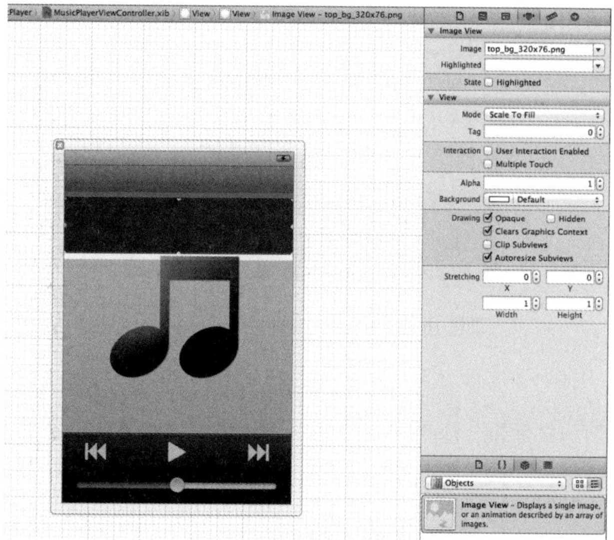

그림 4-28 ● UIImageView에 사용할 이미지

이제 컨트롤 패널 위에 놓일 버튼과 슬라이더 그리고 라벨들을 추가해보자.

컨트롤 패널은 [그림4-29]와 같이 UIButton 2개, UISlider 1개 그리고 UILable 3개로 구성된다.

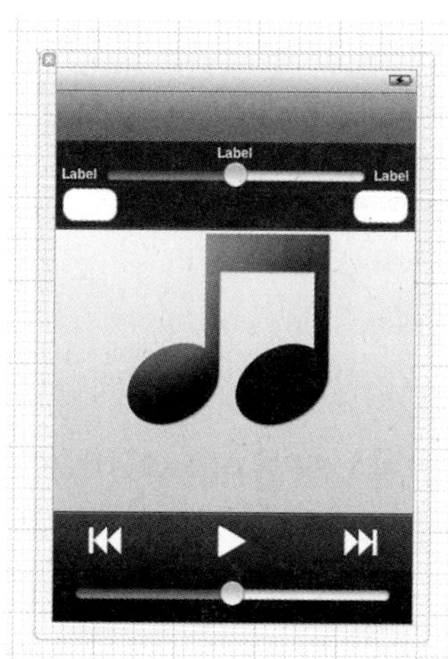

그림 4-29 ● UIButton, UISlider, UILable

UIButton은 Custom 타입으로 변경 후 [그림 4-30]과 같이 이미지를 적용하자.

UILabel은 'Label' 이라는 기본 텍스트를 지우고 각 UILabel들이 표시할 텍스트의 초기값을 설정하도록 하자.

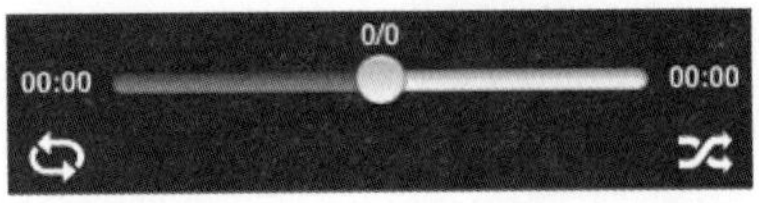

그림 4-30 ● UIButton에 이미지 적용

Repeat와 Shuffle 버튼은 사용자가 해당 기능을 활성화시켰을 때와 비활성화시켰을 때에 대해 각각 다른 이미지를 나타내야 한다.

아래 표를 참고하여 각 버튼의 이미지를 설정하자.

Repeat 버튼

상태	이미지
Default	repeat_31x26.png
Selected	repeat_31x26_dim.png

Shuffle 버튼

상태	이미지
Default	shuffle_31x26.png
Selected	shuffle_31x26_dim.png

여기까지 진행하게 되면 [그림4-31]과 같이 컨트롤 패널의 컨테이너인 UIView 위에 각종 컨트롤들이 배치된 모습을 확인할 수 있다.

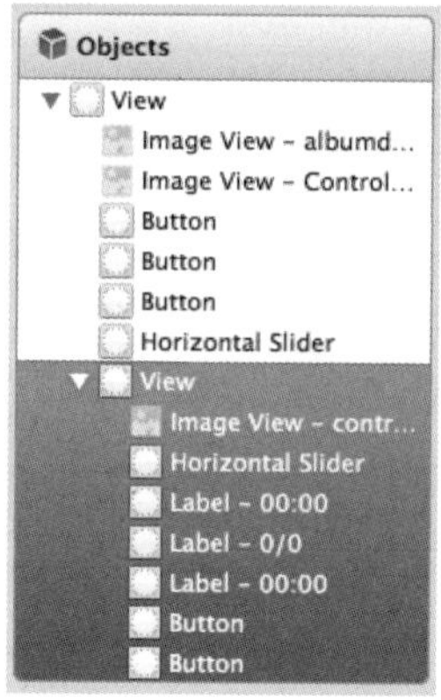

그림 4-31 ● UIView에 배치된 컨트롤

이제 각 컨트롤의 IBOutlet과 IBAction을 연결해서 동작을 구현하도록 하자.

4.5.5 IBOutlet과 IBAction 연결

앞서 구성한 컨트롤에 IBOutlet과 IBAction을 선언하여 동작을 구현하도록 하자.

❶ 앨범아트 UIImageView

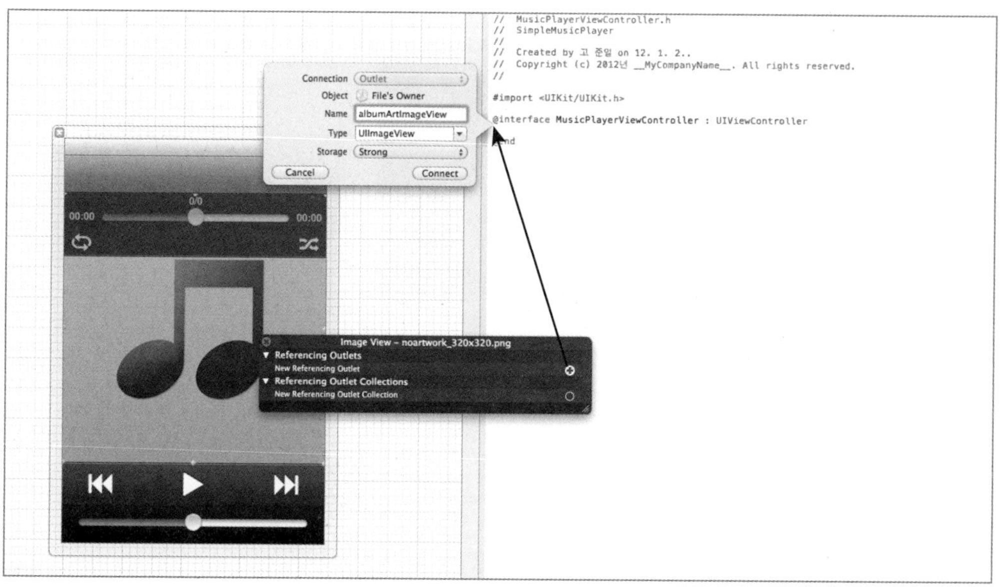

그림 4-32 ● 앨범아트 UIImageView

IBOutlet 설정

항목	값
Connection	Outlet
Object	File's Owner
Name	albumArtImageView
Type	UIImageView
Storage	Strong

❷ 볼륨조절을 위한 UISlider

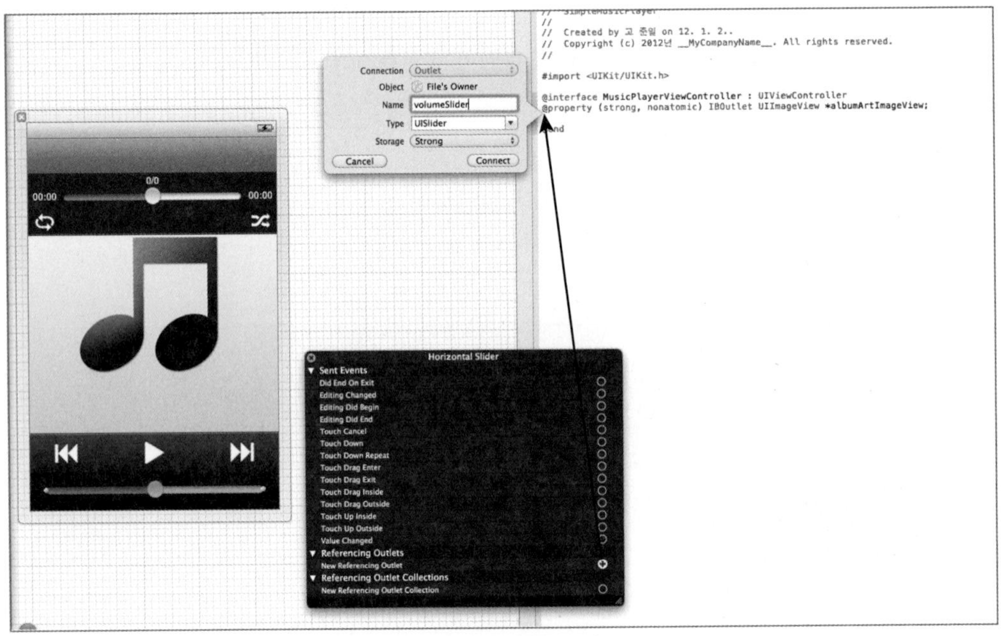

그림 4-33 ● 볼륨조절UISlider

IBOutlet 설정

항목	값
Connection	Outlet
Object	File's Owner
Name	albumArtImageView
Type	UIImageView
Storage	Strong

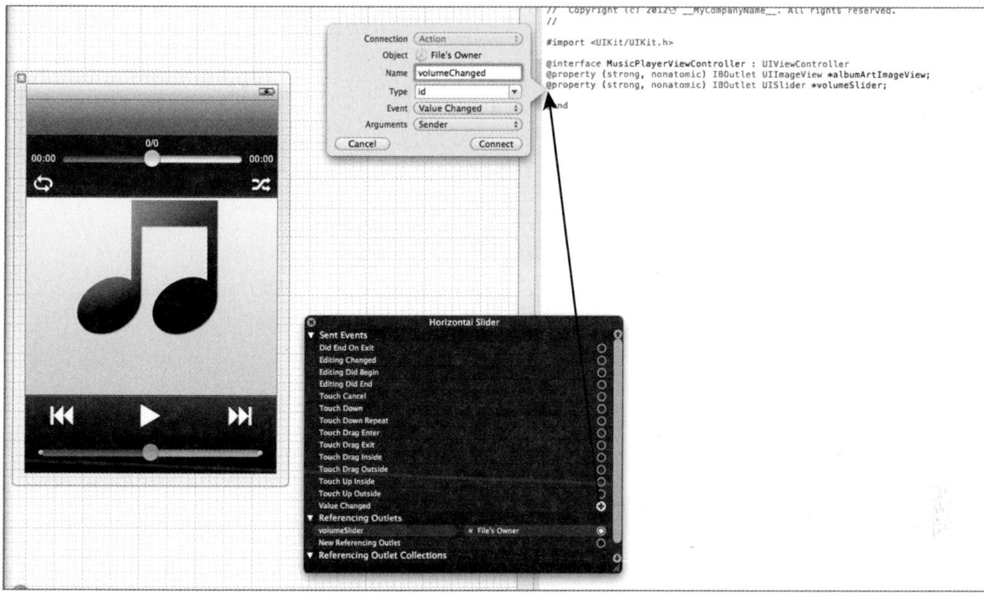

그림 4-34 ● 볼륨조절id

IBAction 설정

항목	값
Connection	Action
Object	File's Owner
Name	volumeChanged
Type	id
Event	Value Changed
Arguments	Sender

❸ 이전 곡 재생 UIButton

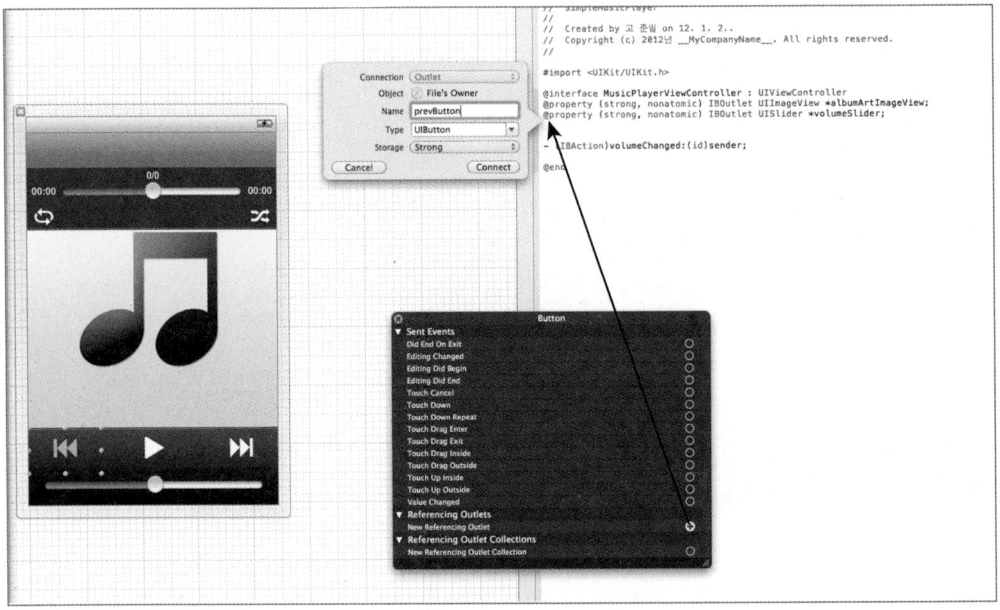

그림 4-35 ● 이전 곡 재생 UIButton

IBOutlet 설정

항목	값
Connection	Outlet
Object	File's Owner
Name	prevButton
Type	UIButton
Storage	Strong

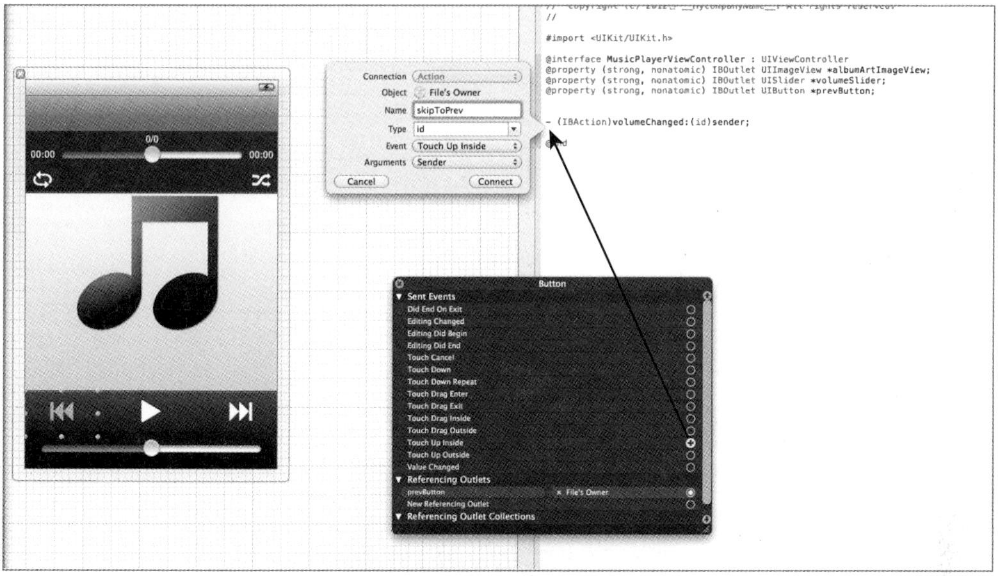

그림 4-36 ● 이전 곡 재생 id

IBAction 설정

항목	값
Connection	Action
Object	File's Owner
Name	skipToPrev
Type	id
Event	Touch Up Inside
Arguments	Sender

④ 이후 곡 재생 UIButton

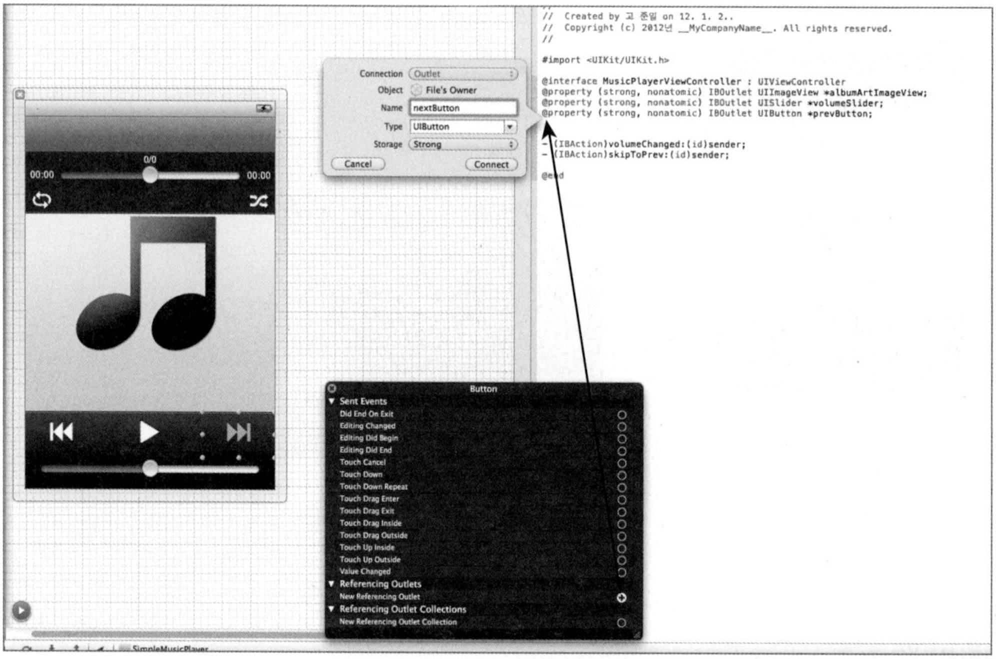

그림 4-37 ● 이후 곡 재생 UIButton

IBOutlet 설정

항목	값
Connection	Outlet
Object	File's Owner
Name	nextButton
Type	UIButton
Storage	Strong

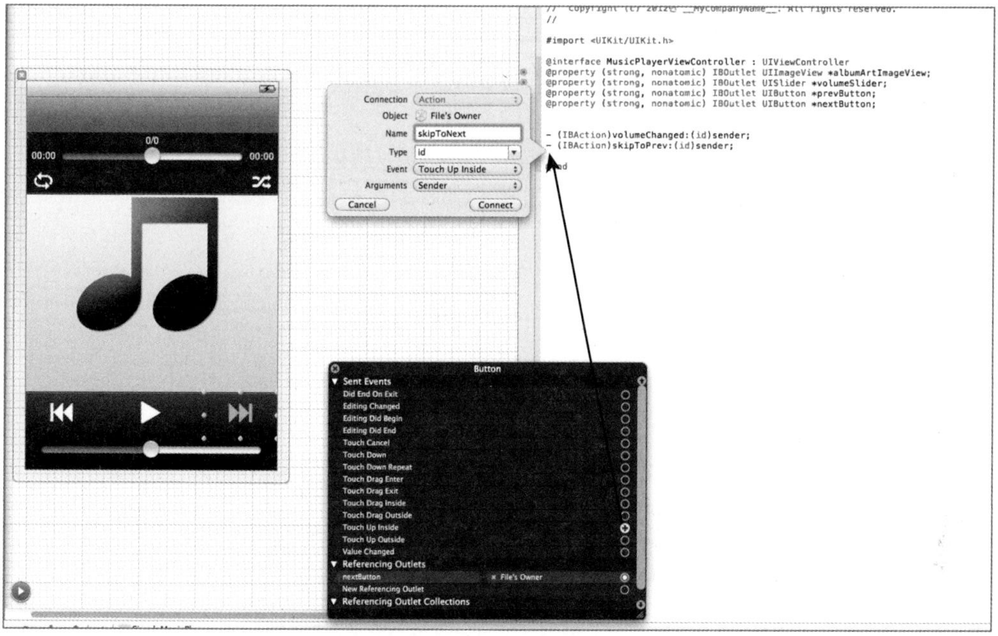

그림 4-38 ● 이후 곡 재생 id

IBAction 설정

항목	값
Connection	Action
Object	File's Owner
Name	skipToNext
Type	id
Event	Touch Up Inside
Arguments	Sender

❺ 재생/일시정지 UIButton

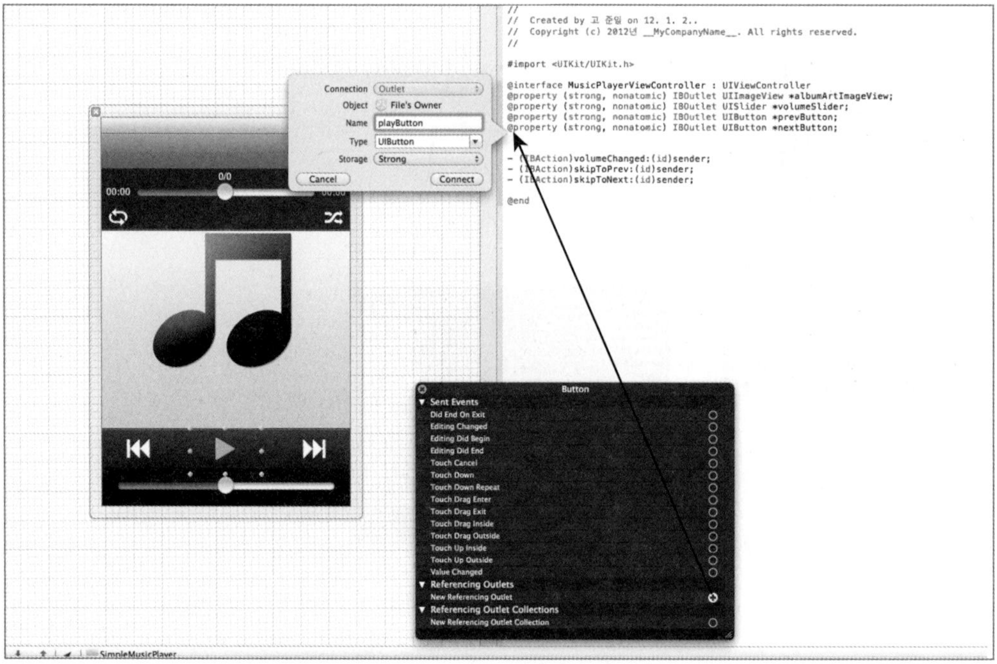

그림 4-39 ● 재생/일시정지 UIButton

IBOutlet 설정

항목	값
Connection	Outlet
Object	File's Owner
Name	playButton
Type	UIButton
Storage	Strong

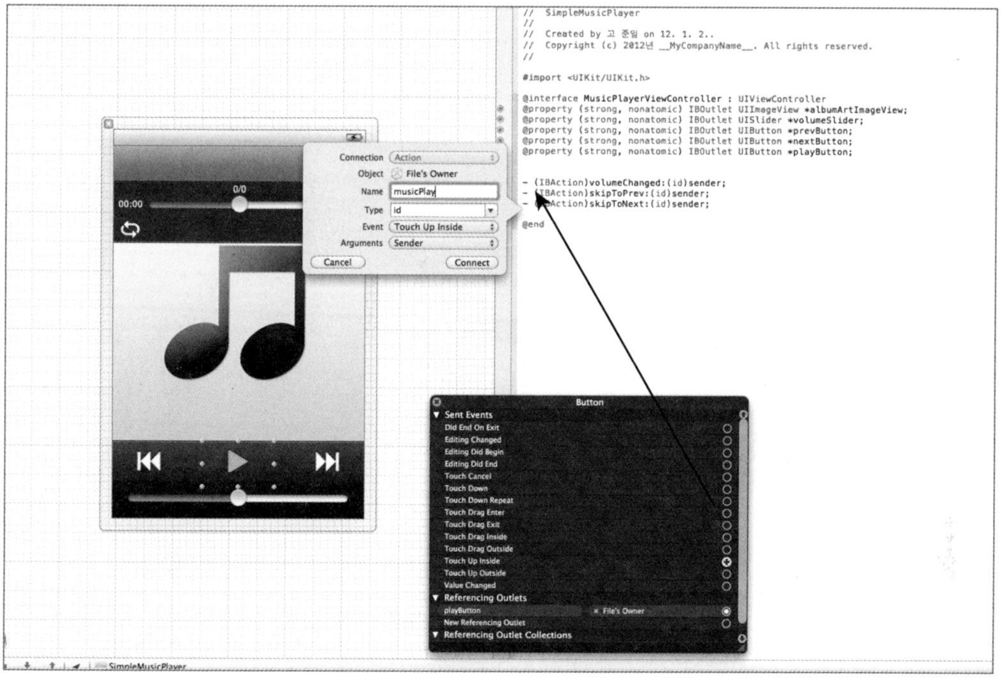

그림 4-40 ● 재생/일시정지 id

IBAction 설정

항목	값
Connection	Action
Object	File's Owner
Name	musicPlay
Type	id
Event	Touch Up Inside
Arguments	Sender

❻ 컨트롤 패널 UIView

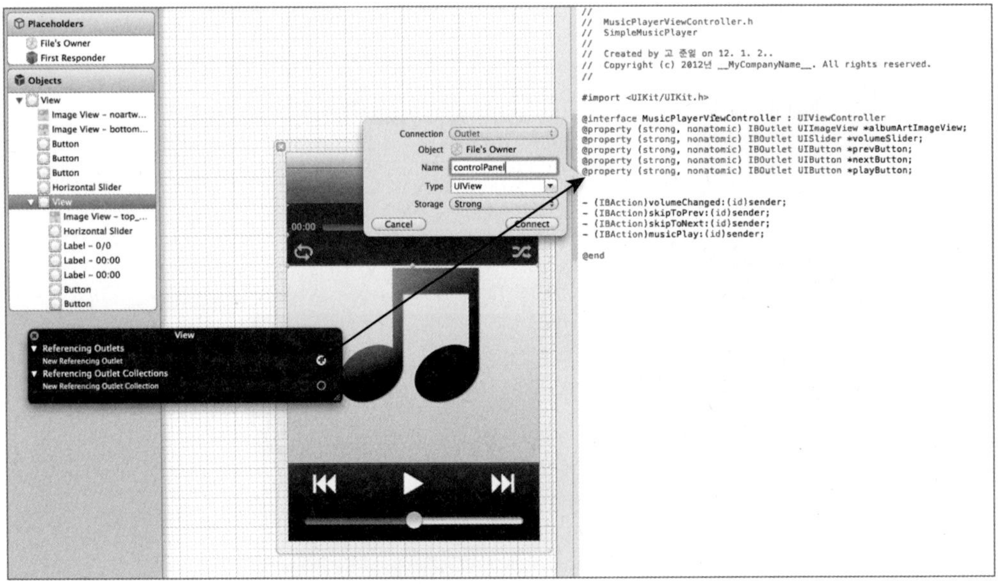

그림 4-41 ● 컨트롤 패널 UIView

IBOutlet 설정

항목	값
Connection	Outlet
Object	File's Owner
Name	controlPanel
Type	UIView
Storage	Strong

⑦ 남은 시간 UILabel

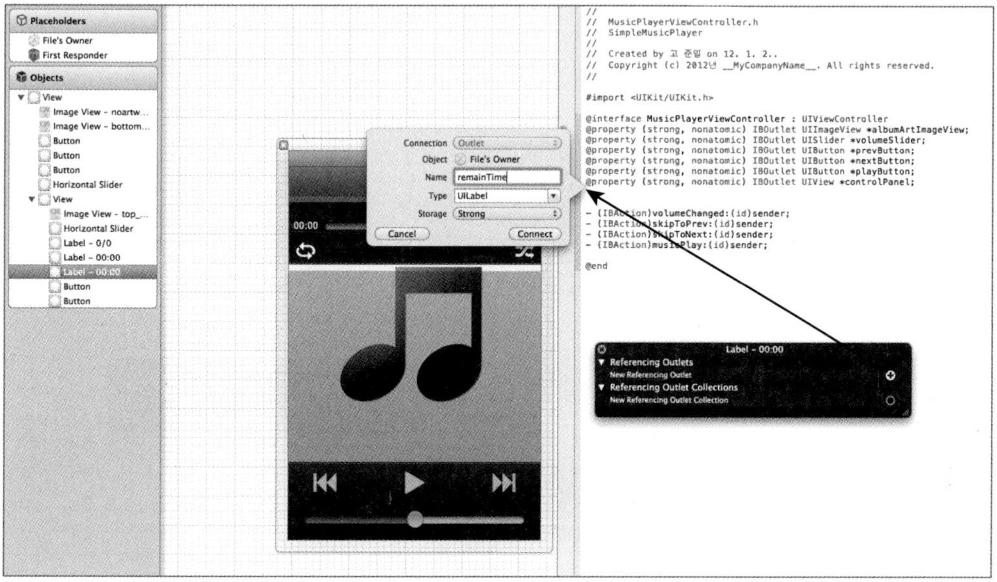

그림 4-42 ● 남은 시간 UILabel

IBOutlet 설정

항목	값
Connection	Outlet
Object	File's Owner
Name	remainTime
Type	UILabel
Storage	Strong

❽ 재생 시간 UILabel

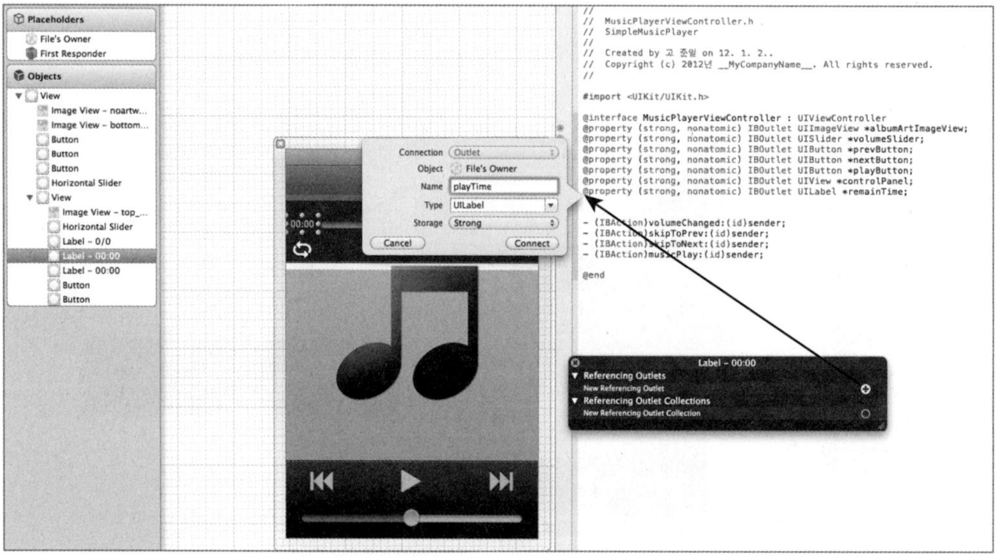

그림 4-43 ● 재생 시간 UILabel

IBOutlet 설정

항목	값
Connection	Outlet
Object	File's Owner
Name	playTime
Type	UILabel
Storage	Strong

❾ 곡 인덱스 UILabel

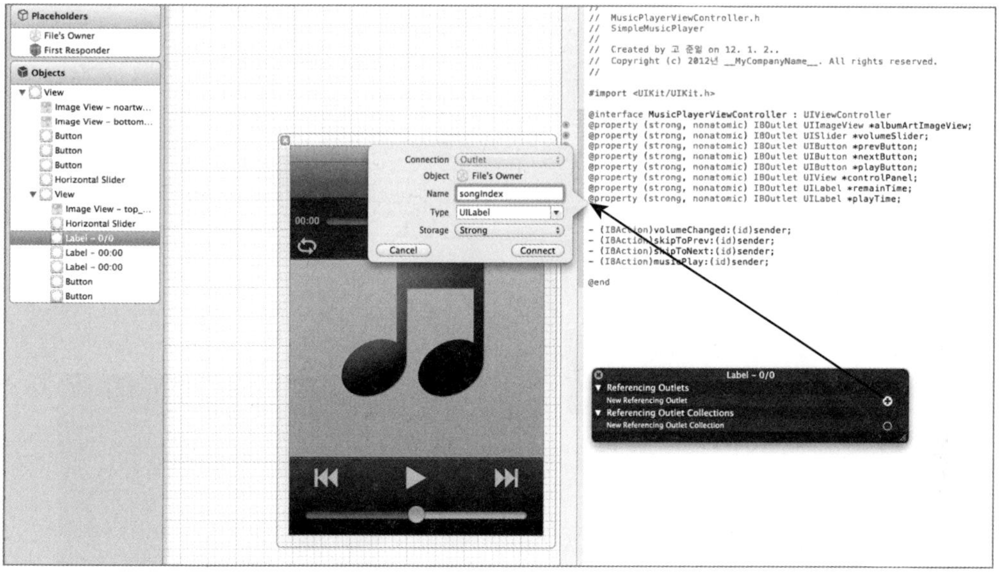

그림 4-44 ● 곡 인덱스 UILabel

IBOutlet 설정

항목	값
Connection	Outlet
Object	File's Owner
Name	songIndex
Type	UILabel
Storage	Strong

⑩ 재생 구간 UISlider

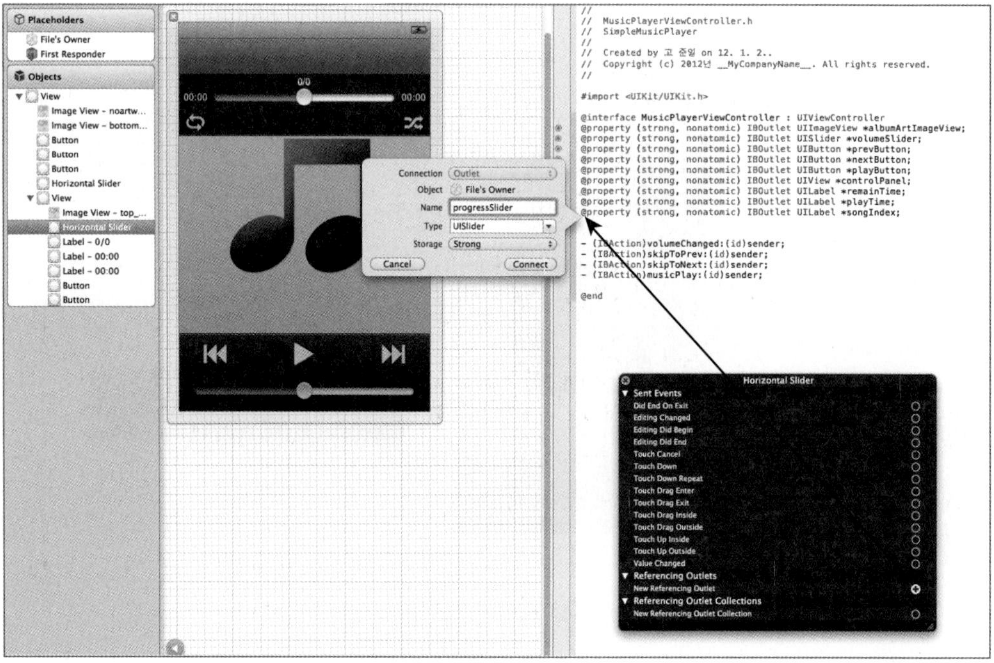

그림 4-45 ● 재생 구간 UISlider

IBOutlet 설정

항목	값
Connection	Outlet
Object	File's Owner
Name	progressSlider
Type	UISlider
Storage	Strong

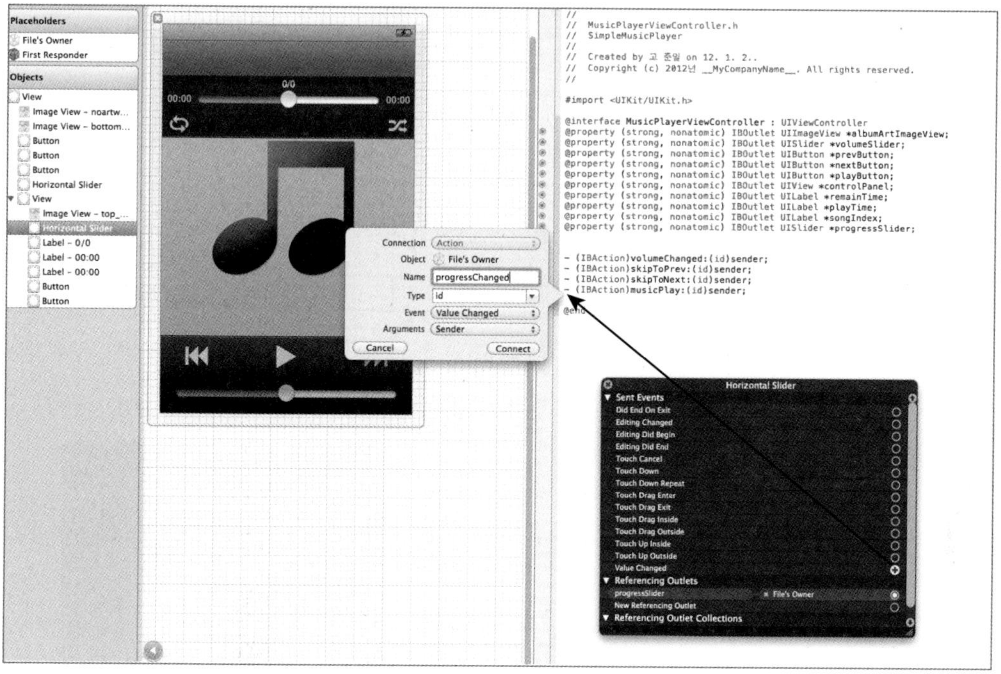

그림 4-46 ● 재생 구간 id

IBAction 설정

항목	값
Connection	Action
Object	File's Owner
Name	musicPlay
Type	id
Event	Touch Up Inside
Arguments	Sender

⑪ 셔플 UIButton

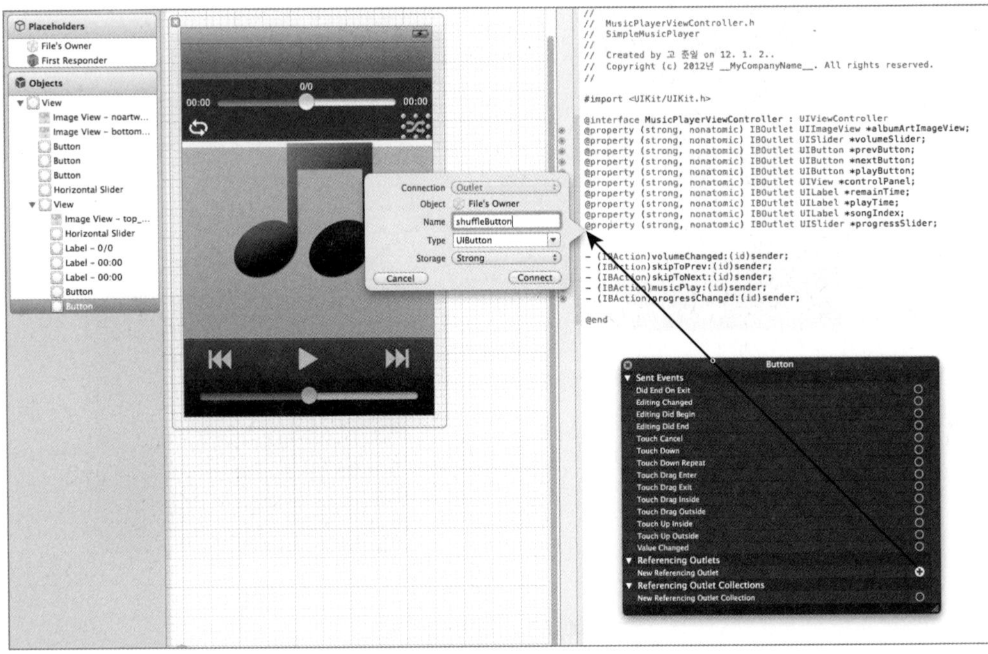

그림 4-47 ● 셔플 UIButton

IBOutlet 설정

항목	값
Connection	Outlet
Object	File's Owner
Name	shuffleButton
Type	UISlider
Storage	Strong

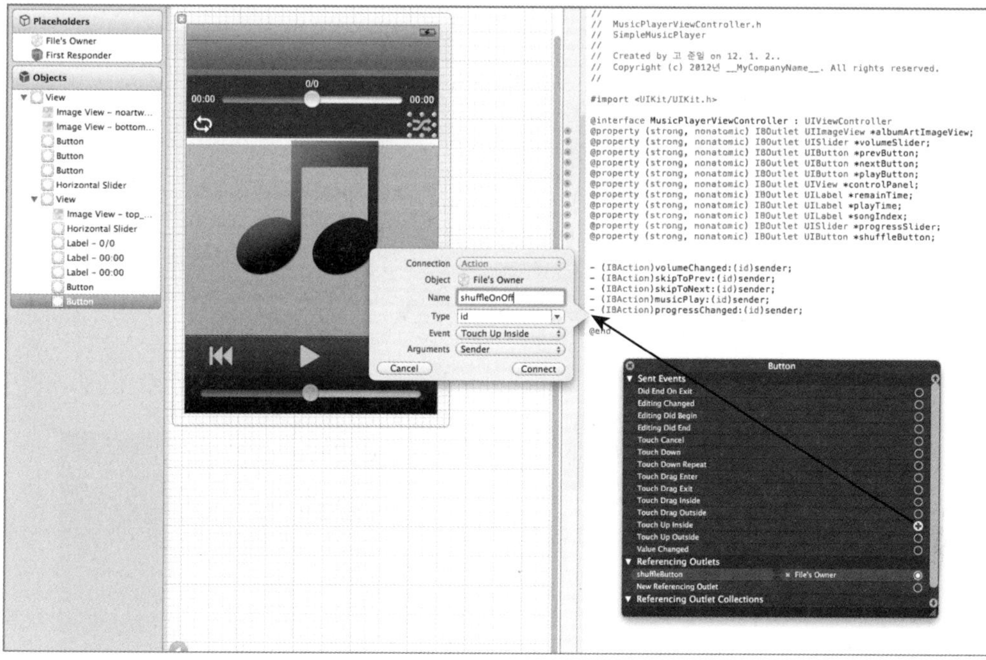

그림 4-48 ● 셔플 id

IBAction 설정

항목	값
Connection	Action
Object	File's Owner
Name	shuffleOnOff
Type	id
Event	Touch Up Inside
Arguments	Sender

⑫ 반복 UIButton

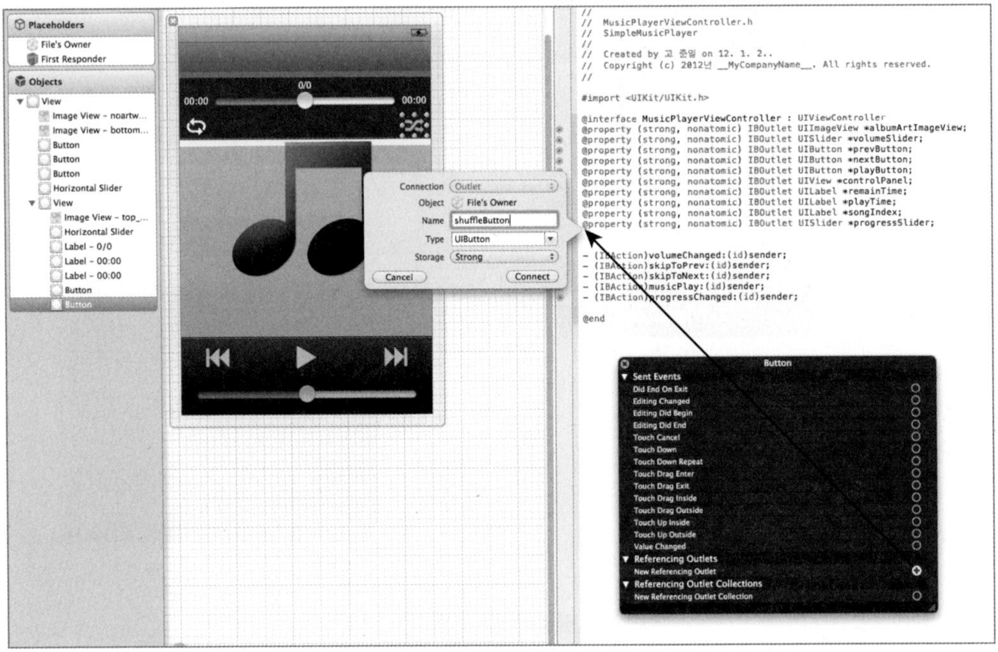

그림 4-49 ● 반복 UIButton

IBOutlet 설정

항목	값
Connection	Outlet
Object	File's Owner
Name	repeatButton
Type	UIButton
Storage	Strong

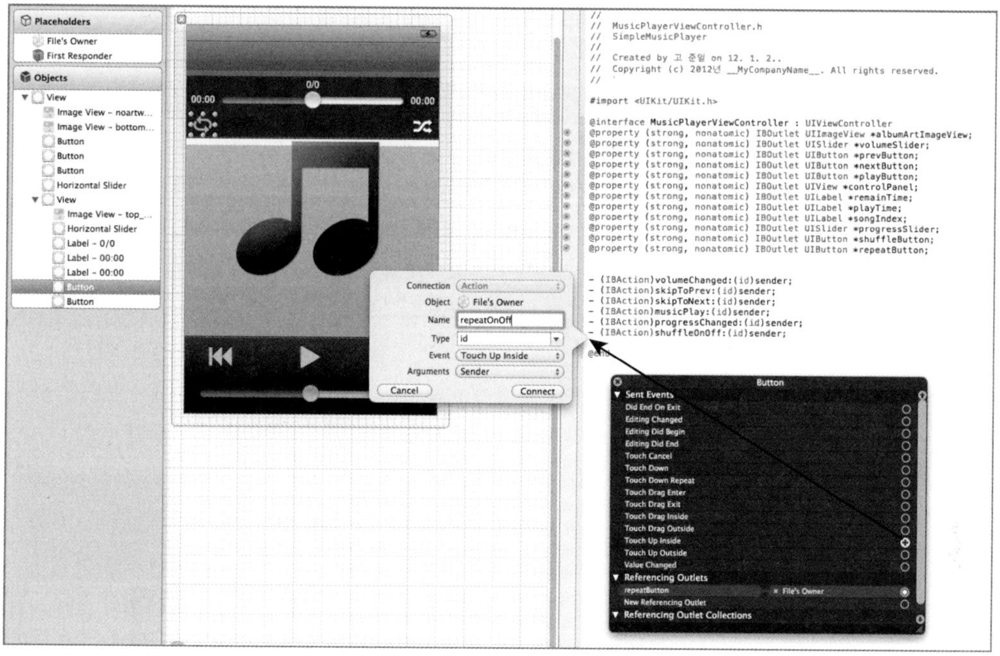

그림 4-50 ● 반복 id

IBAction 설정

항목	값
Connection	Action
Object	File's Owner
Name	repeatOnOff
Type	id
Event	Touch Up Inside
Arguments	Sender

지금까지 선언한 IBAction과 IBOutlet의 목적을 정리하면 아래와 같다.

타입	이름	설명
IBOutlet	albumArtImageView	앨범아트 이미지를 표시할 이미지 뷰 지금 재생 중인 곡의 앨범아트를 표시하기 위해 선언
	volumeSlider	현재 볼륨을 표시하고 사용자가 볼륨을 제어하기 위한 컨트롤 시스템에 설정된 볼륨값을 반영하기 위해 선언
	nextButton	다음 곡 재생 버튼 더이상 재생할 곡이 없을 경우 비활성화시키기 위해 선언
	prevButton	이전 곡 재생 버튼 더이 상 재생할 곡이 없을 경우 비활성화시키기 위해 선언
	playButton	재생/일시정지 버튼 현재 재생 상태에 따라 버튼의 기능을 바꾸기 위해 선언
	shuffleButton	셔플 설정 여부에 따라 버튼의 이미지를 변경하기 위해 선언
	repeatButton	반복 설정 여부에 따라 버튼의 이미지를 변경하기 위해 선언
	remainTime	곡의 남은 재생 시간을 표시하기 위해 선언
	playTime	곡의 재생 시간을 표시하기 위해 선언
	songIndex	곡의 인덱스를 표시하기 위해 선언
	progressSlider	현재 곡의 진행 구간을 표시하기 위해 선언
	controlPanel	사용자의 터치에 따라 뷰를 표시하거나 숨기기 위해 선언
IBAction	musicPlay	재생 버튼을 터치했을 때 호출될 메소드
	skipToNext	이전 곡 버튼을 터치했을 때 호출될 메소드
	skipToPrev	이후 곡 버튼을 터치했을 때 호출될 메소드
	volumeChanged	사용자가 볼륨을 변경했을 때 호출되는 메소드
	progressSliderChanged	사용자가 프로그레스 바의 값을 변경했을 때 호출되는 메소드
	repeatOnOff	사용자가 반복 버튼을 선택했을 때 호출되는 메소드
	shuffleOnOff	사용자가 셔플 버튼을 선택했을 때 호출되는 메소드

이제 MusicPlayerViewController.h 파일을 열어보면 IBOutlet과 IBAction이 선언된 모습을 확인할 수 있다.

4.4.6 곡 재생 기능 구현

곡을 재생하기 위해서는 가장 먼저 재생할 곡에 대한 정보가 필요하다.

MPMediaItem은 재생할 수 있는 한 곡을 의미하는 오브젝트이다.

MPMediaItem은 DetailViewController에서 mediaItemCollection의 items 프로퍼티에 저장되어 있기 때문에 DetailViewController에서 사용자가 특정 곡을 선택하면 MusicPlayerViewController에게 선택된 곡의 정보를 전달할 수 있을 것이다.

그런데, 사용자가 선택한 곡이 재생이 끝나면 그 다음은 어떤 동작을 해야 할까?

내장된 음악 앱을 사용해보면 사용자가 선택한 곡의 재생이 끝나면 그 다음 순서의 곡이 자동으로 재생되게 된다. 이러한 기능이 없다면 사용자는 매번 곡을 한 곡씩 선택해야 하는 불편함이 생긴다.

그래서 `MusicPlayerViewController`에서는 `setMediaItemCollection:withPlayIndex:` 메소드를 통해 지금 당장 재생할 곡의 정보도 받지만 전체적으로 재생할 곡 목록을 `MPMediaItemCollection` 오브젝트로 전달받도록 하자.

[Listing 4-8] MusicPlayerViewController로 정보 전달하기(MusicPlayerViewController.h)

```
#import <UIKit/UIKit.h>
#import <MediaPlayer/MediaPlayer.h>
@interface MusicPlayerViewController: UIViewController
<UIGestureRecognizerDelegate> // [1] UIGestureRecognizerDelegate 선언 ···❶
@property (strong, nonatomic) IBOutlet UIImageView *albumArtImageView;
@property (strong, nonatomic) IBOutlet UISlider *volumeSlider;
@property (strong, nonatomic) IBOutlet UIButton *prevButton;
@property (strong, nonatomic) IBOutlet UIButton *nextButton;
@property (strong, nonatomic) IBOutlet UIButton *playButton;
@property (strong, nonatomic) IBOutlet UIView *controlPanel;
@property (strong, nonatomic) IBOutlet UILabel *remainTime;
@property (strong, nonatomic) IBOutlet UILabel *playTime;
@property (strong, nonatomic) IBOutlet UILabel *songIndex;
@property (strong, nonatomic) IBOutlet UISlider *progressSlider;
@property (strong, nonatomic) IBOutlet UIButton *shuffleButton;
@property (strong, nonatomic) IBOutlet UIButton *repeatButton;
// [2] MPMusicPlayerController 오브젝트 선언 ·································❷
@property (strong, nonatomic) MPMusicPlayerController *musicPlayer;
```

```
@property (weak) int totalSong;
@property (strong, nonatomic) NSTimer *timer;

- (IBAction)volumeChanged:(id)sender;
- (IBAction)skipToPrev:(id)sender;
- (IBAction)skipToNext:(id)sender;
- (IBAction)musicPlay:(id)sender;
- (IBAction)progressChanged:(id)sender;
- (IBAction)shuffleOnOff:(id)sender;
- (IBAction)repeatOnOff:(id)sender;

// [3] 사용자가 선택한 곡 목록과 인덱스를 전달할 메소드 선언 ............ ❸
- (void)setMediaItemCollection:(MPMediaItemCollection *)mediaItemCollection
                 withPlayIndex:(int)index;
@end
```

❶ **UIGestureRecognizerDelegate 선언**

UIGestureRecognizerDelegate는 사용자가 앨범 재킷을 터치할 경우 이 이벤트를 캐치하기 위한 목적으로 선언한다.

❷ **MPMusicPlayerController 오브젝트 선언**

musicPlayer는 곡의 재생과 일시 정지, 이전 곡, 이후 곡 탐색 등을 하게 될 오브젝트이다.

totalSong은 MPMusicPlayerController가 재생할 전체 곡의 수를 보관할 프로퍼티이다.

timer는 0.5초 단위로 현재 곡의 재생 구간을 확인해 progressSlider에 나타내는 NSTimer 오브젝트이다.

❸ **사용자가 선택한 곡 목록과 인덱스를 전달할 메소드 선언**

setMediaItemCollection:withPlayIndex: 메소드는 곡 목록인 DetailViewController 오브젝트에서 사용자가 선택한 앨범의 전체 곡 목록과 지금 당장 재생할 곡의 인덱스를 전달하기 위한 메소드이다.

MusicPlayerViewController.m을 수정해보자.

[Listing 4-9] 자동으로 다음 순서의 곡을 재생하는 기능을 구현하기1

```
#import "MusicPlayerViewController.h"
// [1] Private 카테고리 선언 ............ ❶
```

```
@interface MusicPlayerViewController (Private)
- (void)registerForMediaPlayerNotifications;
- (void)handleTapGesture:(UIGestureRecognizer *)sender;
- (NSString *)convertTimeIntervalToSecond:(NSTimeInterval)timeInterval;
@end

@implementation MusicPlayerViewController
@synthesize albumArtImageView;
@synthesize volumeSlider;
@synthesize prevButton;
@synthesize nextButton;
@synthesize playButton;
@synthesize controlPanel;
@synthesize remainTime;
@synthesize playTime;
@synthesize songIndex;
@synthesize progressSlider;
@synthesize shuffleButton;
@synthesize repeatButton;
@synthesize musicPlayer = _musicPlayer;
@synthesize totalSong = _totalSong;
@synthesize timer = _time;

- (id)initWithNibName:(NSString *)nibNameOrNil bundle:(NSBundle *)nibBundleOrNil
{
    self = [super initWithNibName:nibNameOrNil bundle:nibBundleOrNil];
    if (self) {
        // [2] MPMusicPlayerController 오브젝트 초기화 ........................ ❷
        self.musicPlayer = [MPMusicPlayerController applicationMusicPlayer];
        self.musicPlayer.repeatMode = NO;
        self.musicPlayer.shuffleMode = NO;
        self.totalSong = 0;
        [self registerForMediaPlayerNotifications];
    }
    return self;
}

- (void)didReceiveMemoryWarning
{
    // Releases the view if it doesn't have a superview.
```

```
    [super didReceiveMemoryWarning];

    // Release any cached data, images, etc that aren't in use.
}

#pragma mark - View lifecycle

- (void)viewDidLoad
{
    [super viewDidLoad];

    // [3] View 초기화 ······························································· ❸
    self.volumeSlider.value = self.musicPlayer.volume;
    self.navigationController.navigationBar.barStyle = UIBarStyleBlack;

    // [4] 탭 제스처 설정 ·························································· ❹
    UITapGestureRecognizer *tapGesture = [[UITapGestureRecognizer alloc]
                initWithTarget:self action:@selector(handleTapGesture:)];
    tapGesture.delegate = self;
    tapGesture.numberOfTapsRequired = 1;
    [self.albumArtImageView addGestureRecognizer:tapGesture];
}

- (void)viewDidUnload
{
    [self setAlbumArtImageView:nil];
    [self setVolumeSlider:nil];
    [self setPrevButton:nil];
    [self setNextButton:nil];
    [self setPlayButton:nil];
    [self setControlPanel:nil];
    [self setRemainTime:nil];
    [self setPlayTime:nil];
    [self setSongIndex:nil];
    [self setProgressSlider:nil];
    [self setShuffleButton:nil];
    [self setRepeatButton:nil];
    [self setMusicPlayer:nil];
    [super viewDidUnload];
    // Release any retained subviews of the main view.
```

```
    // e.g. self.myOutlet = nil;
}
```

❶ **Private 카테고리 선언**

오브젝트 내부에서 카테고리로 사용될 메소드를 선언한다.

❷ **MPMusicPlayerController 오브젝트 초기화**

applicationMusicPlayer 타입으로 MPMusicPlayerController 오브젝트 생성한다.

repeatMode와 shuffleMode는 처음에는 모두 NO로 설정한다. repeatMode와 shuffleMode는 사용자의 선택에 의해 YES/NO 선택할 수 있도록 할 예정이다.

마지막에 registerForMediaPlayerNotifications 메소드를 호출하고 있는데, 이 메소드는 MPMusicPlayerController의 상태를 NSNotification 형태로 전달받기 위한 설정을 담고 있는 메소드다.

❸ **View 초기화**

MusicPlayerViewController 오브젝트의 View가 로드되면 volumeSlider의 값을 기존에 사용자가 설정한 음량으로 설정한다.

그리고 UINavigationController의 navigationBar의 스타일을 UIBarStyleBlack(검은색 배경의 UINavigationBar)으로 설정한다.

❹ **탭 제스처 설정**

UITapGestureRecognizer 오브젝트를 생성한다.

UITapGestureRecognizer 오브젝트는 사용자의 탭 이벤트가 발생하면 handleTapGesture: 메소드를 호출하도록 설정하고, 탭 제스처를 albumArtImageView에 적용한다.

[Listing 4-9] 자동으로 다음 순서의 곡을 재생하는 기능을 구현하기 2

```
- (void)setMediaItemCollection:(MPMediaItemCollection *)mediaItemCollection
                withPlayIndex:(int)index
{
    self.totalSong = [mediaItemCollection.items count];
    [self.musicPlayer setQueueWithItemCollection: mediaItemCollection];
    [self.musicPlayer setNowPlayingItem: [mediaItemCollection.items
                            objectAtIndex: index]];
    [self.musicPlayer play];
}
```

totalSong에는 MPMediaItemCollection 오브젝트가 가지고 있는 MPMediaItem의 개수를 저장한다.

setMediaItemCollection:withPlayIndex: 메소드는 MPMusicPlayerController에 재생할 MPMediaItemCollection을 setQueueWithItemCollection: 메소드를 통해 할당하고 setNowPlayingItem: 메소드를 통해 바로 재생할 곡에 해당하는 MPMediaItem 오브젝트를 전달한다.

그리고 MPMusicPlayerController 오브젝트에 play 메소드를 호출하면 설정한 곡이 재생되게 된다.

UITapGestureRecognizer를 통해 탭 이벤트가 발생했을 때 동작할 메소드를 구현하자.

[Listing 4-10] 자동으로 다음 순서의 곡을 재생하는 기능을 구현하기 3

```
- (void)handleTapGesture:(UIGestureRecognizer *)sender
{
   if (self.controlPanel.hidden) {
      self.controlPanel.hidden = NO;
   } else {
      self.controlPanel.hidden = YES;
   }
}
```

UITapGestureRecognizer 오브젝트는 탭 이벤트가 발생 시 handleTapGesture: 메소드를 호출한다. handleTapGesture: 메소드는 컨트롤 패널을 숨기거나 나타나게 하는 기능을 가진다.

[Listing 4-11] 자동으로 다음 순서의 곡을 재생하는 기능을 구현하기 4

```
// [1] Notification Observer 등록 ······························ ❶
- (void)registerForMediaPlayerNotifications {
   NSNotificationCenter *notificationCenter = [NSNotificationCenter defaultCenter];

   [notificationCenter addObserver: self
         selector: @selector(handle_NowPlayingItemChanged:)
             name: MPMusicPlayerControllerNowPlayingItemDidChangeNotification
           object: self.musicPlayer];

   [notificationCenter addObserver: self
         selector: @selector(handle_PlaybackStateChanged:)
```

```
            name: MPMusicPlayerControllerPlaybackStateDidChangeNotification
          object: self.musicPlayer];

    [self.musicPlayer beginGeneratingPlaybackNotifications];
}
// [2] 재생 중인 곡이 변경되면 호출될 메소드 ······································· ❷
- (void)handle_NowPlayingItemChanged:(id)notification
{
    MPMediaItem *currentItem = [self.musicPlayer nowPlayingItem];

    if (currentItem) {

        MPMediaItemArtwork *artwork =
                [currentItem valueForProperty:MPMediaItemPropertyArtwork];
        [albumArtImageView setImage:[artwork imageWithSize: CGSizeMake (320, 320)]];

        NSString *title = [currentItem valueForProperty: MPMediaItemPropertyTitle];
        self.navigationItem.title = title;

        NSString *sIndex = [NSString stringWithFormat: @"%d/%d",
                  self.musicPlayer.indexOfNowPlayingItem, self.totalSong];
        self.songIndex.text = sIndex;

        self.playTime.text = @"";
        self.remainTime.text = @"";
    }
}
// [3] 곡의 재생 상태가 변경되면 호출될 메소드 ······································ ❸
- (void)handle_PlaybackStateChanged:(id)notification
{

    if (self.musicPlayer.playbackState == MPMoviePlaybackStatePlaying) {
        [self.playButton setImage:[UIImage imageNamed:@"pausebtn_92x57.png"]
                                        forState:UIControlStateNormal];
        [self.playButton setImage:[UIImage imageNamed:@"pausebtn_92x57_dim.png"]
                                    forState:UIControlStateHighlighted];

        self.timer = [NSTimer scheduledTimerWithTimeInterval: 1.0
                                      target: self
                                    selector: @selector(updatePlayTime:)
```

```
                                          userInfo: nil
                                           repeats: YES];

    } else if (self.musicPlayer.playbackState == MPMoviePlaybackStatePaused) {
        [self.playButton setImage:[UIImage imageNamed:@"playbtn_92x57.png"]
                                                forState:UIControlStateNormal];
        [self.playButton setImage:[UIImage imageNamed:@"playbtn_92x57_dim.png"]
                                          forState:UIControlStateHighlighted];
        [self.timer invalidate];
        [self setTimer: nil];
    }
}

// [4] Timer 메소드 ······························································ ❹
- (void)updatePlayTime:(NSTimer *)timer
{
    MPMediaItem *currentSong = self.musicPlayer.nowPlayingItem;
    NSTimeInterval songDuration = [[currentSong
           valueForProperty:MPMediaItemPropertyPlaybackDuration] intValue];

    playTime.text = [self convertTimeIntervalToSecond:
                      self.musicPlayer.currentPlaybackTime];
    remainTime.text = [self convertTimeIntervalToSecond:
                       songDuration - self.musicPlayer.currentPlaybackTime];

    self.progressSlider.value =
                       self.musicPlayer.currentPlaybackTime / songDuration;

}

// [5] 시간포멧 ·································································· ❺
- (NSString *)convertTimeIntervalToSecond:(NSTimeInterval)timeInterval
{
    int pastMin = floor(timeInterval /60);
    int pastSec = round(timeInterval - pastMin * 60);
    return [NSString stringWithFormat: @"%02d:%02d", pastMin, pastSec];
}
```

❶ Notification Observer 등록

MPMusicPlayerController.m 파일에 registerForMediaPlayerNotifications 메소드를 Private이라는 이름의 카테고리로 선언하였다.

registerForMediaPlayerNotifications는 해당 클래스 내에서만 사용되기 때문에 카테고리로 선언하였다. MPMusicPlayerController 객체는 곡을 재생하는 동안 변경되는 재생 상태 정보를 NSNotification 형태로 전달한다. 예를 들면 곡 재생 중에 볼륨이 변경되거나 재생 중인 곡이 재생을 완료하여 다음 곡으로 넘어가야 할 때 그리고 어떤 사유로 곡 재생이 불가능한 경우 등 다양한 재생 상태 정보들에 대해 NSNotification 형태로 전달하게 된다.

registerForMediaPlayerNotification 메소드는 MPMusicPlayerController 객체가 보내오는 이러한 노티피케이션을 받아서 어떤 처리를 할 것인지를 정의하는 메소드이다.

노티피케이션	설명
MPMusicPlayerControllerPlaybackStateDidChangeNotification	MPMusicPlayer 오브젝트의 상태가 변경되면 발생하는 노티피케이션
MPMusicPlayerControllerNowPlayingItemDidChangeNotification	MPMusicPlayer 오브젝트가 재생 중인곡이 변경되면 발생하는 노티피케이션

registerForMediaPlayerNotificaion 메소드에서는 MPMusicPlayerControllerNowPlayingItemDidChangeNotification이라는 이름의 노티피케이션을 받게 되면, handle_NowPlayingItemChanged 메소드를 호출하도록 MusicPlayerViewController 클래스의 객체를 NSNotification의 옵저버로 등록하였다.

이 경우 MPMusicPlayerController의 객체는 재생 중인 곡의 재생이 완료되었을 때 MPMusicPlayerControllerNowPlayingItemDidChangeNotification라는 노티피케이션을 보내게되고 MusicPlayerViewController는 이 노티피케이션을 받아 handle_NowPlayingItemChanged 메소드를 호출하겠는 의미가 된다.

그리고, MPMusicPlayerControllerPlaybackStateDidChangeNotification 노티피케이션을 받으면 handle_PlaybackStateChanged 메소드를 호출하겠다고 옵저버로 등록하였는데, 이 부분은 MPMusicPlayerController 객체가 곡을 재생하던 중 사용자의 이벤트에 의해 재생이 일시정지되거나, 혹은 일시정지 상태에서 재생 상태로 변경될 때 보내지는 노티피케이션에 대한 동작을 정의하고 있다.

마지막으로 beginGeneratingPlaybackNotifications 메소드를 호출하여 MPMusicPlayerController가 노티피케이션을 전달할 수 있도록 하고 있다.

❷ 재생 중인 곡이 변경되면 호출될 메소드

handle_NowPlaingItemChanged: 메소드는 재생 중인 곡이 변경된 이후에 호출되기 때문에 이 메소드에서 우선 해야 할 일은 현재 재생 중인, 즉 변경된 곡의 MPMediaItem 오브젝트를 가져오도록 한다.

```
MPMediaItem *currentItem = [musicPlayer nowPlayingItem];
```

MPMediaItem 오브젝트는 음악 파일 하나를 의미한다고 생각하면 이해하기 쉽다.

MPMusicPlayer 오프젝트에 nowPlayingItem이라는 메소드를 호출하면 현재 재생 중인 곡에 대한 MPMediaItem을 가져올 수 있고 이를 통해 하나의 음악 파일이 가지고 있는 여러 가지 속성에 접근할 수 있게 된다.

이렇게 가져온 MPMediaItem 오브젝트의 속성을 가져오기 위해서는 해당 오브젝트에 valueForProperty:라는 메소드를 통해 접근할 수 있다.

```
MPMediaItemArtwork *artwork =
     [currentItem valueForProperty:MPMediaItemPropertyArtwork];
```

여기에서 사용된 MPMediaItemPropertyArtwork 속성은 MPMediaItem이 가지고 있는 수많은 속성 중 앨범아트에 대한 정보를 의미하는 상수이고, 이를 통해 반환되는 것은 MPMeidaItemArtwork 클래스 타입의 객체이다.

하지만 MPMediaItemArtwork 클래스 타입의 객체는 아직 UIImageView에 표시할 수는 없다. 이유는 UIImageView는 사용자 화면에 이미지를 표시하기 위해 UIImage 타입의 객체를 넘겨주어야 한다. 그렇기 때문에 마지막으로 MPMediaItemArtwork를 UIImage 객체로 변환해서 UIImageView에 넘겨주면 화면에 현재 재생 중인 곡의 앨범아트를 표시할 수 있게 된다.

이때 흥미로운 점은 변환을 위해 사용하는 메소드가 이미지의 사이즈를 요구한다는 것이다. 앨범아트라는 것이 정해진 규격이 없다 보니 파일마다 다른 사이즈의 앨범아트 이미지를 가지고 있을 수가 있다. 그래서 MPMediaItemArtwork를 UIImage로 변환하는 과정에서 우리가 필요한 이미지의 사이즈를 넣어서 해당 사이즈의 UIImage 객체를 얻을 수 있게 된다.

```
[artwork imageWithSize: CGSizeMake (320, 320)];
```

참고 | MPMediaItem에서 참고할 수 있는 속성

프로퍼티 키	리턴 타입	설명
MPMediaItemPropertyPersistentID	NSString	곡을 식별할 수 있는 고유한 ID
MPMediaItemPropertyAlbumPersistentID	NSString	앨범을 식별할 수 있는 고유한 ID
MPMediaItemPropertyArtistPersistentID	NSSring	아티스트를 식별할 수 있는 고유한 ID
MPMediaItemPropertyAlbumArtistPersistentID	NSString	앨범과 아티스트를 쌍으로 하여 식별할 수 있는 고유한 ID
MPMediaItemPropertyGenrePersistentID	NSString	장르를 식별할 수 있는 고유한 ID
MPMediaItemPropertyComposerPersistentID	NSString	작곡가를 식별할 수 있는 고유한 ID
MPMediaItemPropertyPodcastPersistentID	NSString	팟케스트를 식별할 수 있는 고유한 ID
MPMediaItemPropertyMediaType	NSString	미디어 타입(mp3, audiobook, potcast)
MPMediaItemPropertyTitle	NSString	곡의 타이틀
MPMediaItemPropertyAlbumTitle	NSString	앨범의 타이틀
MPMediaItemPropertyArtist	NSString	아티스트명
MPMediaItemPropertyAlbumArtist	NSString	앨범과 아티르스를 쌍으로한 이름
MPMediaItemPropertyGenre	NSString	장르
MPMediaItemPropertyComposer	NSString	작곡가
MPMediaItemPropertyPlaybackDuration	NSString	재생 시간
MPMediaItemPropertyAlbumTrackNumber	NSString	앨범의 트랙 번호
MPMediaItemPropertyAlbumTrackCount	NSString	앨범의 트랙 개수
MPMediaItemPropertyDiscNumber	NSString	디스크 번호
MPMediaItemPropertyDiscCount	NSString	디스크 개수
MPMediaItemPropertyArtwork	NSString	앨범자켓 사진
MPMediaItemPropertyLyrics	NSString	가사
MPMediaItemPropertyIsCompilation	NSString	컴필리에션 앨범 유무
MPMediaItemPropertyReleaseDate	NSString	판매일
MPMediaItemPropertyBeatsPerMinute	NSString	분당 비트
MPMediaItemPropertyComments	NSString	코멘트
MPMediaItemPropertyAssetURL	NSString	Asset URL

```
NSString *sIndex = [NSString stringWithFormat: @"%d/%d",
              self.musicPlayer.indexOfNowPlayingItem, self.totalSong];
self.songIndex.text = sIndex;

self.playTime.text = @"";
self.remainTime.text = @"";
```

곡이 변경될 때 숨겨진 토글 뷰에 있는 컨트롤에도 값을 업데이트한다.

indexLabel에는 현재 재생 중인 곡의 인덱스를 표시하고, playTime과 remainTime은 곡이 재생되는 동안 1초 단위로 값이 갱신되기 때문에 이 시점에서는 빈 값으로 초기화한다.

❸ 곡의 재생 상태가 변경되면 호출될 메소드

handle_PlaybackStateChanged: 메소드는 곡의 재생 상태가 변경되었을 때 호출되고, 이 때 musicPlayer의 playbackState 프로퍼티를 통해 상태를 체크한다.

만일 musicPlayer의 현재 상태가 MPMoviePlaybackStatePlaying 이면 재생 버튼인 playButton의 이미지를 일시정지 모양을 가진 pausebtn_92x57.png와 pausebtn_92x57_dim.png 파일로 바꿔주고, musicPlayer가 재생 중이 아닐 경우에는 재생 버튼 모양을 가진 playbtn_92x57.png와 pausebtn_92x57_dim.png 파일로 바꿔준다.

이 외에도 playbackState를 통해 확인 가능한 항목들은 다음의 표와 같다.

상태	설명
MPMoviePlaybackStateStopped	정지
MPMoviePlaybackStatePlaying	재생 중
MPMoviePlaybackStatePaused	일시정지
MPMoviePlaybackStateInterrupted	오류로 인해 재생이 중단 된 상태
MPMoviePlaybackStateSeekingForward	전방탐색
MPMoviePlaybackStateSeekingBackward	후방탐색

상태가 재생 중이라면 NSTimer 객체를 만들어 현재 재생 중인 곡의 재생 시간을 체크하기 위한 타이머를 생성한다.

```
self.timer = [NSTimer scheduledTimerWithTimeInterval: 1.0
                                              target: self
                                            selector: @selector(updatePlayTime:)
```

```
                              userInfo: nil
                              YES];
```

❹ **Timer 메소드**

곡이 재생되는 동안 1초마다 현재 재생 중인 곡의 PlaybackTime을 체크하여 progressBar와 remainLabel, pastLabel에 반영한다.

❺ **시간 포맷**

convertTimeIntervalToSecond: 메소드는 NSTimeInterval 값을 "00:00"과 같은 형태로 변환해준다.

이제 각각의 버튼과 슬라이더에 액션 메소드를 구현하여 사용자의 이벤트를 통해 곡을 재생하고 탐색하도록 구현해보자.

[Listing 4-12] 재생 및 탐색 기능 구현하기

```
// [1] 음량조절 ········································ ❶
- (IBAction)volumeChanged:(id)sender {
   UISlider *volSlider = sender;

   if (volSlider.value >= 0.0 && volSlider.value <= 1.0) {
      self.musicPlayer.volume = volSlider.value;
   }
}

// [2] 다음 곡 ········································ ❷
- (IBAction)skipToPrev:(id)sender {
   [self.musicPlayer skipToPreviousItem];
}

// [3] 이전 곡 ········································ ❸
- (IBAction)skipToNext:(id)sender {
   [self.musicPlayer skipToNextItem];
}

// [4] 재생/일시정지 ···································· ❹
- (IBAction)musicPlay:(id)sender {
   if (self.musicPlayer.playbackState == MPMoviePlaybackStatePlaying) {
      [self.musicPlayer pause];
```

```
    } else if (self.musicPlayer.playbackState ==
                MPMoviePlaybackStatePaused) {
        [self.musicPlayer play];
    }
}

// [5] 구간변경 ............................................................ ❺
- (IBAction)progressChanged:(id)sender {
    UISlider *selSlider = sender;

    MPMediaItem *currentSong = self.musicPlayer.nowPlayingItem;
    NSTimeInterval songDuration = [[currentSong
          valueForProperty:MPMediaItemPropertyPlaybackDuration] intValue];

    NSTimeInterval newPlaybackTime = songDuration * [selSlider value];

    self.musicPlayer.currentPlaybackTime = newPlaybackTime;
}

// [6] 셔플재생 ............................................................ ❻
- (IBAction)shuffleOnOff:(id)sender {
    if ([self.shuffleButton isSelected]) {
        [self.shuffleButton setSelected:NO];
        self.musicPlayer.shuffleMode = NO;
    } else {
        [self.shuffleButton setSelected:YES];
        self.musicPlayer.shuffleMode = YES;
    }
}

// [7] 반복재생 ............................................................ ❼
- (IBAction)repeatOnOff:(id)sender {
    if ([self.repeatButton isSelected]) {
        [self.repeatButton setSelected:NO];
        self.musicPlayer.repeatMode = NO;
    } else {
        [self.repeatButton setSelected:YES];
        self.musicPlayer.repeatMode = YES;
    }
}
```

❶ **음량조절**

사용자가 볼륨 조절을 위한 UISlider의 값을 변경하면 해당 값이 0.0에서 1.0 사이인지 우선 체크하고, 그렇다면 musicPlayer 객체의 volume 프로퍼티를 통해 UISlider 값을 넘겨준다. 이 순간 넘겨진 값으로 사용자의 아이폰 볼륨이 변경 된다.

주의할 점은 인터페이스빌더에서 UISlider의 최소값을 0.0, 최대값을 1.0 설정해주어야 한다.

❷ **다음 곡**

사용자가 다음 곡 버튼을 터치하면 현재 재생 중인 곡의 다음 곡을 재생하도록 한다. 이러한 동작을 위해 MPMusicPlayController의 skipToNextItem 메소드를 호출한다.

❸ **이전 곡**

사용자가 이전 곡 버튼을 터치하면 현재 재생 중인 곡의 이전 곡을 재생하도록 한다. 이러한 동작을 위해 MPMusicPlayController의 skipToPreviousItem 메소드를 호출한다.

❹ **재생/ 일시정지**

사용자가 음악재생 버튼을 터치하면 MPMusicPlayController 오브젝트의 playbackState를 확인하여 playbackState가 '음악 재생 중(MPMoviePlaybackStatePlaying)'이면 일시정지하고, '일시 정지 (MPMoviePlaybackStatePause)' 상태이면 다시 재생하도록 한다.

❺ **구간변경**

사용자가 progressBar를 직접 값을 변경했을 경우 곡의 재생 구간을 변경한다.

❻ **셔플재생**

MPMusicPlayController의 shuffle 기능을 활성화하여 곡 재생 순서가 랜덤하게 진행되도록 한다.

❼ **반복재생**

MPMusicPlayController의 repeat 기능을 활성화하여 곡 리스트를 반복한다.

이제 마지막으로 DetailViewController 클래스에서 사용자가 곡을 선택하면 MusicPlayer ViewController 오브젝트가 생성되도록 구현하는 일만 남았다.

[Listing 4-13] MusicPalyerViewController 오브젝트 생성(DetailViewController.m)

```
- (void)tableView:(UITableView *)tableView
didSelectRowAtIndexPath:(NSIndexPath *)indexPath
{
    MusicPlayerViewController *musicPlayerViewController =
```

```
                [[MusicPlayerViewController alloc]
               initWithNibName:@"MusicPlayerViewController" bundle:nil];

    [musicPlayerViewController
                        setMediaItemCollection:self.mediaItemCollection
                                withPlayIndex: indexPath.row];

    [self.navigationController pushViewController:
                            musicPlayerViewController animated:YES];
}
```

그림 4-51 ● 완성된 뮤직플레이어

여기까지의 예제 파일
SimpleMusicPlayer-step2.zip

4.6 Media Item Picker를 이용한 곡 목록 인터페이스

4.6.1 Media Picker 소개

이전까지 MPMediaQuery를 이용해서 앨범목록, 곡 목록 그리고 뮤직플레이어까지 만들어 보았다. 하지만 이번 장의 첫 부분에서 MediaPlayer.framework는 MPMediaQuery 이 외에도 Media Picker를 통해 접근 가능하다고 했다.

Media Picker는 [그림 4-52]와 같이 내장된 음악 앱과 동일한 화면을 제공한다.

직접 UITableView를 이용해서 곡 목록을 표시하지 않아도 MPMediaPickerController 오브젝트에서 사용자 인터페이스를 제공한다.

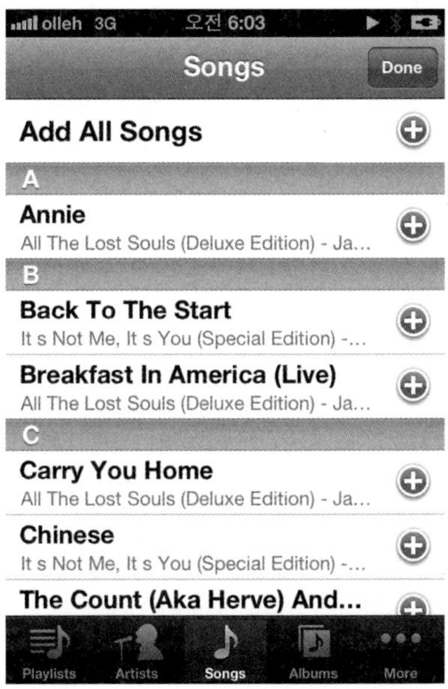

그림 4-52 ● MediaPicker를 이용한 곡 목록 인터페이스

4.6.2 MPMediaPickerController 사용

MPMediaPickerController는 MediaPlayer.framework에 포함되어있다.

화면 우측 상단 네비게이션 바에 UIBarButtonItem을 하나 추가하고, 해당 버튼을 선택하면 MPMediaPickerController가 나타나도록 구현해보자.

먼저 MusicPlayerViewController.m 파일에서 viewDidLoad에서 UIBarButtonItem을 생성하고 생성된 UIBarButtonItem 객체를 상단 네비게이션 바에 추가해보도록 하자.

[Listing 4-14] 네비게이션 바에 Media Picker 버튼 추가하기

```
- (void)viewDidLoad
{
    [super viewDidLoad];
    // Do any additional setup after loading the view from its nib.
    // Volume 설정
    self.volumeSlider.value = self.musicPlayer.volume;

    // Navigation Bar 색상 변경
    self.navigationController.navigationBar.barStyle = UIBarStyleBlack;

    // UIGesture
    UITapGestureRecognizer *tapGesture = [[UITapGestureRecognizer alloc]
                    initWithTarget:self action:@selector(handleTapGesture:)];
    tapGesture.delegate = self;
    tapGesture.numberOfTapsRequired = 1;
    [self.albumArtImageView addGestureRecognizer:tapGesture];

    // [1] Media Picker 버튼 추가 ······································ ❶
    UIBarButtonItem *pickerBtn = [[UIBarButtonItem alloc]
            initWithBarButtonSystemItem: UIBarButtonSystemItemOrganize
                                 target: self
                                 action: @selector(openMediaPicker:)];
    [self.navigationItem setLeftBarButtonItem: pickerBtn];
}

// [2] MPMediaPickerController 표시 ······································ ❷
- (void)openMediaPicker:(id)sender {
    MPMediaPickerController *picker = [[MPMediaPickerController alloc]
                             initWithMediaTypes: MPMediaTypeAnyAudio];

    [picker setDelegate: self];
    [picker setAllowsPickingMultipleItems: YES];
    [self presentModalViewController: picker animated: YES];
}
```

❶ **Media Picker 버튼 추가**

UIBarButtonItem 오브젝트를 생성한다.

버튼은 시스템에서 기본으로 제공하고 있는 UIBarButtonSystemItemOrganize을 사용하고, 버튼이 선택되었을때 openMediaPicker: 메소드를 호출하도록 한다.

만들어진 UIBarButtonItem은 UINavigationItem의 leftBarButtonItem 영역에 추가한다.

이제 버튼을 선택했을 때 호출되는 openMediaItemPicker: 메소드를 구현하여 MPMediaPickerController를 화면에 표시하도록 하자.

❷ **MPMediaPickerController 표시**

MPMediaPickerController 오브젝트를 생성할 때 initWithMediaTypes:라는 초기화 메소드를 사용한다. 메소드의 파라메터는 곡 선택 화면이 어떤 종류의 미디어를 나타낼 것인지 결정하게 된다.

선택 가능한 미디어 타입은 아래 표를 참고하자.

타입	설명
MPMediaTypeMusic	음악 파일
MPMediaTypePodcast	팟캐스트
MPMediaTypeAudioBook	오디오북
MPMediaTypeAnyAudio	모든 종류의 오디오
MPMediaTypeAny	모든 타입

```
[picker setDelegate: self];
```

MPMediaPickerController 객체에게 setDelegate:메소드로 self, 즉 MusicPlayerViewController 객체를 설정했다. MPMediaPickerController는 사용자가 곡 선택을 완료하거나 곡 선택을 취소할 경우 델리게이터 메소드를 호출하여 이를 알려주는 방식을 사용한다.

```
[picker setAllowsPickingMultipleItems: YES];
```

곡을 선택할 때 다중 선택이 가능하도록 설정하였다.

다중 선택을 활성화 하지 않으면 곡을 한 곡만 선택해도 MPMediaPickerController가 화면에서 닫히게 된다. 앱에 따라 단일 곡만 선택하도록 할 경우는 setAllowsPickingMultipleItems:에 NO 값을 넣어주도록 하자.

여기까지 진행하면 사용자가 'Song' 버튼을 터치할 때 곡을 선택하는 화면이 나타나게 된다.

하지만 곡을 선택하고 '완료' 버튼을 누른다고 musicPlayer 객체가 선택한 곡을 인식하는 것은 아니다. MPMediaPickerController를 통해 사용자가 선택한 곡을 musicPlayer 객체가 인식하기 위해서는 MPMusicPlayerController 오브젝트에게 setQueueWithItemCollection: 메소드를 통해 선택된 곡들을 가진 컬렉션 객체를 넘겨줘야 한다.

우선 **MusicPlayerViewController.h**에 MPMediaPickerControllerDelegate를 선언해 MusicPlayerViewController 오브젝트가 MPMediaPickerController의 Delegate 메소드를 사용할 수 있도록 한다.

[Listing 4-15] MPMediaPickerControllerDelegate 선언하기

```
@interface MusicPlayerViewController : UIViewController
<MPMediaPickerControllerDelegate>
```

그리고, MusicPlayerViewController.m에 mediaPicker:didPickMediaItems: 메소드와 mediaPickerDidCancel: 메소드를 구현하여 사용자의 액션에 따라 곡을 재생할 수 있도록 하자.

[Listing 4-16] Media Picke를 구현하여 곡 재생하기

```
// [1] Media Picker에서 곡을 선택한 경우 ................................ ❶
- (void) mediaPicker: (MPMediaPickerController *) mediaPicker
   didPickMediaItems: (MPMediaItemCollection *) collection {

   [self dismissModalViewControllerAnimated: YES];
   if (collection) {
      [self.musicPlayer stop];
      [self.musicPlayer setQueueWithItemCollection:collection];
      [self.musicPlayer setNowPlayingItem: [collection.items objectAtIndex: 0]];
      [self.musicPlayer play];
   }
}

// [2] Media Picker에서 곡 선택을 취소한 경우 ............................ ❷
- (void) mediaPickerDidCancel: (MPMediaPickerController *) mediaPicker {
   [self dismissModalViewControllerAnimated: YES];
}
```

❶ **Media Picker에서 곡을 선택한 경우**

우선 MPMediaPickerController 화면을 닫는다.

그리고 collection 파라메터가 nil이 아니면 musicPlayer 오브젝트에게 setQueueWithItemCollection: 메소드를 통해 넘어온 collection 오브젝트를 넘긴다.

musicPlayer 오브젝트는는 이 순간 객체 자신이 재생해야 할 곡 목록을 가질 수 있게 된다.

그리고, 마지막으로 collection에 포함 된 곡 중 첫번째 곡을 바로 재생하도록 한다.

❷ **Media Picker에서 곡 선택을 취소한 경우**

mediaPickerDidCancel: 메소드의 경우는 넘어온 파라메터 값을 musicPlayer 오브젝트에 넘기지 않고 MPMediaPickerController 화면을 닫는다.

여기까지 진행하고 소스를 Run 하게 되면 뮤직 플레이어에서 좌측 상단에 버튼을 터치하면 음악을 선택할 수 있는 MPMeidaPickerController가 나타난다.

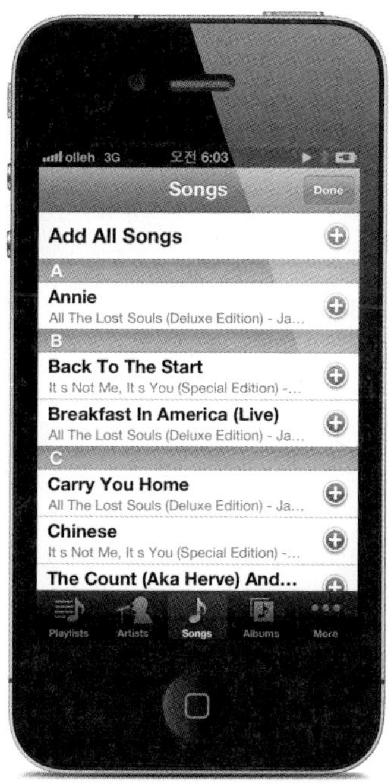

그림 4-53 ● 완성된 곡 목록 인터페이스

여기까지의 예제소스
SimpleMusicPlayer-step3.zip

4.7 Twitter Framework을 이용한 트위터 연동

이번 장에서는 지금까지 만든 앱에 트위터 기능을 넣어 지금 재생 중인 곡에 대한 정보를 트윗해보자. [그림 -54]는 뮤직플레이어에서 곡 재생 중에 트윗으로 현재 재생 중인 곡을 전달하는 모습이다.

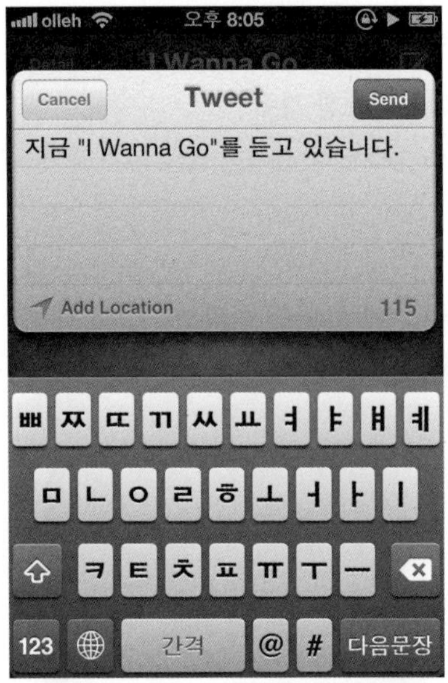

그림 4-54 ● 트윗으로 재생 중인 곡 전달하기

트위터 기능을 앱에 연동하기 위해서 iOS5가 나오기 이전에는 직접 Twitter API를 접근하거나 이미 만들어진 오픈소스 라이브러리를 이용해서 만들었다. 하지만 iOS5가 나오면서 트위터에 글을 작성할 수 있는 기능이 제공되고 있다.

4.7.1 프레임워크 추가

트위터를 연동하기 위해서는 Twitter.framework를 추가해야 한다.

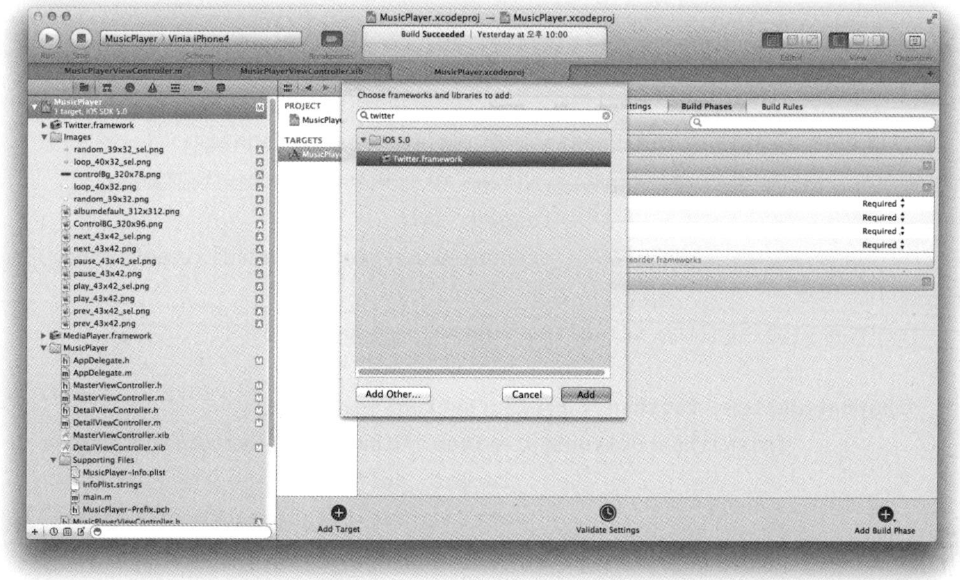

그림 4-55 ● Twitter.framework 추가

Twitter.framework를 추가하고, MusicPlayerViewController.h 파일에 헤더파일을 추가하자.

```
#import <Twitter/Twitter.h>
```

프레임워크는 TWRequest.h와 TWTweetComposeViewController.h 헤더 파일로 이루어져 있다. `TWRequest` 클래스는 트위터 서비스가 제공하는 API를 직접 접근하여 앱에 트위터를 연동하고자 할 때 사용되는 방식이고, `TWTweetComposeViewController` 보다 쉽고 간단하게 앱에 트위터를 연동하고자 할 때 사용되는 방식이다.

그렇기 때문에 `TWRequest` 의 경우는 계정정보, API URL, Request Method들을 직접 정의하는 형태를 가지고, `TWTweetComposeViewController`의 경우는 해당 클래스의 객체를 만들어 화면에 표시하는 것만으로도 완성된 UI 화면을 제공한다.

4.7.2 TWTweetComposeViewController 사용

이번 장에서는 보다 쉽게 트위터와 연동할 수 있는 `TWTweetComposeViewController`를 통해 현재 재생 중인 곡을 트위터로 전달해보도록 하자.

```
- (void)viewDidLoad
{
```

```
    [super viewDidLoad];
    // Do any additional setup after loading the view from its nib.

    UIBarButtonItem *pickerBtn = [[UIBarButtonItem alloc]
            initWithBarButtonSystemItem: UIBarButtonSystemItemCompose
                                 target: self
                                 action: @selector(openMediaItemPicker:)];

    [self.navigationItem setLeftBarButtonItem: pickerBtn];

    UIBarButtonItem *twitBtn = [[UIBarButtonItem alloc]
            initWithBarButtonSystemItem: UIBarButtonSystemItemCompose
                                 target: self
                                 action: @selector(openTweetCompose:)];
    [self.navigationItem setRightBarButtonItem: twitBtn];

    // Volume 설정
    self.volumeSlider.value = self.musicPlayer.volume;

    // Navigation Bar 색상 변경
    self.navigationController.navigationBar.barStyle = UIBarStyleBlack;

    // UIGesture
    UITapGestureRecognizer *tapGesture = [[UITapGestureRecognizer alloc]
                            initWithTarget:self
                                    action:@selector(handleTapGesture:)];
    tapGesture.delegate = self;
    tapGesture.numberOfTapsRequired = 1;
    [self.albumArtImageView addGestureRecognizer:tapGesture];

}
```

이전에 만들었던 MPMediaItemPickerController를 나타내는 pickerBtn은 제거하고, 대신 TWTweetComposeViewController를 나타내는 UIBarButtonItem인 twitBtn을 네비게이션 바의 우측에 배치하자. twitBtn은 해당 버튼이 선택될 때 openTweetCompose: 메소드를 호출하도록한다.

openTweetCompose: 메소드를 MusicPlayerViewController.m에 구현하도록 하자.

[Listing 4-17] MPMediaItemPickerController.m twitBtn 버튼 구현하기

```
- (IBAction)openTweetCompose:(id)sender {
    TWTweetComposeViewController *twViewController =
                            [[TWTweetComposeViewController alloc] init];

    MPMediaItem *currentItem = [self.musicPlayer nowPlayingItem];

    if (currentItem) {
        NSString *title = [currentItem valueForProperty: MPMediaItemPropertyTitle];
        [twViewController setInitialText:[NSString
                    stringWithFormat:@"지금 \"%@\"를 듣고 있습니다.", title]];
        MPMediaItemArtwork *artwork =
                [currentItem valueForProperty:MPMediaItemPropertyArtwork];
        [twViewController addImage:[artwork imageWithSize: CGSizeMake (320, 320)]];

        [self presentViewController:twViewController animated:YES completion:nil];
        twViewController.completionHandler =
                            ^(TWTweetComposeViewControllerResult res) {
            if (TWTweetComposeViewControllerResultDone) {
                UIAlertView* alertView = [[UIAlertView alloc]
                                initWithTitle:@"전송성공"
                                    message:@"메시지를 전송하였습니다."
                                    delegate:self
                            cancelButtonTitle:@"확인"
                            otherButtonTitles:nil];
                [alertView show];
            } else if (TWTweetComposeViewControllerResultCancelled) {
                UIAlertView* alertView = [[UIAlertView alloc]
                                initWithTitle:@"전송실패"
                                    message:@"메시지 전송에 실패하였습니다."
                                    delegate:self
                            cancelButtonTitle:@"확인"
                            otherButtonTitles:nil];

                [alertView show];
            }
            [self dismissModalViewControllerAnimated:YES];
```

```
        };
    }
}
```

코드는 크게 트위터 화면을 나타내는 부분과, 트윗을 작성 한 후에 동작에 대해 구현하고 있다.

```
TWTweetComposeViewController *twViewController =
                              [[TWTweetComposeViewController alloc] init];
```

우선 twViewController라는 이름으로 TWTweetComposeViewController의 오브젝트를 생성한다.

```
MPMediaItem *currentItem = [self.musicPlayer nowPlayingItem];

    if (currentItem) {
        NSString *title = [currentItem valueForProperty: MPMediaItemPropertyTitle];
        [twViewController setInitialText:[NSString
                    stringWithFormat:@"지금 \"%@\"를 듣고 있습니다.", title]];
        MPMediaItemArtwork *artwork =
                [currentItem valueForProperty:MPMediaItemPropertyArtwork];
        [twViewController addImage:[artwork imageWithSize: CGSizeMake (320, 320)]];
```

self.musicPlayer에서 nowPlayingItem 메소드를 통해 현재 재생 중인 곡을 가져온다.

현재 재생 중인 곡이 있다면 해당 곡의 제목을 가져와 twViewController 오브젝트에 setInitinalText를 통해 곡의 제목을 넘겨준다.

이때 단순히 제목만 넘기면 자신의 팔로워들이 무슨 의도로 글을 썼는지 알 수 없기 때문에 NSString 클래스의 stringWithFormat: 메소드를 통해 다른 글과 함께 문장을 만들었다.

그리고 현재 재생 중인 곡의 앨범아트를 가져와 twViewControler 오브젝트에 addImage를 통해 앨범아트 이미지를 넘겨주었다.

이로써, twViewController 오브젝트는 기본적으로 표시할 문자열과 이미지를 설정하게 되었다. 이렇게 설정만 하는 것으로 해당 문자열과 이미지가 트위터에 전달되는 것은 아니다.

초기값만 설정한 상태일 뿐이고 이 상태에서 twViewController 오브젝트를 화면에 표시하면 초기값을 가진 twViewController 오브젝트가 화면에 나타나게 된다.

```
[self presentViewController:twViewController animated:YES completion:nil];
```

self, 즉 MusicPlayerViewController 오브젝트에 모달뷰 형태로 twViewController를 표시하도록 했다. 그러면 [그림 4-56]과 같이 twViewController 오브젝트가 나타나게 된다.

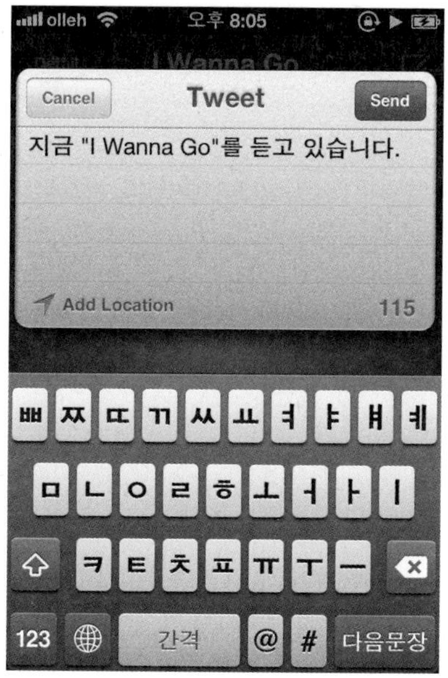

그림 4-56 ● twViewController 오브젝트

사용자는 이 상태에서 좀더 글을 작성할 수 있고, Add Location을 통해 현재 위치를 전달할 수도 있다. 하지만 이 상태에서 이미지의 추가나 추가된 이미지의 변경 및 삭제는 불가능하다.

```
twViewController.completionHandler = ^(TWTweetComposeViewControllerResult res) {
   if (TWTweetComposeViewControllerResultDone) {
      UIAlertView* alertView = [[UIAlertView alloc]
                         initWithTitle:@"전송성공"
                               message:@"메시지를 전송하였습니다."
                              delegate:self
                     cancelButtonTitle:@"확인"
                     otherButtonTitles:nil];
      [alertView show];
   } else if (TWTweetComposeViewControllerResultCancelled) {
```

```
        UIAlertView* alertView = [[UIAlertView alloc]
                                initWithTitle:@"전송실패"
                                      message:@"메시지 전송에 실패하였습니다."
                                     delegate:self
                             cancelButtonTitle:@"확인"
                             otherButtonTitles:nil];

        [alertView show];
    }
    [self dismissModalViewControllerAnimated:YES];
}
```

그리고 twViewController의 completionHandler 프로퍼티를 통해 메시지를 전송하고 이후 동작에 대해 블럭코딩 형태로 구현하였다.

res를 통해 사용자가 전송 버튼을 선택했을 경우 UIAlertView를 통해 메시지 전송 성공에 대한 메시지를 표시하고, 사용자가 취소 버튼을 선택했을 경우 UIAlertView를 통해 메시지 전송 취소에 대한 메시지를 표시하고 있다.

TWTweetComposeViewControllerResult는 다음과 같은 상수 값을 가진다.

노티피케이션	설명
TWTweetComposeViewControllerResultCancelled	사용자가 Cancel 버튼 선택할 경우
TWTweetComposeViewControllerResultDone	사용자가 Send 버튼 선택할 경우

이제 Run을 선택해 아이폰에서 예제를 실행시켜보자.

예제가 실행되면 음악을 재생하고, 재생 중인 상태에서 우측에 Compose 버튼을 선택하면 [그림 4-57]과 같은 화면이 나타난다.

그림 4-57 ● Cancle/ Send 버튼 구현

이 상태에서 우측의 Send 버튼을 선택하면 트윗이 전송되고, 전송 후에는 아래와 같이 트위터 사이트에서 확인할 수 있다.

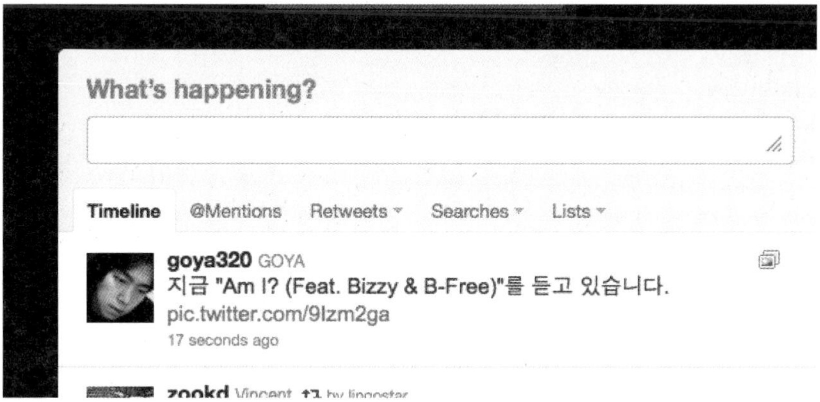

그림 4-58 ● 전송된 메시지를 트위터 사이트에서 메세지 확인하기

여기까지의 예제 소스
SimpleMusicPlayer-step4.zip

CHAPTER 05

Apple Push Notification Service

iOS 3.0부터 제공된 Apple Push Notification Service에 대해 알아보고, 이를 이용하여 간단한 채팅 앱을 개발하고 동작 방식와 개발 방법에 대해 알아보자.

iPHONE SDK TUTORIAL 2

미리 보기

학습 목표

1. Apple Push Notification Service를 이해한다.
2. 푸시 노티피케이션 메세지를 이용하여 간단한 채팅 앱을 개발한다.

학습 목차

5.1 APNS 개요

5.1.1 아이폰의 멀티태스킹

아이폰의 앱은 iOS4가 나오기 이전에는 멀티태스킹이 전혀 불가능했으며, 현재도 제한적으로만 가능한 상태이다.

스마트폰이 멀티태스킹이 안된다는 것이 어떤 의미인가?

메시지를 주고받는 메신저 앱이 멀티태스킹이 안된다면 친구들로부터 메시지를 받기 위해 해당 앱을 켜 놓고 누군가 자신에게 메시지를 보내줄 때까지 기다려야 할 것이다. 게임을 즐기다가 갑자기 전화나 메일이 왔을 때는 지금까지 진행한 게임을 포기하거나 전화를 받지 못하게 될 것이다.

쉽게 생각해 음악을 들으면서 메일 확인이나 웹 브라우징을 할 수 없다는 것이다.

물론, 애플은 내장된 일부 앱과 서드파티 앱 중 일부는 멀티태스킹을 지원한다. 하지만, 여전히 전체 앱에 대한 멀티태스킹은 제한적인 형태를 가지고 있다.

그렇다면 왜 애플은 이토록 제한적인 멀티태스킹을 제공하는 것일까? 여러 가지 이유가 있겠지만, 대표적인 이유는 다음과 같다.

첫째, 배터리 소모를 최소화하기 위해서 멀티태스킹을 제한한다.

사용자가 스마트폰을 사용하지 않는 상태라도 멀티태스킹 환경에서 앱이 구동 중이라면 많은 양의 배터리를 소모하게 된다.

둘째, 성능저하를 막기 위해 멀티태스킹을 제한한다.

많은 수의 앱들이 백그라운드에서 동작하고 있다면 정작 포그라운드에서 동작하는 앱까지도 성능저하를 가져다 줄 수 밖에 없다.

하지만 이렇듯 멀티태스킹에 제한적이다 보니 만들 수 없는 앱들이 생겨날 수 밖에 없다.

그래서 애플은 이러한 문제로 만들 수 없는 앱들의 개발을 돕기 위해 몇가지 방법을 제시하였다. 그 중 하나가 이번 장에서 설명할 Apple Push Notification Service이다.

5.1.2 Apple Push Notification Service란?

Apple Push Notification Service(이하 APNS)는 iOS 3.0에서부터 적용된 기능이다.

APNS는 한마디로 애플의 서버에 의해 사용자에게 메시지를 Push 해주는 서비스이다.

APNS는 애플의 APNS 서버와 iOS 사이에 메시지를 전달하는 형태이기 때문에 앱이 현재 동작 중이지 않더라도 메시지를 전달할 수 있다.

그렇기 때문에 APNS는 메신저 앱의 경우 구동 중이지 않은 상태에서도 상대방으로부터 메시지를 전달 받을 수 있다. 그래서 SMS를 이용하지 않고도 여러분의 앱 사용자에게 원하는 시점에 광고 메시지를 전달할 수 있다.

APNS를 이용한 대표적인 앱의 경우 WhatsApp이나 카카오톡이 있으며, 요즘 유행하는 소셜 네트워크 게임(SNG)에서도 사용자에게 게임상의 알림 메시지나 마케팅 용도로 많이 활용되고 있다.

APNS의 기본 동작 형태는 [그림 5-1]과 같다.

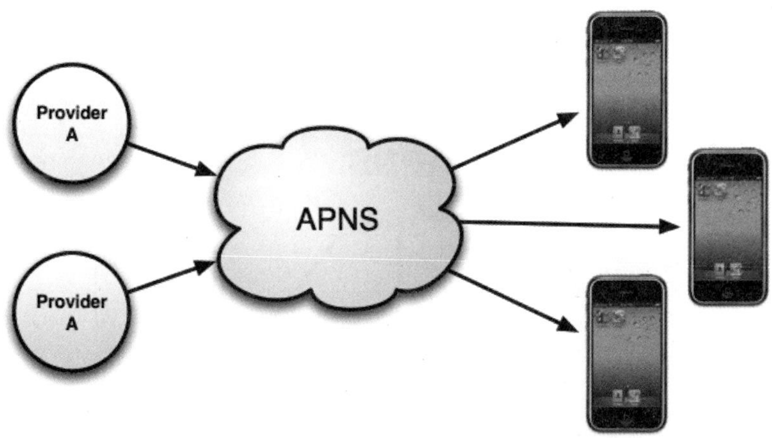

그림 5-1 ● APNS의 기본 동작 형태

그림에서 Provider는 여러분의 서버를 의미한다. 여러분의 서버에서 사용자에게 보낼 메시지를 준비한 다음 애플의 APNS 서버로 메시지를 전달하고 APNS 서버는 메시지를 클라이언트에 전달한다. [그림 5-2]을 보면 좀 더 구체적인 과정을 살펴 볼 수 있다.

그림 5-2 ● APNS 메세지 전달 과정

여러분의 서버(Provider A)에서 전달할 메시지(Notification)를 준비한 뒤 이를 애플의 APNS 서버로 전달한다. APNS 서버는 이 메시지(Notification)를 클라이언트 기기에 전달하고, 클라이언트 기기에 설치된 iOS는 메시지를 확인하여 해당 앱에 전달하는 과정을 거친다.

5.1.3 APNS 활용 예

APNS를 활용할 수 있는 예는 무엇이 있을까?

애플 문서 상에서도 제시하고 있는 예이지만 이에 설명을 조금 덧붙여 가장 대표적인 두 가지 예를 살펴보도록 하자.

메신저 앱

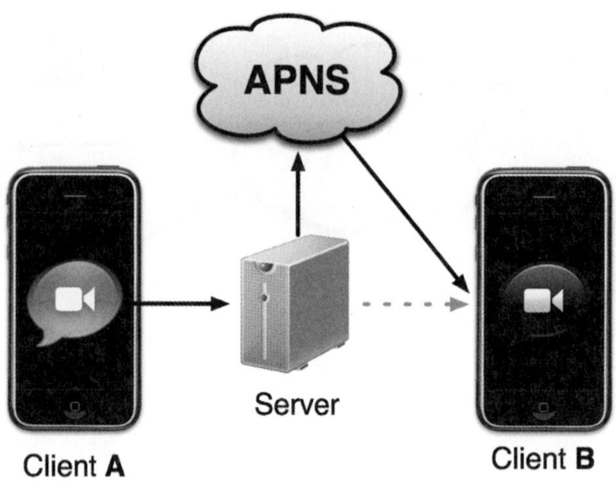

그림 5-3 ● 메신저 앱의 방식

APNS를 가장 활용하기 좋은 예는 메신저 앱이다.

일반적인 PC용 메신저 앱은 항상 백그라운드에서 동작하며 서버와 클라이언트 간에 통신하고 있게 된다. 서버는 클라이언트가 접속 중인지 여부를 판단하여 메시지를 수신할 수 있는 상태인지를 인지한다. 하지만 아이폰은 백그라운드에서 동작하는 앱을 개발할 수 없으므로 APNS가 대안이 될 수 있다.

Client B는 현재 메신저 앱을 구동 중이지 않은 상태이고, Client A는 Client B에게 메시지를 보내려고 한다. Server 입장에서는 Client B가 앱을 구동하지 않은 상태이기 때문에 직접 Client B에게 메시지를 보낼 수 없는 상태가 된다. 하지만 APNS를 통해 메시지를 보낼 수 있게 된다.

멀티플레이 게임

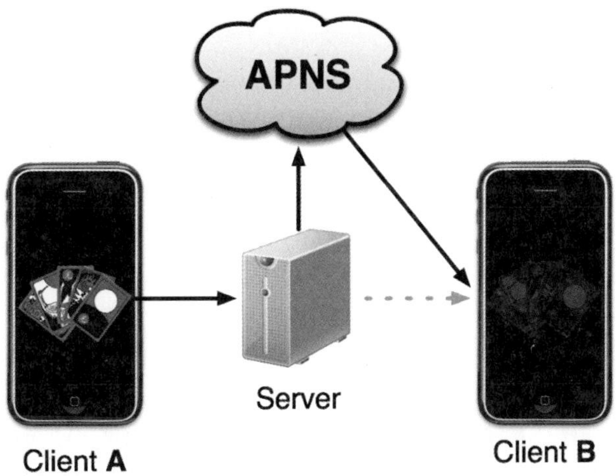

그림 5-4 ● 멀티플레이 게임의 방식

멀티플레이 게임도 APNS 활용 예가 될 수 있다.

애플의 문서에서는 체스 게임을 예로 들고 있지만, 우리에게 좀 더 익숙한 화투를 통해 설명하자면 다음과 같다.

Client A와 Client B 두 사람이 온라인 화투를 치고 있다고 가정하자. Client A의 차례가 되어 Client A는 어떤 패를 낼지 고민하게 된다. 이때 기다리는 시간이 지루한 Client B가 다른 앱을 구동할 수 있을 것이다. 그리고 Client B가 다른 앱을 구동하는 동안 Client B의 차례가 돌아오면 이를 APNS를 통해 알릴 수 있게 된다.

▌그 외

위의 두 가지는 애플에서 APNS 문서에 제시한 대표적인 사례이고, 이 외에도 여러분의 아이디어를 발휘하면 더 다양한 형태로 APNS를 활용할 수 있다.

예를 들어 SNG 게임에서 APNS를 이용해 이벤트를 알릴 수도 있고, 인터넷 쇼핑몰에서는 고객들에게 상품 홍보 메시지를 보낼 수도 있을 것이다.

5.2 푸시 노티피케이션 메시지

이전까지는 APNS에 대한 개념을 잡기 위한 시간이었다면 이번 절에서는 본격적으로 APNS를 통해 보낼 수 있는 푸시 노티피케이션 메시지에 대해 살펴보도록 하자.

5.2.1 Device Token

APNS에는 몇 가지 용어들이 등장한다. 그 중 Device Token이라는 용어가 자주 등장하게 되는데 Device Token은 쉽게 생각해서 Client의 고유 아이디로 생각하면 된다.

그렇다면 Client의 고유 아이디는 어디에 사용되는 것일까?

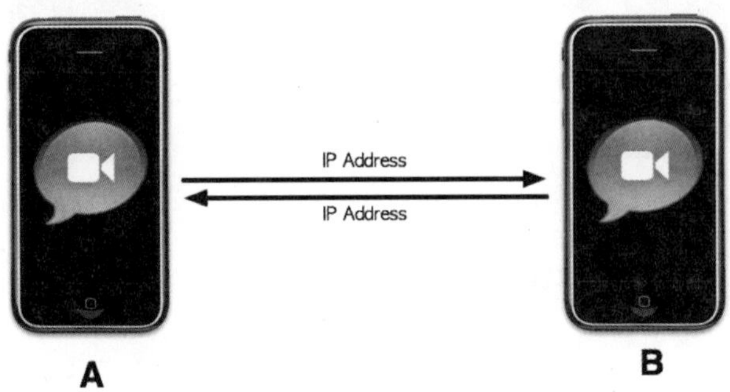

그림 5-5 ● IP Address

메신저 앱을 예를 들어 보자면 A와 B는 Wifi 인터넷으로 연결된 상태이고 A가 B에게 메시지를 보내려 한다면 기본적으로 A는 B의 IP 주소를 알고 있어야 할 것이다. 그런데 우리가 메신저를 사용할 때 상대방의 IP 주소를 입력하는 경우는 없다. 만일 상대방의 IP 주소를 알고 있다고 하더라도 매번 바뀌는 IP 주소를 바뀔 때마다 알아내기란 어려운 일이다.

그래서 메신저 앱들은 클라이언트 사이에 서버가 존재하면서 클라이언트 접속 시 주소를 알아낸다. 그리고 그 주소를 데이터베이스에 보관하고 있다가 실제 A가 B에게 메시지를 보내고자 하는 순간 데이터베이스에서 B의 주소를 가져와 메시지를 보내는 것이다. 그래서 메신저 서버의 데이터베이스에는 사용자들을 인식할 수 있는 고유의 아이디와 해당 사용자의 IP 주소가 매치되어 저장되어 있을 것이다.

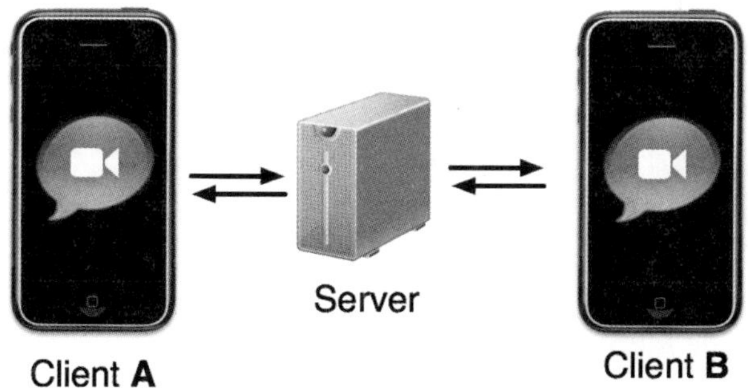

그림 5-6 ● 메신저 서버의 데이터베이스 사용

APNS도 마찬가지이다.

APNS 서버도 특정 Client에게 메시지를 푸시하기 위해서 해당 Client의 IP주소를 알아야 한다. 하지만 그 이전에 여러분의 서버와 APNS 서버가 같이 알고 있는 클라이언트의 고유 ID가 필요하다. 만일 우리가 만드는 앱이 아주 유명한 서비스의 클라이언트 앱이라고 할지라도 해당 서비스의 사용자 아이디를 애플이 알고 있지는 못한다. 그래서 애플과 우리 서버와 같이 인지할 수 있는 아이디가 필요하다. 그 아이디를 Device Token이라고 한다.

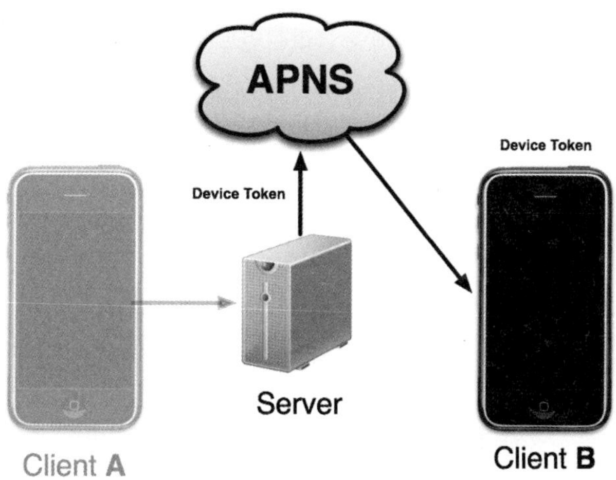

그림 5-7 ● Device Token

그렇다면 이러한 Device Token은 언제 만들어지고 여러분의 서버는 이 Device Token을 어떻게 알아낼 수 있을까?

[그림 5-8]은 여러분의 앱을 사용하는 사용자들의 Device Token을 클라이언트가 알게 되는 시점과 Device Token을 서버에 전달하는 과정에 대한 그림이다.

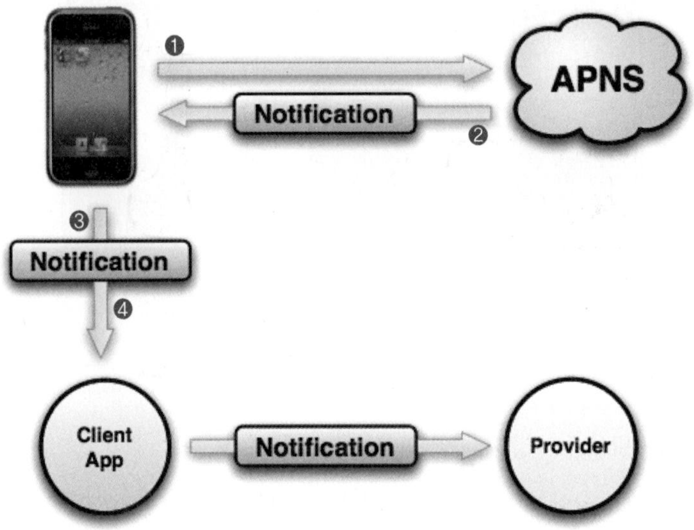

그림 5-8 ● Device Token 전달 과정

❶ 클라이언트 앱 구동 시 APNS 서버와 통신을 시작한다.

❷ APNS 서버는 클라이언트 앱으로 Device Token을 전송한다.

❸ Device Token을 전달받은 아이폰은 해당 클라이언트 앱으로 Device Token을 넘겨준다.

❹ Device Token을 넘겨받은 클라이언트 앱은 이를 서버에게 전송한다.

위의 4가지 과정 중 서버 측에서 클라이언트들의 Device Token을 알아내는 방법은 클라이언트 앱 스스로 서버에게 알려줘서 가능하게 되는 것이다.

5.2.2 메시지 종류

APNS를 통해 보내게 될 메시지의 종류와 특징에 대해서 살펴보도록 하자.

APNS 메시지는 아이폰 사용자라면 누구나 한 번쯤은 받아 보았을 것이다. 카카오톡이나 마이피플과 같은 앱이나 WeRule이나 Rule the Sky와 같은 소셜 네트워크 게임에서도 APNS가 사용된다.

APNS를 통해 보내는 메시지의 형태는 크게 세 가지이다.

종류	형태
메시지 형태 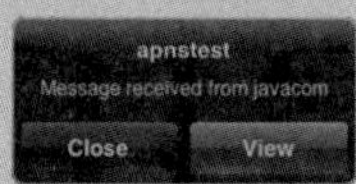	앱이 종료되거나 아이폰이 Sleep 상태에서 메시지를 받았을 때 팝업 형태로 메시지를 표시한다. '보기'와 '닫기' 두 가지 버튼을 제공하며, '보기' 버튼을 터치했을 때 해당 앱이 구동되게 된다.
뱃지형태 	아이폰 홈스크린 화면에 나타난 앱의 아이콘에 표시되는 숫자이다. 아이콘의 우측 상단 동그란 원 안에 숫자가 표시되며, 숫자가 길어져 표시할 수 없으면 말 줄임 표시가 나타난다.
사운드 재생 	메시지를 받았을때 재생되는 사운드이다. 시스템 사운드와 앱 고유의 사운드 파일을 재생할 수 있다. 특정 사운드 파일을 재생할 때에는 해당 사운드 파일을 앱의 번들에 내장하고 있어야 한다.

위와 같이 APNS를 통해 전달 가능한 형태는 모두 세 가지 형태이며, 세 가지 중 어느 하나만 선택해도 되고 경우에 따라서는 세 가지 형태를 동시에 보낼 수도 있다.

메신저 앱에서 새로운 메시지를 전달하고자 할 때 메시지를 팝업 형태로 표시해주면서 사운드도 재생하며, 그리고 앱의 아이콘에 읽지 않은 메시지의 개수를 표시할 수도 있을 것이다.

5.2.3 메시지 포멧

APNS를 통해 보내게 될 메시지의 포멧에 대해 알아보도록 하자.

APNS의 경우 앱이 실행 중인 상태가 아니어도 메시지를 보낼 수 있다고 하니 마치 APNS를 통해 백그라운드 프로세싱이 안 되는 문제점을 해결해줄 것만 같지만, APNS를 통해 보낼 수 있는 메시지의 형식과 크기에는 제약이 있다.

보통, 카카오톡이나 마이피플과 같은 앱에서는 촬영된 사진을 보내거나 음성이 녹음된 파일을 전달해본 경험들이 있을 것이다.

하지만, APNS는 한번에 전송할 수 있는 패킷의 길이가 정해져 있기 때문에 이를 통해 이미지, 동영상, 사운드 파일과 같이 용량이 큰 파일을 전달할 수는 없다.

그러한 앱들은 이미지 파일이나 사운드 파일은 APNS를 통해서는 신규 메시지가 전달되었다는 간단한 메시지의 통지만 보내는 것이고, 사용자가 해당 앱을 구동했을 때 서버로부터 직접 파일을 전송받게 된다.

[그림 5-9]를 보면 좀더 쉽게 이해할 수 있을 것이다.

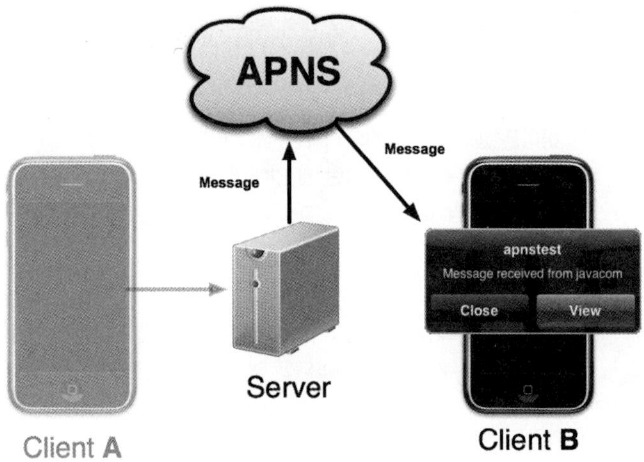

그림 5-9 ● APNS로 전송

A가 B에게 사진을 한 장 보낸다고 가정하면 A가 서버로 B에게 보낼 사진을 전송한다. 서버는 이를 받아 B의 Device Token을 파악하고 APNS 서버에게 메시지를 보낸다. 이때 우리 서버는 APNS 서버에게 사진을 전송하지 않는다. APNS로 전송 가능한 형태는 팝업 메시지, 뱃지, 사운드 재생 이렇게 세 가지 형태로만 가능하므로 이때 서버는 APNS 서버에게 팝업 메시지 형태로 "A가 사진을 보냈습니다." 정도의 짧은 텍스트 메시지만 전달하게 된다.

그러면 메시지를 받는 B 입장에서는 위의 그림과 같이 팝업 창이 떠서 "A가 사진을 보냈습니다."라는 메시지를 표시하게 되고 이때 사용자는 두 가지의 버튼 중 하나를 선택할 수 있게 된다. 위의 그림과 같이 Close 버튼과 View 버튼이 바로 그것이다.

만일 B가 View 버튼을 선택했다면 해당 앱이 구동될 것이고 앱이 구동되고 나면 비로소 서버로부터 A가 보낸 사진을 전달받게 된다.

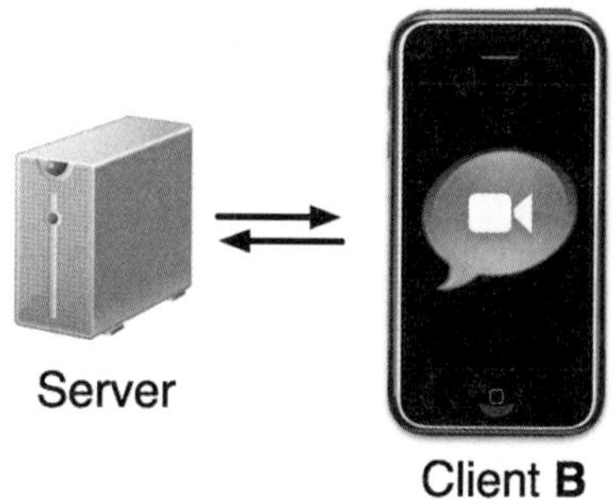

그림 5-10 ● 서버와 클라이언트

이제 좀더 구체적으로 APNS 메시지의 포멧에 대해 알아보도록 하자.

앞서 말한 데로 APNS 메시지는 256byte라는 크기의 제약이 있다.

APNS 포맷에는 메시지 이외에도 누가 받을 메시지인지 그리고 어떠한 메시지인지에 정도의 부가정보를 같이 보내게 된다.

[그림 5-11]은 일반적인 메시지의 포맷이다.

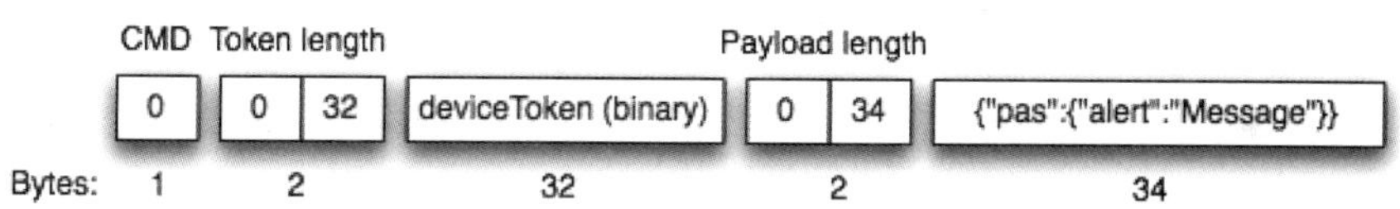

그림 5-11 ● APNS 일반적인 메시지 포맷

메시지의 각각의 의미에 대해 살펴보도록 하자.

종류	길이(Bytes)	설명
CMD	1	메시지 타입
Token length	2	deviceToken의 길이. 32Bytes로 고정
deviceToken(binary)	32	메시지를 받을 아이폰의 deviceToken
Payload length	2	Payload 길이. 0 ~ 256Bytes
Payload	256	보낼 메시지

여러분의 서버는 애플 APNS 서버로 메시지를 보낼때 위의 형식을 반드시 갖추어야 한다.

Payload에 대해 좀 더 구체적으로 살펴보면, Payload는 보낼 메시지를 JSON(JavaScript Object Notation) 형식으로 만들어 놓은 것이다.

JSON은 name/value 형태의 쌍으로 이루어진 Collection이다.

Payload는 JSON 형식에 맞추어 보낼 메시지 텍스트와 표시할 배지의 숫자 그리고 메시지가 도착했을 때 재생될 사운드 파일명을 포함하게 된다.

다음은 실제 JSON으로 만들어진 Payload의 모습이다.

```
{
   "aps" : {
      "alert" : "You got your emails.",
      "badge" : 9,
      "sound" : "bingbong.aiff"
   },
   "acme1" : "bar",
   "acme2" : 42
}
```

위의 Payload를 도식화한 그림은 다음과 같다.

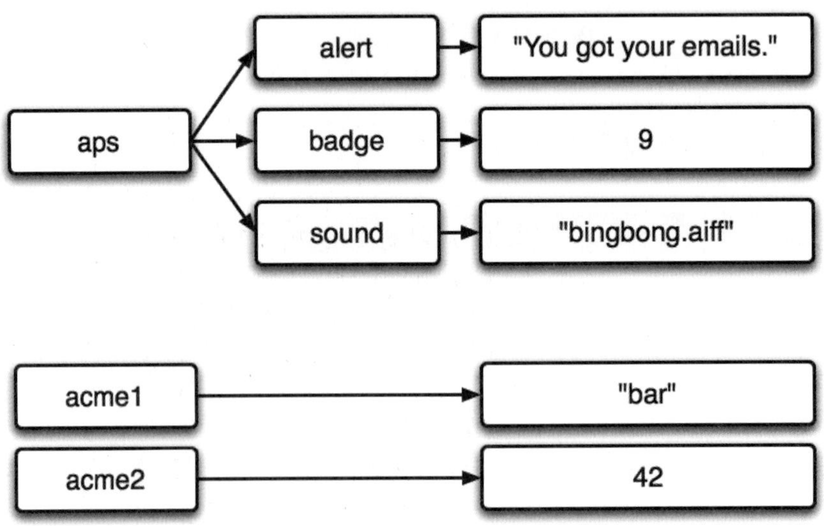

그림 5-12 • Payload

여기에서 가장 중요한 부분은 aps라는 키를 가진 값이다. 클라이언트는 해당 메시지를 받았을 때 aps 키를 가진 값들을 통해 APNS 메시지를 만들어낸다.

aps는 alert, badge, sound로 이루어져 있다.

alert은 사용자 화면에 팝업창 형태로 표시될 메시지의 내용을 포함한다.

그림 5-13 ● alert 팝업창

badge는 사용자의 홈스크린 화면에서 해당 앱의 오른쪽 위에 표시될 배지의 숫자를 의미한다.

그림 5-14 ● 아이콘 배지

마지막으로 sound는 메시지가 도착했을 때 재생될 효과음을 의미한다. sound는 기본 내장된 시스템 효과음이나 앱 고유의 효과음을 사용할 수 있다. 앱 고유의 효과음을 사용하고자 할 때는 원하는 사운드 파일을 앱에 내장해야 한다.

5.3 APNS 인증서

APNS를 사용하기 위해서는 Provisioning Portal을 통해 여러분의 앱이 APNS를 사용한다는 것을 알리기 위해 등록을 해야 한다. APNS를 사용하기 위해서 반드시 필요한 과정이고, 이 과정을 빠뜨리면 애플의 APNS 서버로부터 푸시 메시지를 받을 수 없게 된다.

5.3.1 CertificateSigningRequest 요청

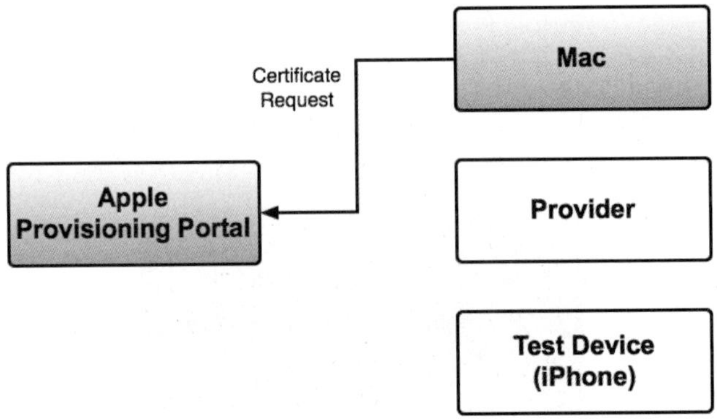

그림 5-15 ● Certificate 요청

첫 번째 과정은 Apple의 Provisioning Portal을 통해 여러분이 만들 앱의 Certificate를 요청하는 일이다. 그러기 위해서는 우선 여러분이 개발하게 될 앱의 App ID를 하나 생성하고, 해당 App ID를 APNS로 사용할 수 있도록 설정하는 과정이 필요하다.

❶ App ID 등록

http://developer.apple.com 에 로그인 한 뒤, iOS Developer Program 탭에 있는 iOS Provisioning Portal 링크를 선택하여 해당 페이지로 이동한다.

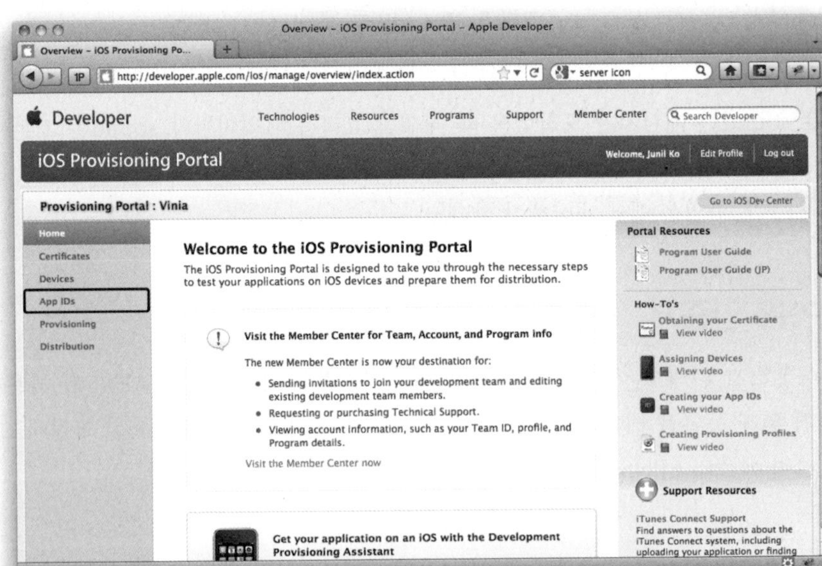

그림 5-16 ● iOS Provisioning Portal

페이지 좌측에 App IDs라는 링크를 선택하여 App ID 관련 화면으로 이동한다.

이동한 페이지에서 우측 상단에 New App ID라는 항목을 선택하여 새로운 App ID를 등록하자.

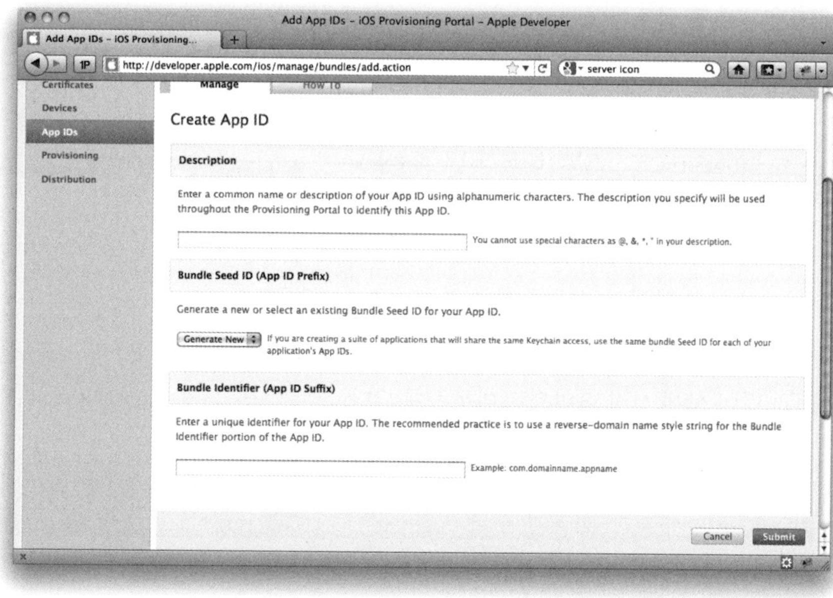

그림 5-17 ● 새로운 App ID 등록하기

새로운 App ID를 등록할 수 있는 화면이 나타나면 Description에는 해당 앱을 설명할 수 있는 설명문을 작성하고, Bundle Seed ID는 'Generate New' 로 설정한다.

Bundle Identifier에는 'com.회사명.앱이름' 순으로 입력하고 우측 하단에 'Submit' 버튼을 선택한다.

새로운 앱을 등록하고 나면 [그림 5-18]과 같이 등록된 App ID를 볼 수 있다.

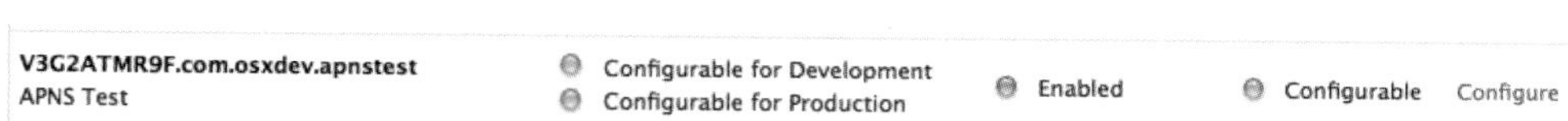

그림 5-18 ● 등록된 App ID 확인

여기에서 주의 깊게 봐야 할 항목은 가운데 위치한 Configurable for Development와 Configurable for Production 항목이다.

이 항목들은 해당 앱이 APNS를 이용하기 위한 설정이 되어 있는지를 표시하게 되는데, 처음에는 노란색으로 표시되어 있다. Configurable for Developer는 APNS 테스트를 위한 단계에서 사용하게 될 설정이고, Configurable for Production은 해당 앱이 실제 앱 스토어를 통해 배포된 이후에 사용하게 될 설정이다.

❷ APNS 활성화

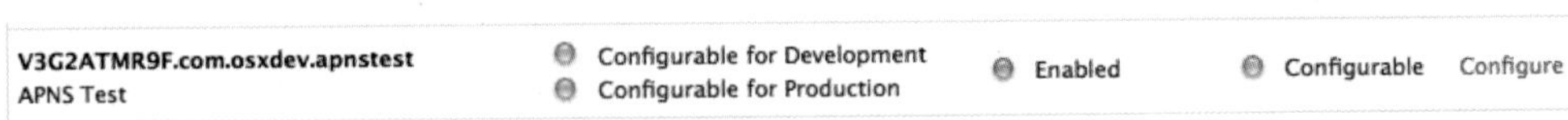

그림 5-19 ● APNS 활성화

[그림 5-19]에서 가장 오른쪽에 나타난 Configure 링크를 선택해보자. 해당 링크를 선택하면 [그림 5-20]과 같이 상세 설정 화면으로 이동하게 된다.

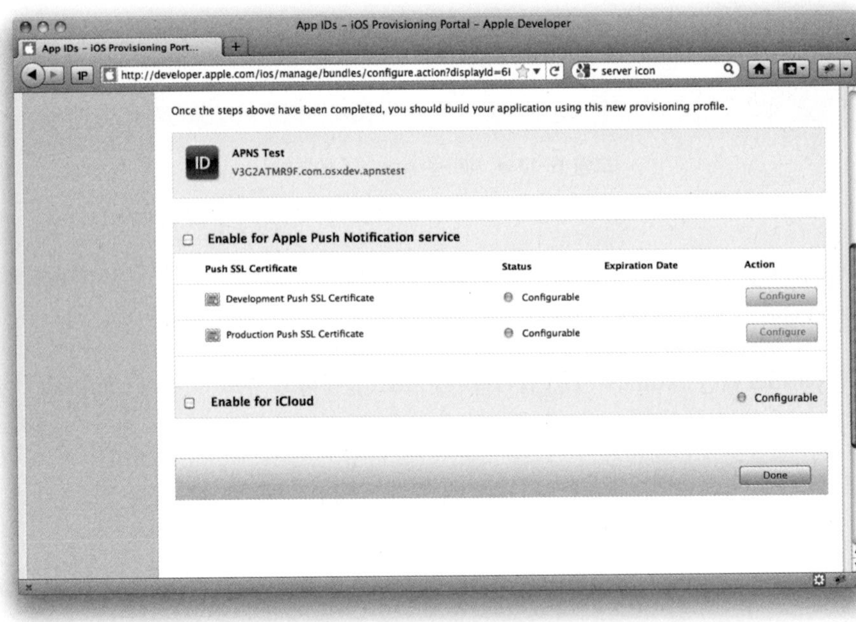

그림 5-20 ● Configure 상세 설정 화면

상세 설정 화면에서 "Enable for Apple Push Notification service" 문장의 좌측 체크박스를 선택해 APNS를 활성화시킨다. 활성화되고 나면 Development Push SSL Certificate 항목과 Production Push SSL Certificate 항목의 오른쪽에 Configure 버튼이 활성화된다.

Development Push SSL Certificate의 Configure 버튼을 선택하자.

개발 단계에서는 Development Push SSL Certificate를 발급받아서 애플의 Test용 APNS 서버에 메시지를 전달하게 되고, 이후 앱스토어에 런칭할 시점에는 Production Push SSL Certificate 항목을 선택해 배포될 앱은 Test용 APNS 서버가 아니라 Real 서버에 메시지를 전달하는 형태로 진행되게 된다.

❸ CSR(Certificate Signing Request) 만들기

Configure 버튼을 선택하면 다음과 같이 CSR(Certificate Signing Request) 파일을 만드는 과정이 진행된다.

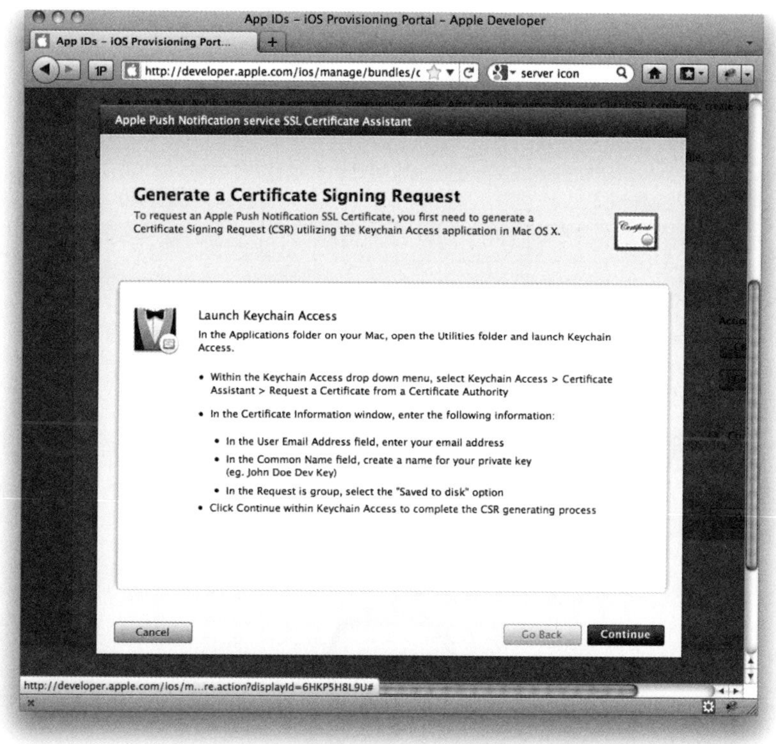

그림 5-21 ● CSR 파일 만들기

Continue를 선택해 다음 화면으로 이동하자.

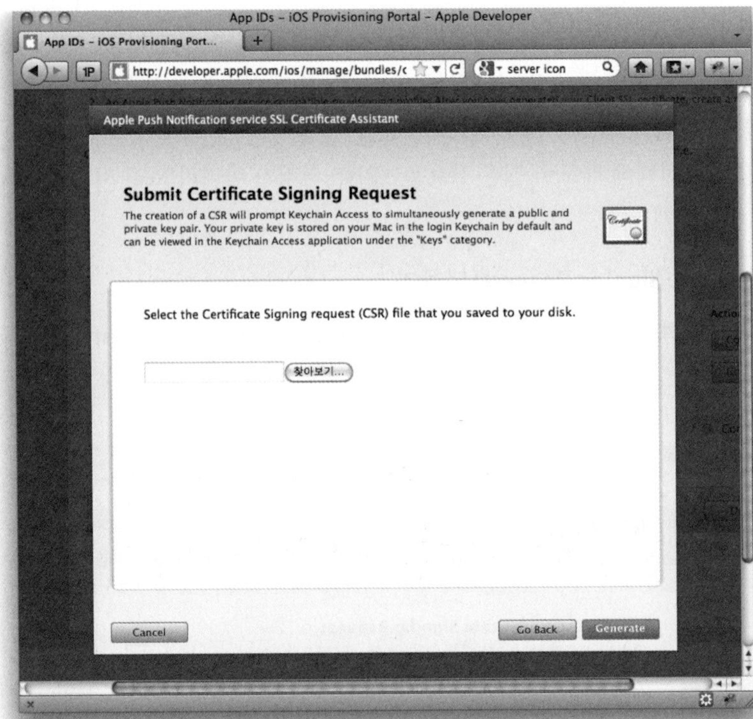

그림 5-22 ● CSR 파일 전송하기

여기에서는 CSR 파일을 여러분의 Mac에서 만들고, 만들어진 CSR 파일을 전송하는 화면이다. CSR 파일을 만들기 위해 여러분의 Mac에서 애플리케이션 → 유틸리티 폴더로 이동해 '키 체인 접근' 이라는 애플리케이션을 구동하자.

그림 5-23 ● 키 체인 접근

키 체인 접근 애플리케이션을 구동되면 다음과 같은 모습을 볼 수 있다.

그림 5-24 ● 키 체인 접근 어플리케이션 실행 화면

키 체인 접근 애플리케이션의 상단 메뉴바에서 '키 체인 접근 → 인증 지원 → 인증기관에서 인증서 요청' 메뉴를 선택한다.

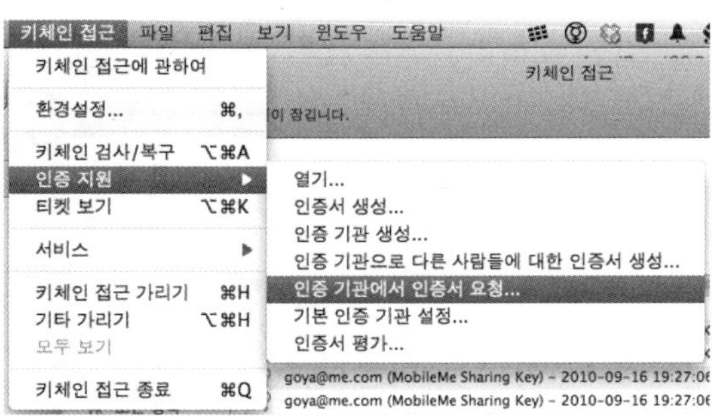

그림 5-25 ● 인증 기관에서 인증서 요청

해당 메뉴를 선택하게 되면 다음과 같이 팝업창이 나타나게 된다.

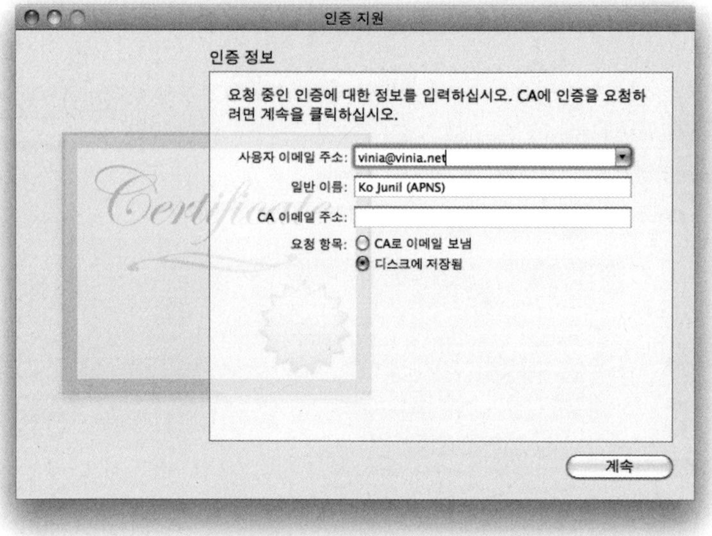

그림 5-26 ● 인증 지원 팝업창

팝업창에는 '사용자 이메일 주소' 와 '일반 이름' 을 입력해야 하고, '요청 항목' 에서는 '디스크에 저장됨' 을 선택하도록 하자.

완료되었으면 '계속' 버튼을 선택해 다음으로 진행한다.

그림 5-27 ● CSR 파일 저장하기

다음 화면에서는 CSR 파일을 저장할 위치를 선택하게 되고, '저장' 버튼을 누르면 선택된 위치에 CertificateSigningRequest.certSigningRequest 파일이 생성된다(그림 5-28).

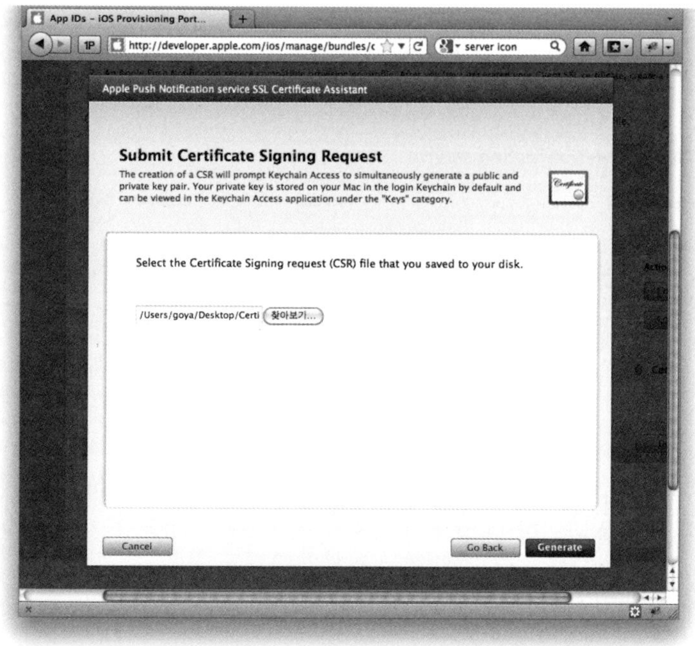

그림 5-28 ● CertificateSigningRequest.certSigningRequest 파일 생성

다시 웹 브라우저를 선택하여 'Submit Certificate Signing Request' 화면으로 돌아가자.

해당 화면에서 '찾아보기...' 버튼을 누른 후에 키 체인 접근 애플리케이션을 통해 만들어진 CertificateSigningRequest.certSigningRequest 파일을 선택하고 Generate 버튼을 누르면 Certificate가 만들어진다.

5.3.2 Development Push SSL Certificate 등록

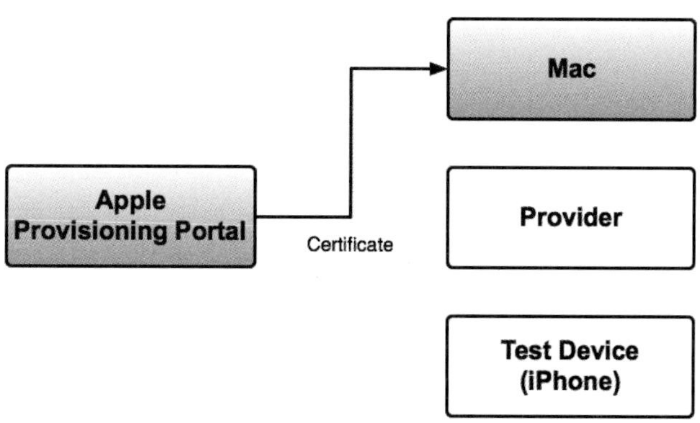

그림 5-29 ● Certificate 등록 과정

지금까지의 과정들이 정상적으로 진행되고 Provisioning Portal 웹 페이지 화면에는 아래와 같은 화면을 볼 수 있다.

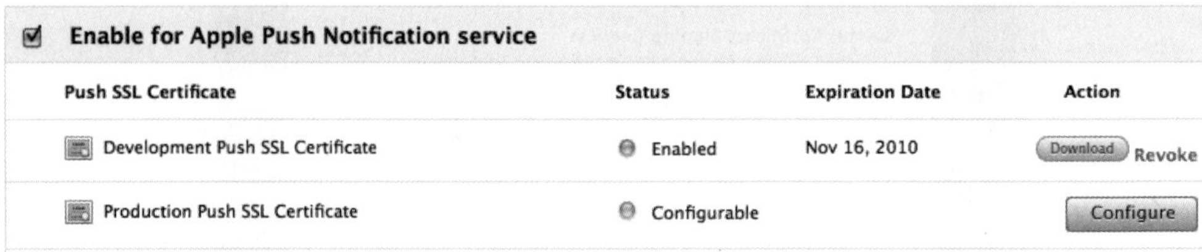

그림 5-30 ● Provisioning Portal 웹 페이지 화면

Development Push SSL Certificate 우측에 보면 'Action' 탭에 기존 Configure 버튼이 Download 버튼으로 변경된 모습을 확인할 수 있다.

Download 버튼을 선택하면 Certificate 파일을 다운로드할 수 있게 된다.

그림 5-31 ● Certificate 파일 다운로드

해당 파일을 다운로드한 후 더블클릭하면 키 체인 접근 애플리케이션에 Certificate 가 등록되게 된다.

그림 5-32 ● Certificate 등록

5.3.3 Provider에서 인증서 사용

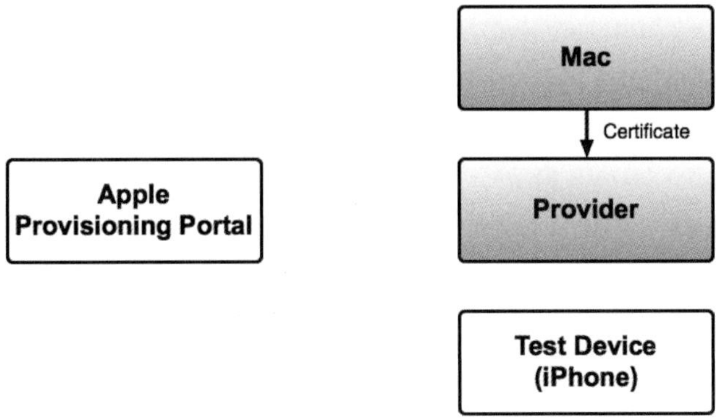

그림 5-33 ● Provider에서 인증서 사용

여러분의 서버는 특정 사용자에게 푸시 메시지를 보내기 위해 해당 메시지를 Apple의 APNS 서버로 메시지를 전달하게 되고, APNS 서버가 사용자의 디바이스에 메시지를 전달하게 된다.

이때 여러분의 서버와 APNS 서버는 TLS 프로토콜을 기반으로 통신하게 된다.

서버는 APNS와 연결수립을 위해 인증서를 기반으로 TLS Handshake 과정을 진행하게 된다. 그래서 이번에는 TLS Handshake 과정에 필요한 Certificate를 만들고 이를 서버에 전달하는 과정을 진행하도록 한다.

❶ 인증서 보내기

키 체인 접근을 열어 앞서 등록한 Apple Development iOS Push Services 인증서를 마우스 오른쪽 버튼 메뉴에서 '보내기...'를 선택한다.

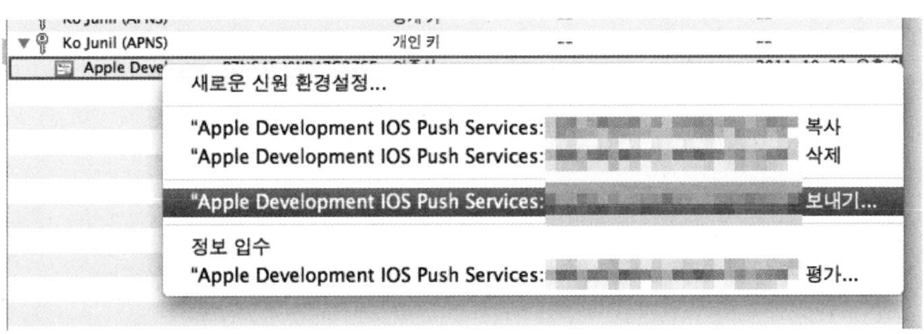

그림 5-34 ● Apple Development iOS Push Services 인증서 보내기

인증서를 저장할 공간을 선택하고 파일명을 apns-dev-cert.p12로 저장한다.

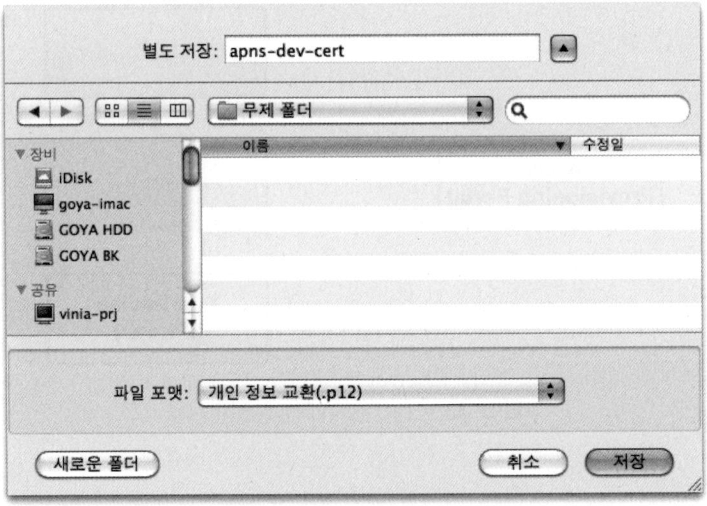

그림 5-35 ● 인증서 저장

저장 시에는 p12 파일의 패스워드를 입력해야 한다.

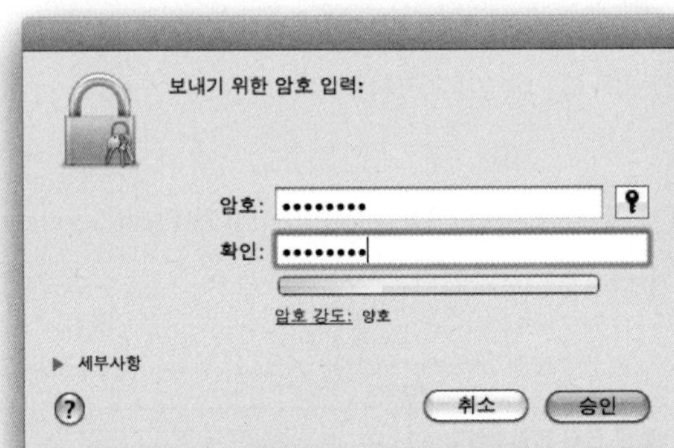

그림 5-36 ● 패스워드 입력

지정한 디렉토리에 apns-dev-cert.p12 파일이 만들어졌으면 다음으로 넘어간다.

❷ 키 보내기

키 체인 접근을 열어 이번에는 해당 Certificate와 쌍을 이루는 개인키 파일을 보내기 버튼을 통해 Export하도록 한다.

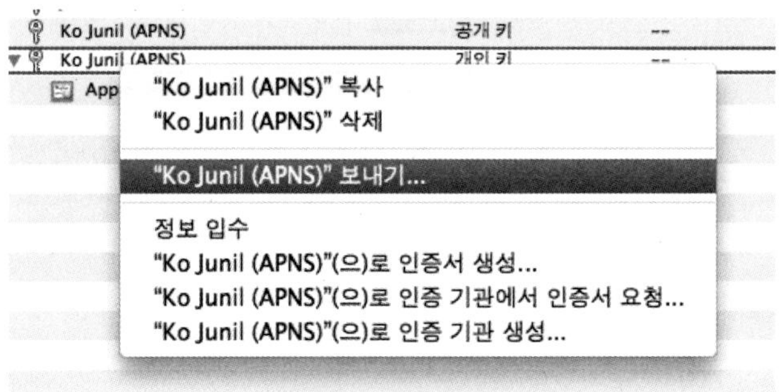

그림 5-37 ● 키 보내기

키 파일을 저장할 공간을 선택하고 파일명을 apns-dev-key.p12로 저장한다.

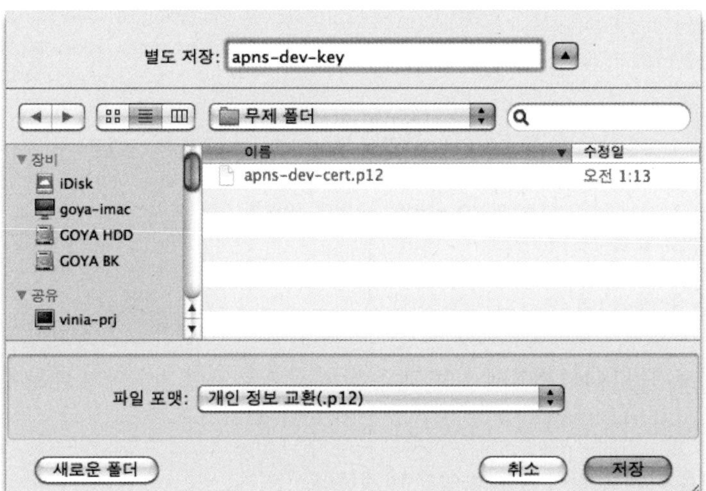

그림 5-38 ● 키 파일 저장

마찬가지로 저장 시에는 p12 파일의 패스워드를 입력해야 한다.

그림 5-39 ● 패스워드 입력

❸ 파일 변환

지금까지 이상 없이 진행했다면 저장한 디렉토리에는 다음과 같이 2개의 p12 파일이 존재해야 한다.

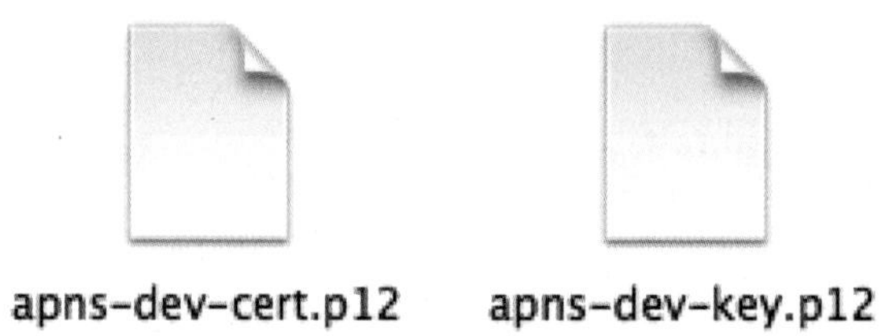

그림 5-40 ● 파일 변환에 필요한 p12 파일

이 파일은 서버가 APNS와의 연결 수립을 위해 반드시 필요한 인증서가 된다.

하지만 확장자 p12는 Mac OS X에 있는 개인 정보 교환을 위한 파일이기 때문에 이를 다른 운영체제에서도 인식 가능한 PEM 파일로 바꿔주어야 한다.

우선 p12 파일을 아래와 같이 pem 파일로 변경한다.

```
openssl pkcs12 -clcerts -nokeys -out apns-dev-cert.pem -in apns-dev-cert.p12
openssl pkcs12 -nocerts -out apns-dev-key.pem -in apns-dev-key.p12
```

파일을 변경시킬 때마다 '보내기...' 할 때 입력한 패스워드를 물어본다.

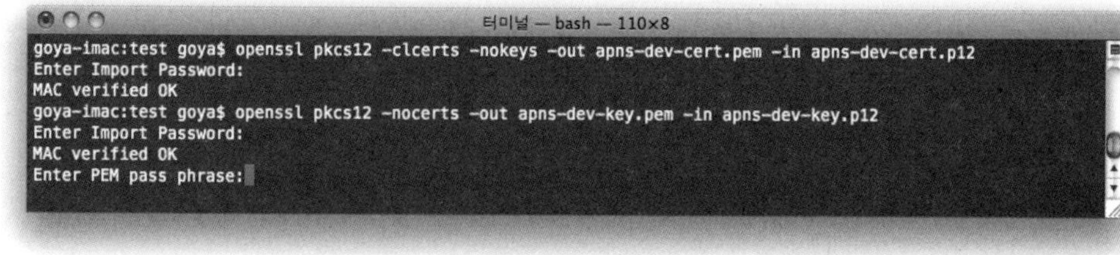

그림 5-41 ● 파일을 변경 시 패스워드 입력

그 다음으로 PEM으로 변경된 키 파일의 비밀번호를 해제한다.

```
openssl rsa -in apns-dev-key.pem -out apns-dev-key-noenc.pem
```

마지막으로 비밀번호가 해제된 키 파일과 인증서 파일을 합친다.

```
cat apns-dev-cert.pem apns-dev-key-noenc.pem > apns-dev.pem
```

이렇게 만들어진 apns-dev.pem 파일을 서버로 복사하면 인증서 준비는 완료된다.

5.3.4 클라이언트용 Provisioning Profile 생성

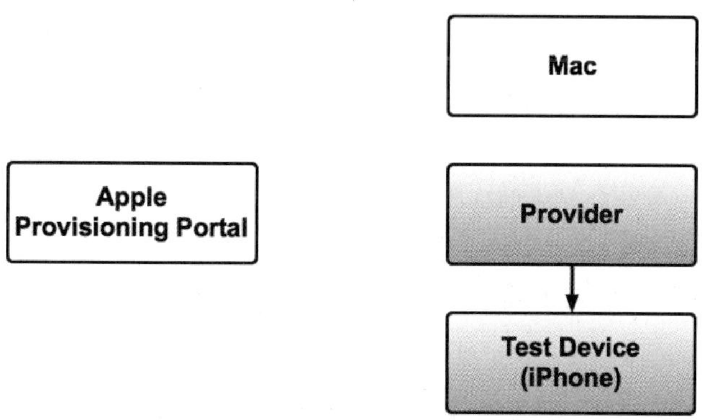

그림 5-42 ● 클라이언트용 Provisioning Profile

마지막으로 클라이언트용 Provisioning Profile을 만드는 일만 남았다.

Provisioning Profile은 http://developer.apple.com 사이트에서 iOS Provisioning Portal (http:

//developer.apple.com/ios/manage/provisioningprofiles/index.action) 페이지의 Provisioning 탭에서 추가할 수 있다.

해당 화면에서 우측 상단에 있는 New Profile 버튼을 선택하자.

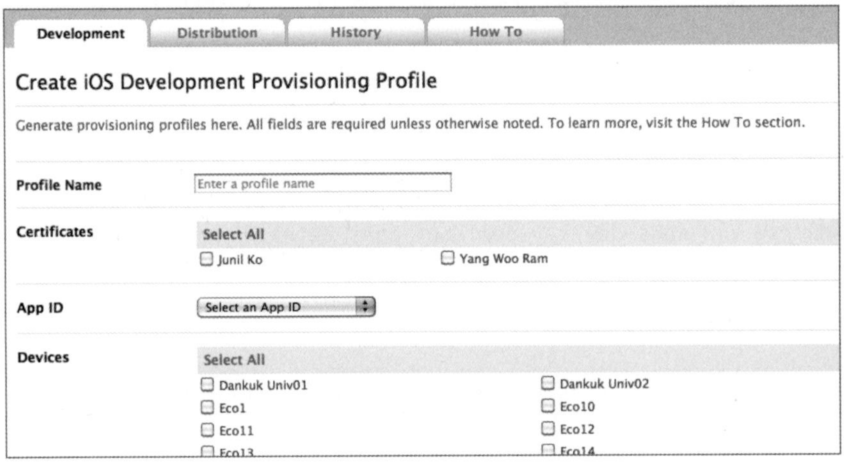

그림 5-43 ● Provisioning Profile 작성 화면

새로운 Provisioning Profile을 만들기 위해 다음과 같은 항목들을 입력해야 한다.

항목	내 용
Profile Name	새로 만들 Provisioning Profile의 이름
Certificates	해당 Provisioning Profile을 허용할 사용자 인증서
App ID	해당 Provisioning Profile에서 포함할 App ID (앞서 APNS 세팅을 완료한 App ID를 선택하자)
Devices	빌드 테스트를 진행할 Device(iPhone/iPod Touch/iPad)

이렇게 새로 생성한 Provisioning Profile을 다운로드한 뒤, Xcode에서 Window → Organizer 메뉴를 선택하고 해당 Provisioning Profile을 추가한다.

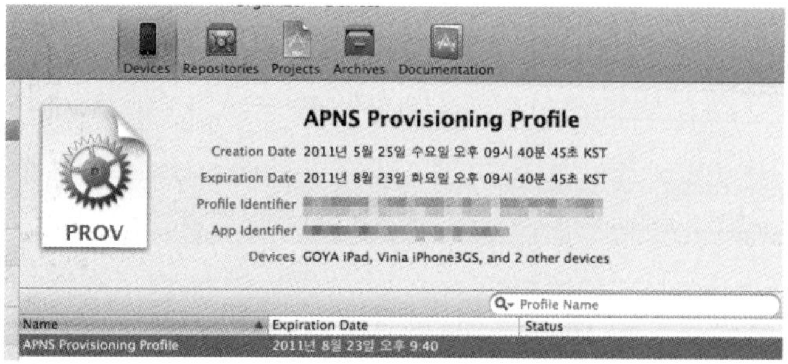

그림 5-44 ● APNS Provision Profile

만들어진 APNS Provision Profile은 클라이언트 앱을 빌드할 때 반드시 선택한 후 빌드해야 APNS 메시지를 받을 수 있게 된다.

5.4 서버 예제

본격적으로 서버와 클라이언트 예제를 진행하면서 APNS의 동작 방식과 구현 방법에 대해 살펴보도록 하자. 이번 예제는 크게 서버와 클라이언트로 이루어져 있으며, 서버는 PHP로 만들어진 예제를 진행하고 클라이언트는 Objective-C로 만들어진 예제가 진행된다.

서버가 동작할 수 있는 환경은 Apache, PHP, MySQL가 설치되는 어떤 OS 환경에서도 구현할 수 있다. 책의 예제는 Mac OS X 환경에서 진행되지만, Windows나 Linux 환경에서도 Apache, PHP, MySQL를 설치하여 동일하게 진행할 수 있다.

5.4.1 APM 설치

APM은 앞서 이야기한 Apache, PHP, MySQL을 줄임말로, 웹서버를 구축하는 데 필요한 항목들이다.

이번 절에서는 APM을 설치하는 방법에 대해 살펴보도록 하자.

❶ Apache 활성화

Mac OS X에는 기본적으로 Apache와 PHP 모듈을 탑재하고 있다.

현재 배포 중인 Mac OS X 10.6 의 경우 MySQL은 없지만 Apache와 PHP는 설치된 상태이다. 우선 Apache를 구동해보자.

여러분의 Mac OS X 환경에서 '시스템 환경설정' 을 열어서 '공유' 라는 아이콘을 선택하자. 공유 아이콘을 선택하시면 [그림 5-45]와 같은 화면을 볼 수 있고, 여기에서 '웹 공유'를 선택하면 Apache가 구동된다.

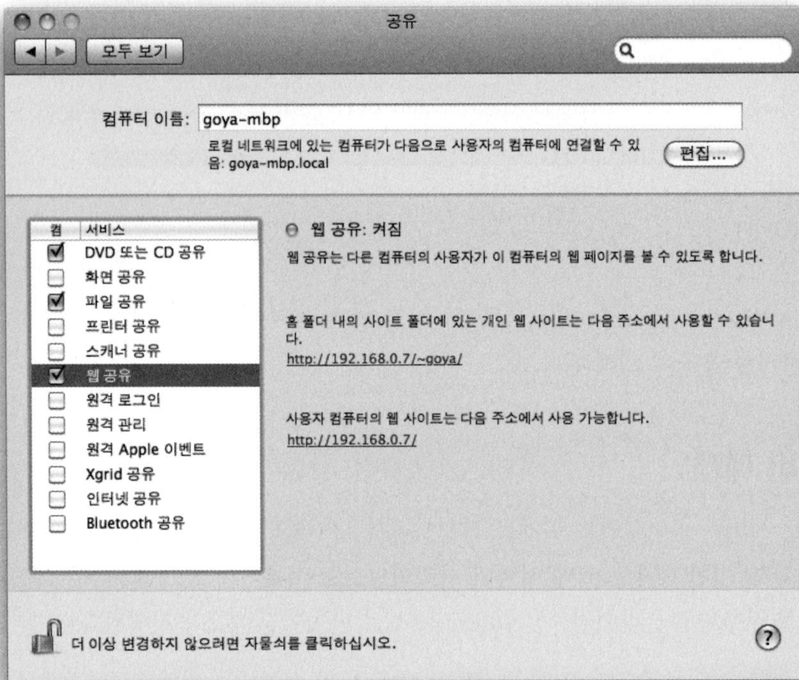

그림 5-45 ● 공유 설정

웹 공유가 활성화되면 웹 브라우저를 구동하여 주소창에 http://localhost 를 입력해보자. 웹 브라우저에 "It Works"라는 텍스트가 나타나면 정상적으로 Apache가 구동된 것이다.

❷ PHP 활성화

PHP 역시 Mac OS X에 기본적으로 설치되어 있기 때문에 이를 활성화시켜주는 것만으로도 사용할 수 있다.

PHP를 활성화하기 위해 Mac OS X에서 응용프로그램 → 유틸리티에 있는 터미널을 구동한다.

터미널이 구동되면 아래와 같이 httpd.conf 파일을 vi 에디터로 열어 편집을 시작한다.

```
$ sudo vi /etc/apache2/httpd.conf
```

터미널로 httpd.conf 파일을 열면 [그림 5-46]과 같은 화면을 볼 수 있다.

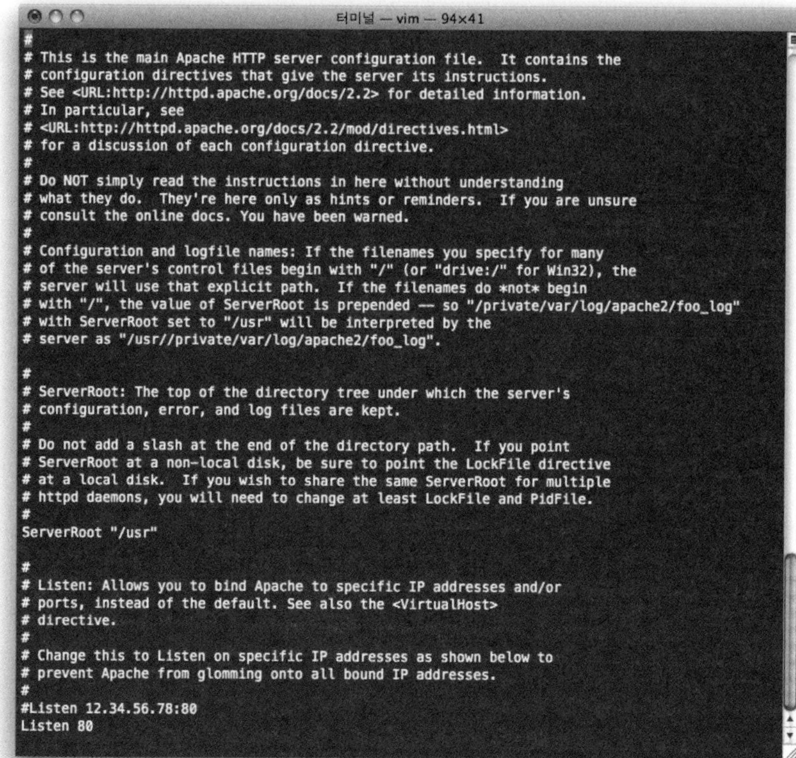

그림 5-46 ● vi 에디터 편집 화면

vi 에디터 사용법에 익숙하지 않은 분들은 다른 에디터로 편집을 해도 상관없다.

httpd.conf 파일에서 아래와 같은 내용을 찾는다.

처음에는 해당 라인의 가장 왼쪽에 # 표시가 되어 있다. # 표시를 삭제하여 주석을 해제한다.

```
LoadModule php5_module              libexec/apache2/libphp5.so
```

그리고 /etc 디렉토리에 있는 php.ini.default 파일을 php.ini 파일로 파일명을 변경한다.

```
$ sudo mv /etc/php.ini.default php.ini
```

이제 PHP가 정상적으로 활성화되었는지를 확인해보기 위해 Apache를 재구동하자.

Apache를 재구동하는 방법은 시스템 환경 설정에서 Apache를 구동하기 위해 선택했던 체크

버튼을 해제했다 후 다시 체크하거나, 아래와 같이 직접 명령어를 통해 재구동할 수도 있다.

```
$ sudo apachectl restart
```

아파치가 다시 구동되고 나면 터미널에서 아래와 같이 입력하여 테스트용 PHP 파일을 하나 만들어 보자. 입력이 완료되면 cmd + c키를 눌러 터미널에서 나오자.

```
$ cd /Library/WebServer/Documents/
$ cat > phpinfo.php
<?php
phpinfo();
?>
```

이제 웹 브라우저를 열고 주소창에 http://localhost/phpinfo.php를 입력해보자.

[그림 5-47]과 같이 PHP 정보가 나타나면 정상적으로 PHP가 활성화된 것이다.

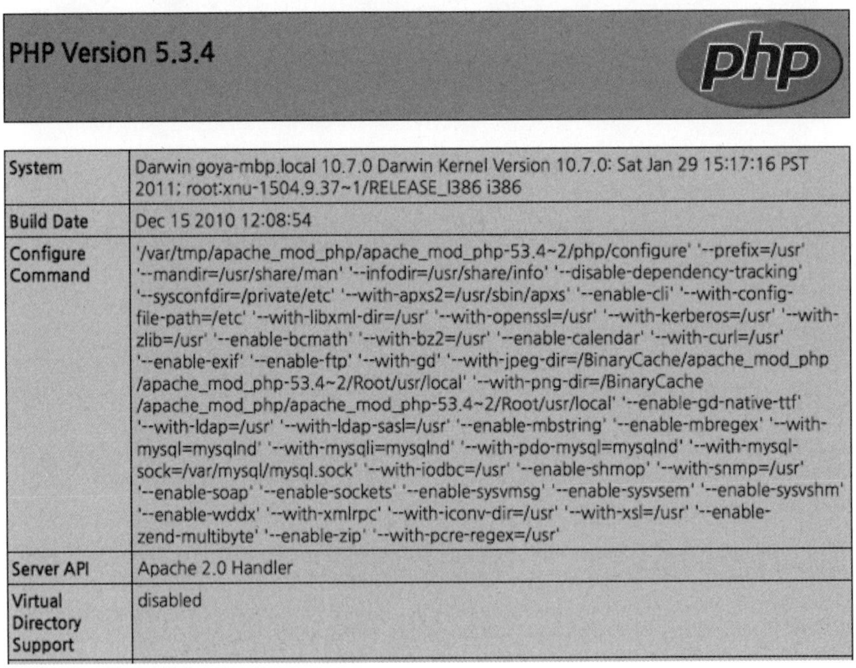

PHP Version 5.3.4

System	Darwin goya-mbp.local 10.7.0 Darwin Kernel Version 10.7.0: Sat Jan 29 15:17:16 PST 2011; root:xnu-1504.9.37~1/RELEASE_I386 i386
Build Date	Dec 15 2010 12:08:54
Configure Command	'/var/tmp/apache_mod_php/apache_mod_php-53.4~2/php/configure' '--prefix=/usr' '--mandir=/usr/share/man' '--infodir=/usr/share/info' '--disable-dependency-tracking' '--sysconfdir=/private/etc' '--with-apxs2=/usr/sbin/apxs' '--enable-cli' '--with-config-file-path=/etc' '--with-libxml-dir=/usr' '--with-openssl=/usr' '--with-kerberos=/usr' '--with-zlib=/usr' '--enable-bcmath' '--with-bz2=/usr' '--enable-calendar' '--with-curl=/usr' '--enable-exif' '--enable-ftp' '--with-gd' '--with-jpeg-dir=/BinaryCache/apache_mod_php /apache_mod_php-53.4~2/Root/usr/local' '--with-png-dir=/BinaryCache /apache_mod_php/apache_mod_php-53.4~2/Root/usr/local' '--enable-gd-native-ttf' '--with-ldap=/usr' '--with-ldap-sasl=/usr' '--enable-mbstring' '--enable-mbregex' '--with-mysql=mysqlnd' '--with-mysqli=mysqlnd' '--with-pdo-mysql=mysqlnd' '--with-mysql-sock=/var/mysql/mysql.sock' '--with-iodbc=/usr' '--enable-shmop' '--with-snmp=/usr' '--enable-soap' '--enable-sockets' '--enable-sysvmsg' '--enable-sysvsem' '--enable-sysvshm' '--enable-wddx' '--with-xmlrpc' '--with-iconv-dir=/usr' '--with-xsl=/usr' '--enable-zend-multibyte' '--enable-zip' '--with-pcre-regex=/usr'
Server API	Apache 2.0 Handler
Virtual Directory Support	disabled

그림 5-47 ● PHP 정보

❸ MySQL 설치

MySQL은 사용자의 정보나 메시지들을 관리할 Database이다. Mac OS X 10.6에는 MySQL이 기본적으로 설치되어 있지 않기 때문에 Apache나 PHP와는 달리 직접 설치와 설정을 모두 진행해야 한다.

MySQL은 http://www.mysql.com 에서 내려받을 수 있다. 웹 브라우저 주소창에 http://www.mysql.com을 입력하면 [그림 5-48]과 같은 화면을 볼 수 있다.

상단 메뉴 바에 Download를 선택하고 본문 내용 중 MySQL Community Server를 선택하자.

그림 5-48 ● MySQL Download

Community Server 제품을 다운로드할 수 있는 페이지로 이동하고 나면 링크가 표시된다.

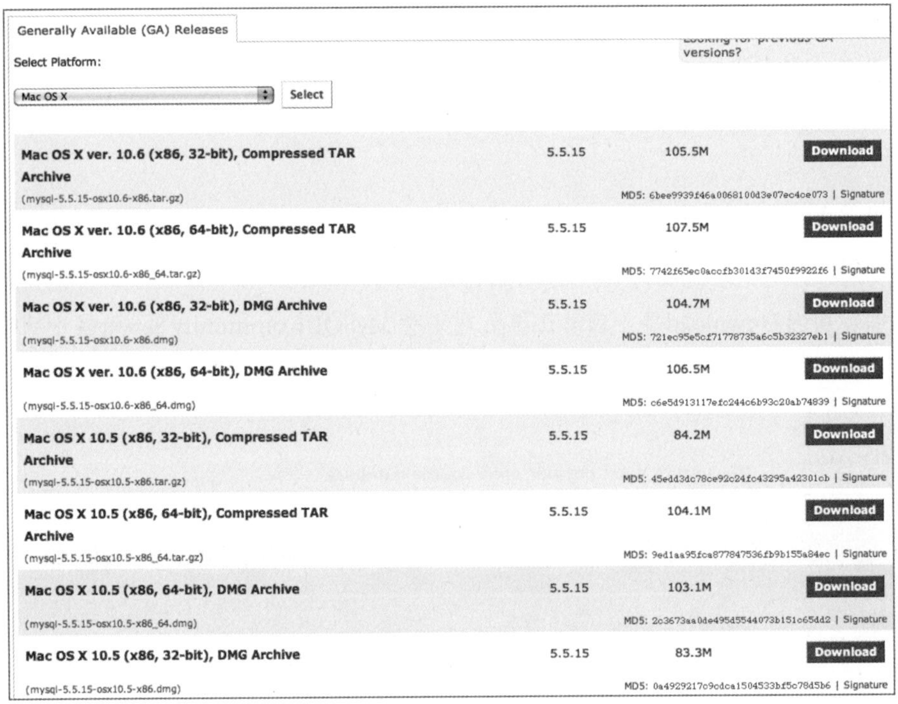

그림 5-49 ● Community Server 제품군 다운로드

웹 페이지에는 내려받을 수 있는 파일이 여러 종류가 있다.

우선 Platform이 Mac OS X으로 선택되어 있는지 확인하자. 여러분이 만약 Mac OS X이 아닌 환경에서 http://www.mysql.com에 접속하면 해당 환경으로 Platform이 자동으로 선택되어 있을 것이다.

예제에서는 Mac OS X 환경에서 서버 환경을 설정하기 때문에 Platform을 Mac OS X를 기준으로 설명하지만, 만일 리눅스나 윈도우와 같이 다른 환경에서 서버 환경을 설정하고자 한다면 해당 Platform을 선택해야 한다.

Platform을 선택했으면 해당 Platform 버전에 맞는 MySQL을 내려받아야 한다. Mac OS X의 경우 10.6 버전과 10.5 두 가지 버전에 대한 MySQL을 내려받을 수 있도록 준비되어 있다. Compressed TAR 와 DMG Archive는 해당 파일의 압축 형태이다.

DMG Archive는 Mac OS X에서 애플리케이션이나 파일을 배포하기 위해 여러 파일을 묶어놓은 형태이다. DMG Archive의 경우는 내려받은 후 Mac OS X에서 자동으로 해당 파일의 마운트까지 자동으로 진행되기 때문에 DMG Archive를 선택하는 것이 더 편리하다.

Download 버튼을 누르면 페이지가 이동하면서 사용자 계정을 입력하라는 화면이 나타나지만 필수사항은 아니다. 웹 페이지 하단에 'No thanks, just take me to the downloads!' 를 선택하자.

DMG Archive는 다운로드 완료 후 자동으로 마운트되어 바탕화면에 나타난다.

그림 5-50 ● DMG Archive 패키지

만일 나타나지 않는다면 홈 디렉토리 → 다운로드 디렉토리로 이동해 다운로드한 DMG 파일을 더블클릭하면 DMG 파일이 마운트된다.

그림 5-51 ● 다운로드한 DMG 파일

마운트된 DMG 파일을 선택하면 [그림 5-52]와 같이 mysql-5.5.15-osx10.6-x86_64.pkg, MySQLStartupItem.pkg, MySQL.prefPane, ReadMe.txt 파일을 볼 수 있다.

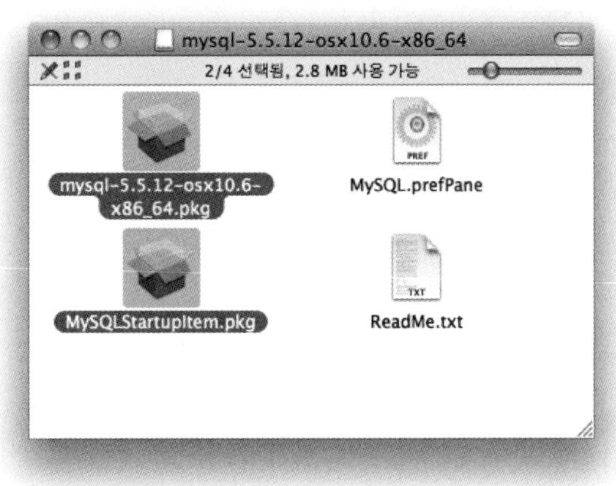

그림 5-52 ● DMG 파일의 내용

mysql-5.5.15-osx10.6-x86_64.pkg, MySQLStartupItem.pkg와 같은 확장자 PKG 파일은 설치용 파일이다. mysql-5.5.15-osx10.6-x86_64.pkg은 MySQL 설치 파일이고, MySQLStartupItem.pkg는 MySQL을 구동하는 데 필요한 파일들로 구성되어 있다.

구성	파일
mysql-5.5.15-osx10.6-x86_64.pkg	MySQL 설치 파일
MySQLStartupItem.pkg	MySQL을 자동 구동하기 위해 필요한 파일
MySQL.prefPane	Mac OS X의 시스템 환경에서 MySQL을 구동하거나 정지시키는 역할을 하는 파일
ReadMe.txt	MySQL 설치와 설정을 위한 내용들을 담고 있는 텍스트 파일

❶ mysql-5.5.15-osx10.6-x86_64.pkg 설치

mysql-5.5.15-osx10.6-x86_64.pkg 파일을 더블클릭하면 [그림 5-53]과 같이 설치 과정이 진행된다. 설치 과정에서는 특별히 설정해줄 것이 없기 때문에 계속 버튼을 눌러 진행하도록 하자.

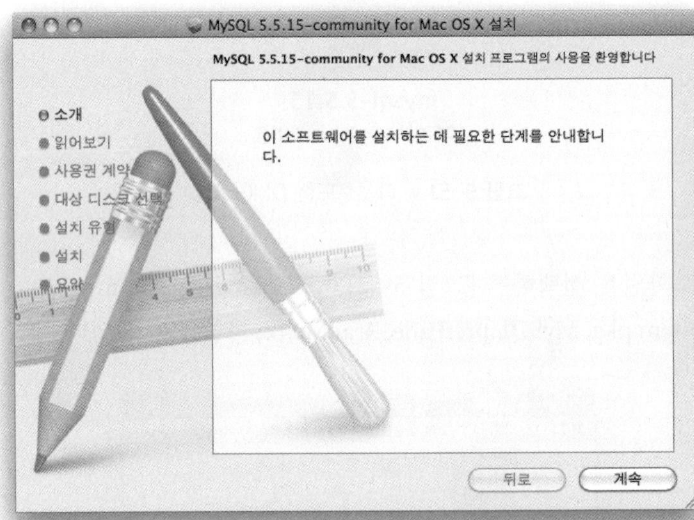

그림 5-53 ● mysql-5.5.15-osx10.6-x86_64.pkg 설치 과정

❷ MySQLStartupItem.pkg 설치

MySQLStartupItem.pkg 역시 설치 과정은 매우 단순하다. 계속 버튼을 눌러 [그림 5-54]와 같이 진행하면 자동으로 설치가 이루어진다.

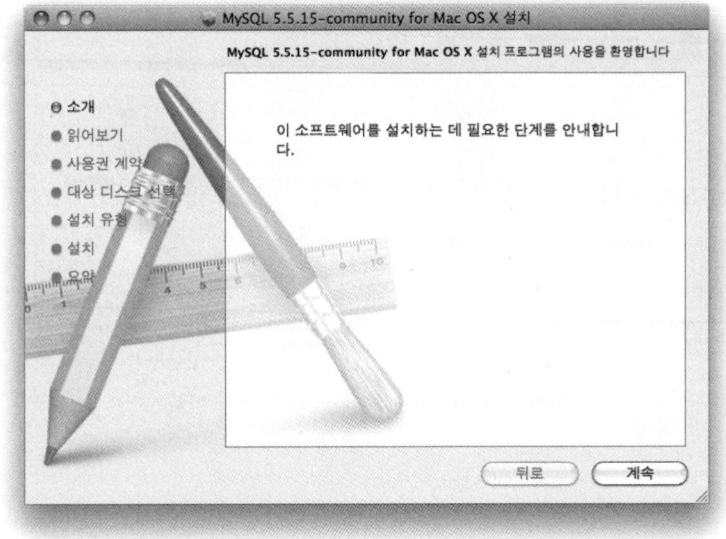

그림 5-54 ● MySQLStartupItem.pkg 설치 과정

❸ MySQL.prefPane 설치

이제 MySQL.prefPane을 설치해야 하는데, 설치 방법은 해당 파일을 /Library/PreferencePanes 디렉토리에 복사하면 된다.

Find에서 cmd+shift+G 키를 누르면 폴더로 이동할 수 있는 창이 나타나고 여기에 이동하고자 하는 디렉토리명을 입력하고 이동 버튼을 누른다.

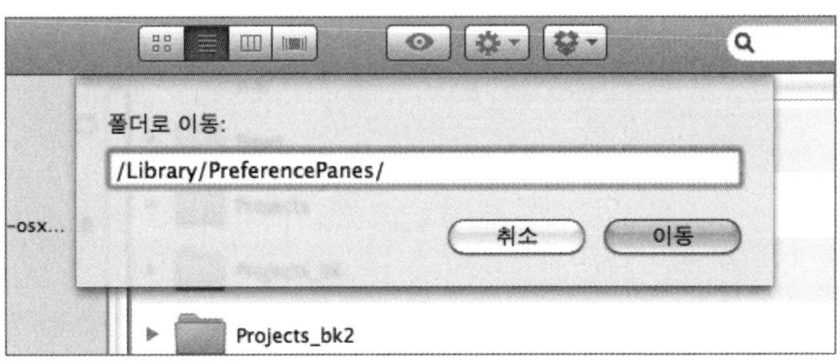

그림 5-55 ● 디렉토리 이동(Find → cmd+shift+G)

그리고 이동한 디렉토리에 MySQL.prefPane 파일을 [그림 5-56]과 같이 복사한다.

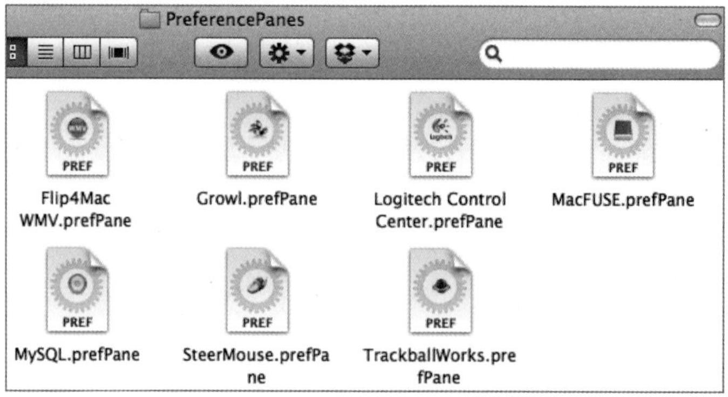

그림 5-56 ● MySQL.prefPane 파일 복사

❹ MySQL 구동

터미널 창에서 아래와 같이 입력하여 MySQL을 구동한다.

```
sudo /Library/StartupItems/MySQLCOM/MySQLCOM start
```

이후에는 시스템 환경설정에서 MySQL을 시작하거나 중지할 수 있다.

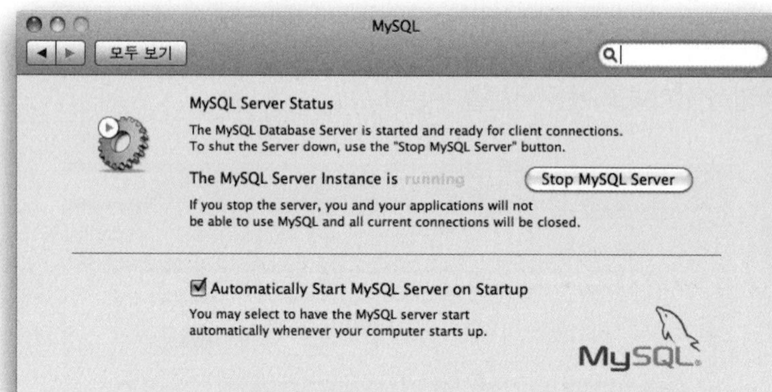

그림 5-57 ● MySQL 시스템 환경설정

MySQL이 구동되고 나면 홈 디렉토리로 돌아와 .profile에 MySQL용 Alias를 다음과 같이 만들어 준다. Alias는 앞으로 빈번하게 사용될 MySQL 실행 파일들을 좀더 쉽게 접근하기 위한 설정이다.

```
$ cd
$ sudo vi .profile
alias mysql=/usr/local/mysql/bin/mysql
alias mysqladmin=/usr/local/mysql/bin/mysqladmin
```

❺ MySQL 설정

MySQL을 설치하고 나면 기본적으로 root라는 사용자 계정이 만들어져 있다.

root는 모든 권한을 가지고 있는 슈퍼유저로서 데이터베이스 생성과 삭제, 사용자 추가와 삭제 등이 가능한 계정이다.

그런데, MySQL이 처음 설치되고 나면 이렇게 막강한 힘을 가진 `root` 유저임에도 패스워드가 설정되어 있지 않기 때문에 위험할 수 있다.

다음과 같이 터미널 창에서 root 유저의 새로운 패스워드를 설정하도록 하자.

```
mysqladmin -u root password 'yourPassword'
```

❻ MySQL 인코딩 설정

예제를 통해 한글 메시지를 주고받기 위해서는 MySQL의 Default Character Set을 UTF8로 바꿔주도록 하자.

MySQL의 Default Character Set을 변경하기 위해서는 my.cnf 파일을 편집하는 방법이 있는데 처음에는 my.cnf 파일이 만들어져 있지 않다. 그래서 my-huge.cnf 파일을 my.cnf 파일로 변경해서 사용할 수 있다.

```
cd /usr/local/mysql/support-files/
sudo cp my-huge.cnf /etc/my.cnf
```

이제 /etc/my.cnf를 편집기로 열고 `[client]`라는 항목을 찾아 다음 항목을 추가하자.

```
[client]
default-character-set=utf8
```

`[mysqld]` 항목을 찾아 다음 항목을 추가하자.

```
[mysqld]
character-set-server=utf8
```

```
collation-server=utf8_general_ci
init_connect=set collation_connection=utf8_general_ci
init_connect=set names utf8
```

MySQL을 재구동한 뒤 root로 로그인하여 아래 코드를 실행시켜보면 UTF-8로 변경된 것을 확인할 수 있다.

```
show variables like 'char%';
```

5.4.2 DB에 Table 만들기

예제에서 사용자 간에 주고받을 메시지와 사용자에 대한 정보는 데이터베이스에 저장한다. 그러기 위해 MySQL을 설치했고, 이제 MySQL에 데이터베이스와 데이터베이스에 사용권한을 가진 사용자를 추가하도록 하자.

❶ Chat Database 생성

데이터베이스의 이름은 chat이다.

그리고 chat 데이터베이스에 권한을 가진 chat이라는 사용자를 생성하고 사용자의 패스워드를 chat1234로 설정한다.

마지막으로 chat이라는 사용자가 chat 데이터베이스에 모든 권한을 가지도록 아래와 같이 설정한다.

```
create database chat character set utf8;
create user 'chat'@'localhost' identified by 'chat1234';
grant all privileges on chat.* to 'chat'@'localhost';
```

❷ 메시지 Table 생성

chat 데이터베이스에 chatmsg라는 테이블을 생성한다. chatmsg 테이블은 사용자가 전달한 메시지를 저장할 공간으로 다음과 같은 구성을 하고 있다.

필드명	타입	설명
id	BIGINT	메시지의 고유 아이디
added	TIMESTAMP	메시지가 등록된 시각
user	VARCHAR(64)	메시지를 전달한 사용자 이름
message	VARCHAR(255)	메시지 본문 내용
resovled	BOOLEAN	메시지 전달 유무

id와 added는 Table에 새로운 레코드가 추가되면 자동으로 생성되는 값이다.

id는 레코드가 추가될 때마다 숫자가 자동으로 증가하게 되고, added는 레코드가 추가된 시각이 자동으로 입력된다.

resolved의 경우는 데이터베이스에 저장된 메시지를 APNS 서버에게 전달하였는지를 체크하는 Flag로 이용된다.

```
DROP TABLE IF EXISTS chatmsg;
CREATE TABLE chatmsg (
    id BIGINT NOT NULL PRIMARY KEY auto_increment,
    added TIMESTAMP NOT NULL,
    user VARCHAR(64) NOT NULL,
    message VARCHAR(255) NOT NULL
);
```

❸ 사용자 테이블 생성

chat 데이터베이스에 users라는 테이블을 생성하자.

users 테이블은 예제를 사용할 유저들의 정보를 저장하는 테이블로써 다음과 같은 구성을 하고 있다.

필드명	타입	설명
user	VARCHAR(64)	사용자 이름
token	CHAR(32)	APNS에서 사용자를 구분하는 Device Token
lastMsgId	BIGINT	마지막으로 전달한 메시지 ID

```
DROP TABLE IF EXISTS users;
CREATE TABLE users (
      user VARCHAR(64) NOT NULL PRIMARY KEY,
      token CHAR(64) NOT NULL,
      lstMsgId BIGINT
);
```

5.4.3 서버 개발

서버에서 동작할 프로그램은 크게 클라이언트에서 전달된 메시지를 데이터베이스에 저장하는 기능과 클라이언트의 요청을 받아 메시지 내용을 전달하는 기능 그리고 APNS로 푸시 메시지를 전달하는 기능으로 이루어진다.

❶ 신규 메시지 저장기능 구현

우선 첫 번째로 클라이언트가 전달한 메시지를 데이터베이스에 저장하는 기능을 구현한다.

PHP로 구현된 이번 예제는 클라이언트에서 POST 방식으로 사용자의 이름과 메시지를 보내면 이를 받아 데이터베이스에 저장하는 기능이다.

/Library/WebServer/Documents 디렉토리로 이동해 add.php 파일을 만든다.

```
$ cd /Library/WebServer/Documents
$ sudo vi add.php
```

add.php 파일의 내용은 아래와 같다.

[Listing 5-1] 새로운 메시지 전달하기

```
<?php
header('Content-type: text/html');
mysql_connect('localhost:/tmp/mysql.sock', 'chat', 'chat1234');
mysql_select_db('chat');
mysql_query("INSERT INTO chatmsg VALUES (null, null,
                '".mysql_real_escape_string($_REQUEST['user'])."',
                '".mysql_real_escape_string($_REQUEST['message'])."')");
?>
```

add.php 파일은 굉장히 간단한 구현으로 이루어져 있다.

우선 mysql_connect() 함수를 통해 데이터베이스에 연결을 수립하고, mysql_select_db() 함수로 앞서 만든 chat 데이터베이스를 선택했다.

그리고 mysql_query() 함수를 통해 POST 방식으로 전달된 user와 message 값을 INSERT 문으로 데이터베이스에 추가했다.

❷ 메시지 내용 전달 기능 구현

이번에는 클라이언트에서 메시지 내용 요청이 왔을 때 데이터베이스의 메시지를 출력하는 PHP 소스를 만들어 보자.

```
$ cd /Library/WebServer/Documents
$ sudo vi message.php
```

마찬가지로 /Library/WebServer/Documents 디렉토리에서 message.php 라는 파일을 만들어 아래와 같이 코드를 추가하자.

[Listing 5-2] 서버에 저장된 메시지 읽어오기

```
<?php
header('Content-type: application/json');
mysql_connect('localhost:/tmp/mysql.sock', 'chat', 'chat1234');
mysql_select_db('chat');

if ($_REQUEST['lastupdate'] && $_REQUEST['user']) {
   $queryStr = "SELECT * FROM chatmsg WHERE added >
                DATE_FORMAT('".mysql_real_escape_string(
                $_REQUEST['lastupdate'])."', '%Y%m%d%H%i%S') AND user !=
                '".mysql_real_escape_string($_REQUEST['user'])."'
                ORDER BY added";

   $result = mysql_query($queryStr);
}

$json_data = array();
$lstId;

while ($row = mysql_fetch_assoc($result)) {
   $lstId = $row['id'];
   $json_arr = array('added'=>$row['added'], 'id'=>$row['id'],
```

```
        'user'=>$row['user'], 'message'=>$row['message']);
    array_push($json_data, $json_arr);
}

mysql_query("UPDATE users SET lstMsgId = ".$lstId." WHERE user =
                                                '".$_REQUEST['user']."'");

mysql_free_result($result);
echo json_encode($json_data);
?>
```

PHP 파일의 첫 줄을 보면 header('Content-type: application/json'); 코드가 있다. 이전에는 없던 이 코드의 의미는 결과값을 json 형태로 출력하겠다는 의미가 된다.

이번 예제는 SELECT 문을 통해 데이터베이스에 저장된 메시지를 가져온다. 메시지를 요청하기 위해서는 POST 방식으로 lastupdate와 user 값을 전달해야 한다.

lastupdate는 마지막으로 메시지를 요청한 날짜를 의미한다.

user는 메시지를 요청하는 사용자의 ID를 의미한다.

```
if ($_REQUEST['lastupdate'] && $_REQUEST['user']) {
    $queryStr = "SELECT * FROM chatmsg WHERE added >
                DATE_FORMAT('".mysql_real_escape_string(
                $_REQUEST['lastupdate'])."', '%Y%m%d%H%i%S') AND user !=
                '".mysql_real_escape_string($_REQUEST['user'])."'
                ORDER BY added";

    $result = mysql_query($queryStr);
}
```

lastupdate 이후에 생성된 메시지 중 본인이 작성한 글을 제외하고 모두 가져온다.

```
$json_data = array();
$lstId;

while ($row = mysql_fetch_assoc($result)) {
    $lstId = $row['id'];
    $json_arr = array('added'=>$row['added'], 'id'=>$row['id'],
```

```
            'user'=>$row['user'], 'message'=>$row['message']);
    array_push($json_data, $json_arr);
}
```

그리고 가져온 마지막 메시지 ID는 해당 클라이언트 사용자 정보에 저장한다.

```
mysql_query("UPDATE users SET lstMsgId = ". $lstId . " WHERE user = '" .
                                          $_REQUEST['user'] . "'" );
```

마지막으로 이렇게 수집된 메시지 정보는 json_encode() 함수를 통해 JSON 형태로 변환하여 웹 페이지에 출력한다. 클라이언트는 이 JSON 파일을 Parsing하여 사용하게 된다.

```
echo json_encode($json_data);
```

5.4.4 테스트

이제 지금까지 진행한 서버 소스가 정상적으로 동작하는지 테스트해보도록 하자.

서버는 크게 두 가지 add.php와 message.php로 이루어져 있다. add.php의 경우는 클라이언트에서 새로운 메시지를 서버로 전달하기 위한 PHP 코드로 새로운 메시지의 내용과 메시지 작성자를 POST 방식으로 전달하는 형태를 가진다. 그리고 message.php 파일은 서버에 저장된 메시지를 클라이언트에 전달하기 위한 PHP 코드로 특정 날짜 이후에 작성된 메시지를 가져오는 기능을 가진다.

❶ 메시지 입력 테스트

새로운 메시지를 입력하기 위해서는 add.php 파일을 통해 POST 방식으로 메시지의 작성자와 메시지 내용을 전달해야 한다.

하지만, 아직 클라이언트 부분의 개발이 되지 않은 관계로 앞서 POST 방식으로 메시지를 전달할 수 있는 간단한 테스트용 HTML 파일을 만들어서 add.php를 통해 메시지 입력이 잘 되는지 확인해보도록 하자.

```
$ cd /Library/WebServer/Documents
$ sudo vi test.html
```

[Listing 5-3] Post 방식으로 신규 메시지 전달 테스트 하기(test.html)

```
<html>
<head>
   <meta http-equiv="Content-Type" content="text/html; charset=UTF-8"/>
   <title>Chat Message Test Form</title>
</head>
<body>
   <form action="add.php" method="POST">
      User: <input name="user" /><br />
      Message: <input name="message" /><br />
      <input type="submit" />
   </form>
</body>
</html>
```

HTML 코드의 내용은 폼을 통해 두 개의 `input` 박스를 제공한다. 하나는 각각의 `input` 박스의 이름은 `user`와 `message`로 이루어져 있다. 그리고 `submit` 버튼을 통해 사용자가 제출 버튼을 누르는 순간 `input` 박스의 내용이 add.php 파일로 전달되도록 하고 있다.

웹 브라우저 창에서 http://localhost/test.html 주소를 입력하면 [그림 5-58]과 같이 테스트용 HTML 파일이 나타난다. 화면에 나타난 `Input` 박스에 사용자의 이름과 메시지를 입력하고 제출 버튼을 클릭하면 메시지가 add.php 파일로 전달된다.

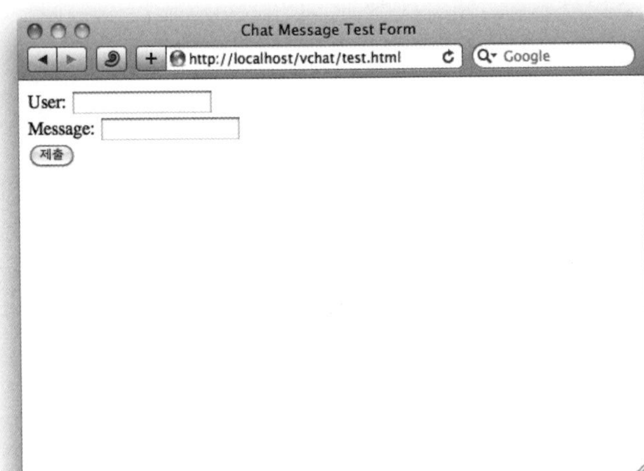

그림 5-58 ● 테스트용 HTML 파일

❷ **메시지 내용 보기 테스트**

입력된 메시지가 정상적으로 저장 되었는지 확인하기 위해서는 MySQL 데이터베이스에 직접 접속하여 내용을 읽어볼 수 있다. 아래 코드는 MySQL 데이터베이스에 직접 접속하여 입력한 메시지를 확인하는 과정이다.

```
$ mysql -u chat -p
$ use chat
$ SELECT * FROM chatmsg;
```

MySQL을 chat이라는 사용자로 접속하고, chat이라는 데이터베이스를 선택한 뒤 chat 데이터베이스에 속한 chatmsg 테이블의 내용을 SELECT 문으로 전체 조회하는 명령을 사용했다. 값이 정상적으로 입력 되었다면 그 결과가 다음과 같이 나타난다.

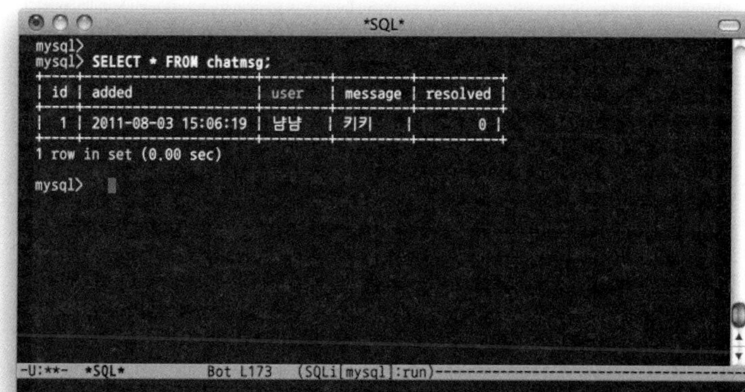

그림 5-59 ● SELECT 문으로 chatmsg 테이블의 내용 전체 조회

이미 메시지 데이터를 읽어오기 위한 message.php 파일을 만들었다.

message.php는 MySQL 데이터베이스에서 데이터를 읽어와 이를 JSON 형태로 바꿔주는 기능을 한다. 그래서 message.php 파일을 호출하여 가져올 수 있다.

웹 브라우저에 http://localhost/message.php?user=goya&lastupdate=20110101010101를 입력하면 결과 값을 [그림 5-60]과 같이 확인할 수 있다.

그림 5-60 ● 데이터를 JSON 형태로 교체

JSON을 한 번도 본적이 없는 독자라면 이게 무엇에 쓰는 물건인가라고 생각할지 모르겠지만, 웹 브라우저의 내용은 MySQL 데이터베이스에 저장된 값을 사람이 볼 수 있는 형태로 가공해서 보여주는 화면이다. 자세히 보면 메시지의 작성일자와 메시지 ID, 작성자, 메시지 내용이 있다는 사실을 확인할 수 있다.

5.5 클라이언트 예제

5.5.1 프로젝트 생성

이제 클라이언트를 구현하자.

클라이언트는 앞서 서버 쪽에 만든 add.php를 통해 새로운 메시지를 전달하고, 서버에 다수 사용자들이 전달한 메시지의 내용을 message.php를 통해 가져와서 화면에 표시하는 기능을 가진다.

❶ 프로젝트 생성

Single View Application 템플릿으로 신규 프로젝트를 하나 생성하자.

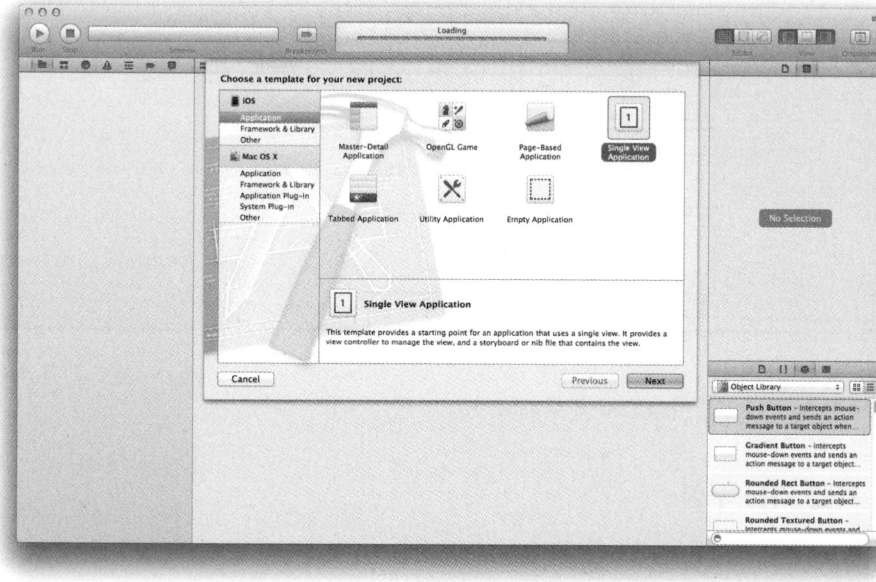

그림 5-61 ● Single View Application 템플릿으로 신규 프로젝트 생성

프로젝트명은 SimpleMessenger이라는 이름으로 설정하고 Create 버튼을 눌러 프로젝트를 생성한다.

TIP | 단일 윈도우 예제를 single View Application으로 만든 이유

이번 예제는 단일 윈도우로 동작하는 간단한 예제이지만, Single View Application을 선택한 이유는 단일 윈도우를 가진 앱이라고 하더라도 Window-based Application보다는 View Based Application이 더 적합하기 때문이다.

이유는 단일 윈도우의 앱을 Window-based Application으로 구현하면서 별도로 View Controller와 View 분리 없이 진행할 때 아래 그림과 같은 구조를 가진다.

물론 MainWindow에 컨트롤들을 배치하고 AppDelegate가 View Controller의 역활을 충분히 가질 수는 있지만, 앞으로 해당 프로젝트를 재사용하기 위해서는 불필요한 코드를 찾아서 제거하는 과정이 필요하게 된다.

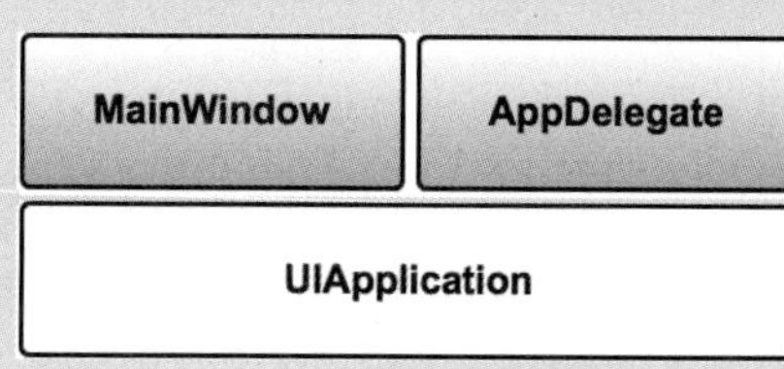

반면, View-based Application은 아래 그림과 같이 첫 화면을 담당하는 View와 View Controller가 분리된 형태를 보이기 때문에 코드의 재사용성을 높일 수 있는 구조를 가질 수 있다.

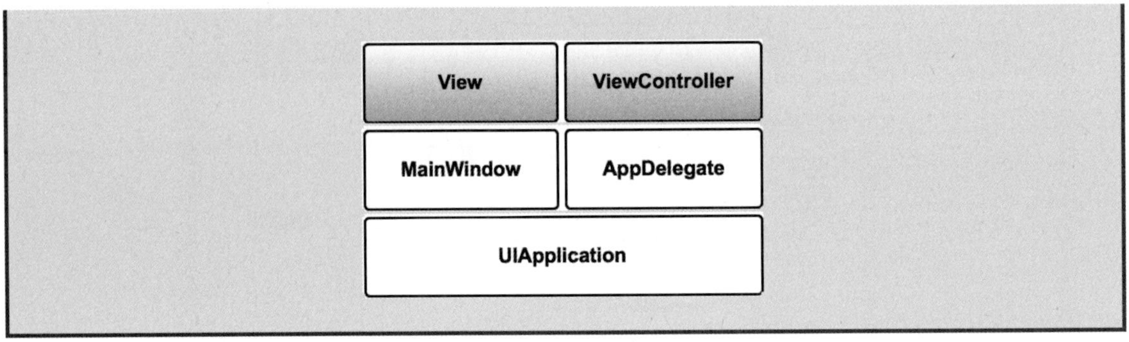

프로젝트를 생성했으면 다음으로 진행해보자.

5.5.2 화면 기본 구성

예제의 화면 구성을 만들어 보도록 하자.

예제는 [그림 5-62]와 같이 Table View가 있고, Table View는 사용자들이 주고받은 메시지들을 표시해주는 용도로 사용되게 된다.

ViewController.xib 파일을 선택하여 편집할 수 있도록 준비하고 [그림 5-62]와 같이 각 컨트롤들을 구성해보자.

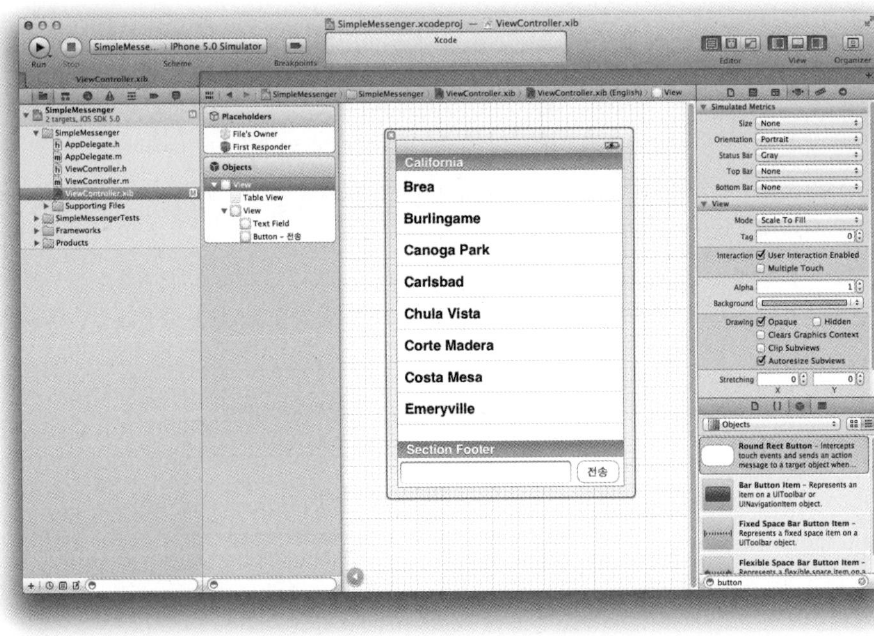

그림 5-62 ● 예제의 화면 기본 구성

구성된 화면은 상단에 UINavigationBar가 있고, 가운데에는 UITableView를 배치한다. 하단에는 메시지를 입력할 수 있는 UITextField가 있다.

UITextField는 UIView 위에 배치해 앞으로 키패드가 나타날 때 키패드에 가려지지 않도록 코드를 작성할 예정이다.

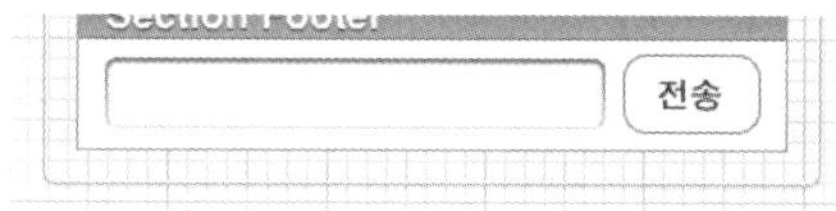

그림 5-63 ● 메시지 입력 키패드

5.5.3 IBOutlet과 IBAction 연결

❶ 메시지 목록 UITableView

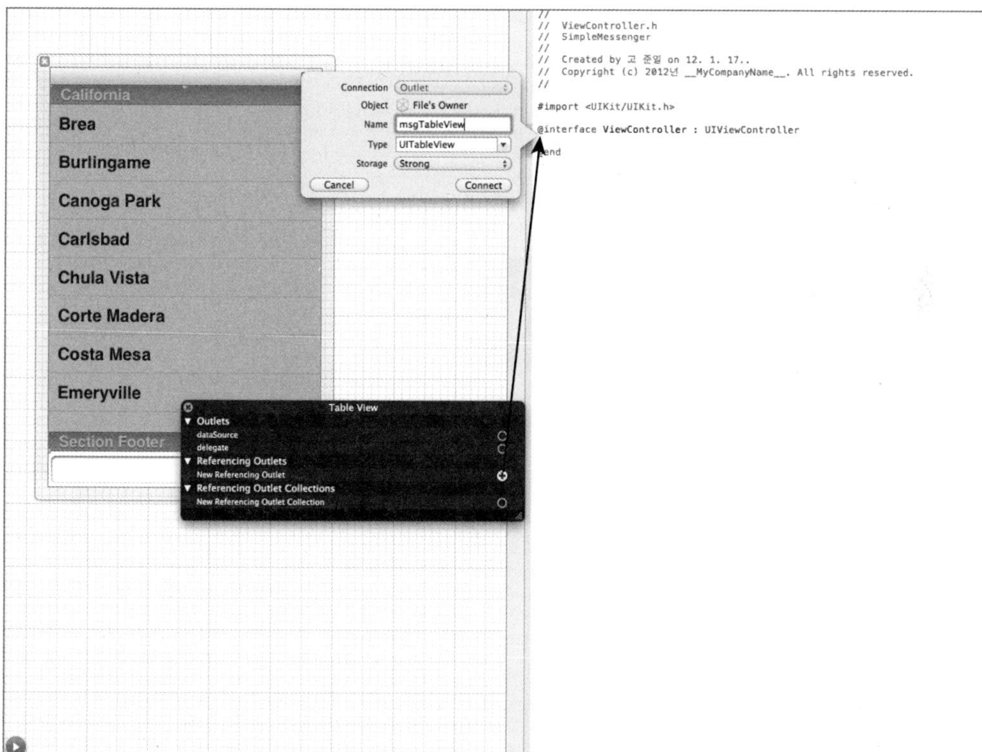

그림 5-64 ● 메시지 목록 UITableView

IBOutlet 설정

항목	값
Connection	Outlet
Object	File's Owner
Name	msgTableView
Type	UITableView
Storage	Strong

UITableView의 DataSource와 Delegate를 File's Owner에 연결한다.

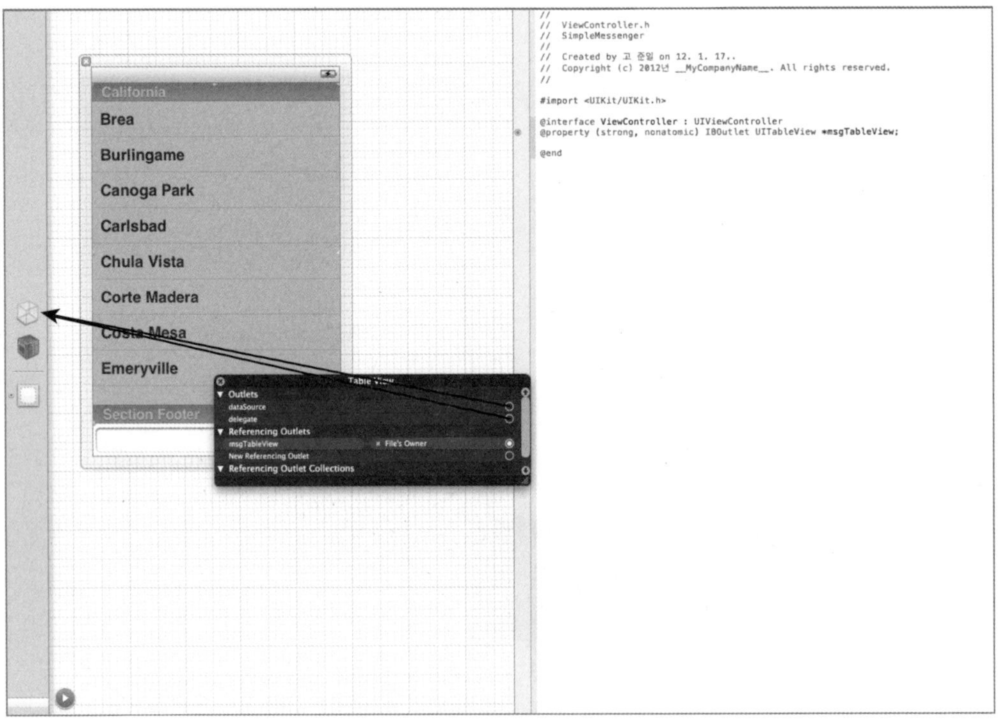

그림 5-65 • File's Owner 연결

❷ 메시지 입력창 컨테이너 UIView

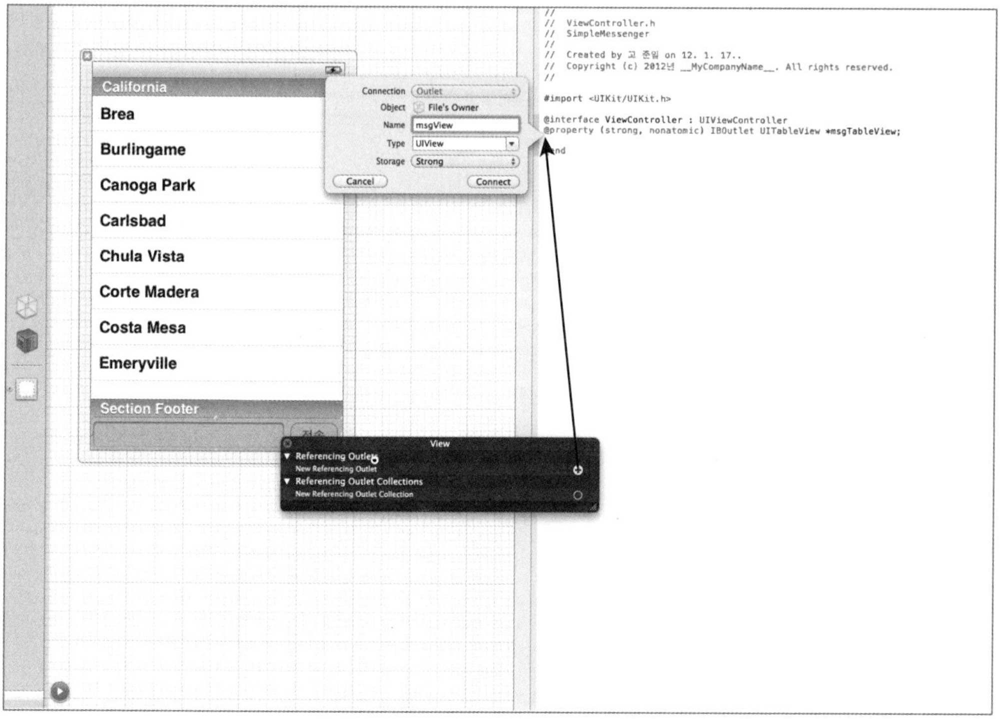

그림 5-66 ● 메시지 입력창 컨테이너 UIView

IBOutlet 설정

항목	값
Connection	Outlet
Object	File's Owner
Name	msgView
Type	UIView
Storage	Strong

❸ 메시지 입력을 위한 UITextField

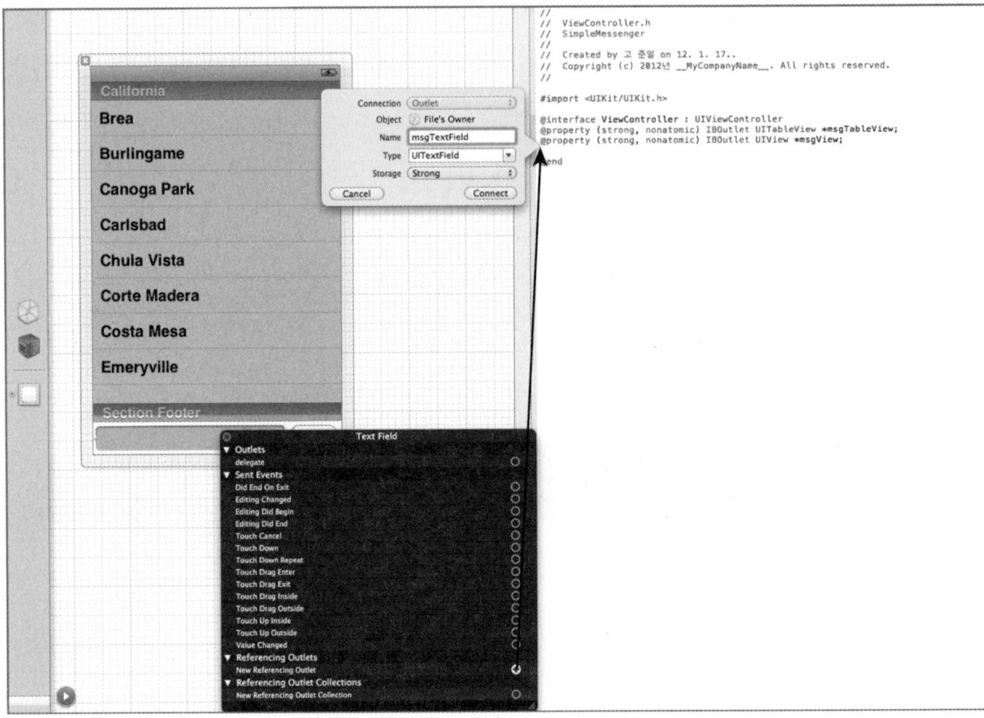

그림 5-67 ● 메시지 입력을 위한 UITextField

IBOutlet 설정

항목	값
Connection	Outlet
Object	File' s Owner
Name	msgTextField
Type	UITextField
Storage	Strong

UITextField의 경우 사용자의 메시지 입력 시점을 알아내기 위해 Delegate를 File' s Owner에 연결한다.

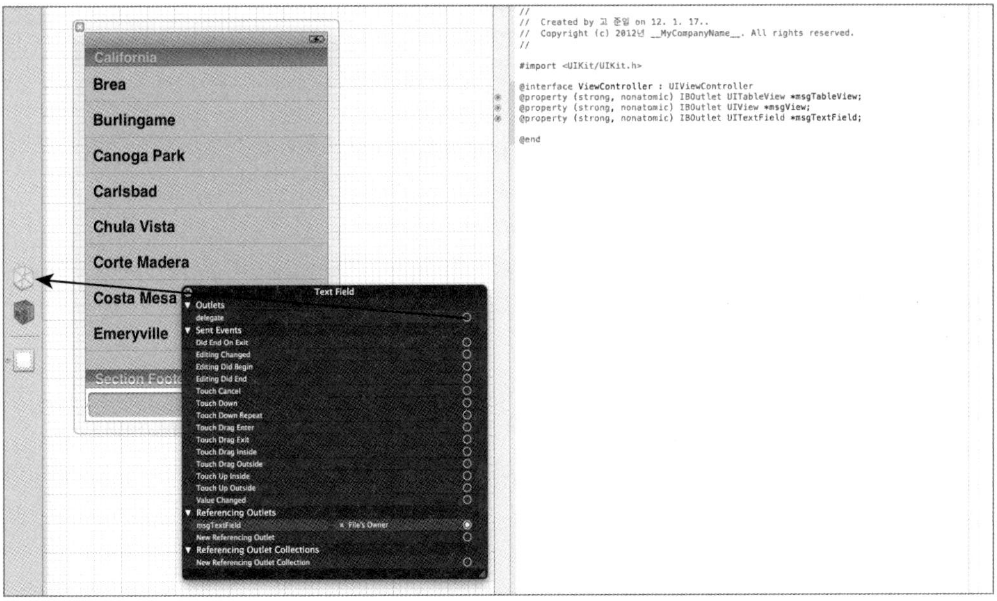

그림 5-68 ● File's Owner 연결

❹ 메시지 전송을 위한 UIButton

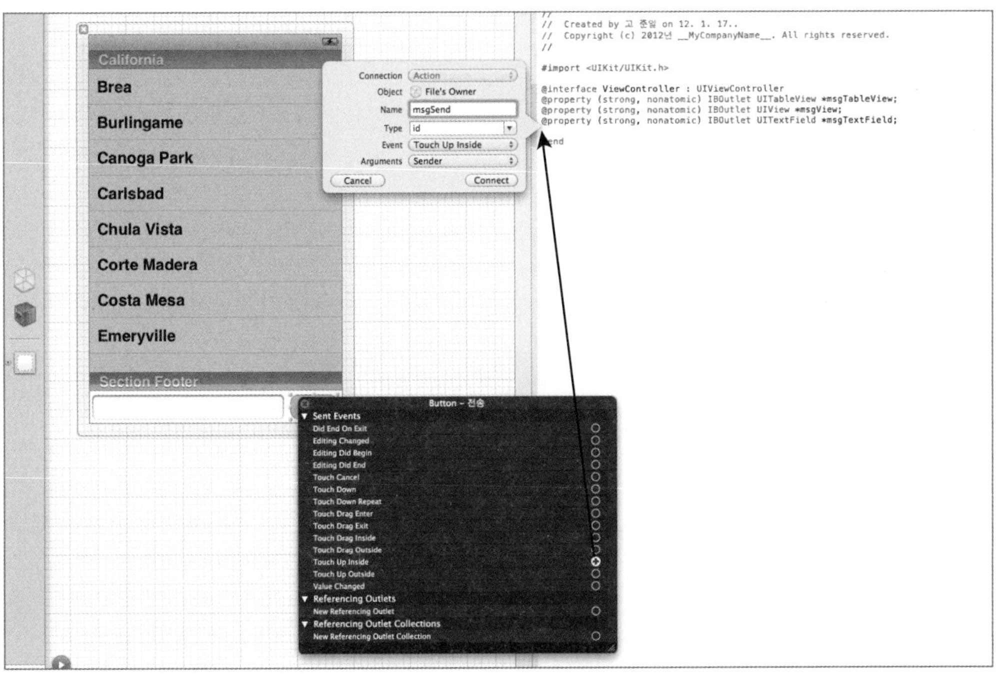

그림 5-69 ● 메세지 전송을 위한 UIButton

IBAction 설정

항목	값
Connection	IBAction
Object	File's Owner
Name	msgSend
Type	id
Event	Touch Up Inside
Arguments	Sender

여기까지 진행하고 나면 ViewController.h 파일에 다음과 같이 `IBOutlet`과 `IBAction`이 선언된 모습을 확인할 수 있다.

```
#import <UIKit/UIKit.h>

@interface ViewController : UIViewController
@property (strong, nonatomic) IBOutlet UITableView *msgTableView;
@property (strong, nonatomic) IBOutlet UIView *msgView;
@property (strong, nonatomic) IBOutlet UITextField *msgTextField;

- (IBAction)msgSend:(id)sender;
@end
```

5.5.4 코드작성하기

SimpleMessenger-Prefix.pch 파일에 자주 사용될 서버의 IP 주소와 사용자 이름을 저장한다.

[Listing 5-4] 서버의 IP 주소와 사용자 이름 저장하기

```
#import <Availability.h>

#ifndef __IPHONE_4_0
#warning "This project uses features only available in iOS SDK 4.0 and later."
#endif

#ifdef __OBJC__
   #import <UIKit/UIKit.h>
```

```
    #import <Foundation/Foundation.h>
#endif

#define SERVER_IP @"xxx.xxx.xxx.xx"
#define USER_NAME @"YOUR_NAME"
```

이제 ViewController 클래스를 구현하여 SimpleMessenger 화면을 컨트롤할 수 있게 해보자.

[Listing 5-5] SimpleMessenger 화면 컨트롤 기능 구현하기

```
#import <UIKit/UIKit.h>

@interface ViewController : UIViewController
@property (strong, nonatomic) IBOutlet UITableView *msgTableView;
@property (strong, nonatomic) IBOutlet UIView *msgView;
@property (strong, nonatomic) IBOutlet UITextField *msgTextField;

@property (strong, nonatomic) NSDate *lastUpdate;
@property (strong, nonatomic) NSMutableData *recvData;
@property (strong, nonatomic) NSMutableArray *msgArr;
@property (strong, nonatomic) NSTimer *msgTimer;

- (IBAction)msgSend:(id)sender;

- (IBAction)sendNewMessage:(NSString *)newMsg
                  withName:(NSString *)name;
- (void)getNewMessage:(NSTimer *)timer;
@end
```

lastUpdate는 서버에 신규 메시지를 요청할 때 기준이 되는 날짜를 저장할 목적으로 선언되었다. recvData는 NSURLConnection를 통해 서버에서 받은 메시지를 저장할 목적으로 선언되었고, msgArr은 recvData에 저장된 데이터를 파싱하여 테이블 뷰에 표시할 수 있는 형태로 저장할 멤버변수이다.

새로 추가된 sendNewMessage:withName: 메소드는 새로운 메시지를 전송하기 위한 목적으로 사용되며, getNewMessage:는 서버에 신규 메시지를 주기적으로 받아오기 위한 목적으로 사용된다.

이제 ViewController.m 파일을 열어 메소드를 구현하자. ViewController.m 파일의 상단에는 MESSAGE_SEND_URL과 MESSAGE_LIST_URL을 선언한다.

[Listing 5-6] 메소드 구현하기

```
#import "ViewController.h"

@implementation ViewController
@synthesize msgTableView;
@synthesize msgView;
@synthesize msgTextField;

@synthesize lastUpdate;
@synthesize recvData;
@synthesize msgArr;
@synthesize msgTimer;

- (void)didReceiveMemoryWarning
{
   [super didReceiveMemoryWarning];
   // Release any cached data, images, etc that aren't in use.
}

#pragma mark - View lifecycle

- (void)viewDidLoad
{
   [super viewDidLoad];
   // Do any additional setup after loading the view, typically from a nib.
   self.msgArr = [[NSMutableArray alloc] init];
   self.recvData = [[NSMutabledata alloc] init];
   self.msgTimer = [NSTimer scheduledTimerWithTimeInterval:5.0
                                                    target:self
                                                  selector:@selector(getNewMessage:)
                                                  userInfo:nil
                                                   repeats:YES];
}

- (void)viewDidUnload
{
   [self setMsgTableView:nil];
   [self setMsgView:nil];
```

```
    [self setMsgTextField:nil];

    [self setLastUpdate:nil];
    [self setRecvData:nil];
    [self setMsgArr:nil];
    [self setMsgTimer:nil];

    [super viewDidUnload];
    // Release any retained subviews of the main view.
    // e.g. self.myOutlet = nil;
}
```

MESSAGE_SEND_URL은 새로운 메시지를 보내기 위한 서버의 URL이고, MESSAGE_LIST_URL은 새로운 메시지를 요청하기 위한 서버의 URL이다.

USER_NAME은 여러분의 이름을 입력하면 된다.

ViewDidLoad 메소드에서는 View Controller의 초기화 작업을 진행한다.

우선 messageList와 recvData를 각 클래스 타입에 맞게 오브젝트를 생성해준다.

그리고, NSTimer 오브젝트를 생성하여 5초 단위로 getNewMessage: 메소드를 호출하도록 한다. getNewMessage: 메소드는 서버에 신규 메시지를 요청하게 된다.

[Listing 5-7] ViewController.m의 초기화하기

```
- (void)getNewMessage:(NSTimer *)timer {
    NSString *dateStr;
    NSDateFormatter *df = [[NSDateFormatter alloc] init];
    [df setDateFormat: @"yyyyMMddHHmmss"];

    if (!lastUpdate) {
        NSDate *nowDate = [NSDate date];
        dateStr = [df stringFromDate: nowDate];
        [self setLastUpdate: nowDate];
    } else {
        dateStr = [df stringFromDate: lastUpdate];
    }

    NSString *urlStr = [NSString stringWithFormat:
```

```
                        @"http://%@/message.php?lastupdate=%@&user=%@",
                        SERVER_IP, dateStr, USER_NAME];
    NSString *escapeStr = [urlStr stringByAddingPercentEscapesUsingEncoding:
                          NSUTF8StringEncoding];

    NSMutableURLRequest *request = [[NSMutableURLRequest alloc] init];
    [request setURL:[NSURL URLWithString: escapeStr]];
    [request setHTTPMethod: @"GET"];

    NSURLConnection *recvConnection =
        [[NSURLConnection alloc] initWithRequest:request delegate:self];

    if (recvConnection) {
        NSMutableData *newRecvData = [[NSMutableData alloc] init];
        [self setRecvData: newRecvData];
    }
}
```

getNewMessage: 메소드에서는 우선 lastUpdate에 저장된 마지막 메시지 요청 날짜가 있는지 확인하는 과정을 시작한다. 만일 마지막 요청 날짜가 없다면 앱을 구동한 시점부터 서버에 새로 갱신되는 메시지들을 가져오게 된다.

그리고 urlStr에 서버에 메시지 목록을 요청하기 위한 URL을 통해 NSURLRequest 객체를 만들고 GET 방식으로 서버에게 요청하도록 설정한다. 서버의 요청은 NSURLConnection 객체를 만들어 서버에 새로운 메시지를 요청하게 된다.

NSURLConnection은 요청을 하고 난 뒤 돌아오는 응답에 대해 비동기적으로 처리할 수 있도록 delegate 메소드를 제공하고 있다.

메소드명	동작
connection:didReceiveResponse:	서버에 요청한 결과가 응답으로 돌아올 때 호출되는 메소드
connection:didReceiveData:	서버에서 응답 데이터가 일정 크기별로 나눠져서 인자값으로 전달되는 메소드
connectionDidFinishLoading:	서버에서 전달되는 데이터가 더 이상 없을 경우 호출되는 메소드
connection:didFailWithError:	서버에 요청한 결과가 실패할 경우 호출되는 메소드

[Listing 5-8] 메시지 목록을 서버에게 요청하기 위한 설정하기

```
#pragma mark - NSURLConnection Delegate method
- (void)connection:(NSURLConnection *)connection
didReceiveResponse:(NSURLResponse *)response {
   [recvData setLength: 0];
}

- (void)connection:(NSURLConnection *)connection
    didReceiveData:(NSData *)data {
   [recvData appendData: data];
}

- (void)connectionDidFinishLoading:(NSURLConnection *)connection {

   if (recvData) {
      NSError *error;
      NSArray *jsonArr = [NSJSONSerialization
                          JSONObjectWithData:recvData
                                     options:kNilOptions
                                       error:&error];
      if ([jsonArr count] > 0) {
         [msgArr addObjectsFromArray:jsonArr];
         [self.msgTableView reloadData];

         NSDateFormatter *df = [[NSDateFormatter alloc] init];
         [df setDateFormat: @"yyyy-MM-dd HH:mm:ss"];
         [self setLastUpdate: [df dateFromString: [[jsonArr lastObject]
                                          objectForKey:@"added"]]];
      }
   }
   [self setRecvData:nil];
}

- (void)connection:(NSURLConnection *)connection
  didFailWithError:(NSError *)error {
   [self setRecvData:nil];
}
```

먼저 connection:didReceiveResponse: 메소드에서는 서버 측 응답이 시작됨을 의미하기 때문에 데이터를 저장할 recvData를 초기화한다.

connection:didReceiveData: 에서는 서버에서 전달되는 데이터를 recvData에 차곡차곡 쌓아가는 과정이 진행된다.

마지막으로 connectionDidFinishLoading: 에서는 전달된 데이터를 파싱하여 msgArr에 추가한다. 이렇게 서버의 결과를 파싱하여 msgArr에 추가하고 나면 msgTableView의 정보를 갱신하도록 reloadData 메소드를 호출한다.

[Listing 5-9] 전달된 데이터를 파싱하여 msgArr에 추가하기

```
#pragma mark - TableView delegate method
- (NSInteger)numberOfSectionInTableView:(UITableView *)tableView
{
   return 1;
}

- (NSInteger)tableView:(UITableView *)tableView
 numberOfRowsInSection:(NSInteger)section
{
   return [self.msgArr count];
}

- (UITableViewCell *)tableView:(UITableView *)tableView
         cellForRowAtIndexPath:(NSIndexPath *)indexPath
{
   static NSString *CellId = @"cell";

   UITableViewCell *cell;
   cell = [tableView dequeueReusableCellWithIdentifier:CellId];
   if (cell == nil) {
      cell = [[UITableViewCell alloc] initWithStyle:
              UITableViewCellStyleSubtitle reuseIdentifier:CellId];
   }

   NSDictionary *messageDict = [msgArr objectAtIndex:indexPath.row];
   cell.textLabel.text = [messageDict objectForKey: @"message"];
   cell.detailTextLabel.text = [messageDict objectForKey: @"user"];
```

```
    return cell;
}
```

msgTableView는 msgArr이 가지고 있는 오브젝트의 개수만큼 테이블 뷰를 표시한다.

msgArr 중 하나를 NSDictionary 타입으로 가져와 'message' 라는 키를 가진 값을 UITableViewCell에 textLabel에 표시하고, 'user' 라는 키를 가진 값은 detailTextLabel에 표시하도록 한다.

[Listing 5-10] 텍스트 입력 상태 확인하는 기능 구현하기

```
- (IBAction)msgSend:(id)sender {
    [msgTextField resignFirstResponder];
    if (msgTextField.text.length > 0) {
        [self sendNewMessage:msgTextField.text
                    withName:USER_NAME];

        NSDictionary *myMsgDict = [NSDictionary dictionaryWithObjectsAndKeys:
                                    msgTextField.text, @"message",
                                    USER_NAME, @"user", nil];
        [msgArr addObject: myMsgDict];
        [self.msgTableView reloadData];
    }
    [msgTextField setText:@""];

}

- (void)sendNewMessage:(NSString *)newMsg
              withName:(NSString *)name {

    NSString *msgSendURL = [NSString stringWithFormat:
                            @"http://%@/add.php", SERVER_IP];
    NSMutableURLRequest *request = [NSMutableURLRequest
                        requestWithURL:[NSURL URLWithString:msgSendURL]
                            cachePolicy:NSURLRequestUseProtocolCachePolicy
                        timeoutInterval:30];
```

```
    [request setHTTPMethod: @"POST"];
    [request setHTTPBody: [[NSString stringWithFormat:
                @"user=%@&message=%@", name, newMsg] dataUsingEncoding:
                NSUTF8StringEncoding]];

    [NSURLConnection sendSynchronousRequest:request
                          returningResponse:nil
                                      error:nil];
}
```

사용자가 메시지를 입력 후 전송 버튼을 탭하면 msgSend: IBAction 메소드가 호출된다.

msgSend: 메소드는 msgTextField에 resignFirstResponder 메소드를 호출해 더 이상 텍스트 입력 상태가 아님을 알린다.

그리고 입력된 값이 있다면 sendNewMessage:withName: 메소드에 새로운 메시지를 전달한다.

sendNewMessage:withName: 메소드는 새로운 메시지와 해당 메시지의 작성자를 인자값으로 전달받아 서버에 메시지를 전달한다.

[Listing 5-11] 서버에 메시지를 전달하기

```
#define KBD_HEIGHT 215
#pragma mark - TextField delegate method
- (BOOL)textFieldShouldBeginEditing:(UITextField *)textField {

    [UIView animateWithDuration:0.3
                     animations:^{
        self.msgView.center = CGPointMake(self.msgView.center.x,
                                  self.msgView.center.y - KBD_HEIGHT);
    }];
    return YES;
}

- (BOOL)textFieldShouldEndEditing:(UITextField *)textField {
    [UIView animateWithDuration:0.3
                     animations:^{
        self.msgView.center = CGPointMake(self.msgView.center.x,
                                  self.msgView.center.y + KBD_HEIGHT);
```

```
    }];
    return YES;
}
```

UITextField가 터치 되었을 때 앱은 사용자에게 키패드를 표시해주어 사용자에게 텍스트를 입력할 수 있도록 한다. 하지만 키패드를 표시하면 하단에 있는 메지시를 입력하는 UITextField와 메시지를 전송하는 UIButton이 가려져 버리게 된다.

그래서 사용자가 메시지를 입력하기 위해 UITextField를 터치하는 순간 messageBaseView의 위치를 상단으로 옮겨 키패드에 의해 가려지는 문제를 해결해야 한다.

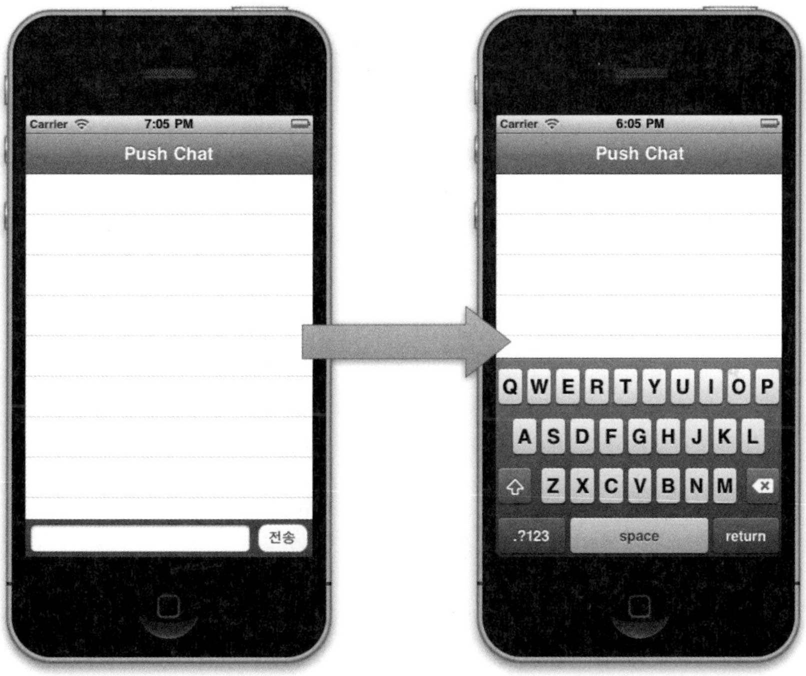

그림 5-70 ● 키패드에 의해 가려지는 입력창

textViewShouldBeginEditing:은 UITextView에 터치 이벤트가 발생하면 호출한다.

이때 UIView의 클래스 메소드인 animateWithDuration:animations: 메소드를 통해 messageView의 Center값 중 Y 값을 키보드의 Height만큼 빼주도록 하고 있다.

textViewShouldEndEditing:의 경우는 UITextView의 편집이 끝났을 때(예를 들어 텍스트

입력 후 전송 버튼 클릭) 호출된다. 이때 UIView의 클래스 메소드인 animateWithDuration:animations: 메소드를 통해 messageView의 Center 값 중 Y 값을 키보드의 Height만큼 더해주어 화면 하단으로 내려오도록 한다.

animateWithDuration:animations: 메소드는 블록코딩 기법으로 작성하게 되는데, 우선 anitateWithDuration 인자 값으로 애니메이션이 재생될 시간을 입력한다.

그리고 animations 인자 값에는 어떤 형태로 에니메이션을 진행할지를 선언하게 된다.

적용 후 실행시켜보면 다음과 같이 UITextField를 터치하여 메시지를 입력하고자 할 때 키패드와 함께 messageBaseView가 같이 올라오는 모습을 볼 수 있다.

그림 5-71 ● 키패드에 의해 가려지는 문제 해결

이제 여기까지 구현하면 다음과 같이 메시지를 주고받을 수 있는 기능이 구현된다.

웹 페이지를 열어 새로운 메시지를 입력하여 아이폰 화면에 메시지가 출력되는지 확인해보자.

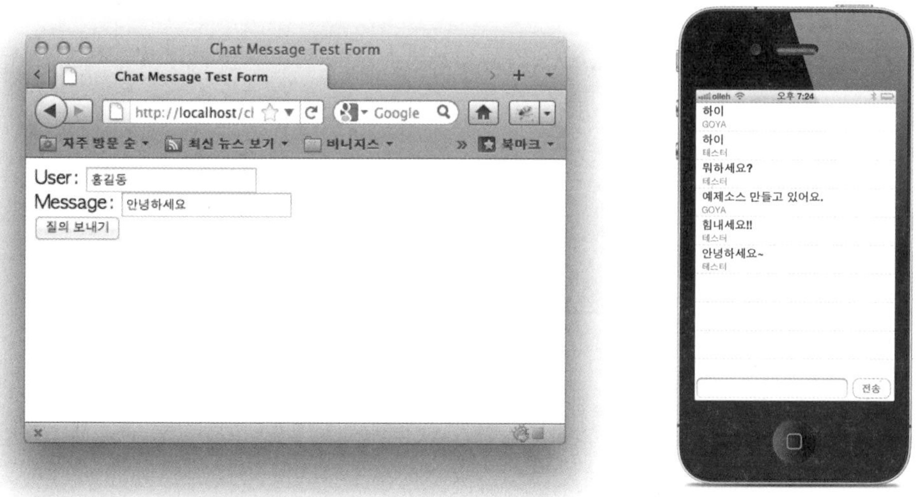

그림 5-72 ● 메시지를 주고받을 수 있는 기능 구현

TIP | UITextView 클래스의 Delegate 메소드

UITextView 클래스는 모두 7가지의 Delegate 메소드를 정의하고 있으며 해당 프로토콜의 내용은 모두 optional이기 때문에 우리의 구현 여부에 따라 해당 이벤트에 대한 처리가 달라진다.

메소드명	동작
`textFieldShouldBeginEditing:`	사용자가 UITextField의 내용을 편집하기 위해 터치했을 때 편집을 허용할지를 결정하는 메소드
`textFieldShouldEndEditing:`	사용자가 UITextField의 내용을 편집을 종료하기 위해 터치했을 때 편집 종료를 허용할 것인지 여부를 결정하는 메소드
`textFieldDidBeginEditing:`	UITextField의 편집을 시작했을 때 호출되는 메소드
`textFieldDidEndEditing:`	UITextField의 편집을 종료했을 때 호출되는 메소드

`textField:`
`shouldChangeCharactersInRange:`
`replacementString:`
	UITextField의 특정 부분이 변경되었을 때 호출되는 메소드

`textFieldShouldClear:`	UITextField가 Clear 되었을 때 호출되는 메소드
`textFieldShouldReturn:`	UITextField에서 사용자가 텍스트 입력 후 Return 키를 터치했을 때 호출되는 메소드

5.5.5 실행하기

클라이언트 프로젝트를 만들고 나면 다음 [그림 5-73]과 같이 해당 Provision Profile을 선택하도록 하자.

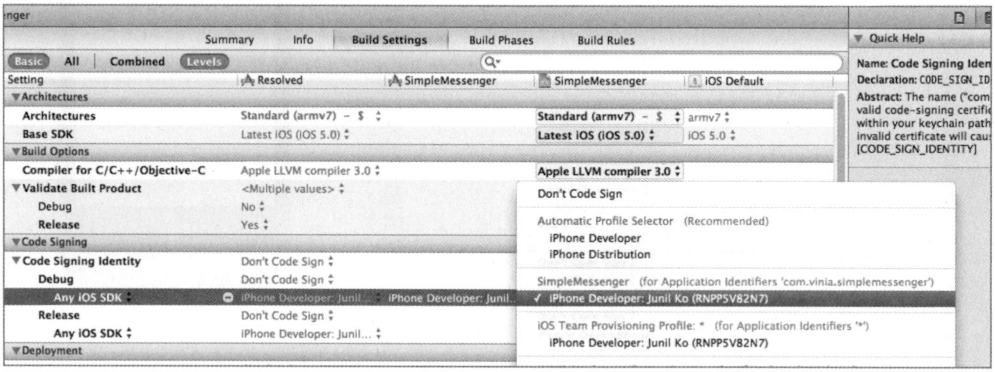

그림 5-73 ● Provision Profile 선택

만일 선택 가능한 APNS Provisioning Profile이 없다면 Summary 탭을 열어 Identifier가 APNS Provisioning Profile에 사용된 App ID에 설정한 Identifier와 일치하는지 확인해보자.

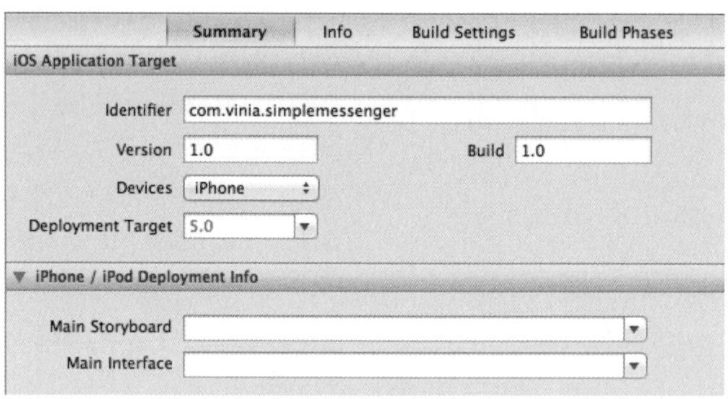

그림 5-74 ● Identifier확인

여기까지 완성하고 나면 앱 구동 시 [그림 5-75]와 같은 화면을 확인할 수 있다.

그림 5-75 ● 푸시 메시지 기능 구현

> **여기까지의 예제 소스**
> SimpleMessenger.zip

5.6 APNS 기능 추가하기

5.6.1 서버 APNS 기능 추가하기

서버가 클라이언트에 APNS 메시지를 보내기 위해서는 각 클라이언트 디바이스의 Device Token이 필요하게 된다. Device Token은 클라이언트가 직접 서버로 전달해야 하고 서버는 클라이언트가 Device Token을 전달할 수 있도록 준비해야 한다.

예제에서는 add_token.php 파일을 만들어 클라이언트가 자신의 Device Token을 전달할 수 있도록 준비한다.

<Listing 5-12> 클라이언트의 Device Token 전달

```
<?php
header('Content-type: application/json');
$con = mysql_connect( 'localhost:/tmp/mysql.sock', 'chat', 'chat1234' );
mysql_select_db( 'chat' );

$query = "SELECT * FROM users WHERE user = '".$_GET['user']."'";

$result = mysql_query($query);
$itemCnt = mysql_fetch_row($result);

$tokenQuery;

if ($itemCnt > 0) {
   $tokenQuery = "UPDATE users SET token = '".$_GET['user']."'
                 WHERE user = '".$_GET['token']."'";
} else {
   $tokenQuery = "INSERT INTO users VALUES ('".$_GET['user']."',
                 '".$_GET['token']."', NULL)";
}
echo $tokenQuery;
if (!mysql_query($tokenQuery, $con)) {
   die('Error: ' . mysql_error());
}
mysql_close($con);
?>
```

add_token.php 파일이 하는 기능은 클라이언트가 POST 방식으로 보내온 user와 token 값을 데이터베이스에 저장하는 일을 한다.

무조건 데이터베이스에 저장하기보다는 user 값을 우선 파악하여 기존에 이미 등록이 되어 있는 사용자 이름의 경우는 UPDATE 문을 통해 기존 값을 업데이트하고, 아직 등록이 안 된 사용자의 이름은 INSERT문을 통해 새로운 레코드를 테이블에 추가하는 형태로 동작하게 된다.

이제 기존 add.php 파일에 APNS 형태로 메시지를 전송하도록 구현해보도록 하자.

[Listing 5-13] APNS 형태로 메시지를 전송하는 기능 구현하기

```
<?php
header('Content-type: text/html');
mysql_connect('localhost:/tmp/mysql.sock', 'chat', 'chat1234');
mysql_select_db('chat');

mysql_query("INSERT INTO chatmsg VALUES (null, null,
      '".mysql_real_escape_string( $_REQUEST['user']).."',
      '".mysql_real_escape_string( $_REQUEST['message'] ). "')" );

//APNS
$apnsHost = 'gateway.sandbox.push.apple.com';
$apnsPort = 2195;
$apnsCert = 'apns-dev.pem';

$users = array();
$userResult = Mysql_query ('SELECT token FROM users');
while ($row = mysql_fetch_row($userResult)) {
   array_push($users, $row);
}

for ($i = 0; $i < sizeof($users); $i++) {

   $streamContext = stream_context_create();
   stream_context_set_option($streamContext, 'ssl', 'local_cert', $apnsCert);

   $apns = stream_socket_client('ssl://' . $apnsHost . ':' . $apnsPort,
         $error, $errorString, 2, STREAM_CLIENT_CONNECT, $streamContext);

   $payload = array();
   $payload['aps'] = array('alert' => $_REQUEST['message'], 'badge' => 1,
                    'sound' => 'default');
   $payload = json_encode($payload);

   $deviceToken = $users[$i][0];
   $apnsMessage = chr(0) . chr(0) . chr(32) . pack('H*', str_replace(' ',
                 '', $deviceToken)) . chr(0) . chr(strlen($payload)) .
                 $payload;
```

```
    fwrite($apns, $apnsMessage);

    socket_close($apns);
    fclose($apns);
}
mysql_free_result($userResult);

?>
```

$apnsHost에는 애플의 APNS 서버 주소를 선언한다.

APNS 서버는 두 개가 존재한다. 3rd party APNS 앱이 개발 단계일 때 이용 가능한 테스트 서버와 앱이 앱스토어에 배포된 이후에 이용 가능한 서버가 있다.

이번 예제에서는 테스트 서버(gateway.sandbox.push.apple.com)에서 APNS 동작을 살펴보기 위해 테스트 서버의 주소인 gateway.sandbox.push.apple.com를 정의하였다.

하지만, 향후 앱스토어에 배포 이후에는 서버 주소를 변경해야 한다.

$apnsPort 변수는 애플의 APNS 서버 포트넘버이다. 서버 주소와 함께 포트넘버는 애플에 정의된 것을 그대로 사용해야 한다.

$apnsCert 변수는 APNS 서버로 통신하기 위해 유효한 서버임을 입증하는 인증서가 저장된 파일명을 정의한다.

$users는 현재 데이터베이스에 저장된 사용자들의 Device Token을 저장하는 배열이다.

데이터베이스에 SELECT 쿼리를 통해 값을 가져와 저장한다.

이렇게 저장된 users 배열은 이 후 for 루프를 통해 저장된 사용자만큼 반복하며 APNS 메시지를 애플의 APNS 서버에 전달하게 된다.

```
for ($i = 0; $i < sizeof($users); $i++) {
```

stream_context_set_option() 함수를 통해 SSL 인증서를 할당한다.

```
stream_context_set_option($streamContext, 'ssl', 'local_cert', $apnsCert);
```

SSL 인증서를 통해 우리 서버가 유효한지 여부를 애플의 APNS 서버는 판단하게 되기 때문에

SSL 인증서는 SSL 통신을 위해서는 가장 기본적으로 필요한 항목이다.

`$payload` 배열은 서버에 전달할 메시지를 담고 있는 객체로써 Json 형태를 가진다.

```
$payload = array();
   $payload['aps'] = array('alert' => $_REQUEST['message'], 'badge' => 1,
                  'sound' => 'default');
   $payload = json_encode($payload);
```

`Json`에 저장된 값 중 `alert`이라는 키를 가진 값은 APNS 서버에 전달할 메시지가 되고, `badge`라는 키를 가진 값은 아이폰 홈스크린 화면의 아이콘에 표시할 숫자, 그리고 sound 키를 가진 값은 재생할 사운드 파일을 의미한다.

마지막으로 `$payload` 값 앞에 메시지를 전달받을 클라이언트의 Device Token을 추가하면 메시지가 완성되게 된다.

```
$apnsMessage = chr(0) . chr(0) . chr(32) . pack('H*', str_replace(' ', '',
               $deviceToken)) . chr(0) . chr(strlen($payload)) . $payload;
```

이제 이렇게 완성된 메시지를 APNS 서버에 전달한다.

```
fwrite($apns, $apnsMessage);

socket_close($apns);
fclose($apns);
```

`fwrite()` 함수를 통해 메시지를 전달하고, 전달이 완료되면 소켓을 Close 한다.

이제 새로운 메시지가 추가되면 데이터베이스에 추가하기도 하지만, 애플의 APNS 서버로 신규 메시지를 전달하는 기능까지 추가 되었다.

5.6.2 클라이언트 APNS 기능 추가하기

서버에서 APNS 메시지를 클라이언트로 전달하지만, 클라이언트도 APNS 메시지를 받을 준비가 되어 있지 않으면 APNS 메시지를 전달받을 수 없게 된다.

앱이 구동되면 해당 `Device Token`을 서버로 전달해야 서버가 해당 디바이스로 APNS 메시지를 전달할 수 있게 된다.

Device Token을 등록하는 과정은 다음과 같다.

우선 AppDelegate에서 APNS의 Device Token을 서버로 전송하기 위해 코드가 추가되어야 한다. AppDelegate.h 파일을 열어 Device Token을 서버로 전송할 sendDeviceToken: 메소드를 선언하자.

[Listing 5-14] 서버에 Device Token 등록하기

```
#import <UIKit/UIKit.h>

@class ViewController;

@interface AppDelegate : UIResponder <UIApplicationDelegate>
@property (strong, nonatomic) UIWindow *window;
@property (strong, nonatomic) ViewController *viewController;

- (void)sendDeviceToken:(NSData *)tokenData;

@end
```

그리고, AppDelegate.m 파일에서 application:didFinishLaunchingWithOptions: 메소드에서 SimpleMessenger 앱이 동작할 Remote Notification의 종류를 설정한다.

[Listing 5-15] Remote Notification의 종류 설정하기

```
- (BOOL)application:(UIApplication *)application
didFinishLaunchingWithOptions:(NSDictionary *)launchOptions
{
    self.window = [[UIWindow alloc] initWithFrame:[[UIScreen mainScreen] bounds]];
    // Override point for customization after application launch.
    self.viewController = [[ViewController alloc]
                           initWithNibName:@"ViewController" bundle:nil];
    self.window.rootViewController = self.viewController;

    [[UIApplication sharedApplication]
        registerForRemoteNotificationTypes:(UIRemoteNotificationTypeAlert |
        UIRemoteNotificationTypeBadge | UIRemoteNotificationTypeSound)];

    [self.window makeKeyAndVisible];
```

```
    return YES;
}
```

앱이 구동되고 application:didFinishLaunchingWithOptions:가 호출되면 아래와 같이 UIApplication 객체에게 해당 앱이 APNS를 사용하는 앱이라는 것을 등록한다.

```
[[UIApplication sharedApplication]
    registerForRemoteNotificationTypes:(UIRemoteNotificationTypeAlert |
    UIRemoteNotificationTypeBadge | UIRemoteNotificationTypeSound)];
```

앱이 APNS를 사용하는 앱으로 등록되고 나면 application:didRegisterForRemoteNotificationWithDeviceToken:이라는 메소드가 호출된다.

이 델리게이트 메소드가 호출될때 인자값 deviceToken은 앞으로 이 앱이 사용할 수 있는 Device Token 값이 들어 있게 된다.

클라이언트는 이 값을 서버로 전달하여 앞으로 해당 Device Token으로 메시지를 전달받을 수 있도록 한다.

[Listing 5-16] Device Token으로 메시지를 전달하는 기능 구현하기

```
- (void)application:(UIApplication *)application
didRegisterForRemoteNotificationsWithDeviceToken:(NSData *)deviceToken
{
    [self sendDeviceToken: deviceToken];
}

- (void)sendDeviceToken:(NSData *)tokenData
{
    NSString *tokenStr = [[[[tokenData description]
                 stringByReplacingOccurrencesOfString:@"<" withString:@""]
                 stringByReplacingOccurrencesOfString:@">" withString:@""]
                 stringByReplacingOccurrencesOfString:@" " withString:@""];
    NSString *urlStr = [NSString stringWithFormat:
                  @"http://YOUR_SERVER_IP/add_token.php?user=%@&token=%@",
                  @"GOYA", tokenStr];
    NSString *escapeStr = [urlStr stringByAddingPercentEscapesUsingEncoding:
                                                    NSUTF8StringEncoding];
```

```
    NSURL *url = [NSURL URLWithString:escapeStr];
    NSURLRequest *request = [[NSURLRequest alloc] initWithURL: url];
    [NSURLConnection sendSynchronousRequest: request
                          returningResponse: nil
                                      error: nil];
}
```

여기까지의 예제 소스
SimpleMessenger-srv.zip

그림 5-76 ● APNS 기능이 구현된 모습

CHAPTER 06

Audio & Video

Timed media takes time

아이폰은 점점 멀티미디어 콘텐츠의 뷰어를 벗어나 제작을 위한 기기가 되어가고 있다. 음성을 녹음하고 편집하는 것은 물론이고 이제는 영화까지 아이폰으로 촬영과 편집을 할 수 있다. 간단한 차량용 블랙박스 앱인 DrivingLog를 이용해 비디오의 녹화와 처리에 대해 알아보자.

미리 보기

학습 목표

1. 비디오의 녹화와 편집 방법을 이해한다.
2. 오디오의 재생을 위한 다양한 방법과 그 차이를 안다.
3. AVFoundation 프레임워크와 Media 레이어에 있는 기반 프레임워크들간의 관계를 파악한다.

학습 목차

6.1 들어가기 전에

6.1.1 Timed media takes time

Timed media takes time. 비디오나 오디오 같이 시간을 다루는 미디어는 단순한 작업을 하는 데도 시간이 걸리므로 다루기 어렵다는 뜻이다.

시간에 기반한 미디어는 왜 다루기 어려운 걸까?

먼저 모든 동작이 비동기 기반이다. 영상이나 음성은 조금씩 처리될 것이다. 그러므로 매우 단순한 작업이라도 전체 내용을 다루는 작업이라면 쉽지 않다. 예를 들어 미디어의 duration을 알기 위해서 해야 할 일도 만만치 않은 일이다.

그리고 재생이나 기록에 시간이 걸쳐 일어나다보니 그동안 환경이 변할 수 있다는 것이다. 동작은 언제든 인터럽트될 수 있다.

마지막으로 시간에 기반한 미디어는 다양하다. 오디오, 비디오, 캡션 등 서로 다른 타입의 미디어들을 동시간에 다루는 것은 쉬운 일이 아니다.

6.1.2 Media Layer

iOS SDK의 4개 레이어 그림을 머릿속에 떠올려 보자.이번 챕터에서 다룰 내용은 Media Layer에 집중되어 있다. Media Layer에는 수 많은 프레임워크들이 있지만 그 중 이번 챕터에서 이야기할 오디오/비디오 관련 프레임워크들을 [그림 6-1]에 그려봤다.

Media Layer 안에서도 의존성(Dependency)이 있다. AVFoundation 프레임워크는 CoreAudio, CoreMedia, CoreVideo 등 Core가 붙은 프레임워크를 내부적으로 이용하고 있다. 즉, AVFoundation 프레임워크가 보다 더 고수준(High Level)의 API이다. 보통 고수준 API들은 사용법은 쉽지만 기능이 부족한 경우가 있다. 그런 경우 사용이 좀 까다롭지만 저수준(Low Level) API로 내려가서 문제를 해결해야 한다.

이 책에서는 고수준 API인 AVFoundation에 집중할 것이다. 우리가 필요한 대부분의 기능을 AVFoundation 프레임워크가 제공하기 때문에 굳이 저수준의 API를 사용하지 않고도 다양한 기능을 구현할 수 있다.

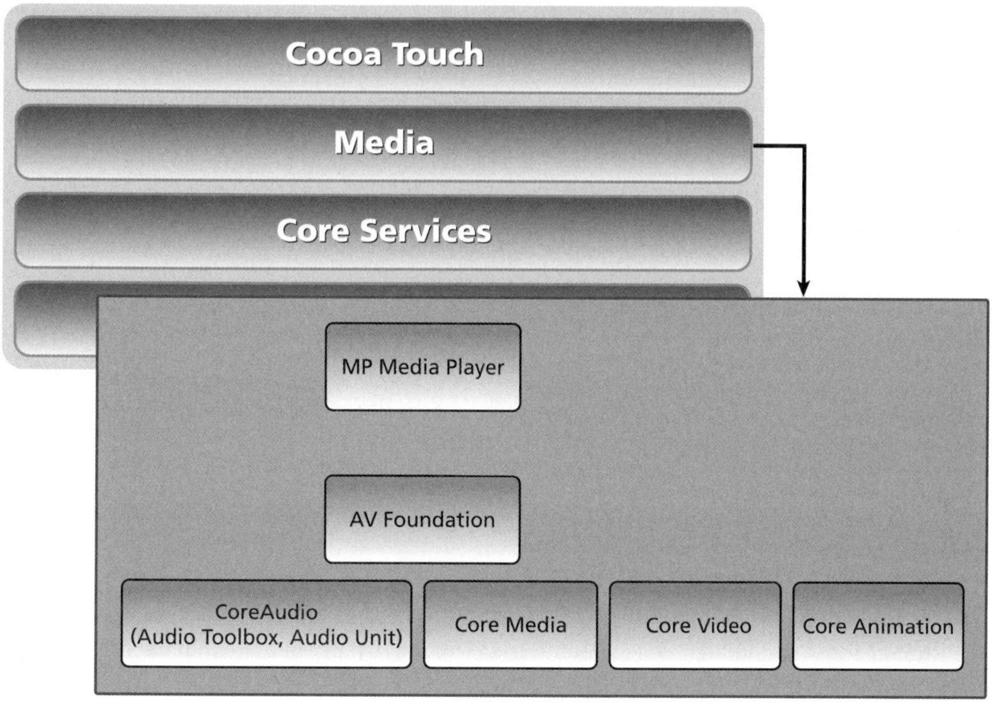

그림 6-1 ● Media Layer의 프레임워크 중 오디오/비디오 프레임워크

6.2 Audio와 Video의 간략한 역사

6.2.1 AVFoundation 이전의 Audio 재생

처음 iOS SDK 2.0이 나왔을 때 오디오를 재생하는 방법은 극단적이었다. 매우 간단한 함수를 사용해서 제한된 방법으로 오디오를 재생하거나 오디오와 관련된 모든 기능에 접근 가능하지만 골치 아프게 어려운 라이브러리들을 사용해야 했다.

iOS 2.0에서의 오디오 재생 방법 두 가지를 간단하게 알아보고 넘어가자. 지금 소개하는 방법은 현재 오디오 재생을 위해 반드시 사용해야 하는 방법은 아니지만 아직 유효하므로 가벼운 마음으로 접해보자.

Audio Service 이용하기

먼저, 간단하지만 제한된 오디오 재생 방법은 시스템 사운드 서비스를 이용하는 것이다.

AudioServicesCreateSystemSoundID()로 사운드 파일을 읽어들이고 AudioServicesPlaySystemSound()로 사운드 파일을 재생하고 AudioServicesDisposeSystemSoundID()로 정리한다. 오디오 재생이 완료했을 때 실행하고 싶은 코드가 있다면 AudioServicesAddSystemSoundCompletion()로 콜백을 걸어둔다.

사실 이 함수들은 오디오의 재생보다는 경고음을 위한 것이다. 30초 이하의 짧은 재생 시간을 가지며, PCM이나 IMA4 포맷의 음원만을 사용해야 한다. 즉, wav 파일은 재생할 수 있지만 mp3 파일은 재생할 수 없다. 이렇게 제한된 기능을 제공하고 있음에도 오디오 서비스를 아직도 사용하는 이유는 짧은 경고음 재생 또는 진동을 얻기 위해서다.

[Listing 6-1]은 시스템 사운드 서비스를 이용해 사운드 파일을 재생하는 간단한 코드와 재생 완료 시 실행될 콜백 함수이다.

[Listing 6-1] 시스템 사운드 서비스 이용하기

```
- (IBAction)playSound
{
   NSString *soundPath = [[NSBundle mainBundle] pathForResource:@"Straight
                           From The Heart 10" ofType:@"wav"];
   CFURLRef audioFileURLRef = (CFURLRef)[NSURL fileURLWithPath:soundPath];
   UInt32 _soundID;
   AudioServicesCreateSystemSoundID(audioFileURLRef, &_soundID);
   AudioServicesAddSystemSoundCompletion(_soundID, NULL, NULL,
                          _AudioServicesSystemSoundCompletionProc, self);
   AudioServicesPlaySystemSound(_soundID);
}

static void _AudioServicesSystemSoundCompletionProc(SystemSoundID ssID,
                                                    void *clientData)
{
   NSAutoreleasePool *pool = [NSAutoreleasePool new];

   NSLog(@"Play Done. Do Some work");
   AudioServicesDisposeSystemSoundID(ssID);

   [pool release];
}
```

경고음 재생이 아니라 진동을 원한다면 `AudioServicesPlayAlertSound()` 함수에 매개변수로 `kSystemSoundID_Vibrate` 상수를 넣는다. 사용자가 지정한 경고음을 재생하려면 `kSystemSoundID_UserPreferredAlert` 상수를 넣는다.

Note | 시뮬레이터에서 음악 재생

시뮬레이터를 타겟으로 실행하는 경우 시스템 사운드 서비스를 이용해도 mp3 오디오를 재생할 수 있다. 하지만 아이폰 기기를 타겟으로 실행하면 재생하지 못한다.

여기까지의 예제 파일

AudioServiceExample.zip

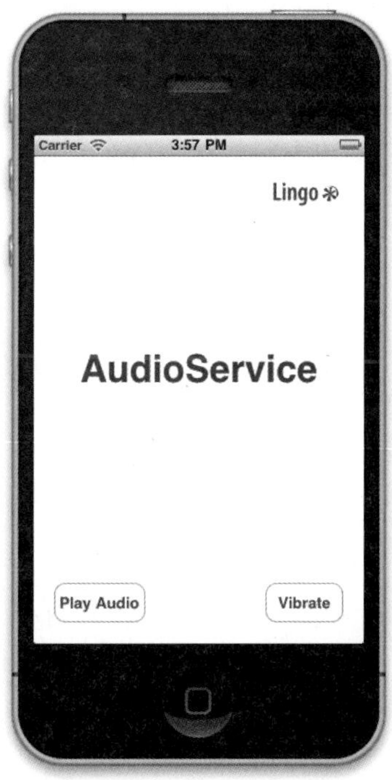

그림 6-2 ● AudioServiceExample 실행 화면

예제를 실행해보면 [그림 6-2]와 같이 'Play Audio' 버튼과 'Vibrate' 버튼이 있다. 'Play Audio' 버튼을 누르면 Audio Service를 통해 음악이 재생될 것이고 'Vibrate' 버튼을 누르면 아이폰의 진동이 울릴 것이다.

AudioToolbox 이용하기

AudioToolbox 프레임워크를 사용해보자. 시스템 사운드 서비스로 재생할 수 없는 대부분의 파일을 AudioToolbox를 이용해서 재생 가능하며 동시 재생, 스테레오 조정, 믹싱과 에펙트, 오디오 스트림의 재생 등 오디오로 할 수 있는 대부분의 기능을 제공해준다. 하지만 사용하기 어렵다는 단점이 있다.

AudioToolbox를 이용한 오디오 재생은 오디오 파일에 대한 기본적인 이해를 필요로 한다. 이 책에서는 다른 플랫폼에서 오디오 재생을 경험해본 독자들을 위해 AudioToolBox API의 사용법을 핵심적인 부분만 설명한다. 오디오 재생에 대한 경험이 없다면 애플의 'Multimedia Programming Guide' 중 'Using Audio'편을 먼저 보기 바란다.

코드와 함께 예를 들어보자. 먼저 오디오의 재생을 위한 설정을 한다. 아래 [Listing 6-2]의 AudioPlayInfo 구조체는 오디오 파일을 재생하기 위한 정보들을 가지고 있다. 오디오 파일의 ID나 오디오 큐, 버퍼의 개수등을 정의해놓았으며, ASBD(Audio Stream Basic Description) 구조체를 가지고 있다.

[Listing 6-2] 오디오 재생 정보 구조체 선언

```
typedef struct AudioPlayInfo {
    AudioFileID                         mAudioFile;
    AudioStreamBasicDescription         mDataFormat;
    AudioQueueRef                       mQueue;
    AudioQueueBufferRef                 mBuffers[3];
    UInt64                              mPacketIndex;
    UInt32                              mNumPacketsToRead;
    AudioStreamPacketDescription *      mPacketDescs;
    bool                                mDone;
}AudioPlayInfo;
```

[Listing 6-3]은 위의 `AudioPlayInfo` 구조체에 실제 정보를 채우는 과정이다. 큐를 만들어서 등록하고, 버퍼를 준비하고, 오디오 파일로부터 ASDB를 읽어서 채워 넣고 오디오 파일의 속성을 확보한다. 버퍼의 개수만큼 오디오의 프레임을 읽어들였으면 `AudioQueue`를 시작하는 함수로 재생을 시작한다.

[Listing 6-3] 오디오 큐를 이용한 오디오 재생 코드

```
- (IBAction)playSound:(id)sender
{
    NSString *buttonName = [sender currentTitle];
    AudioStreamBasicDescription desc;
    AudioPlayInfo playInfo;

    NSString *soundPath = [[NSBundle mainBundle]
                          pathForResource:@"alertSound" ofType:@"wav"];
    CFURLRef fileURLRef = (CFURLRef)[NSURL fileURLWithPath:soundPath];
    AudioFileOpenURL(fileURLRef, 0x01, 0, &playInfo.mAudioFile);

    UInt32 size = sizeof(desc);
    AudioFileGetProperty(playInfo.mAudioFile, kAudioFilePropertyDataFormat,
                         &size, &playInfo.mDataFormat);
    AudioQueueNewOutput(&playInfo.mDataFormat, AQBufferCallback,
                        &playInfo, NULL, NULL, 0, &playInfo.mQueue);
    playInfo.mNumPacketsToRead = gBufferSizeBytes /
                                 playInfo.mDataFormat.mBytesPerPacket;
    playInfo.mPacketDescs = NULL;
    playInfo.mDone = false;
    playInfo.mPacketIndex = 0;

    for (int j = 0; j < kNumberBuffers; ++j) {
        AudioQueueAllocateBuffer(playInfo.mQueue, gBufferSizeBytes,
                                 &playInfo.mBuffers[j]);
        AQBufferCallback (&playInfo, playInfo.mQueue, playInfo.mBuffers[j]);
        if (playInfo.mDone) break;
    }
    AudioQueueStart(playInfo.mQueue, NULL);
}
```

오디오는 끊김없이 이어져야 하므로 버퍼에 담긴 오디오 프레임이 재생되고 나면 다음 프레임을 버퍼로 읽어들여야 한다. 이 과정은 [Listing 6-4]에 있는 콜백 함수가 담당한다. AudioQueue에 연결된 버퍼에 계속해서 새로운 오디오 프레임을 버퍼의 크기만큼 잘라서 읽어들이는 역할을 한다.

[Listing 6-4] 오디오 큐를 채우는 버퍼 콜백

```
static void AQBufferCallback(void * inUserData, AudioQueueRef inAQ,
                             AudioQueueBufferRef inCompleteAQBuffer)
{
   AudioPlayInfo * myInfo = (AudioPlayInfo *)inUserData;
   if (myInfo->mDone) return;

   UInt32 numBytes;
   UInt32 nPackets = myInfo->mNumPacketsToRead;

   // nPackets만큼의 데이터를 읽어서 버퍼에 넣어준다
   AudioFileReadPackets(myInfo->mAudioFile, false, &numBytes,
                        myInfo->mPacketDescs, myInfo->mPacketIndex,
                        &nPackets, inCompleteAQBuffer->mAudioData);

   if (nPackets > 0) {
      NSLog (@"AQBufferCalled");
      inCompleteAQBuffer->mAudioDataByteSize = numBytes;

      // 오디오의 입/출력을 위해 버퍼를 큐에 건다
      AudioQueueEnqueueBuffer(inAQ, inCompleteAQBuffer,
                              (myInfo->mPacketDescs ? nPackets : 0),
                              myInfo->mPacketDescs);

      myInfo->mPacketIndex += nPackets;
   } else {
      AudioQueueStop(myInfo->mQueue, true);
      // nPackets == 0 이 읽어지면 파일의 끝이다
      myInfo->mDone = true;
   }
}
```

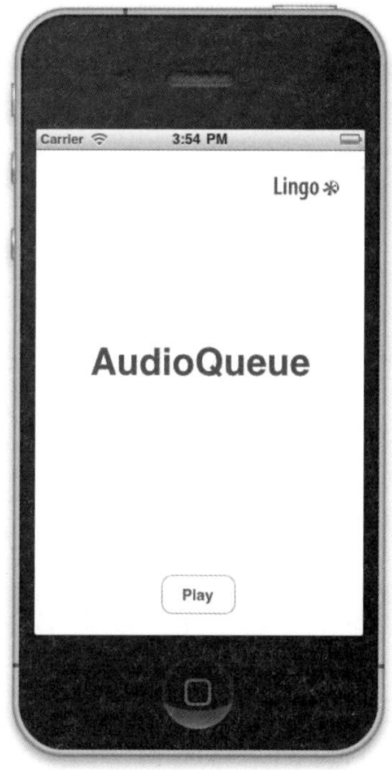

그림 6-3 ● AudioQueueExample 실행 화면

Note | AudioToolBox를 이용한 녹음

위 방식은 오디오의 녹음에도 반대로 사용할 수 있다. 다른 점이 있다면 파일로부터 오디오 프레임을 읽어서 Audio Queue의 버퍼에 채워넣는 방식이 아니라 반대로 Audio Queue의 버퍼에 오디오 프레임이 차면 파일에 적는 것이다.

여기까지의 예제 파일
AudioQueueExample.zip

6.2.2 AVFoundation이 해결사

`AVFoundation`은 iOS 2.2 버전에서 처음 선보인 프레임워크이다. `AVFoundation`이라는 이름에 맞지 않게 `AVAudioPlayer`라는 클래스를 제공하며, 오디오 파일의 재생만을 지원했다.

`AVAudioPlayer`: 오디오 파일의 재생을 담당하는 클래스

곧이어 발표된 iOS 3.0 버전에서 AVAudioSession과 AVAudioRecorder를 제공하면서 오디오 관련 기능을 완성했다. AVAudioRecorder는 이름 그대로 오디오 녹음 시 사용하는 클래스이며, AVAudioSession은 오디오 콘텍스트를 관리하는 클래스이다.

AVAudioRecorder : 아이폰 애플리케이션에서 오디오 녹음 기능을 손쉽게 구현할 수 있도록 하는 클래스이다.

AVAudioSession : 애플리케이션의 오디오 콘텍스트를 설정하기 위해 끌어다 쓰는 싱글톤 오브젝트를 제공하는 클래스이다. AudioToolbox에서 제공하는 Audio Session Service를 Objective-C로 구현한 것이다.

AVFoundation 이후로 아이폰에서 오디오 재생과 녹음 환경은 크게 개선되었다. iOS 3.0 이후로는 복잡한 설정을 건너뛰고 간단한 코드 몇 줄로 오디오의 재생과 녹음을 할 수 있다.

[Listing 6-5] AVAudioPlayer를 **이용한 오디오 재생**

```
- (IBAction)playSound
{
   NSString *soundPath = [[NSBundle mainBundle]
                          pathForResource:@"alertSound" ofType:@"wav"];
   NSURL *fileURL = [[NSURL alloc] initFileURLWithPath: soundPath];

   AVAudioPlayer *newPlayer = [[AVAudioPlayer alloc]
                               initWithContentsOfURL: fileURL error: nil];
   [fileURL release];
   [newPlayer prepareToPlay];
   [newPlayer setDelegate:self];

   [newPlayer play];
}
```

[Listing 6-5]는 AVAudioPlayer를 이용해 간단히 오디오 파일을 재생하는 코드를 보여준다. 오디오 파일을 이용해서 AVAudioPlayer 오브젝트를 만들고 -prepareToPlay 메소드를 호출해서 미리 버퍼를 채운 다음 원하는 순간에 -play 메소드를 호출하면 된다. delegate를 지정하면 오디오 재생이 끝났을 때 원하는 구현을 할 수 있다.

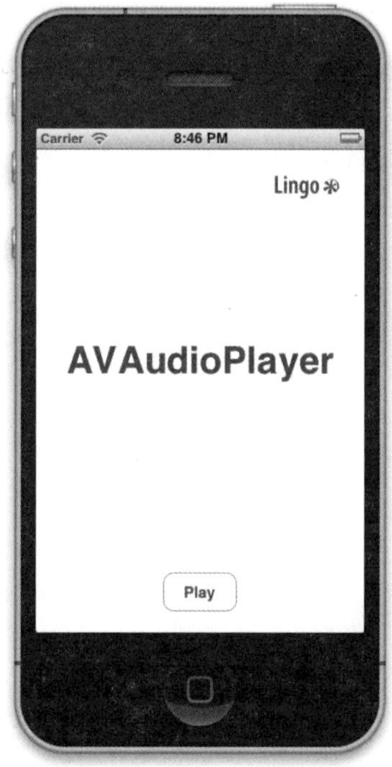

그림 6-4 ● AVAudioPlayerExample 실행 화면

여기까지의 예제 파일
AVAudioPlayerExample.zip

6.2.3 무비 파일 재생하기

iOS SDK 4 이전에는 `AVFoundation` 프레임워크에 비디오 관련 클래스들이 없었다. 우리는 동영상 재생을 위해서 `MediaPlayer`라는 프레임워크를 이용해야 했다. `MediaPlayer` 프레임워크에 대한 자세한 설명은 이 책의 3장에서 이미 했으므로 여기서는 동영상 파일을 재생하는 방법에 대해서만 간단하게 살펴보고 넘어가자.

`MediaPlayer` 프레임워크에는 `MPMoviePlayerController`와 `MPMoviePlayerViewController` 클래스가 있다. `MPMoviePlayerController`는 `NSObject`의 서브클래스로서 로컬의 파일 또는 네트워크 스트림으로부터 무비 파일을 재생하도록 한다. 재생 상태 또는 반복모드 등을 조절할 수 있다. `MPMoviePlayerViewController`는 `UIViewController`의 서브클래스로서 `MPMoviePlayerController` 인스턴스 오브젝트를 가지고 있는 뷰 컨트롤러 오브젝트이다.

[Listing 6-6]은 MediaPlayer 프레임워크를 이용해 애플리케이션의 메인 번들 안에 있는 동영상 파일을 재생하는 법을 간단하게 보여준다.

[Listing 6-6] MPMoviePlayer를 이용한 비디오 재생

```
- (IBAction)bringMoviePlayer:(id)sender {
   NSString *movieFileString = [[NSBundle mainBundle] pathForResource:@
                                     "dreamsoda_intro" ofType:@"mov"];
   NSURL *movieFileURL = [NSURL fileURLWithPath:movieFileString];

   // Part 1
   // 플레이어 뷰 콘트롤러를 모달세션으로 제공
   MPMoviePlayerViewController *moviePlayerVC =
                          [[[MPMoviePlayerViewController alloc]
                          initWithContentURL:movieFileURL] autorelease];
   moviePlayerVC.moviePlayer.repeatMode = MPMovieRepeatModeOne;
   [self presentMoviePlayerViewControllerAnimated:moviePlayerVC];

   //Part 2
   // 플레이어 콘크롤러의 뷰를 현재 뷰에 붙임
   /*
   MPMoviePlayerController *playerC = [[MPMoviePlayerController alloc]
                                        initWithContentURL: movieFileURL];
   playerC.repeatMode = MPMovieRepeatModeOne;
   [[playerC view] setFrame: [self.view bounds]];
   [self.view addSubview: [playerC view]];
   [playerC play];
   */
}
```

[Listing 6-6] 코드를 실행해보면 Part 1이 실행되고 MPMoviePlayerViewController 오브젝트가 모달 세션으로 올라올 것이다. 주석으로 처리된 Part 2 부분의 주석을 풀고 Part 1을 주석 처리해서 실행해보면 MPMoviePlayerController 오브젝트가 생성되고 그 뷰를 현재 뷰 컨트롤러의 뷰에 더하는 방식으로 플레이어가 화면에 나타날 것이다. 동작은 동일하다.

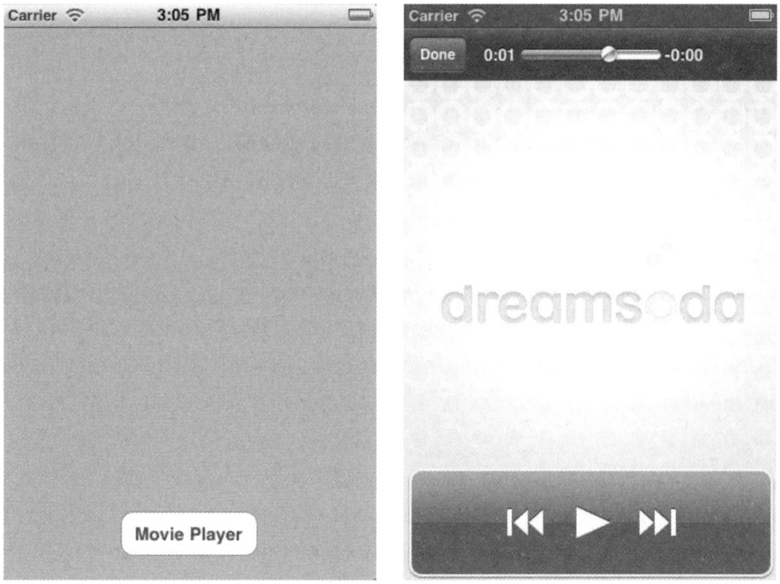

그림 6-5 ● EasiestVideoPlay 실행화면

> **여기까지의 예제 파일**
> EasiestVideoPlay.zip

6.2.4 무비 녹화하기

다시 iOS SDK 4 이전, 즉 AVFoundation에 비디오 관련 클래스들이 없었던 당시를 이야기해 보자. 우리의 애플리케이션이 아이폰의 비디오 카메라에 접근하는 방법은 UIKit 프레임워크의 UIImagePickerController를 이용해서 표준 사진/무비 촬영 UI를 얻어내는 방식이다. UIImagePickerController는 이름에서 알 수 있듯이 사용자의 사진 라이브러리로부터 사진을 선택하거나 사진 촬영을 하기 위해 사용하는 클래스였다. iOS 3.0 버전부터 무비 촬영 기능을 지원하기 때문에 간단한 비디오 촬영 기능이 필요하다면 가장 손쉽게 사용할 수 있다.

[Listing 6-7] UIImagePickerController를 이용한 비디오 녹화

```
- (void)viewDidAppear:(BOOL)animated
{
   [self startCameraControllerFromViewController:self usingDelegate:self];
}
```

```
- (BOOL) startCameraControllerFromViewController:
(UIViewController*) controller usingDelegate:
(id <UIImagePickerControllerDelegate>) delegate
{

    // 카메라 사용 가능 기종인지 체크
    BOOL cameraAvailable = [UIImagePickerController isSourceTypeAvailable:
                            UIImagePickerControllerSourceTypeCamera];
    if (cameraAvailable == NO || delegate == nil || controller == nil)
        return NO;

    // 이미지 피커 컨트롤러 만들고 설정
    UIImagePickerController *cameraUI =
                                [[UIImagePickerController alloc] init];
    cameraUI.sourceType = UIImagePickerControllerSourceTypeCamera;
    cameraUI.mediaTypes = [UIImagePickerController
                            availableMediaTypesForSourceType:
                            UIImagePickerControllerSourceTypeCamera];
    cameraUI.allowsEditing = NO;
    cameraUI.delegate = delegate;

    //이미지 피커 컨트롤러를 모달로 띄운다
    [controller presentModalViewController:cameraUI animated: YES];
    return YES;
}


#pragma mark -
#pragma mark UIImagePickerController Delegate

// 사용자가 Cancel을 누른 경우 대응
- (void) imagePickerControllerDidCancel:(UIImagePickerController *) picker {

    [[picker parentViewController] dismissModalViewControllerAnimated: YES];
    [picker release];
}
```

```
// 캡처 완료한 사진/비디오를 처리
- (void) imagePickerController: (UIImagePickerController *) picker
 didFinishPickingMediaWithInfo: (NSDictionary *) info
{
   NSString *mediaType =
                  [info objectForKey:UIImagePickerControllerMediaType];
   UIImage *originalImage, *editedImage, *imageToSave;

   // 사진 촬영 시
   if (CFStringCompare ((CFStringRef) mediaType, kUTTypeImage, 0)==
                        kCFCompareEqualTo) {

      editedImage = (UIImage *)
                [info objectForKey:UIImagePickerControllerEditedImage];
      originalImage = (UIImage *)
              [info objectForKey:UIImagePickerControllerOriginalImage];

      if (editedImage) {
         imageToSave = editedImage;
      } else {
         imageToSave = originalImage;
      }

      UIImageWriteToSavedPhotosAlbum (imageToSave, nil, nil , nil);
   }

   // 비디오 캡처 시
   if (CFStringCompare ((CFStringRef) mediaType, kUTTypeMovie, 0)==
       kCFCompareEqualTo) {

      NSString *moviePath =
            [[info objectForKey:UIImagePickerControllerMediaURL] path];

      if (UIVideoAtPathIsCompatibleWithSavedPhotosAlbum (moviePath)) {
         UISaveVideoAtPathToSavedPhotosAlbum (moviePath, nil, nil, nil);
      }
   }
```

```
    [[picker parentViewController]
                              dismissModalViewControllerAnimated: YES];
    [picker release];
}
```

[Listing 6-7]은 UIImagePickerController를 이용해서 간단한 동영상 캡처 기능을 구현한 코드 조각이다. View-based Application 템플리트를 이용해서 새로운 애플리케이션을 만든 뒤 ViewController에 위 코드를 추구하면 앱이 실행되는 즉시 카메라가 열리고 비디오 카메라로 전환한 뒤 녹화하면 사용자의 기본 라이브러리에 동영상이 저장될 것이다.

그림 6-6 ● EasiestVideoCapture 실행 화면

여기까지의 예제 파일
EasiestVideoCapture.zip

6.3 AVFoundation의 비디오 관련 동작 방식

6.3.1 AVFoundation을 사용해야 하는 이유

앞서 확인한 것처럼 UIImagePickerController를 이용해서 아이폰의 카메라에 접근할 수 있으며, 사진 촬영과 무비 녹화도 가능하다. UIKit 프레임워크에 있는 클래스인 UIImagePickerController는 가장 편리한 방식을 제공해주기 굳이 다른 방식이 필요할까? AVFoundation을 이용해서 캡처해야 하는 이유는 무엇일까?

- **Camera에 대한 완전한 엑세스를 위해**
  UIImagePickerController를 통해서는 카메라의 초점 동작 방식, 노출, 화이트 밸런스 등을 제어할 수 없다. 카메라로의 완전한 제어를 위해 AVFoundation을 이용한다.
- **비디오 프레임 데이터에 접근**
  정확한 타임 스탬프, 프레임 별 메타 데이터, 최대 프레임율 설정, 해상도 설정 등을 할 수 있다.
- **자유로운 출력단**
  비디오 프리뷰를 CALayer의 서브클래스로 제공하기 때문에 원하는 곳에 자유롭게 사용할 수 있다. 이미지의 YUV 또는 RGB 출력 선택, Exif 메타 데이터 등을 얻을 수도 있다.
- **오디오 기능**
  오디오 레벨을 측정할 수 있으며, 비디오와 마찬가지로 오디오의 샘플데이터에도 접근 가능하다.

6.3.2 녹화 시의 흐름

캡처는 AVCaptureSession 인스턴스에 AVCaptureInput과 AVCaptureOutput의 인스턴스를 AVCaptureConnection으로 연결하면 된다.

즉, 실시간으로 동영상을 캡처하려면 [그림 6-7]과 같이 AVCaptureSession 오브젝트를 하나 만들고 AVCaptureDeviceInput 오브젝트로 입력을, AVCaptureMovieFileOutput로 출력을 설정하면 된다.

출력단은 비교적 간단하다. 출력단에 사용할 수 있는 모든 오브젝트는 AVCaptureOutput의 서브클래스를 이용해 만들어진다. 가장 흔히 사용하는 AVCaptureMovieFileOutput 역시 AVCaptureFileOutput의 서브클래스이며 AVCaptureOutput의 속성을 이어받았다.

AVCaptureDevice는 캡처 세션에 입력 데이터를 제공하는 물리적인 캡처 장비를 나타내는 오브젝트이다. 사용 가능한 디바이스를 하나씩 점검하면서 각 장치의 능력을 질의하며, 장치가 붙고 떨어지는 정보를 받는다. 적당한 캡처 장치를 찾으면 그 장치에 대한 AVCaptureDeviceInput 오브젝트를 만들고 캡처 세션에 더한다.

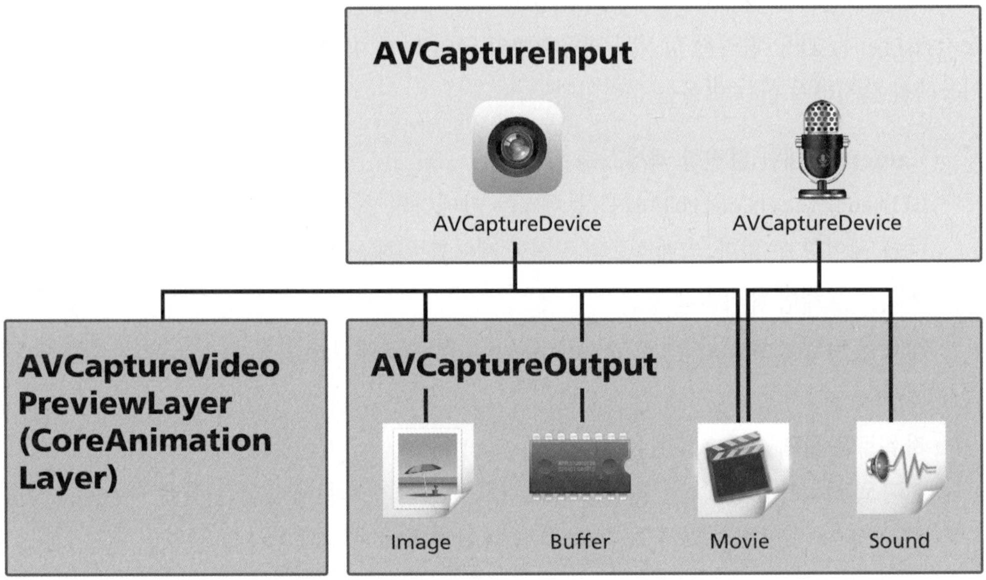

그림 6-7 ● 캡처 세션은 입력과 출력을 연결한다

6.3.3 녹화 관련 클래스들

AVCaptureSession

캡처의 중심에서 AV 입력 장치로부터 데이터를 받아 출력단(파일 등)으로 보내는 핵심적인 일을 한다. 캡처를 하려면 먼저 AVCaptureSession 오브젝트를 하나 만들고 입력과 출력을 붙인다. 입력과 출력의 종류와 개수가 바뀌더라도 캡처 세션은 유지된다.

AVCaptureInput

AVCaptureSession 오브젝트에 입력으로 들어갈 수 있는 추상클래스. addInput: 메소드를 통해 AVCaptureInput 오브젝트를 캡처 세션에 붙일 수 있다. 하나 이상의 포트를 가지고 있다.

AVCaptureDeviceInput

AVCaptureInput의 서브클래스. AVCaptureDevice 오브젝트로부터 데이터를 캡처하는 데 사용함.

AVCaptureDevice

AVCaptureSession에 입력으로 사용할 수 있는 물리적인 장치를 나타낸다. 사용 가능한 장치들을 찾아지면 그 기능을 읽어낼 수 있으며, AVCaptureDeviceInput 오브젝트를 만들어서 AVCaptureSession에 입력으로 넣어줄 수 있다.

AVCaptureOutput

AVCaptureSession 오브젝트로부터 캡처된 데이터가 출력되는 오브젝트이다. 추상클래스이며 일종의 베이스 역할을 한다. 실제로는 각각의 용도에 맞게 아래의 서브클래스들의 오브젝트를 만들어 사용한다. addOutput: 메소드를 통해 AVCaptureOutput 오브젝트를 캡처 세션에 붙일 수 있다.

AVCaptureStillImageOutput

고화질의 정지 이미지를 얻을 수 있는 AVCaptureOut의 서브클래스. -captureStillImageAsynchronouslyFromConnection:completionHandler: 메소드를 이용해 비동기식으로 이미지를 얻어낸다. kCMVideoCodecType_JPEG, kCVPixelFormatType_420YpCbCr8BiPlanarFullRange, kCVPixelFormatType_32BGRA 등의 이미지 캡처 방식 설정을 할 수 있다.

AVCaptureVideoDataOutput

캡처되는 비디오로부터 압축/무압축 프레임을 얻어낼 수 있는 AVCaptureOut의 서브클래스. -captureOutput: didOutputSampleBuffer: fromConnection: 메소드를 이용해 CoreMedia 샘플버퍼를 얻어낸 뒤 원하는 대로 비디오 분석을 하거나 파일에 쓰는 등의 작업을 할 수 있다.

AVCaptureAudioDataOutput

캡처되는 오디오의 샘플 버퍼를 얻을 수 있는 AVCaptureOut의 서브클래스. AVCaptureAudioDataOutputSampleBufferDelegate 프로토콜을 이용해 캡처되는 오디오 버퍼를 처리한다.

AVCaptureFileOutput

캡처되는 내용을 파일에 적을 수 있도록 하는 AVCaptureOut의 서브클래스. 추상클래스이므로 무비파일에 캡처한 내용을 기록하는 경우 AVCaptureMovieFileOutput을 사용한다. 녹화 시에는 -startRecordingToOutputFileURL:recordingDelegate: 메소드를 사용하며, 델리게이트 오브젝트는 AVCaptureFileOutputRecordingDelegate 프로토콜을 준수해야 한다.

AVCaptureMovieFileOutput

캡처되는 데이터를 퀵타임(QuickTime) 무비로 저장하고자 할 때 사용하는 AVCaptureFileOutput의 서브클래스. 무비의 캡처시에 가장 흔히 사용하는 클래스이다.

AVCaptureVideoPreviewLayer

CALayer의 서브클래스. 입력 디바이스에 의해 캡처되고 있는 비디오를 디스플레이 하는데 사용. AVCaptureSession 오브젝트로부터 비디오의 프리뷰 레이어를 얻어온 뒤 원하는 뷰의 레이어에 서브레이어로서 더할 수 있다.

AVAssetWriter

AVCaptureVideoDataOutput을 이용해 무비를 캡처할 때 입력단으로부터 받은 미디어 데이터를 퀵타임 무비 파일이나 MPEG-4 파일에 쓸 때 사용하는 클래스이다.

AVAssetWriterInput

캡처 시에 만들어지는 CMSampleBufferRef를 AVAssetWriter에 넣을 수 있는 클래스이다.

AVAssetWriterInputPixelBufferAdaptor

AVAssetWriterInputPixelBufferAdaptor 클래스는 CVPixelBuffer 오브젝트로 패키지화 되어 있는 비디오 샘플들을 AVAssetWriterInput 오브젝트에 더하기 위해 사용하는 클래스이다.

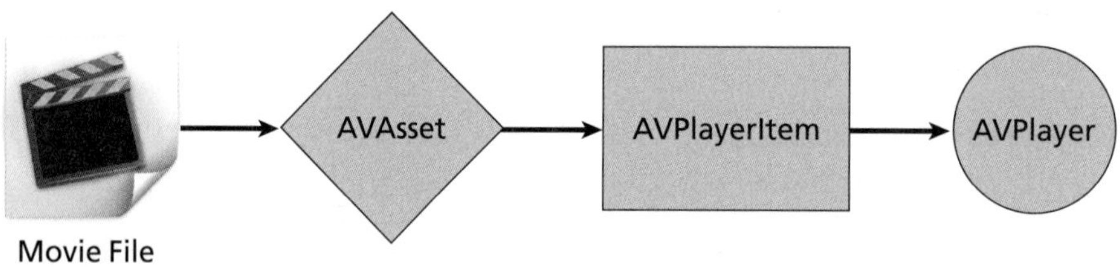

그림 6-8 ● 재생 시에는 파일에 대한 Asset을 PlayerItem에 연결한다

6.3.4 재생 시의 흐름

파일의 재생 시에는 저장되어 있는 미디어 파일에 참조를 가지는 AVAsset을 먼저 만들고, 그 재생을 관리하는 AVPlayerItem을 만든다. 재생 시에는 AVPlayer를 이용해 제어하며, 실제 화면은 AVPlayerLayer로 출력된다. 하나의 무비 파일을 여러 뷰에서 재생하려면 AVPlayerItem을 여러 개 만들어야 한다.

6.3.5 재생 관련 클래스들

AVURLAsset

비디오나 오디오 파일에 대한 리프리젠테이션으로서, AVAssetTrack으로 구성되어 있다. 미디어 리소스의 콘텐츠에 대한 리프리젠테이션일 뿐 현재 상태를 가지고 있지는 않다. 현재 상태는

AVPlayerItem이 가진다. 그러므로 asset 오브젝트가 만들어져도 준비되는 것은 없다. 데이터를 로딩하지 않는 것은 물론이고, 심지어 원격에 있는 파일의 경우 호스트에 접속하지도 않는다.

AVPlayerItem

AVPlayer 오브젝트에 의해 재생되는 에셋의 상태를 나타낸다. AVAsset 오브젝트에 대한 레퍼런스를 가지며, 트랙의 enabled 상태 등에 접근할 수 있다. URL을 이용해 플레이어 아이템을 초기화할 수 있으며, 동시에 여러 곳에서 재생하려면 각각 플레이어 아이템을 만들어야 한다.

AVPlayer

재생과 관련된 UI와 컨트롤러를 제공하는 클래스이다. 로컬에 있는 미디어 파일과 리모트에 있는 미디어 파일 모두 잘 재생할 수 있다. 재생 중인 AVPlayer 인스턴스를 화면에 표시하려면 CALayer의 서브클래스인 AVPlayerLayer를 이용해 뷰의 레이어 계층을 구성한다.

AVPlayerLayer

AVPlayer 오브젝트의 재생 중인 화면을 가지는 CALayer의 서브클래스.

+playerLayer WithPlayer: 메소드를 이용해 플레이어 레이어를 얻어낸 뒤 원하는 뷰의 레이어에 서브레이어로 더한다. videoGravity 프라퍼티는 재생되는 비디오 화면이 화면에 어떻게 뿌려질 것인가를 설정한다. 하나의 AVPlayer로부터 여러 개의 플레이어 레이어를 얻어낼 수 있지만 마지막에 만들어진 것만 유효하도록 화면에 그림을 뿌릴 수 있다.

6.4 DrivingLog 예제 소개

이번에 만들어 볼 'DrivingLog' 예제는 차량용 블랙박스를 만드는 예제이다.

그림 6-9 ● DrivingLog의 완성 스크린 샷

차량용 블랙박스의 특성상, 사용자는 DrivingLog를 실행한 뒤 한 번의 터치로 바로 동영상을 녹화하고 정지할 수 있다. 파일의 녹화는 간단해야 한다. 녹화를 위해 사용자가 직접 녹화하는 무비 파일의 이름을 입력하거나 설정을 하도록 하는 건 적당하지 않다. 그러므로 가장 중요한 정보인 녹화를 시작한 날짜와 시각으로 파일 이름을 정하도록 한다.

녹화된 파일은 자동으로 저장될 것이며, 사용자가 동영상 저장소에 접근한다면 동영상을 재생할 수 있다. 하지만 재생 빈도는 그리 많지 않을 것이다.

6.5 녹화

6.5.1 캡처를 관리하는 클래스 만들기

`DrivingLog`의 가장 핵심적인 기능은 동영상을 녹화하는 것이다. 애플리케이션은 시동 후 자동으로 아이폰의 카메라를 구동시키고 동영상 녹화를 준비할 것이다. 그러므로 간단하게 `Single View Application` 템플리트로 프로젝트를 만들고 프로젝트의 이름을 'DrivingLog'라고 정한다.

동영상 녹화를 위해서 우리는 `AVFoundation` 프레임워크가 제공하는 기능들을 사용할 것이다. 그러므로 프로젝트에 `AVFoundation` 프레임워크를 추가하자.

녹화를 위해 가장 먼저 준비할 것은 캡처세션을 관리할 클래스를 만드는 것이다. File → New → New File 메뉴를 이용해 새로운 NSObject의 서브클래스 파일을 하나 생성한다. File의 이름은 'DrivingLogCaptureManager'라고 정한다.

DrivingLogCaptureManager 클래스는 캡처 세션을 관리하는 클래스이므로 입출력까지 함께 관리한다. 즉, AVCaptureInput의 서브클래스 오브젝트와 AVCaptureOutput의 서브클래스 오브젝트를 이 클래스에서 관리하며 그 녹화 시작과 정지까지 담당할 것이다.

[Listing 6-8] 캡처 세션을 관리하는 DrivingLogCaptureManager의 헤더 구성

```
#import <Foundation/Foundation.h>
#import <AVFoundation/AVFoundation.h>

@interface DrivingLogCaptureManager : NSObject
      <AVCaptureFileOutputRecordingDelegate>

- (BOOL) setupSessionWithPreset:(NSString *)sessionPreset error:(NSError **)error;
- (void) startRecording;
- (void) stopRecording;

@property (nonatomic,strong) AVCaptureSession *session;
@property (nonatomic,strong) AVCaptureDeviceInput *videoInput;
@property (nonatomic,strong) AVCaptureMovieFileOutput *movieFileOutput;

@end
```

먼저, AVCaptureSession과 AVCaptureDeviceInput, AVCaptureMovieFileOutput 오브젝트를 선언하고 프라퍼티로 만든다.

DrivingLogCaptureManager 오브젝트를 초기화할 때 적당한 비디오 입력 프리셋 문자열을 넘겨받아 세션을 초기화하는 -setupSessionWithPreset: error: 메소드와 레코딩을 시작하고 끝내는 -startRecording과 -stopRecording이 있다.

비디오 입력 프리셋은 NSString *const 타입이며, iOS 4.3 현재 사용 가능한 프리셋은 다음과 같다.

AVCapturePreset	목표 화질	Output이 MovieFile인 경우
Photo	사진의 최대 해상도	N/A
High	최대의 비디오 레코딩 화질	iPhone 4 Back : 1280 × 720, 10.5 mbps iPhone 4 Front : 640 × 480, 3.5 mbps iPhone 3Gs : 640 × 480, 3.5 mbps
Medium	WiFi 공유에 적당한 화질	480 × 360, 700 kbps
Low	3G 공유에 적당한 화질	192 × 144, 128 kbps
640 × 480	VGA 화질	640 × 480, 3.5 mbps
1280 × 720	720p HD 화질	No Video, 64 kbps AAC 오디오 전용
352 × 288	스트리밍 앱을 위한 CoreImageFrame	
iFrame 960 × 540 (iOS 5 이상)	편집용 540p HD 화질	
iFrame 1280 × 720 (iOS 5 이상)	편집용 720p HD 화질	

DrivingLogCaptureManager 클래스는 AVCaptureMovieFileOutput을 이용해 캡처한 데이터를 파일에 기록하며, 그 델리게이트 역할도 함께 하기 때문에 AVCaptureFileOutputRecordingDelegate 프로토콜을 준수해야 한다.

[Listing 6-9] DrivingLogCaptureManager의 구현 파일에 카메라 엑세스 코드를 작성

```
@implementation DrivingLogCaptureManager

@synthesize session = _session;
@synthesize videoInput = _videoInput;
@synthesize movieFileOutput = _movieFileOutput;

#pragma mark -
#pragma mark Camera Access
- (AVCaptureDevice *) cameraWithPosition:(AVCaptureDevicePosition) position
{
   NSArray *devices =
         [AVCaptureDevice devicesWithMediaType:AVMediaTypeVideo];
   for (AVCaptureDevice *device in devices) {
      if ([device position] == position) {
```

```
        return device;
      }
   }
   return nil;
}

- (AVCaptureDevice *) frontFacingCamera
{
   return [self cameraWithPosition:AVCaptureDevicePositionFront];
}

- (AVCaptureDevice *) backFacingCamera
{
   return [self cameraWithPosition:AVCaptureDevicePositionBack];
}
```

[Listing 6-9]에서는 아이폰의 전/후면 카메라에 대한 접근 메소드를 만들어 둔다. 캡처 중 특정 버튼을 이용해 전/후면 카메라를 바꾸려 할 때 사용할 수 있다.

[Listing 6-10] 캡처 세션을 초기화

```
- (BOOL) setupSessionWithPreset:(NSString *)sessionPreset error:(NSError **)error
{
   BOOL success = NO;

   AVCaptureDeviceInput *videoInput = [[AVCaptureDeviceInput alloc]
                    initWithDevice:[self backFacingCamera] error:error];
   self.videoInput = videoInput;
   [videoInput release];

   AVCaptureMovieFileOutput *movieFileOutput =
                                [[AVCaptureMovieFileOutput alloc] init];
   self.movieFileOutput = movieFileOutput;
   [movieFileOutput release];

   AVCaptureSession *session = [[AVCaptureSession alloc] init];

   if ([session canAddInput:videoInput]) {
      [session addInput:videoInput];
```

```
    }
    if ([session canAddOutput:movieFileOutput]) {
        [session addOutput:movieFileOutput];
    }

    [session setSessionPreset:sessionPreset];
    [session startRunning];

    self.session = session;
    [session release];

    success = YES;
    return success;
}
```

[Listing 6-10]의 `-setupSessionWithPreset:error:` 메소드는 캡처를 위해 `DrivingLogCaptureManager` 오브젝트를 만든 후 가장 먼저 호출해야 하는 메소드이다. 이 메소드에서 비디오 입력과 무비 파일 출력을 초기화한 뒤 캡처 세션에 넣어주는 작업을 한다. 클래스의 가장 중요한 작업을 하는 핵심 메소드라 할 수 있다.

[Listing 6-11] 캡처 파일 이름을 자동 설정

```
#pragma mark -
#pragma mark Movie File Naming
- (NSURL *) tempFileURL
{
    NSString *outputPath = [[NSString alloc] initWithFormat:@"%@%@.mov",
                        [self documentDirectory], [self currentDateTime]];
    NSURL *outputURL = [[NSURL alloc] initFileURLWithPath:outputPath];
        [outputPath release];
    return [outputURL autorelease];
}

- (NSString *)currentDateTime
{
    NSDateFormatter *dateFormatter = [[NSDateFormatter alloc] init];
    [dateFormatter setTimeStyle:NSDateFormatterShortStyle];
    [dateFormatter setAMSymbol:@"AM"];
```

```
    [dateFormatter setPMSymbol:@"PM"];
    [dateFormatter setDateStyle:NSDateFormatterShortStyle];

    NSString *dateNTimeString =
                            [dateFormatter stringFromDate:[NSDate date]];
    return dateNTimeString;
}

- (NSString *)documentDirectory
{
    NSArray *paths = NSSearchPathForDirectoriesInDomains(NSDocumentDirectory,
                                                 NSUserDomainMask, YES);
    return [paths lastObject];
}
```

DrivingLog 애플리케이션은 녹화 작업이 재생 작업보다 몇 배로 빈번한 애플리케이션이며, 녹화한 파일에 이름을 사용자가 직접 입력할 경우는 드물 것이다. 그러므로 녹화 시작 시각을 기준으로 파일 이름을 주는 것이 보다 편리한 사용자 체험을 제공한다. [Listing 6-11]은 현재 시각을 기준으로 무비 출력 파일의 이름을 만들어서 리턴하는 코드이다.

[Listing 6-12] 녹화의 시작과 끝, 그리고 델리게이트

```
#pragma mark -
#pragma mark Movie Recording

- (BOOL) isRecording
{
    return [[self movieFileOutput] isRecording];
}

- (void) startRecording
{
    [[self movieFileOutput] startRecordingToOutputFileURL:
      [self tempFileURL] recordingDelegate:self];
}

- (void) stopRecording
{
```

```
    [[self movieFileOutput] stopRecording];
}

#pragma mark -
#pragma mark Recording Delegate
- (void)captureOutput:(AVCaptureFileOutput *)captureOutput
didStartRecordingToOutputFileAtURL:(NSURL *)fileURL
                    fromConnections:(NSArray *)connections
{

}

- (void)captureOutput:(AVCaptureFileOutput *)captureOutput
didFinishRecordingToOutputFileAtURL:(NSURL *)outputFileURL
fromConnections:(NSArray *)connections error:(NSError *)error
{

}
```

-isRecording 메소드로 현재 캡처 세션이 녹화 중인지를 체크하고, -startRecording과 -stop Recording 메소드로 녹화를 시작/종료한다.

녹화가 시작된 직후에 -captureOutput:didStartRecordingToOutputFileAtURL:fromConnections: 메소드가 호출되며, 녹화가 끝난 직후에는 -captureOutput:didFinishRecordingToOutputFileAtURL:fromConnections:error: 메소드가 호출된다.

6.5.2 뷰 컨트롤러에서 캡처 매니저 이용

이제 DrivingLogViewController에서 비디오 캡처를 준비해보자. 이번에는 간단히 기능을 테스트 한 뒤 UI를 세밀하게 만들 것이다.

DrivingLogViewController.xib 파일에서 view 오브젝트를 [그림 6-10]와 같이 구성한다. UIButton 오브젝트 하나와 UISwitch 오브젝트 하나를 만들고 DrivingLogViewController 헤더에 액션 메소드를 만든다. 버튼 오브젝트를 누르면 -presentAssetList: 메소드가 호출되어 녹화한 파일의 목록을 보여주는 모달 뷰가 나타난다. 스위치 오브젝트를 ON/OFF 하면 녹화가 시작/중단 된다.

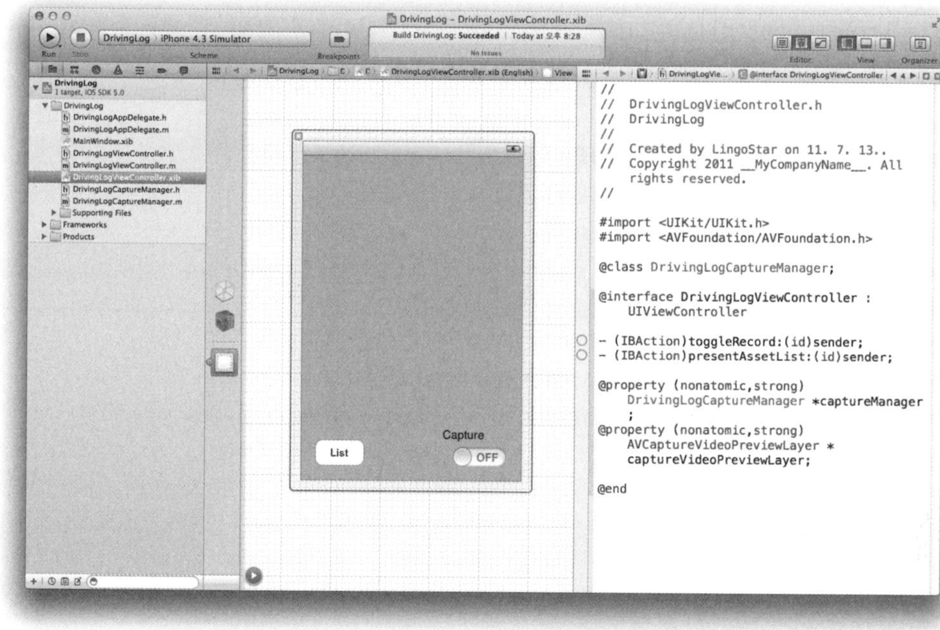

그림 6-10 • DrivingLogViewController의 UI와 헤더 구성

DrivingLogViewController의 헤더는 [Listing 6-13]과 같다. 캡처 매니저 오브젝트와 캡처 프리뷰 레이어를 인스턴스 변수로 선언하고 프라퍼티도 만든다.

[Listing 6-13] DrivingLogViewController의 헤더 구성

```
#import <UIKit/UIKit.h>
#import <AVFoundation/AVFoundation.h>

@class DrivingLogCaptureManager;

@interface DrivingLogViewController : UIViewController
- (IBAction)toggleRecord:(id)sender;
- (IBAction)presentAssetList:(id)sender;

@property (nonatomic,strong) DrivingLogCaptureManager *captureManager;
@property (nonatomic,strong) AVCaptureVideoPreviewLayer
                                                  *captureVideoPreviewLayer;

@end
```

DrivingLogViewController의 구현 파일에서는 캡처 매니저 오브젝트를 초기화하고 그 비디로 프리뷰 레이어를 뷰 컨트롤러의 뷰에 붙이는 작업을 한다.

[Listing 6-14] DrivingLogViewController의 viewDidLoad 시에 캡처 세션

```
#import "DrivingLogViewController.h"
#import "DrivingLogCaptureManager.h"

@implementation DrivingLogViewController

@synthesize captureManager = _captureManager;
@synthesize captureVideoPreviewLayer = _captureVideoPreviewLayer;

.
.
.

#pragma mark - View lifecycle

- (void)viewDidLoad
{
   [super viewDidLoad];
   NSError *error;
   DrivingLogCaptureManager *captureManager =
                              [[DrivingLogCaptureManager alloc] init];
   if ([captureManager setupSessionWithPreset:
         AVCaptureSessionPresetHigh error:&error]) {
      self.captureManager = captureManager;
      [captureManager release];

      AVCaptureVideoPreviewLayer *captureVideoPreviewLayer =
                              [[AVCaptureVideoPreviewLayer alloc]
                               initWithSession:[captureManager session]];
      CALayer *viewLayer = [self.view layer];
      [viewLayer setMasksToBounds:YES];

      CGRect bounds = [self.view bounds];

      [captureVideoPreviewLayer setFrame:bounds];
```

```
        if ([captureVideoPreviewLayer isOrientationSupported]) {
            [captureVideoPreviewLayer setOrientation:
             AVCaptureVideoOrientationPortrait];
        }

        [captureVideoPreviewLayer setVideoGravity:
             AVLayerVideoGravityResizeAspectFill];

        self.captureVideoPreviewLayer = captureVideoPreviewLayer;

        [viewLayer insertSublayer:captureVideoPreviewLayer
         below:[[viewLayer sublayers] objectAtIndex:0]];

        [captureVideoPreviewLayer release];
    }
}
```

DrivingLogCaptureManager 오브젝트를 생성한 뒤 캡처 세션을 AVCaptureSessionPresetHigh로 설정한다. 이 때 captureManager 오브젝트 내부에서는 비디오 입력과 무비 출력 파일이 생성될 것이다.

비디오의 프리뷰를 보여주는 CALayer의 서브클래스인 AVCaptureVideoPreviewLayer 클래스의 오브젝트를 만든다. 초기화 메소드로 -initWithSession: 메소드를 이용하기 때문에 세션정보를 넘기면 그 세션의 비디오 입력의 프리뷰 레이어를 제공한다.

AVCaptureVideoPreviewLayer 오브젝트가 만들어지면 DrivingLogViewController의 뷰 레이어에 넣어준다.

[Listing 6-15] 레코드 시작과 종료

```
- (IBAction)toggleRecord:(id)sender {
    BOOL isOn = [(UISwitch *)sender isOn];
    if (isOn){
        [self.captureManager startRecording];
    } else {
        [self.captureManager stopRecording];
    }
}
```

-toggleRecord 액션 메소드에서는 스위치의 ON/OFF 값에 따라 captureManager에게 레코딩의 시작과 종료 메소드를 호출해준다.

Build & Run을 해보자. 앱이 실행되자마자 비디오 프리뷰가 보일 것이다. 스위치를 ON/OFF 하면 녹화가 시작되고 종료될 것이다. 현재로선 녹화된 내용을 확인할 수 없지만 비디오 파일은 샌드박스내의 도큐멘트 폴더에 쌓일 것이다.

그림 6-11 ● 기본적인 녹화 기능 구현

> **여기까지의 예제 파일**
> DrivingLog_1.zip

6.6 비디오 파일 재생

6.6.1 도큐멘트 디렉토리까지의 경로

예제 내에서 데이터가 저장되는 도큐멘트 폴더까지의 경로는 자주 호출된다.

지금까지 -(NSS tring *)documentDirectory 메소드 호출로 그 경로를 얻어냈다. 하지만 여러 클래스에서 빈번하게 호출되며, 메소드 특성상 특정 클래스에 의존도가 없으므로 보다 편리하게 호출할 수 있도록 해두자.

File → New → New File 메뉴를 이용해 새로운 NSObject의 서브클래스 파일을 하나 생성한다. File의 이름은 'DrivingLogFunction'이라고 정한다. 사실 NSObject의 서브클래스일 필요는 없다. 우리는 Objective-C 클래스를 만드는 게 아니라 C 함수를 하나 만들 것이기 때문이다.

[Listing 6-16] DrivingLogFunction의 헤더에는 함수 선언을 넣어준다

```
#import <Foundation/Foundation.h>

NSString *documentDirectory();
```

[Listing 6-17] DrivingLogFunction.m에서는 그 함수를 구현한다

```
#import "DrivingLogFunction.h"

NSString *documentDirectory()
{
    NSArray *paths = NSSearchPathForDirectoriesInDomains(NSDocumentDirectory,
                                                          NSUserDomainMask, YES);
    return [paths lastObject];
}
```

[Listing 6-17]과 같이 NSString 오브젝트를 리턴하는 C 함수를 만들고 그 구현은 동일하게 한다.

이제 어디에서나 #import "DrivingLogFunction.h"를 하고 documentDirectory() 함수를 호출해 사용할 수 있다.

보다 편리하게 documentDirectory() 함수를 사용하려면 다음과 같은 작업을 추가해보자.

프로젝트의 'Supporting Files' 폴더에는 'DrivingLog-Prefix.pch' 파일이 있다. 이 파일의 내용은 DirvingLog 애플리케이션을 타겟으로 하는 모든 소스코드에 공통적으로 들어가는 내용이다. 다음과 같이 수정한다.

[Listing 6-18] DrivingLog-Prefix.pch 파일의 내용

```
#import <Availability.h>

#ifndef __IPHONE_3_0
```

```
#warning "This project uses features only available in iPhone SDK 3.0 and later."
#endif

#ifdef __OBJC__
   #import <UIKit/UIKit.h>
   #import <Foundation/Foundation.h>
   #import "DrivingLogFunction.h"
#endif
```

이제 모든 소스코드에는 우리가 직접 추가하지 않더라도 DrivingLogFunction.h 파일이 임포트된다. 그러므로 documentDirectory() 함수는 어디에서나 자유롭게 사용할 수 있다.

6.6.2 비디오 파일의 목록

먼저 비디오 파일의 목록을 보여줄 수 있는 테이블 뷰를 만들자.

File → New → New File 메뉴를 이용해 새로운 UITableViewController의 서브클래스 파일을 하나 생성한다. File의 이름은 'DrivingLogAssetController'라고 정한다.

뷰가 로드될 때 샌드박스 내의 도큐멘트 폴더 내에 있는 파일의 목록을 모두 assetArray라는 배열에 넣어서 테이블 뷰의 각 셀에 그 제목을 뿌리는 간단한 코드를 구현했다.

[Listing 6-19] 테이블 뷰가 화면에 나타날 때 비디오 파일의 목록을 읽고 테이블에 뿌린다

```
- (void)viewDidLoad
{
   [super viewDidLoad];

   NSFileManager *fileManager = [NSFileManager defaultManager];
   _assetArray = [[NSArray alloc] initWithArray:[fileManager
            contentsOfDirectoryAtPath:documentDirectory() error:nil]];
}

.
.
.

#pragma mark - Table view data source
```

```
- (NSInteger)numberOfSectionsInTableView:(UITableView *)tableView
{
   return 1;
}

- (NSInteger)tableView:(UITableView *)tableView
 numberOfRowsInSection:(NSInteger)section
{
   return [self.assetArray count];
}

- (UITableViewCell *)tableView:(UITableView *)tableView
         cellForRowAtIndexPath:(NSIndexPath *)indexPath
{
   static NSString *CellIdentifier = @"Cell";

   UITableViewCell *cell =
          [tableView dequeueReusableCellWithIdentifier:CellIdentifier];
   if (cell == nil) {
      cell = [[[UITableViewCell alloc]
               initWithStyle:UITableViewCellStyleDefault
               reuseIdentifier:CellIdentifier] autorelease];
   }

   cell.textLabel.text = [self.assetArray objectAtIndex:indexPath.row];

   return cell;
}
```

DrivingLogViewController의 'List' 버튼을 누르면 DrivingLogAssetController의 테이블 뷰가 모달로 올라오도록 DrivingLogViewController의 -presentAssetList: 메소드를 다음 [Listing 6-20]과 같이 구현한다.

[Listing 6-20] 비디오 에셋의 목록을 모달 형식으로 화면에 올린다

```
#import "DrivingLogAssetController.m"
.
.
.
- (IBAction)presentAssetList:(id)sender {
    DrivingLogAssetController *assetTableVC =
                [[DrivingLogAssetController alloc]
                 initWithNibName:@"DrivingLogAssetController" bundle:nil];
    UINavigationController *assetNavigationController =
                            [[UINavigationController alloc]
                             initWithRootViewController:assetTableVC];

    [self presentModalViewController:assetNavigationController
                            animated:YES];
}
```

모달 형식으로 DrivingLogAssetController가 올라오면 화면에 테이블 뷰가 나타날 것이며, 하나의 항목이 선택되면 선택된 비디오가 재생되는 뷰로 네비게이션되어야 한다. 그러므로 네비게이션 컨트롤러를 만들고 루트 뷰 컨트롤러로 DrivingLogAssetController를 지정한 뒤 네비게이션 컨트롤러를 모달로 올린다.

모달로 뷰가 올라오면 그 뷰를 내리는 방법도 제공해야 한다. DrivingLogAssetController의 -viewDidLoad 메소드에 'Done' 바 버튼 아이템을 만들고 버튼이 눌러지면 실행될 -dismissModal 메소드를 만들어 주자.

[Listing 6-21] DrivingLogAssetController에 모달을 내리는 바 버튼 아이템 추가

```
- (void)viewDidLoad
{
    [super viewDidLoad];

    NSFileManager *fileManager = [NSFileManager defaultManager];
    assetArray = [[NSArray alloc] initWithArray:[fileManager
                contentsOfDirectoryAtPath:documentDirectory() error:nil]];

    UIBarButtonItem *doneButtonItem = [[UIBarButtonItem alloc]
                     initWithBarButtonSystemItem:UIBarButtonSystemItemDone
```

```
                    target:self action:@selector(dismissModal:)];
   self.navigationItem.rightBarButtonItem = doneButtonItem;
}

- (void)dismissModal:(id)sender
{
   [self.navigationController dismissModalViewControllerAnimated:YES];
}
```

Build & Run을 해보자. [그림 6-12]와 같이 녹화된 미디어 파일의 목록이 보일 것이다.

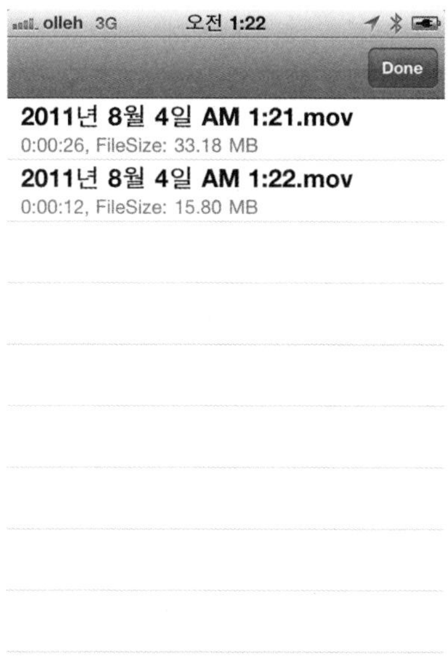

그림 6-12 ● 녹화된 파일의 목록 보이기

> **여기까지의 예제 파일**
> DrivingLog_2.zip

6.6.3 선택된 비디오 파일의 재생

테이블 뷰에서 선택된 비디오 파일을 재생하는 뷰 컨트롤러를 만들자.

File → New → New File 메뉴를 이용해 새로운 UIViewController의 서브클래스 파일을 하나 생성한다. File의 이름은 'DrivingLogAssetPlayerController'라고 정한다.

[Listing 6-22] DrivingLogAssetPlayerController의 헤더에는 비디오 파일의 경로가 있다

```
#import <UIKit/UIKit.h>
#import <AVFoundation/AVFoundation.h>

@interface DrivingLogAssetPlayerController : UIViewController

@property (strong) NSString *assetFileName;
@end
```

테이블 뷰에서 하나의 항목이 선택되면 DrivingLogAssetPlayerController 오브젝트로 선택된 항목의 이름이 넘어온다. 헤더에는 assetFileName 프라퍼티를 선언한다.

DrivingLogAssetPlayerController가 화면에 나타나면 자동으로 비디오 파일을 재생한다. 그러므로 -viewDidAppear: 메소드를 오버라이드해서 비디오 파일 재생 코드를 넣어 준다.

[Listing 6-23] 뷰가 로드되면 자동으로 선택된 비디오가 재생한다

```
- (void)viewDidAppear:(BOOL)animated
{
   [super viewDidAppear:animated];

   NSString *assetPath = [[NSString alloc] initWithFormat:@"%@/%@",
                        documentDirectory(), self.assetFileName];
   NSURL *assetURL = [[NSURL alloc] initFileURLWithPath:assetPath];

   AVURLAsset *urlAsset =
                      [AVURLAsset URLAssetWithURL:assetURL options:nil];
   AVPlayerItem *playerItem =
                          [AVPlayerItem playerItemWithAsset:urlAsset];
   AVPlayer *mPlayer = [[AVPlayer alloc] initWithPlayerItem:playerItem];
   AVPlayerLayer *playerLayer =
                         [AVPlayerLayer playerLayerWithPlayer:mPlayer];

   [self.view.layer addSublayer:playerLayer];
   playerLayer.frame = self.view.bounds;
   playerLayer.videoGravity = AVLayerVideoGravityResize;
```

```
    [mPlayer play];
}
```

비디오의 재생 방식은 앞서 6.3.3장에서 설명한 방식과 같다. 실제 미디어 파일에 대한 레퍼런스를 가지는 AVURLAsset 오브젝트를 만들고 그 에셋 오브젝트를 재생할 수 있는 형식인 AVPlayerItem으로 만든 뒤, AVPlayer 오브젝트로 재생을 제어하는 오브젝트를 만든다. 재생 화면은 AVPlayerLayer를 통해 레이어로 얻어내서 뷰에 제공할 수 있다.

DrivingLogAssetController의 테이블 뷰에서 특정 셀이 선택되면 DrivingLogAssetPlayerController을 만들고 네비게이션 하는 메소드를 만든다.

[Listing 6-24] 테이블 뷰의 셀이 선택되면 DrivingLogAssetPlayerController를 만들고 네비게이트 한다

```
#import "DrivingLogAssetPlayerController.h"

#pragma mark - Table view delegate

- (void)tableView:(UITableView *)tableView
didSelectRowAtIndexPath:(NSIndexPath *)indexPath
{
    DrivingLogAssetPlayerController *playViewController =
          [[DrivingLogAssetPlayerController alloc]
          initWithNibName:@"DrivingLogAssetPlayerController" bundle:nil];

    NSString *selectedAsset = [self.assetArray objectAtIndex:indexPath.row];
    playViewController.assetFileName = selectedAsset;
    [self.navigationController pushViewController:playViewController
                                              animated:YES];
}
```

Build & Run을 해보자. 녹화된 미디러 파일이 재생되는 것을 확인할 수 있다.

이로서 기본적인 기능은 완성되었다. 다음 장부터는 부가적인 기능을 구현해서 실제 차량용 블랙박스 앱을 만들어 보자.

여기까지의 예제 파일
DrivingLog_3.zip

6.7 모델 데이터 만들기

6.7.1 LogData 클래스 만들기

DrivingLog 앱에서 다루는 주요 데이터인 '차량운행 기록'에는 다양한 속성이 있다. 기록된 영상의 길이 또는 파일의 크기 같은 기본 속성이 필요할 것이고, 위치나 속도 같은 운행 정보를 기록할 필요도 있을 것이다. 일정 시간 간격으로 현재의 위치를 담는 것도 유용할 것이다. 데이터의 종류가 다양해지고 그 취득 방법이 복잡하기 때문에 모델 클래스가 필요하다.

File → New → New File 메뉴를 이용해 새로운 NSObject의 서브클래스 파일을 하나 생성한다. File의 이름은 'LogData'라고 정한다.

[Listing 6-25] LogData의 헤더 파일 구성

```
#import <Foundation/Foundation.h>
#import <AVFoundation/AVFoundation.h>

@interface LogData : NSObject

@property (strong) NSString *assetName;
@property (strong) NSString *sizeString;
@property (strong) NSString *durationString;
@property (strong) AVPlayer *logPlayer;

@end
```

LogData가 가지는 인스턴스 변수는 무비 파일의 이름인 _assetName뿐이다. 무비 파일의 이름이 있으면 도큐멘트 폴더 내의 해당 파일에 접근해서 무비의 길이나 파일의 크기를 알아낼 수 있을 것이다.

[Listing 6-26] 파일의 용량 알아내기

```
#import "LogData.h"

@implementation LogData
@synthesize assetName = _assetName;
@synthesize sizeString = _sizeString;
@synthesize durationString = _durationString;
```

```
- (NSString *)sizeString
{
   if (_sizeString != nil) return _sizeString;
   NSString *assetPath = [[NSString alloc] initWithFormat:@"%@/%@",
                          documentDirectory(), self.assetName];
   NSDictionary *attributeDict = [[NSFileManager defaultManager]
                            attributesOfItemAtPath:assetPath error:nil];
   float fileSizeInMega = [[attributeDict valueForKey:NSFileSize]
                           floatValue]/1024/1024;

   if (fileSizeInMega > 1024) {
      _sizeString = [[NSString alloc] initWithFormat:@"FileSize: %.2f GB",
                     fileSizeInMega/1024];
   } else {
      _sizeString = [[NSString alloc] initWithFormat:@"FileSize: %.2f MB",
                     fileSizeInMega];
   }

   return _sizeString;
}
```

[Listing 6-26]은 저장된 무비 파일의 용량을 알아내는 방법을 보여준다. NSFileManager의 싱글톤 오브젝트에 -attributesOfItemAtPath:error: 메소드를 던져서 특정 경로에 있는 파일의 속성 딕셔너리를 얻어낸다. 속성 딕셔너리 안에는 파일의 다양한 정보가 들어 있고, NSFileSize라는 키를 이용해서 파일의 크기를 얻어낼 수 있다.

[Listing 6-27] 무비파일의 시간 알아내기

```
- (NSString *)durationString
{
   if (_durationString != nil) return _durationString;
   NSString *assetPath = [[NSString alloc] initWithFormat:@"%@/%@",
                          documentDirectory(), self.assetName];
   NSURL *assetURL = [[NSURL alloc] initFileURLWithPath:assetPath];

   AVURLAsset *urlAsset =
                      [AVURLAsset URLAssetWithURL:assetURL options:nil];
   CMTime duration = urlAsset.duration;
   CMTimeValue value = duration.value;
```

```
    CMTimeScale scale = duration.timescale;
    int totalSecond = value/scale;

    int hour = totalSecond/3600;
    int minute = (totalSecond%3600)/60;
    int second = totalSecond%60;
    _durationString = [[NSString alloc] initWithFormat:@"%d:%.2d:%.2d",
                       hour, minute, second];

    return _durationString;
}
```

[Listing 6-27]은 저장된 무비파일의 시간을 알아내는 방법을 보여준다. AVURLAsset 오브젝트의 duration 속성을 구하면 CMTime 구조체가 리턴된다. CMTime은 CoreMedia에 선언되어 있는 구조체이며 다음과 같은 값을 가진다.

```
typedef struct
{
    CMTimeValue    value;
    CMTimeScale    timescale;
    CMTimeFlags    flags;
    CMTimeEpoch    epoch;
} CMTime;
```

timescale은 시간의 단위이며, value는 timescale에 기반한 시간값이다. 그러므로 영상의 길이를 알아내기 위해서는 value를 timescale로 나눠야 한다.

Note | 영상의 정확한 시간을 알아내기

영상물의 시간을 '정확히' 알아내는 것은 쉽지 않다. 대부분의 경우 우리는 영상물의 정확한 타임코드를 필요로 하지 않는다. 영상을 재생하는 동안에도 우리는 '대강의' 시간을 이용해서 표시한다.

AVAsset 클래스의 프라퍼티 중 providesPreciseDurationAndTiming은 기본적으로 NO로 설정되어 있다. 이 때, 각 파일의 컨테이너 포맷(mov나 mp4 같은)이 가지고 있는 대강의 길이를 즉각 읽어낼 수 있다. 하지만 영상을 편집하는 경우 정확한 타임코드가 필요하기 때문에 providesPreciseDurationAndTiming을 YES로 설정해서 정확한 값을 읽어낸다. 물론, 정확한 타임코드를 이용하는 데는 시간이 걸린다. 우리가 특정 영상물의 전체 길이를 알고 싶은 때에 바로 읽어오지 못하며 비동기식(Asynchronous)으로 읽어낼 수 있다. 즉, 영상물의 길이 값을 요청한 뒤 기다리고 있다가 값이 결정되면 읽어내는 방식이다.

[Listing 6-28] Player 오브젝트 제공

```
- (AVPlayer *)logPlayer
{
   NSString *assetPath = [[NSString alloc] initWithFormat:@"%@/%@",
                             documentDirectory(), self.assetName];
   NSURL *assetURL = [[NSURL alloc] initFileURLWithPath:assetPath];

   AVURLAsset *urlAsset = [AVURLAsset URLAssetWithURL:assetURL options:nil];
   AVPlayerItem *playerItem = [AVPlayerItem playerItemWithAsset:urlAsset];
   AVPlayer *mPlayer = [[AVPlayer alloc] initWithPlayerItem:playerItem];

   return [mPlayer autorelease];
}
```

[Listing 6-28]은 영상물의 플레이어를 제공하는 메소드이다. [Listing 6-23]에서 플레이어를 만드는 데 사용한 코드를 이용했다. 하나의 무비에셋에 대해 여러 개의 플레이어 오브젝트가 있을 수 있으므로 logPlayer 프라퍼티가 요청될 때마다 다른 플레이어 오브젝트가 리턴된다.

LogData 오브젝트는 지금까지의 프로젝트들과 마찬가지로 AppDelegate에서 배열로 묶어서 관리하게 되며, DrivingLogCaptureManager에서 녹화가 시작될 때 만들어지는 것이 적당하다.

[Listing 6-29] AppDelegate의 헤더에는 NSMutableArray 오브젝트인 drivingLogArray가 추가된다

```
#import <UIKit/UIKit.h>

@class DrivingLogViewController;

@interface DrivingLogAppDelegate : NSObject <UIApplicationDelegate>

@property (nonatomic, strong) IBOutlet UIWindow *window;
@property (nonatomic, strong) IBOutlet DrivingLogViewController
                                                        *viewController;
@property (strong, readonly) NSMutableArray *drivingLogArray;

@end
```

[Listing 6-30] 애플리케이션이 시동을 마치면 drivingLogArray를 초기화한다

```
#import "DrivingLogAppDelegate.h"
#import "DrivingLogViewController.h"

@implementation DrivingLogAppDelegate


@synthesize window = _window;
@synthesize viewController = _viewController;
@synthesize drivingLogArray = _drivingLogArray;

- (BOOL)application:(UIApplication *)application
didFinishLaunchingWithOptions:(NSDictionary *)launchOptions
{

   _drivingLogArray = [[NSMutableArray alloc] initWithCapacity:10];

   self.window.rootViewController = self.viewController;
   [self.window makeKeyAndVisible];
   return YES;
}
```

[Listing 6-31] DrivingLogCaptureManager의 구현부에서 레코딩 시작 직후 LogData 오브젝트를 만든다

```
#import "DrivingLogAppDelegate.h"
#import "LogData.h"
.
.
.

#pragma mark -
#pragma mark Recording Delegate
- (void)captureOutput:(AVCaptureFileOutput *)captureOutput
didStartRecordingToOutputFileAtURL:(NSURL *)fileURL
                    fromConnections:(NSArray *)connections
{
   DrivingLogAppDelegate *appDelegate =
                              [[UIApplication sharedApplication] delegate];
```

```
    LogData *newLogData = [[LogData alloc] init];
    newLogData.assetName = [[fileURL path] lastPathComponent];
    [appDelegate.drivingLogArray addObject:newLogData];
}

- (void)captureOutput:(AVCaptureFileOutput *)captureOutput
didFinishRecordingToOutputFileAtURL:(NSURL *)outputFileURL
fromConnections:(NSArray *)connections error:(NSError *)error
{
    NSLog(@"%s", __FUNCTION__);
}
```

이렇게 만들어진 LogData 오브젝트는 테이블 뷰에서 리스트를 표시할 때 사용되어야 한다. DrivingLogAssetController의 헤더에는 AppDelegate의 drivingLogArray로 접근할 수 있는 프라퍼티가 선언되고 구현부에서는 getter 메소드를 다음과 같이 구현한다.

테이블 뷰의 셀이 선택되었을 때 DrivingLogAssetPlayerController로 네비게이션되는 부분도 [Listing 6-32]와 같이 바뀔 것이다.

[Listing 6-32] DrivingLogAssetController의 테이블 뷰 표시부분의 변경

```
//------------- DrivingLogAssetController.h ---------------//
@property (readonly) NSMutableArray *drivingLogArray;


//------------- DrivingLogAssetController.m ---------------//
#import "DrivingLogAppDelegate.h"
#import "LogData.h"
.
.
.
- (NSMutableArray *)drivingLogArray
{
    DrivingLogAppDelegate *appDelegate =
                                    [[UIApplication sharedApplication] delegate];
    return appDelegate.drivingLogArray;
}

#pragma mark - Table view data source
```

```
- (NSInteger)numberOfSectionsInTableView:(UITableView *)tableView
{
    return 1;
}

- (NSInteger)tableView:(UITableView *)tableView
 numberOfRowsInSection:(NSInteger)section
{
    return [self.drivingLogArray count];
}

- (UITableViewCell *)tableView:(UITableView *)tableView
         cellForRowAtIndexPath:(NSIndexPath *)indexPath
{
    static NSString *CellIdentifier = @"Cell";

    UITableViewCell *cell =
         [tableView dequeueReusableCellWithIdentifier:CellIdentifier];
    if (cell == nil) {
        cell = [[[UITableViewCell alloc]
                initWithStyle:UITableViewCellStyleSubtitle
                reuseIdentifier:CellIdentifier] autorelease];
    }
    LogData *currLog =
                    [self.drivingLogArray objectAtIndex:indexPath.row];
    cell.textLabel.text = currLog.assetName;

    NSString *attributeString = [NSString stringWithFormat:@"%@, %@",
                              currLog.durationString, currLog.sizeString];
    cell.detailTextLabel.text = attributeString;

    return cell;
}
.
.
.
- (void)tableView:(UITableView *)tableView
```

```
        didSelectRowAtIndexPath:(NSIndexPath *)indexPath
{
   DrivingLogAssetPlayerController *playViewController =
            [[DrivingLogAssetPlayerController alloc]
             initWithNibName:@"DrivingLogAssetPlayerController" bundle:nil];

   LogData *selectedLog =
                     [self.drivingLogArray objectAtIndex:indexPath.row];
   playViewController.selectedLogData = selectedLog;
   [self.navigationController pushViewController:playViewController
                                         animated:YES];
   [playViewController release];
}
```

테이블 뷰 셀에는 각각의 LogData 오브젝트로부터 영상물의 길이와 파일의 크기를 읽어서 뿌린다. 테이블 뷰 셀은 보다 자세한 정보를 담기에 적당한 UITableViewCellStyleSubtitle 스타일로 바뀐다.

DrivingLogAssetPlayerController도 LogData를 넘겨받아 재생할 수 있도록 변경되어야 한다. 파일의 이름을 넘겨받아 직접 재생하던 코드를 없애고, LogData를 넘겨받은 뒤 넘겨받은 오브젝트의 AVPlayer 프라퍼티인 logPlayer를 사용하는 방식으로 변경한다.

[Listing 6-33] DrivingLogAssetPlayerController도 LogData 클래스를 사용하도록 한다. 헤더 구성

```
#import <UIKit/UIKit.h>
#import <AVFoundation/AVFoundation.h>
#import "LogData.h"

@interface DrivingLogAssetPlayerController : UIViewController

@property (strong) LogData *selectedLogData;

@end
```

⟨Listing 6-34⟩ DrivingLogAssetPlayerController 구현부의 변경사항

```
@synthesize assetFileName=_assetFileName;
@synthesize selectedLogData=_selectedLogData;
```

```
.
.
.

- (void)viewDidAppear:(BOOL)animated
{
    [super viewDidAppear:animated];
    NSString *assetPath = [[NSString alloc]
          initWithFormat:@"%@/%@", documentDirectory(), self.assetFileName];
    NSURL *assetURL = [[NSURL alloc] initFileURLWithPath:assetPath];

    AVURLAsset *urlAsset =
                         [AVURLAsset URLAssetWithURL:assetURL options:nil];
    AVPlayerItem *playerItem =
                               [AVPlayerItem playerItemWithAsset:urlAsset];

    _assetPlayer = self.selectedLogData.logPlayer;
    AVPlayerLayer *playerLayer =
                       [AVPlayerLayer playerLayerWithPlayer:_assetPlayer];

    [self.view.layer addSublayer:playerLayer];
    playerLayer.frame = self.view.bounds;
    playerLayer.videoGravity = AVLayerVideoGravityResize;
    [_assetPlayer play];
}
```

Note | LogData 클래스의 logPlayer 프라퍼티

LogData의 프라퍼티인 logPlayer는 엑세스할 때마다 다른 플레이어 오브젝트를 넘겨준다. 즉 하나의 미디어에 대해 여러 개의 플레이어가 존재하고 동시에 여러 개의 뷰에서 각각 다른 시간을 재생할 수 있는 구조이기 때문이다.

〈Listing 6-33〉과 〈Listing 6-34〉에서는 _assetPlayer 인스턴스 변수를 사용할 필요가 없지만, 차후 추가될 코드를 위해 인스턴스 변수로 사용한다. 서로 다른 메소드에서 self.selectedLogData.logPlayer를 엑세스하면 각각 다른 오브젝트가 만들어져서 넘어오는데, 우리의 예제에서는 동일한 미디어를 동시에 재생할 필요는 없기 때문에 한 번 넘겨받은 오브젝트를 인스턴스 변수로 간직하는 것이다.

6.7.2 LogData 클래스 부가 기능 구현

DrivingLog는 차량용 블랙박스 앱이므로 '운전'이라는 이벤트에 대한 영상 기록이 가장 중요한 목적이다. 그리고 '운전'이라는 이벤트에는 운전의 시작 시각과 끝 시각이 있으며, 출발 위치와 도착 위치가 있다. 영상 기록 외에도 이런 기록들을 가지고 있으면 보다 쓸모 있는 앱이 될 것이다.

[Listing 6-35] LogData의 헤더에는 좌표와 주소값 인스턴스 변수와 프라퍼티가 추가된다

```
#import <Foundation/Foundation.h>
#import <AVFoundation/AVFoundation.h>
#import <CoreLocation/CoreLocation.h>

@interface LogData : NSObject <CLLocationManagerDelegate>

@property (strong) NSString *assetName;
@property (strong , readonly) NSString *sizeString;
@property (strong , readonly) NSString *durationString;
@property (strong , readonly) AVPlayer *logPlayer;

@property (readonly) CLLocationCoordinate2D startPosition;
@property (readonly) CLLocationCoordinate2D lastPosition;

@property (strong, readonly) NSString *startAddress;
@property (strong, readonly) NSString *lastAddress;
@end
```

CoreLocation 프레임워크를 추가하고 운전 시작과 마침 좌표, 그리고 각 좌표에 해당하는 간략한 주소를 준비한다.

LogData의 구현부에는 다음 [Listing 6-36]의 코드가 추가된다. LogData가 생성되는 시점부터 사용자의 위치 정보를 찾기 시작하고, 위치 데이터가 업데이트될 때마다 그 값을 기록하고 주소값을 찾는다.

[Listing 6-36] LogData의 구현부에는 좌표와 그 주소를 얻어내는 코드가 추가된다

```
#import "LogData.h"

@implementation LogData
```

```
.
.
.
@synthesize startPosition = _startPosition, lastPosition=_lastPosition;
@synthesize startAddress = _startAddress, lastAddress=_lastAddress;

- (id)init
{
   self = [super init];
   if (self != nil){
      CLLocationManager *locationManager =
                                    [[CLLocationManager alloc] init];
      locationManager.delegate = self;
      [locationManager startUpdatingLocation];
   }
   return self;
}
.
.
.
#pragma mark -
#pragma mark Location Delegate
- (void)locationManager:(CLLocationManager *)manager
    didUpdateToLocation:(CLLocation *)newLocation
           fromLocation:(CLLocation *)oldLocation
{
   NSLog(@"%s", __FUNCTION__);
   if (oldLocation == nil) {
      _startPosition = newLocation.coordinate;
      CLGeocoder *rGeocoder = [[CLGeocoder alloc] init];
      [rGeocoder reverseGeocodeLocation:newLocation completionHandler:
            ^(NSArray* placemarks, NSError* error){
         if ([placemarks count] > 0)
         {
            CLPlacemark *placemark = [placemarks objectAtIndex:0];
            NSLog(@"Start Placemark = %@", placemark);
            NSString *addressString = [[NSString alloc]
                  initWithFormat:@"%@ %@",
                  placemark.administrativeArea, placemark.thoroughfare];
            _startAddress = addressString;
```

```
                NSLog(@"Start Address = %@", addressString);
            }
        }];
    }
    _lastPosition = newLocation.coordinate;
    CLGeocoder *rGeocoder = [[CLGeocoder alloc] init];
    [rGeocoder reverseGeocodeLocation:newLocation completionHandler:
     ^(NSArray* placemarks, NSError* error){
        if ([placemarks count] > 0)
        {
            CLPlacemark *placemark = [placemarks objectAtIndex:0];
            NSString *addressString = [[NSString alloc]
                initWithFormat:@"%@ %@",
                placemark.administrativeArea, placemark.thoroughfare];

            _lastAddress = addressString;
            NSLog(@"Last Address = %@", addressString);
        }
    }];
}
```

위 코드는 2장에서 캠퍼스 맵의 POI 주소를 읽어올 때 구현한 코드와 유사한 코드이므로 2장을 참조한다.

MKPlacemark는 MapKit 프레임워크에 포함된 클래스이며, iOS 5 부터 CLPlacemark의 서브클래스가 되었다. 주소에 대한 기본적인 속성은 CLPlacemark 클래스로부터 이어서 받아오고, 지도에 바로 표시할 수 있도록 MKAnnotation 프로토콜을 준수하는 클래스이다. 우리는 여기에서 직접 지도에 표시하는 기능은 넣지 않을 것이므로 MapKit 프레임워크를 추가할 필요없이 CLPlacemark 오브젝트를 이용한다.

6.7.3 LogData 클래스 저장과 삭제

LogData 오브젝트는 우리 앱의 가장 중요한 정보를 담고 있는 오브젝트들이다. 그러므로 LogData 클래스에서 NSCoding 프로토콜을 준수해서 저장되도록 만들 것이다.

LogData가 삭제 되는 경우를 생각해보자. 일정한 기간이 지난 데이터를 자동으로 삭제하거나 사용자가 직접 삭제할 수 있도록 삭제 기능을 제공해줄 것이다. LogData가 삭제될 때는 반드시 동영상 파일도 함께 삭제되도록 해야 한다. 삭제시에 동영상 파일을 함께 삭제할 수 있도록 코드를 보강하자.

먼저, LogData가 NSCoding 프로토콜을 구현하자. [Listing 6-37]과 같이 LogData의 헤더 파일에 <NSCoding> 프로토콜 준수 선언을 한 뒤 LogData의 구현 파일에 - initWithCoder:와 - en codeWithCoder: 메소드 구현을 추가한다. 우리 앱에서는 CLLocationCoordinate2D 구조체인 _startPosition과 _lastPosition은 저장하지 않는다. 만약 운행 시작 좌표와 운행 마침좌표를 저장해두고 싶다면 위도, 경도 정보를 long 타입으로 각각 저장하거나 문자열로 변환 뒤 저장하는 방법이 있으며 NSValue를 사용할 수도 있다.

[Listing 6-37] NSCoding 프로토콜 준수 선언과 구현

```
//----------------- LogData.h --------------------//
@interface LogData : NSObject <CLLocationManagerDelegate, NSCoding> {


//----------------- LogData.m --------------------//

- (id)initWithCoder:(NSCoder *)aDecoder
{
   self = [super init];
   if (self != nil){
      _assetName = [[NSString alloc] initWithString:
                    [aDecoder decodeObjectForKey:@"AssetName"]];
      _durationString = [[NSString alloc] initWithString:
                    [aDecoder decodeObjectForKey:@"DurationString"]];
      _sizeString = [[NSString alloc] initWithString:
                    [aDecoder decodeObjectForKey:@"SizeString"]];
      _startAddress = [[NSString alloc] initWithString:
                    [aDecoder decodeObjectForKey:@"StartAddress"]];
      _lastAddress = [[NSString alloc] initWithString:
                    [aDecoder decodeObjectForKey:@"LastAddress"]];
   }
   return self;
}

- (void)encodeWithCoder:(NSCoder *)aCoder
{
   [aCoder encodeObject:_assetName forKey:@"AssetName"];
```

```
    [aCoder encodeObject:_durationString forKey:@"DurationString"];
    [aCoder encodeObject:_sizeString forKey:@"SizeString"];
    [aCoder encodeObject:_startAddress forKey:@"StartAddress"];
    [aCoder encodeObject:_lastAddress forKey:@"LastAddress"];
}
```

LogData 오브젝트들은 AppDelegate의 drivingLogArray 배열이 가지고 있다. [Listing 6-38]와 같이 앱이 종료될 때 저장하고 시작할 때 불러들여야 한다.

[Listing 6-38] AppDelegate의 앱 라이프사이클 메소드에 아카이빙과 언아카이빙 코드를 넣는다

```
- (BOOL)application:(UIApplication *)application
     didFinishLaunchingWithOptions:(NSDictionary *)launchOptions
{
   NSString *dataFilePath = [documentDirectory()
               stringByAppendingPathComponent:@"DrivingLogData.arch"];

   if ([[NSFileManager defaultManager] fileExistsAtPath:dataFilePath]) {
      NSArray *unarchivedArray =
               [NSKeyedUnarchiver unarchiveObjectWithFile:dataFilePath];
      _drivingLogArray =
                [[NSMutableArray alloc] initWithArray:unarchivedArray];
   } else {
      _drivingLogArray = [[NSMutableArray alloc] initWithCapacity:10];
   }

   self.window.rootViewController = self.viewController;
   [self.window makeKeyAndVisible];
   return YES;
}

- (void)applicationWillTerminate:(UIApplication *)application
{
   NSString *dataFilePath = [documentDirectory()
               stringByAppendingPathComponent:@"DrivingLogData.arch"];
   [NSKeyedArchiver archiveRootObject:(NSArray *)_drivingLogArray
                              toFile:dataFilePath];
}
```

위 [Listing 6-38]의 아카이빙/언아카이빙 코드는 전형적인 앱의 데이터 저장방식이다. 위 코드가 익숙치 않은 분은 기본서적("iPhoneSDK 튜토리얼의 13장" 등)을 찾아보기 바란다.

Build& Run으로 실행해보자. 애플리케이션 종료 후 다시 실행했을 때 앞서 녹화한 미디어 파일이 있다면 정상적으로 녹화된 것이다.

Note | 파일 저장이 안되나요? – 멀티테스킹 끈 채로 개발하기

iOS 4부터 우리가 만드는 모든 앱들은 기본적으로 앱의 백그라운드 모드(Fast App Switching)를 지원하기 때문에 우리의 앱은 기본적으로 종료되지 않고 Suspend되어 있는 상태이다. 우리는 저장 코드를 –applicationWillTerminate: 메소드에 구현해뒀으므로 애플리케이션이 종료되어야만 사용자의 데이터가 저장될 것이다. 우리가 앱을 종료시킬 수는 없을까? 없다. 앱의 정상적인 종료는 시스템이 판단해서 메모리가 부족하다 느껴지면 발생한다. 우리가 Xcode를 이용해 앱의 실행을 정지시키거나 홈 버튼을 두 번 누르면 나오는 실행 중인 앱의 목록에서 앱을 없애는 것은 모두 비정상 종료이다. 프로세스를 kill하는 것이다. 사용자 데이터가 저장될 여유도 없이 앱은 바로 죽어버린다.

우리 앱처럼 데이터를 저장해야 하는 앱의 경우 이 불편함을 어떻게 해소할 수 있을까?

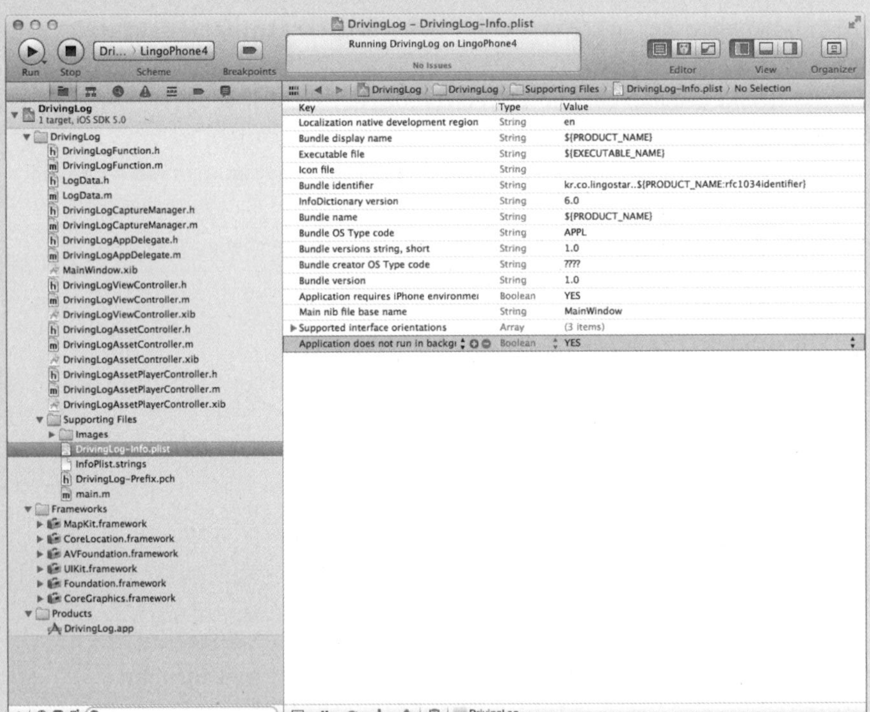

그림 6-13 • info.plist에서 백그라운드 모드를 지원하지 않도록 설정

프로젝트의 info.plist에 다음과 같이 "application does not run in background" 값을 추가하고 YES로 설정한다. 또는 XML로 열어서 직접 태그와 값을 입력해도 된다.

XML의 키와 값은 다음과 같다.

```
<key>UIApplicationExitsOnSuspend</key>
<true/>
```

여기까지의 예제 파일
DrivingLog_4.zip

6.8 코드 광내기(Code Polishing)

지금까지는 주로 앱의 중요 기능의 구현을 했다면 이제 앱을 보다 쓸모있게 만드는 코딩을 해야 한다. 물론, 지금 현 상태로서도 충분히 제 기능을 하는 앱이지만 쓰고 싶은 마음이 드는 앱은 아니다. 앱 스토어에서 당신의 앱을 그냥 지나치지 못하도록 앱을 손질해보자.

6.8.1 UI 개선

예제 사이트에서 'DrivingLog Resources' 파일을 다운로드한다.

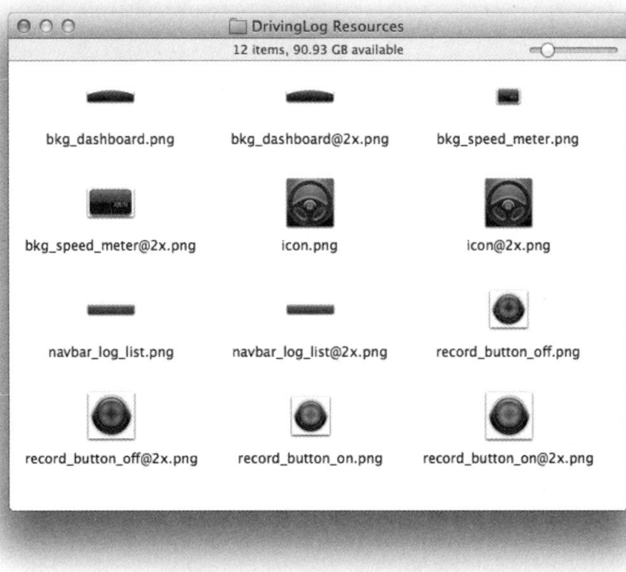

그림 6-14 • DrivingLog 리소스

이미지 리소스들을 프로젝트 파일로 복사해넣은 뒤 UI를 구성하자.

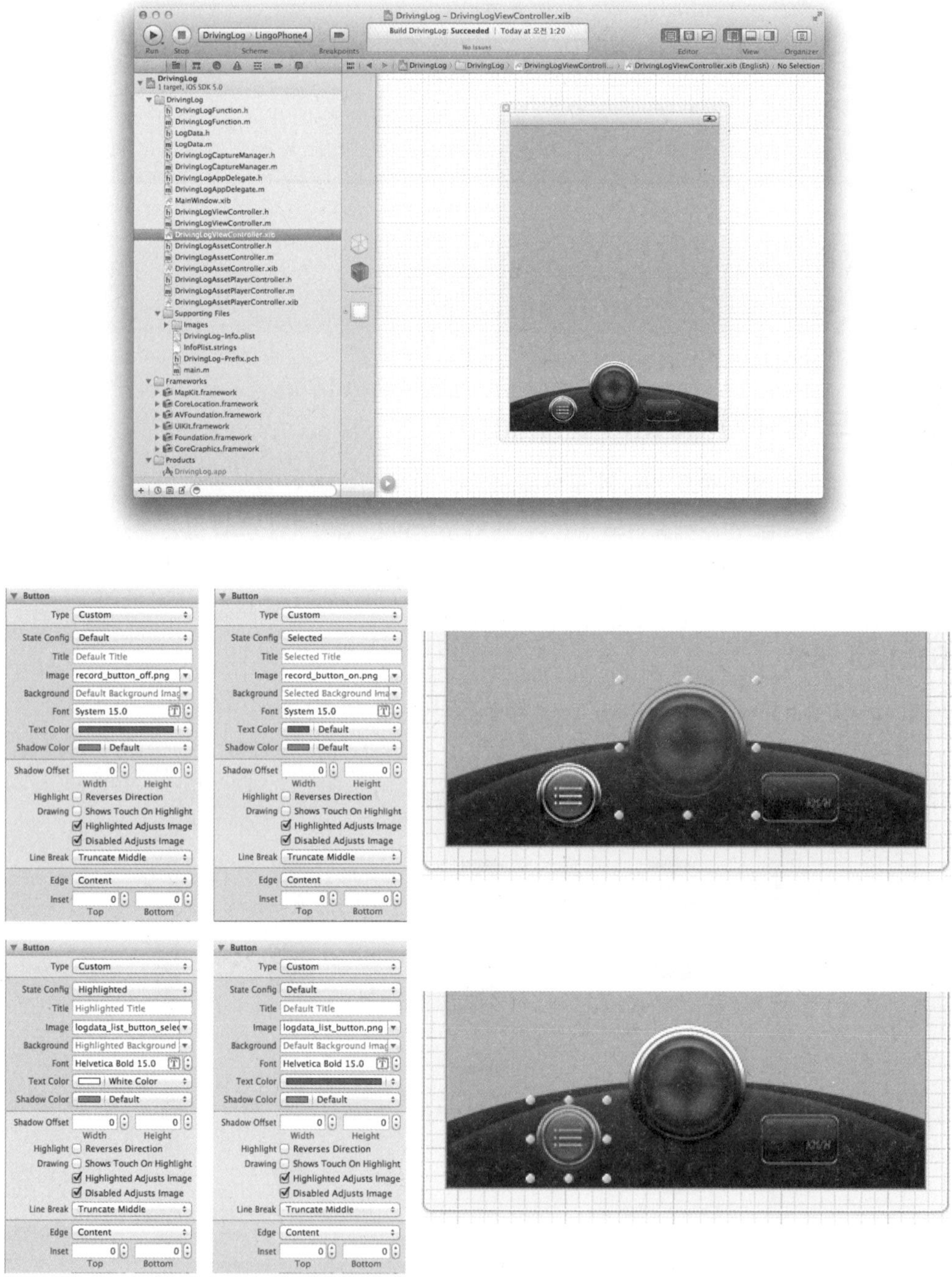

그림 6-15 ● 기본 캡처 UI 구성

DrivingLogViewController.xib의 뷰는 [그림 6-15]와 같이 구성될 것이다. 'History' 버튼에는 Default 상태일 때 logdata_list_button.png를, Highlighted 상태일 때 logdata_list_button_selected.png를 표시하도록 설정한다. 녹화를 켜고 끄는 스위치는 버튼으로 바뀌었다. 버튼은 녹화 중일 때는 불이 켜지고 녹화를 하지 않을 때는 불이 꺼진 이미지가 표시되어야 한다. 버튼의 Default상태에 record_button_off.png 이미지를 지정하고 Highlighted 상태와 Selected 상태에 record_button_on.png 이미지를 지정한다. 액션메소드는 모두 Touch up inside에 동일한 액션 메소드를 연결한다.

[Listing 6-39] DrivingLogViewController의 toggleRecord 메소드는 다음과 같이 변경된다

```
- (IBAction)toggleRecord:(id)sender {
    BOOL isOn = [(UISwitch *)sender isOn];
    BOOL isSelected = [(UIButton *)sender isSelected];
    if (! isSelected){
        [(UIButton *)sender setSelected:YES];
        [self.captureManager startRecording];
    } else {
        [(UIButton *)sender setSelected:NO];
        [self.captureManager stopRecording];
    }
}
```

앞서 LogData 클래스에 추가한 위치 정보까지 표시할 수 있는 테이블 뷰를 만들어 보자. 먼저, File → New → New File 메뉴를 이용해 테이블 뷰 셀의 xib 파일을 만들자. 커스텀 테이블 뷰 셀은 'iPhone SDK 튜토리얼'의 '맞춤형 테이블 뷰'에서 만들어 본 적이 있으므로, 이 책에서 생략하는 중간과정을 참고하기 바란다.

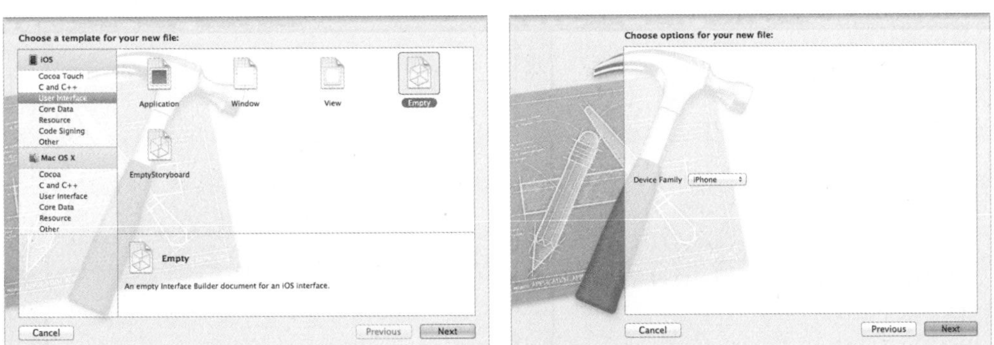

그림 6-16 ● iPhone용 빈 xib 파일 만들기

파일의 이름은 'LogListCell'로 정한다.

라이브러리에서 테이블 뷰 셀(Table View Cell) 오브젝트를 하나 추가한 뒤 [그림 6-17]과 같이 구성하자.

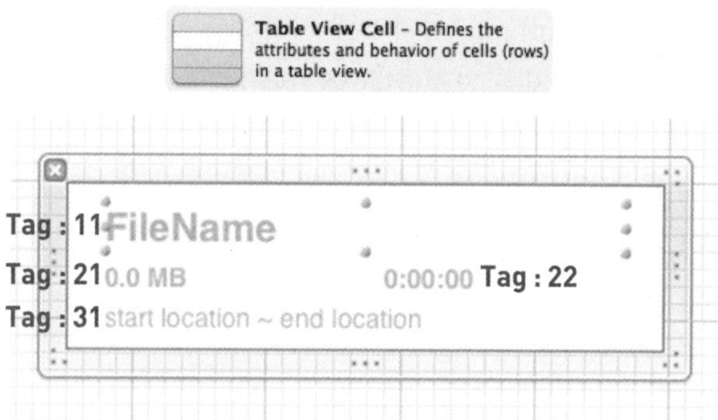

그림 6-17 ● 테이블 뷰 셀 꾸미기

테이블 뷰 셀에는 무비 파일의 이름과 파일 크기, 그리고 무비의 시간을 전 단계의 셀과 마찬가지로 표시한다. 그리고 추가된 정보인 시작점과 끝점을 표시하는 레이블을 추가한다. 레이블의 태그는 파일이름 레이블에 11번, 파일 크기 레이블에 21번, 무비의 시간 레이블에 22번을 지정한다. 새롭게 추가된 위치 레이블에는 31번을 준다.

`LogData` 오브젝트를 테이블 뷰에 뿌리는 `DrivingLogAssetController`는 다음 [Listing 6-40]와 같이 변경된다.

[Listing 6-40] 커스텀 테이블 뷰 셀 이용하기

```
#pragma mark - Table view data source

- (NSInteger)numberOfSectionsInTableView:(UITableView *)tableView
{
   return 1;
}

- (NSInteger)tableView:(UITableView *)tableView
 numberOfRowsInSection:(NSInteger)section
{
   return [self.drivingLogArray count];
}
```

```
- (UITableViewCell *)tableView:(UITableView *)tableView
        cellForRowAtIndexPath:(NSIndexPath *)indexPath
{
   static NSString *CellIdentifier = @"Cell";

   UITableViewCell *cell =
          [tableView dequeueReusableCellWithIdentifier:CellIdentifier];
   if (cell == nil) {
      cell = [[[UITableViewCell alloc]
              initWithStyle:UITableViewCellStyleSubtitle
              reuseIdentifier:CellIdentifier] autorelease];
      NSArray *topLevelObjects = [[NSBundle mainBundle]
                    loadNibNamed:@"LogListCell" owner:self options:nil];
      cell = [topLevelObjects objectAtIndex:0];
      cell.contentView.backgroundColor = [UIColor darkGrayColor];
   }

   LogData *currLog = [self.drivingLogArray objectAtIndex:indexPath.row];
   cell.textLabel.text = currLog.assetName;
   NSString *attributeString = [NSString stringWithFormat:
                @"%@, %@", currLog.durationString, currLog.sizeString];
   cell.detailTextLabel.text = attributeString;

   UILabel *cellLabel;

   cellLabel = (UILabel *)[cell viewWithTag:11];
   cellLabel.text = currLog.assetName;

   cellLabel = (UILabel *)[cell viewWithTag:21];
   cellLabel.text = currLog.durationString;

   cellLabel = (UILabel *)[cell viewWithTag:22];
   cellLabel.text = currLog.sizeString;

   cellLabel = (UILabel *)[cell viewWithTag:31];
   NSString *routeString = [NSString stringWithFormat:@"%@ ~ %@",
                          currLog.startAddress, currLog.lastAddress];
   cellLabel.text = routeString;
```

```
    return cell;
}

- (float)tableView:(UITableView *)tableView
heightForRowAtIndexPath:(NSIndexPath *)indexPath
{
    return 86.0;
}
```

셀은 nib 파일로부터 읽어내고 셀 내부의 레이블은 tag를 통해 접근한다. 각각의 레이블에 무비 파일의 이름과 파일 크기, 시간, 시작과 끝 위치를 넣어준다.

셀의 레이블 높이는 LogListCell 파일에서 디자인한 대로 86point로 설정한다.

DrivingLog에서는 네비게이션 바를 원하는 모양으로 바꿔보려한다. 'navbar_log_list'라는 이미지가 네비게이션 바로 사용하기를 원하는 이미지 파일이다. DrivingLogAssetController의 -viewDidLoad 메소드에 [Listing 6-41]과 같이 코드 몇 줄을 추가한다.

[Listing 6-41] 네비게이션 바를 원하는 이미지로 만들기

```
- (void)viewDidLoad
{
    [super viewDidLoad];

    CALayer *navBarImageLayer = [CALayer layer];
    navBarImageLayer.frame = CGRectMake(0, 0, 320, 44);
    navBarImageLayer.contents =
            (id)[[UIImage imageNamed:@"navbar_log_list.png"] CGImage];
    [self.navigationController.navigationBar.layer
                                    addSublayer:navBarImageLayer];

    UIBarButtonItem *dismissButtonItem = [[UIBarButtonItem alloc]
                    initWithTitle:@"Done" style:UIBarButtonItemStylePlain
                    target:self action:@selector(dismissModal:)];
    self.navigationItem.rightBarButtonItem = dismissButtonItem;
}
```

네비게이션 바에 이미지를 넣을 때는 CALayer를 만들고, 그 레이어의 콘텐츠를 이미지 파일로부터 CGImageRef를 만들어서 채운 다음, 네비게이션 바의 레이어에 서브 레이어로 넣어준다.

앞서 바 버튼 시스템 아이템으로 Done 버튼을 이용했으나 위 코드에서는 UIBarButtonItemStylePlain으로 바 버튼 아이템을 만들고 이름을 'Done'으로 줬다. 시스템이 제공하는 Done 버튼의 경우 기본 파란색을 변경할 수 없다. 우리가 제공하려는 네비게이션 바는 전체적으로 검은색의 대시보드 이미지를 채용하였다. 기본 바 버튼 아이템을 만들면 바 버튼 아이템의 컬러는 네비게이션 바의 컬러를 따라간다. 원하는 컬러를 얻어내기 위해 네비게이션 컨트롤러를 만드는 시점에 네이게이션 바의 컬러를 지정하자.

DrivingLogViewController.m 파일에서 DrivingLogAssetController를 모달 형식으로 제공하는 부분을 다음과 같이 수정하자.

[Listing 6-42] 네비게이션 바의 컬러를 바꾸기

```
- (IBAction)presentAssetList:(id)sender {
    DrivingLogAssetController *assetTableVC = [[DrivingLogAssetController alloc]
                 nitWithNibName:@"DrivingLogAssetController" bundle:nil];
    UINavigationController *assetNavigationController =
                                    [[UINavigationController alloc]
                                     initWithRootViewController:assetTableVC];
    assetNavigationController.navigationBar.barStyle = UIBarStyleBlack;

    [self presentModalViewController:assetNavigationController animated:YES];
}
```

이제 Build & Run을 해보자. [그림 6-18]과 같이 녹화 뷰의 UI와 로그 리스트 뷰가 우리가 원하는 모양대로 나온다.

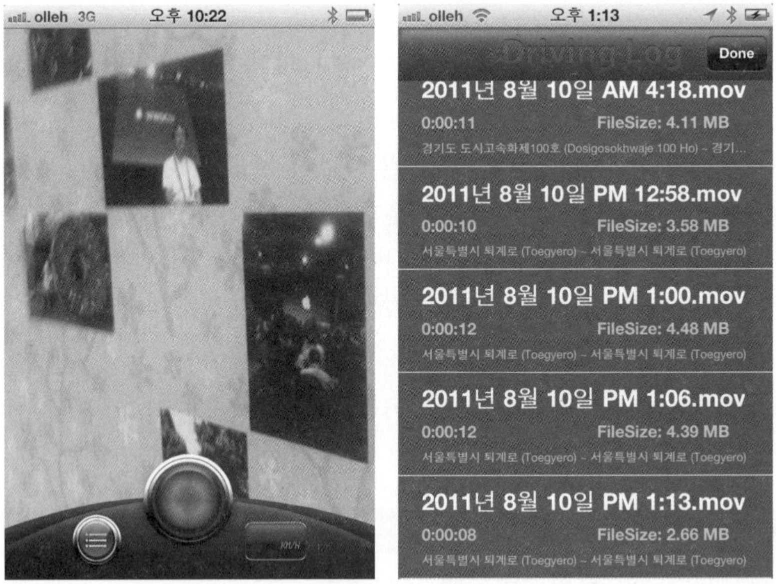

그림 6-18 ● UI가 적용된 화면

6.8.2 비디오 재생 제어

현재 DrivingLog에서 녹화된 무비 파일을 선택하면 자동으로 재생되고, 재생이 끝나면 멈춘다. AVPlayer를 이용해 재생을 하는 수준으로는 구현을 했지만 전체 무비의 길이가 어느 정도이며 지금 재생하고 있는 무비가 얼마나 남았는지 확인할 방법이 없다. 물론 원하는 위치로 재생 위치를 옮기는 것도 불가능하다.

여기에서는 간단한 수준의 재생 제어를 해보자. 앞 서 이야기한 적 있듯이, timed media는 정확성을 요구하는 작업을 하려면 많은 시간과 노력이 필요하다. 우리가 비디오 편집 프로그램을 만드는 것은 아니기 때문에 프레임 단위의 정확한 재생이 필요하지는 않다.

재생화면의 아래쪽에 툴바(Toolbar)를 만들고 툴 바 내에 바 버튼 아이템을 넣고 그 안에 슬라이더를 넣을 것이다. 무비가 로드될 때 전체 시간이 슬라이더에 설정되고, 재생을 하면 슬라이더에 현재 재생상황이 업데이트 된다. 사용자가 슬라이더를 움직이면 해당 재생 위치로 옮겨서 재생을 하도록 할 것이다.

먼저 DrivingLogAssetPlayerController.xib 파일을 열고 UI를 만들어 보자.

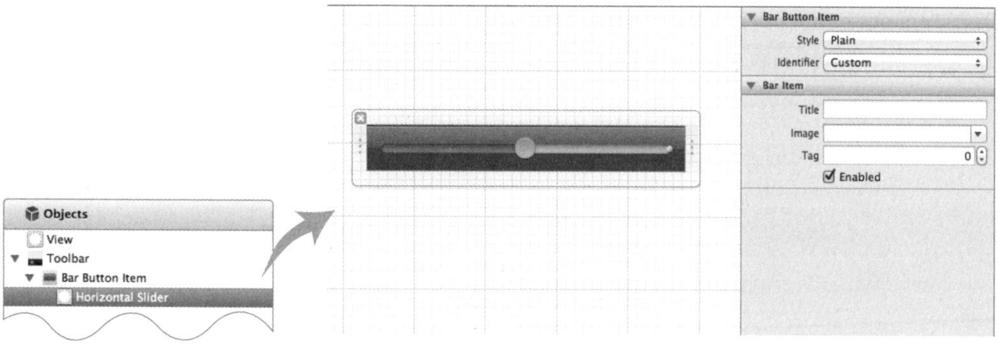

그림 6-19 ● 바 버튼 아이템에 슬라이더 넣기

사실 위 작업에서 우리가 원하는 것은 '바 버튼 아이템 안에 들어있는 슬라이더'이다. 하지만 툴바를 먼저 만들지 않으면 바 버튼 아이템을 얻을 수 없다. 그러므로 바 버튼 아이템과 슬라이더 오브젝트에만 아울렛을 연결한다. 슬라이더의 값을 변경했을 때 호출될 액션 메소드의 이름은 `-playerSliderChanged:`로 정한다. 슬라이더의 값으로 무비의 재생 시간을 제어하려면 `CoreMidia`의 몇몇 구조체와 함수가 필요하다. `CoreMedia` 프레임워크를 추가하고 헤더도 임포트하자.

`DrivingLogAssetPlayerController`의 헤더는 다음과 같다.

[Listing 6-43] DrivingLogAssetPlayerController의 헤더 파일

```
#import <UIKit/UIKit.h>
#import <AVFoundation/AVFoundation.h>
#import <CoreMedia/CoreMedia.h>
#import "LogData.h"

@interface DrivingLogAssetPlayerController : UIViewController

- (IBAction)playerSliderChanged:(id)sender;

@property (strong) LogData *selectedLogData;
@property (nonatomic, strong) IBOutlet UISlider *assetPlayerSlider;
@property (nonatomic, strong) IBOutlet UIBarButtonItem *sliderButtonItem;
@property (strong) id playerTimer;
@end
```

DrivingLogAssetPlayerController가 생성되고 네비게이션될 때 툴 바가 나타나야 한다. 툴바는 네비게이션 컨트롤러의 프라퍼티로서, 기본적으로 숨겨져 있지만 네비게이션의 단계에서 툴바를 사용할 필요가 있으면 꺼내서 사용할 수 있다. -viewDidAppear:에서 슬라이더가 포함된 바 버튼 아이템을 화면에 추가하는 코드를 구현하자.

[Listing 6-44] 슬라이더가 포함된 바 버튼 아이템을 툴 바에 넣기

```
- (void)viewDidAppear:(BOOL)animated
{
    [super viewDidAppear:animated];

    [self setToolbarItems:[NSArray arrayWithObject:self.sliderButtonItem]
              animated:YES];
    self.navigationController.toolbar.barStyle =
                                        UIBarStyleBlackTranslucent;
    [self.navigationController setToolbarHidden:NO animated:YES];
.
.
.
}
```

이제, AVPlayer의 전체 무비 시간을 슬라이더에 넣어주고 무비가 재생될 때마다 주기적으로 슬라이더의 값을 업데이트하는 코드를 -viewDidAppear:에 추가해보자.

무비 재생을 슬라이더에 업데이트 하는 코드는 실행 순서를 확보하기 위해 "eventQueue"라는 큐를 만들어서 실행하며, 블럭 코딩을 이용한다. 블럭 코딩에 익숙하지 않은 분은 이 책의 "Appendix A - Block 과 GCD"를 참고하자. 슬라이더에 값을 설정하는 코드는 UI를 업데이트 하는 부분이기 때문에 dispatch_sync 함수에서 dispatch_get_main_queue()를 이용해 메인 큐에서 동작하도록 한다. 이것은 마치 쓰레드를 이용하는 프로그램을 작성할 때 UI의 업데이트는 메인 쓰레드에서 하도록 -performSelectorOnMainThread:withObject:waitUntilDone: 메소드를 이용하는 것과 같은 개념이다.

[Listing 6-45] 플레이어에 Observer를 붙여서 슬라이드 업데이트 하기

```
- (void)viewDidAppear:(BOOL)animated
{
.
.
```

```
    _assetPlayer = self.selectedLogData.logPlayer;

    AVPlayerItem *mPlayerItem = _assetPlayer.currentItem;
    CMTimeValue duration = mPlayerItem.duration.value;
    CMTimeScale scale = mPlayerItem.duration.timescale;
    self.assetPlayerSlider.maximumValue = duration/scale;

    self.playerTimer = [_assetPlayer
            addPeriodicTimeObserverForInterval:CMTimeMake(scale/2, scale)
            queue:dispatch_queue_create("eventQueue", NULL)
            usingBlock:^(CMTime time) {
        float loopCount = (float)(CMTimeGetSeconds(time));
        dispatch_sync(dispatch_get_main_queue(), ^{
            [self.assetPlayerSlider setValue:loopCount animated:YES];
        });

        NSLog(@"loop count = %f", loopCount);
    }];

    AVPlayerLayer *playerLayer =
                    [AVPlayerLayer playerLayerWithPlayer:_assetPlayer];
    [self.view.layer addSublayer:playerLayer];
    playerLayer.frame = self.view.bounds;
    playerLayer.videoGravity = AVLayerVideoGravityResize;

    [_assetPlayer play];
}
```

Build & Run을 해보면 무비의 재생에 따라 슬라이더의 값이 업데이트되는 것을 확인할 수 있다.

이제 사용자가 슬라이더의 값을 바꿨을 때 무비의 재생 위치를 옮기는 코드를 구현해보자. 다음과 같이 -player SliderChanged 메소드가 구현된다.

구현 방식은 간단하다. 슬라이더의 값을 읽고, _assetPlayer 오브젝트의 타임스케일을 얻어낸 뒤 두 값을 곱하면 현재의 타임 스케일에 기반한 시간 값이 나온다. 그 값을 이용해 CMTime 구조체를 만들어 _assetPlayer에 -seekToTime: 메소드를 이용해 넣어주면 된다.

[Listing 6-46] 슬라이더가 포함된 바 버튼 아이템을 툴 바에 넣기

```
- (IBAction)playerSliderChanged:(id)sender
{
   CMTimeScale scale = _assetPlayer.currentTime.timescale;
   CMTimeValue sliderValue = self.assetPlayerSlider.value * scale;
   CMTime sliderTime = CMTimeMake(sliderValue, scale);

   [_assetPlayer seekToTime:sliderTime];
}
```

Build & Run을 해보자. [그림 6-20]과 같이 무비 재생에 따라 업데이트되는 슬라이더가 제공되고, 슬라이더의 값을 바꾸면 무비의 재생 위치가 옮겨질 것이다.

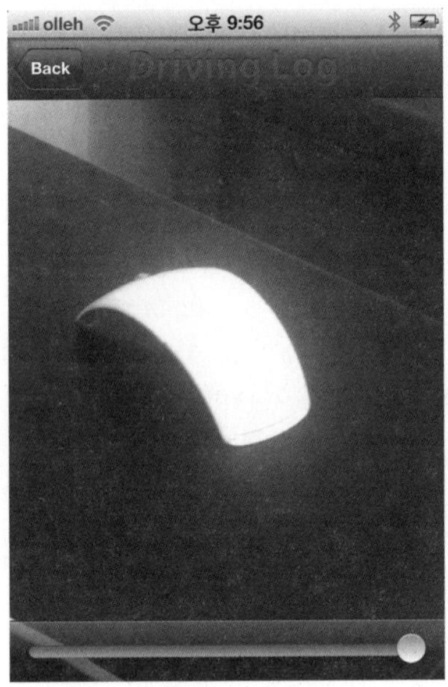

그림 6-22 ● 슬라이드를 통해 무비의 제어가 가능하다

여기까지의 예제 파일
DrivingLog_5.zip

6.8.3 캡처 중 비디오 합성 - AssetWriter 사용하기

앱을 완성하기 위해 마지막 점 하나를 찍을 차례다. 지금까지의 구현만으로도 차량용 블랙박스로서의 역할은 할 수 있지만, 한가지 기능을 추가함으로서 앱을 보다 유용하게 만들고 AVFoundation의 중요한 기능 하나도 익힐 수 있다.

이번에 추가할 기능은 날짜와 시각을 영상에 합성하는 것이다.

그림 6-21 ● 영상에 일시를 합성한 모습을 확대

차량용 블랙박스라는 애플리케이션의 컨셉에 비추어 보면, 운행 영상과 함께 운행 일시가 합성되어 기록되는 것이 더 가치있을 것이다.

기술적으로 볼 때, 녹화 중에 숫자를 이미지로 만들어서 바로 기록한다는 것은 대단한 도전이 될 수 있다. 현재와 같이 카메라 입력이 CaptureSession을 통과해서 무비 파일로 바로 기록되는 방식으로는 영상에 숫자 이미지를 합성할 수 없다. 그러므로 무비 파일에 영상을 기록하는 방식은 완전히 다른 방식으로 작성해야 한다.

우리는 비디오 버퍼를 읽어낸 뒤 이미지 레이블과 합성해서 무비 파일에 기록하는 방식을 이용할 것이다. 카메라로 입력되는 영상에 특정한 처리를 한 뒤 기록할 때 보통 이런 방식을 사용한다.

캡처의 방식이 변경되는 것이므로 DrivingLogCaptureManager 클래스에 많은 변화가 있을 것이다.

DrivingLogCaptureManager 클래스의 헤더에는 AVCaptureMovieFileOutput을 없애고 AVCaptureVideoDataOutput을 넣어준다.

그리고 AVCaptureMovieFileOutput이 자동으로 해 주던 파일 기록을 우리가 직접 해야 하므로 AVAssetWriter와 AVAssetWriterInput의 인스턴스 변수를 선언한다.

[Listing 6-47] 무비 파일 아웃풋을 대신해서 비디오 데이터 아웃풋을 선언

```
#import <Foundation/Foundation.h>
#import <AVFoundation/AVFoundation.h>

@interface DrivingLogCaptureManager : NSObject
```

```
    <AVCaptureFileOutputRecordingDelegate,
    AVCaptureVideoDataOutputSampleBufferDelegate>

- (BOOL) setupSessionWithPreset:(NSString *)sessionPreset
                          error:(NSError **)error;
- (void) startRecording;
- (void) stopRecording;
- (CGAffineTransform)assetWriterTransformForDeviceOrientation;

@property (nonatomic,strong) AVCaptureSession *session;
@property (nonatomic,strong) AVCaptureDeviceInput *videoInput;
@property (nonatomic,strong) AVCaptureMovieFileOutput *movieFileOutput;
@property (nonatomic,strong) AVCaptureVideoDataOutput *videoDataOutput;
@property BOOL isRecording;
@end
```

캡처 세션을 초기화하는 메소드는 다음과 같이 변경된다.

[Listing 6-48] 무비 파일 아웃풋을 대신해서 비디오 데이터 아웃풋을 선언

```
@implementation DrivingLogCaptureManager

@synthesize session = _session;
@synthesize videoInput = _videoInput;
@synthesize movieFileOutput = _movieFileOutput;
@synthesize videoDataOutput=_videoDataOutput;
@synthesize isRecording=_isRecording;

- (BOOL) setupSessionWithPreset:(NSString *)sessionPreset
                          error:(NSError **)error
{
   BOOL success = NO;

   AVCaptureDeviceInput *videoInput = [[AVCaptureDeviceInput alloc]
                 initWithDevice:[self backFacingCamera] error:error];
   self.videoInput = videoInput;
   [videoInput release];

   _videoDataOutput = [[AVCaptureVideoDataOutput alloc] init];
```

```
    [_videoDataOutput setSampleBufferDelegate:self
      queue:dispatch_queue_create("capturequeue",NULL)];

    NSString* key = (NSString*)kCVPixelBufferPixelFormatTypeKey;
    NSNumber* value =
              [NSNumber numberWithUnsignedInt:kCVPixelFormatType_32BGRA];
    NSDictionary* videoSettings =
                    [NSDictionary dictionaryWithObject:value forKey:key];
    [_videoDataOutput setVideoSettings:videoSettings];

    AVCaptureSession *session = [[AVCaptureSession alloc] init];

    if ([session canAddInput:videoInput]) {
      [session addInput:videoInput];
    }
    if ([session canAddOutput:movieFileOutput]) {
      [session addOutput:movieFileOutput];
    }
    if ([session canAddOutput:_videoDataOutput]) {
      [session addOutput:_videoDataOutput];
    }

    [session setSessionPreset:sessionPreset];
    [session startRunning];

    self.session = session;

    success = YES;
    return success;
}
```

녹화 중인지를 점검하는 -isRecording은 @synthesize에 의해 자동으로 setter/getter 메소드가 만들어지도록 한다. -startRecording과 -stopRecording은 다음과 같이 변경된다.

[Listing 6-49] 레코딩의 시작과 끝

```
- (BOOL) isRecording
{
    return [[self movieFileOutput] isRecording];
```

```
}
#define FRAME_WIDTH 320
#define FRAME_HEIGHT 480
#define TIME_SCALE 600

- (void) startRecording
{
   [[self movieFileOutput] startRecordingToOutputFileURL:
    [self tempFileURL] recordingDelegate:self];
   NSError *error = nil;

   _assetWriter = [[AVAssetWriter alloc] initWithURL:[self tempFileURL]
                  fileType:AVFileTypeQuickTimeMovie error:&error];
   if (error != nil)
   {
      NSLog(@"Creation of assetWriter resulting in a non-nil error");
      NSLog([error localizedDescription]);
      NSLog([error localizedFailureReason]);
   }

   NSMutableDictionary *inputSettings =
                                   [[NSMutableDictionary alloc] init];
   [inputSettings setValue: AVVideoCodecH264 forKey: AVVideoCodecKey];
   [inputSettings setValue:[NSNumber numberWithInt:FRAME_WIDTH]
                  forKey:AVVideoWidthKey];
   [inputSettings setValue:[NSNumber numberWithInt:FRAME_HEIGHT]
                  forKey:AVVideoHeightKey];
   _assetWriterInput = [AVAssetWriterInput
                       assetWriterInputWithMediaType:AVMediaTypeVideo
                       outputSettings:inputSettings];
   _assetWriterInput.expectsMediaDataInRealTime = YES;
   _assetWriterInput.transform =
                        [self assetWriterTransformForDeviceOrientation];
   if (_assetWriterInput == nil)
   {
      NSLog(@"assetWriterInput is nil");
   }
```

```
    [_assetWriter addInput:_assetWriterInput];

    _assetWriterPixelBufferAdaptor =
                              [[AVAssetWriterInputPixelBufferAdaptor alloc]
                               initWithAssetWriterInput:_assetWriterInput
                            sourcePixelBufferAttributes:nil];

    [_assetWriter startWriting];
    _firstFrameClockTime = CFAbsoluteTimeGetCurrent();
    [_assetWriter startSessionAtSourceTime:CMTimeMake(0, TIME_SCALE)];
    _isRecording = YES;
}

- (void) stopRecording
{
    [[self movieFileOutput] stopRecording];
    [_assetWriterInput markAsFinished];
    [_assetWriter finishWriting];
    _isRecording = NO;
}

- (CGAffineTransform)assetWriterTransformForDeviceOrientation
{
    UIDeviceOrientation orientation =
                                        [[UIDevice currentDevice] orientation];
    if (orientation == UIDeviceOrientationPortrait)
        return CGAffineTransformMakeRotation(M_PI_2);
    else
        if (orientation == UIDeviceOrientationPortraitUpsideDown)
            return CGAffineTransformMakeRotation((3 * M_PI_2));
        else
            if (orientation == UIDeviceOrientationLandscapeRight)
                return CGAffineTransformMakeRotation(M_PI);
    return  CGAffineTransformIdentity;
}
```

무비 파일 아웃풋을 사용할 때는 저장할 파일의 경로만 제공해주면 끝이었지만 이제는 AVAssetWriter를 직접 만들어 제공해야 한다. -initWithURL:fileType: 메소드로

_assetWriter 오브젝트를 초기화하면서 파일의 경로와 파일의 타입을 넘겨준다. 우리는 퀵타임 무비를 만들 것이므로 파일 타입으로 AVFileTypeQuickTimeMovie를 사용했다. 이외에도 AVFileType3GPP, AVFileTypeMPEG4 등 다양한 파일 포맷을 지정할 수 있다.

inputSettings 딕셔네리에 무비의 압축 방식과 크기 등의 세팅을 만들고 나면 그 세팅값을 이용해 AVAssetWriterInput 클래스의 오브젝트인 AVAssetWriterInput를 만든다. AVAssetWriterInput은 캡처 시에 만들어지는 코어미디어 버퍼 오브젝트인 CMSampleBufferRef를 AVAssetWriter 오브젝트에 넣어주는 역할을 하는 오브젝트이다. CMSampleBuffer는 비디오/오디오 미디어의 샘플 데이터를 미디어 시스템에서 사용할 수 있도록 포장해 놓은 구조체이다. 우리가 다루는 CMSampleBuffer 오브젝트는 CoreVideo 이미지버퍼와 CMTime 구조체를 가지고 있다.

_assetWriterInput에 transform 프라퍼티로 -assetWriterTransformForDeviceOrientation 메소드를 호출한 결과값으로 CGAffineTransform을 설정하는 부분을 잊지 말자. 저 설정이 없으면 비디오가 회전되고 찌그러진 상태에서 캡처되어버릴 것이다.

그 후 AVAssetWriterInputPixelBufferAdaptor 클래스의 인스턴스 오브젝트를 만든다. _assetWriterPixelBufferAdaptor 오브젝트는 필수적으로 사용해야 하는 오브젝트는 아니지만(Adaptor 없이 write하는 예제를 확보해둘 것) 비디오 버퍼를 _assetWriterInput에 넣기 위해 필요한 오브젝트이다.

마지막으로 _firstFrameClockTime에 현재 시각을 넣어서 시작 시각을 기록해둔 뒤, _assetWriter의 레코딩을 시작한다.

레코딩을 끝낼 때는 _assetWriterInput에 -markAsFinished 메소드를 호출해서 더 이상의 버퍼가 전달되지 않을 것이라는 것을 통보하고, _assetWriter에 -finishWriting 메소드를 호출해서 파일 기록을 마무리한다.

무비 파일 아웃풋을 이용할 때는 AVCaptureFileOutputRecordingDelegate 프로토콜 메소드를 구현하고, 무비 레코딩이 시작될 때 appDelegate의 drivingLogArray에 새롭게 만들어진 LogData를 더해주는 작업을 했었다.

이제는 비디오 버퍼를 직접 얻어오는 방식이므로 AVCaptureVideoDataOutputSampleBufferDelegate 프로토콜을 준수해야 하며, 구현해야 하는 프로토콜 메소드도 -captureOutput:didOutputSampleBuffer:fromConnection: 이며, CMSampleBuffer를 매개변수로 넘겨받는다. 우리가 이 메소드에서 구현하는 것은 CMSampleBuffer에서 CVImageBuffer를 얻어내고, CVImageBuffer를 CGContext로 바꾼 뒤 코어 그래픽스를 이용해 원하는 리터칭을 하고, 처리된 이미지를 무비의 타임스케일에 맞춰서 기록하는 것이다. 무비 파일에 바로 기록하는 것보다는 훨씬 복잡해졌지만 수고한 만큼의 보상은 충분히 있을 것이다.

[Listing 6-50] 비디오 데이터 아웃풋 델리게이트 구현

```
#pragma mark -
#pragma mark Recording Delegate
- (void)captureOutput:(AVCaptureFileOutput *)
captureOutput didStartRecordingToOutputFileAtURL:(NSURL *)fileURL
                                    fromConnections:(NSArray *)connections
{
   DrivingLogAppDelegate *appDelegate =
                               [[UIApplication sharedApplication] delegate];
   LogData *newLogData = [[LogData alloc] init];
   newLogData.assetName = [[fileURL path] lastPathComponent];
   [appDelegate.drivingLogArray addObject:newLogData];
}

- (void)captureOutput:(AVCaptureFileOutput *)captureOutput
didFinishRecordingToOutputFileAtURL:(NSURL *)outputFileURL
                     fromConnections:(NSArray *)connections
                               error:(NSError *)error
{
   NSLog(@"%s", __FUNCTION__);
}

- (void)captureOutput:(AVCaptureFileOutput *)captureOutput
didFinishRecordingToOutputFileAtURL:(NSURL *)outputFileURL
                     fromConnections:(NSArray *)connections
                               error:(NSError *)error
{
   NSLog(@"%s", __FUNCTION__);
}

- (void)captureOutput:(AVCaptureOutput *)captureOutput
didOutputSampleBuffer:(CMSampleBufferRef)sampleBuffer
       fromConnection:(AVCaptureConnection *)connection
{
   if (!CMSampleBufferDataIsReady(sampleBuffer))
```

```
{
   NSLog(@"sampleBuffer data is not ready");
}

CVImageBufferRef imageBuffer = CMSampleBufferGetImageBuffer(sampleBuffer);

CVPixelBufferLockBaseAddress(imageBuffer,0);

uint8_t *baseAddress = (uint8_t *)CVPixelBufferGetBaseAddress(imageBuffer);
size_t bytesPerRow = CVPixelBufferGetBytesPerRow(imageBuffer);
size_t width = CVPixelBufferGetWidth(imageBuffer);
size_t height = CVPixelBufferGetHeight(imageBuffer);

CGColorSpaceRef colorSpace = CGColorSpaceCreateDeviceRGB();
CGContextRef newContext = CGBitmapContextCreate(baseAddress, width,
            height, 8, bytesPerRow, colorSpace, kCGBitmapByteOrder32Little
            | kCGImageAlphaPremultipliedFirst);

/* 드로잉 코드가 들어갈 수 있음 */

CVPixelBufferUnlockBaseAddress(imageBuffer,0);

CGContextRelease(newContext);
CGColorSpaceRelease(colorSpace);
if (_isRecording)
{
   if (![_assetWriterInput isReadyForMoreMediaData])
   {
      NSLog(@"Not ready for data :(");
   } else {
      CFAbsoluteTime thisFrameClockTime = CFAbsoluteTimeGetCurrent();
      CFTimeInterval elapsedTime =
                        thisFrameClockTime - _firstFrameClockTime;
      NSLog (@"elapsedTime: %f", elapsedTime);
      CMTime presentationTime =
                  CMTimeMake (elapsedTime * TIME_SCALE, TIME_SCALE);

      BOOL appended = [_assetWriterPixelBufferAdaptor
                     appendPixelBuffer:imageBuffer
                     withPresentationTime:presentationTime];
```

```
        if (appended) {
            NSLog (@"appended sample at time %lf",
                   CMTimeGetSeconds(presentationTime));
        } else {
            NSLog (@"failed to append");
        }
      }
    }
}
```

❶ CMSampleBufferGetImageBuffer() 함수를 이용해 CMMediaBuffer로부터 CVImageBuffer를 얻어낸다.

❷ CVImageBuffer의 주소값에 lock을 걸고 이미지에 대한 기본 정보를 읽어온다.

❸ CVImageBuffer로부터 CGContext를 얻어서 컨텍스트에 커스텀 드로잉을 구현한다.

❹ CVImageBuffer의 주소값에 lock을 풀고 CMTime 구조체를 만들어 -appendPixelBuffer:withPresentationTime:을 이용해 파일에 기록한다.

위의 /* 드로잉 코드가 들어갈 수 있음 */ 부분에 들어갈 코어 그래픽스 코드는 잠시 후에 구현해보도록 하자.

그리고 LogData 오브젝트를 만들고 AppDelegate의 drivingLogArray에 넣는 코드를 레코딩이 끝나는 -stopRecording 메소드에 넣어준다.

파일의 URL을 얻기 위해 직접 [self tempFile URL] 메소드 호출을 하는 방식으로 변경된 점을 유의하자.

[Listing 6-51] 새로운 LogData를 만들고 관리하기

```
- (void) stopRecording
{
    [_assetWriterInput markAsFinished];
    [_assetWriter finishWriting];
    _isRecording = NO;

    DrivingLogAppDelegate *appDelegate =
                            [[UIApplication sharedApplication] delegate];
```

```
    LogData *newLogData = [[LogData alloc] init];
    newLogData.assetName = [[[self tempFileURL] path] lastPathComponent];
    [appDelegate.drivingLogArray addObject:newLogData];
}
```

여기까지 일단 Build & Run을 해보자. 기본적으로 무비를 기록하고 재생하는 데 문제가 없다면 다음 단계로 넘어가자.

6.8.4 캡처 중 비디오 합성 – 컨텍스트에 이미지 합성하기

캡처가 진행되는 동안 우리가 합성하고자 하는 내용은 날짜와 시각을 나타내는 일련의 숫자이다. 아이폰의 기본 서체를 이용해서 숫자를 표시해도 되지만 영상과 함께 합성되어 수정할 수 없는 이미지가 되므로 앱의 아이덴티티를 살릴 수 있는 서체를 사용하도록 하자.

Note | 아이폰에서 사용가능한 폰트 패밀리

American Typewriter	Arial	Arial Rounded MT Bold
Arial Unicode MS	Courier	Courier New
DB LCD Temp	Georgia	Helvetica
Helvetica Neue	Hiragino Kaku Gothic	Hiragino Kaku Gothic
Marker Felt	STHeiti J	STHeiti K
STHeiti SC	STHeiti TC	Times New Roman
Trebuchet MS	Verdana	Zapfino

UIKit에서 커스텀 폰트를 사용하려면 다음과 같은 코드를 사용한다.

예를 들어, 우리가 지금 포함한 Digital-7 서체를 사용하고자 한다면,

```
UIFont *digitFont = [UIFont fontWithName:@"Digital-7 Italic" size:24];
```

와 같이 UIFont 오브젝트를 만들고, 레이블에 적용하면 된다.

마침 운 좋게도 원하는 서체를 찾을 수 있었다. 바로 [그림 6-22]의 "Digital-7"이라는 서체이며, 개인용도로 사용 시에는 무료이고, 상업적으로 사용 시에는 라이센스 비용을 지불하고 사용해야 한다. 이 책에서는 서체 소유권자의 허가를 얻고 예제에서 사용하였다.

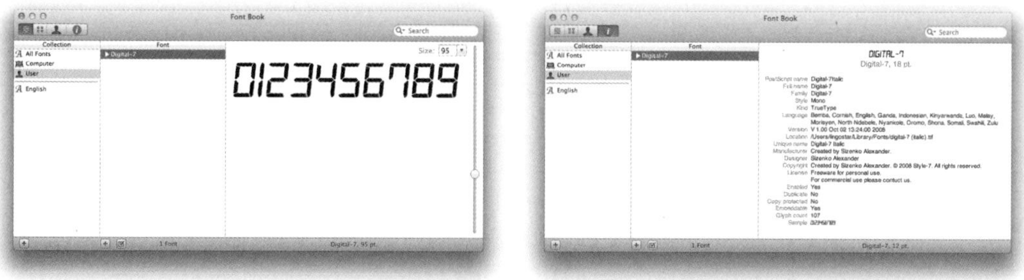

그림 6-22 ● 서체의 정보. 서체를 맥에 설치하면 Font Book 프로그램을 통해 볼 수 있다

아이폰 앱 내에서 내가 원하는 서체를 사용하려면 [그림 6-23]과 같이 서체를 프로젝트에 리소스로 추가한 뒤 info.plist에서 서체의 이름을 지정해줘야 한다.

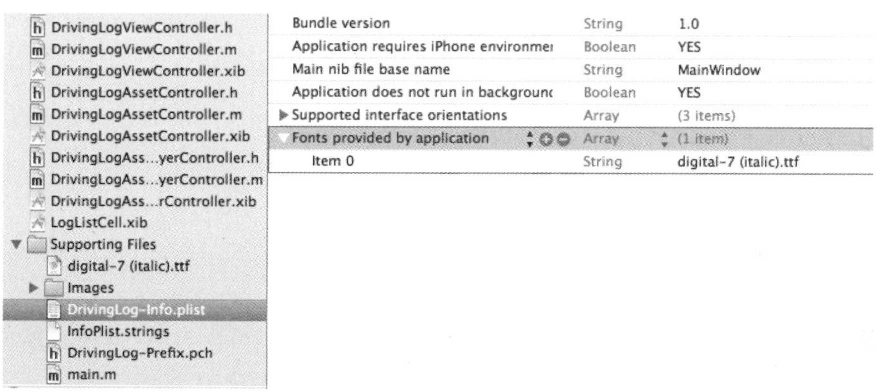

그림 6-23 ● 커스텀 서체 사용을 위해 서체 파일을 추가하고 info.plist를 수정

[Listing 6-52]의 -captureOutput: didOutputSampleBuffer: fromConnection: 메소드 내부의 /* 드로잉 코드가 들어갈 수 있음 */ 에 들어갈 드로잉 코드를 구현해보자. 그림을 그릴 콘텍스트는 CMSampleBuffer로부터 얻어낸 CVImageBuffer를 CGContext로 얻어낸 것이다.

[Listing 6-52]와 같이 CGContext가 준비된 후 바로 -drawDateNTime이라는 메소드를 호출하면서 콘텍스트를 매개변수로 넘겨준다.

[Listing 6-52] 콘텍스트 준비 후 드로잉 메소드 호출하기

```
- (void)captureOutput:(AVCaptureOutput *)captureOutput
didOutputSampleBuffer:(CMSampleBufferRef)sampleBuffer
```

```
fromConnection:(AVCaptureConnection *)connection
{
.
.
.
   CGColorSpaceRef colorSpace = CGColorSpaceCreateDeviceRGB();
   CGContextRef newContext = CGBitmapContextCreate(baseAddress, width,
      height, 8, bytesPerRow, colorSpace, kCGBitmapByteOrder32Little |
      kCGImageAlphaPremultipliedFirst);

   [self drawDateNTime:newContext];

   CVPixelBufferUnlockBaseAddress(imageBuffer,0);

   CGContextRelease(newContext);
   CGColorSpaceRelease(colorSpace);
   if (_isRecording)
   {
.
.
.
}
```

[Listing 6-53]의 -drawDateNTime 메소드에서는 매개변수로 넘어온 콘텍스트에 배경과 텍스트를 그린다.

❶ 배경을 반 투명의 검은색 사각형으로 그린다. 촬영하는 비디오의 톤이 어둡거나 밝으면 글자가 잘 보이지 않을 수 있으므로 어두운 배경을 그리고 밝은 색 글자를 그릴 것이다.

❷ -dateNTimeWithNumbers 메소드를 호출해서 숫자로만 이루어진 날짜와 시각 문자열을 받아온다. 파일의 이름을 짓는데 사용하던 -currentDateTime 메소드는 우리가 일상생활에서 사용하는 문자열로 된 날짜를 사용하므로 숫자만을 리턴하는 메소드를 따로 만들었다.

❸ 두 개의 트랜스폼을 한다. 비디오 버퍼의 회전을 보정하는 트랜스폼과 코어 그래픽스를 이용해 글자를 그릴 때 원래 위 아래가 뒤집혀 그려지는 것을 보정하기 위한 트랜스 폼이다.

❹ CGContextSelectFont 함수를 이용해 서체를 선택하고 CGContextSetTextPosition 함수와 CGContextShowText 함수를 이용해 실제 콘텍스트에 그린다.

[Listing 6-53] 날짜와 시각을 콘텍스트에 올리기

```
- (void)drawDateNTime:(CGContextRef)context
{
   CGContextSaveGState(context);
   CGContextSetFillColorWithColor(context, [[UIColor blackColor] CGColor]);
   CGContextSetAlpha(context, 0.5);
   CGContextFillRect(context, CGRectMake(180, 270, 60, 440));
   CGContextRestoreGState(context);

   NSString *dateNTimeString = [self dateNTimeWithNumbers];

   CGContextSaveGState(context);
   CGAffineTransform bufferTransform =
                                 CGAffineTransformMakeRotation(M_PI_2);
   CGAffineTransform textTransform =
                       CGAffineTransformMake(1.0, 0.0, 0.0, 1.0, 0.0, 0.0);
   CGAffineTransform concatTransform =
                 CGAffineTransformConcat(bufferTransform, textTransform);
   CGContextSetTextMatrix(context, concatTransform);

   CGContextSelectFont(context, "Digital-7 Italic", 60.0,
                        kCGEncodingMacRoman);
   CGContextSetTextDrawingMode(context, kCGTextFill);
   CGContextSetFillColorWithColor(context,
                                 [[UIColor greenColor] CGColor]);
   CGContextSetTextPosition(context, 230.0f, 280.0f);
   CGContextShowText(context, [dateNTimeString UTF8String],
                      strlen([dateNTimeString UTF8String]));

   CGContextRestoreGState(context);
}

- (NSString *)dateNTimeWithNumbers
{
   NSDateFormatter *clockFormatter = [[NSDateFormatter alloc] init];
   clockFormatter.dateFormat = @"yyyy/MM/dd HH:mm:ss";

   NSString *clockString = [clockFormatter stringFromDate:[NSDate date]];
   return clockString;
}
```

Note | AVFoundation을 이용한 비디오 캡처의 방향 문제

AVFoundation을 이용한 비디오 캡처에서 여전히 비디오 방향에 대한 문제가 남아있다.

AVCapture Connection의 방향을 바꾸는 것도 AVCaptureMovieFileOutput과 AVCaptureStillImageOutput에는 적용이 되지만 비디오 버퍼를 바로 사용하는 AVCaptureVideoDataOutput에는 영향을 주지 못한다. 비디오의 버퍼는 방향이 바뀌지 않기 때문이다.

비디오의 방향과 관련한 문제와 애플이 앞으로 해결해 나가는 이슈에 관심이 있다면 Technical Q&A QA1744 – 'Setting the orientation of video captured with AV Foundation'을 지켜보기 바란다.

Build & Run을 해보자. 녹화 후 재생을 해보면 녹화 시에는 보이지 않던 날짜와 시각이 표시될 것이다.

그림 6-24 ● 날짜와 시각이 합성된다

여기까지의 예제 파일
DrivingLog_6.zip

APPENDIX

D

UI Automation

The Test Must Go On

iPHONE SDK TUTORIAL ADVANCE

학습 목표

1. 아이폰 개발환경으로서의 맥 OS를 이해한다.
2. 아이폰의 기반 OS로서의 맥 OS를 이해한다.
3. Xcode IDE의 구성을 이해한다.
4. 아이폰에서 할 수 없는 일과 적극적으로 활용해야 할 기능을 기억한다.

목차

D.1 당신이 잠든 사이에

테스트는 지루하고 성가신 작업이다. 회사 내에 테스터의 역할을 맡은 사람은 새로운 버전이 준비될 때마다 동일한 작업을 전체적으로 반복한다. 이전 버전에서 정상적으로 동작하던 기능이 새로운 기능의 추가로 인해 예상치 못한 방식으로 동작할 가능성이 있기 때문이다. 심한 경우 새로 추가한 기능 때문에 애플리케이션의 주요 기능에서 에러가 발생하는 퇴행(Regression)을 일으킬 수 있다.

앱의 규모가 커질수록 테스트해야 할 분량은 점점 더 늘어나며, 의외의 에러가 발생할 가능성이 있기 때문에 항상 테스트는 전체적으로 반복해야 하므로 시간은 항상 부족하다.

개인 개발자의 경우 문제가 더 심각하다. 앱의 새로운 기능과 참신한 UI에 집중하는 동안 앱의 전체적인 기능에 문제가 발생하지 않는지 기본적인 부분부터 모든 기능을 테스트한다는 것은 마음먹은 대로 실행에 옮기기 쉽지 않은 일이다.

이번 Appendix에서 소개하는 UI Automation은 테스트 스크립트를 작성해두면 정해진 일련의 테스트 동작을 자동으로 수행하도록 하는 것이다. 새로운 기능을 추가하고 기본적인 테스트를 해본 결과, 원하는 동작을 보인다면 잠깐 바람쐬러 나가면서 테스트 스크립트를 실행해두자. 그러면 기본적인 기능부터 모든 기능의 동작을 자동으로 점검해줄 것이다. 반복적인 동작으로 스트레스 테스트를 해야 한다면 스크립트를 동작시키고 퇴근하자. 당신이 잠든 사이에 테스트 스크립트는 만 번째 저장과 삭제를 하고 있을 것이다.

분명히 이 기법은 테스터가 보다 효율적이고 빠르게 맡은 업무를 처리하는 데 도움이 도움이 될 것이며, 개인 개발자들 역시 자신이 만든 앱을 매 버전 기본적인 기능부터 새로 추가한 기능까지 완전하게 테스트를 하도록 도와줄 것이다. 중요한 것은 의지이다. 앱의 기능을 만들 때마다 테스트를 위한 스크립트를 추가적으로 작업하는 것은 굉장히 성가신 일이다. 하지만 그런 노력이 쌓였을 때 애플리케이션에 새롭게 추가한 기능 때문에 생기는 사이드 이펙트 (side effect, 명시적으로 값을 넣지 않았는데 이상 동작에 의해 값이 변경되는 효과)를 찾아낼 수 있게 되고, 에러를 찾아내는 데 시간을 아낄 수 있다. 결과적으로 사용자들은 당신의 앱에 보다 만족하고 주변 사람들에게 추천해줄 것이다.

이 모든 것은 당신이 테스트의 필요성에 대해 얼마나 깊이 공감하고 있느냐의 문제이다. 앱의 에러를 하나 줄이는 것은 개발자들이 보는 기술 블로그 상단에 광고 배너를 하나 띄우는 것 보다 더 좋은 결과를 낳는다. 확실히!

D.2 테스트 자동화 구현법

자동화 테스트에는 인스트루먼츠(Instruments) 애플리케이션을 사용한다. 인스트루먼츠는 Xcode와 함께 설치되는 퍼포먼스 측정 툴이다. /Developer/Applications/ 폴더에서 찾을 수 있으며, 메모리 사용량 측정이나 메모리 누수 찾기, OpenGL이나 코어애니메이션의 퍼포먼스 측정 등을 할 수 있는 프로그램이다.

그림 D-1 ● 인스트루먼츠의 탬플리트 중 Automation이 테스트 자동화이다

[그림 D-1]과 같이 Automation을 선택하면 Automation 트랙이 만들어진다. 인스트루먼츠의 x축은 시간 축이다. 인스트루먼츠는 시간에 걸쳐 애플리케이션의 상황 변화를 보여준다.

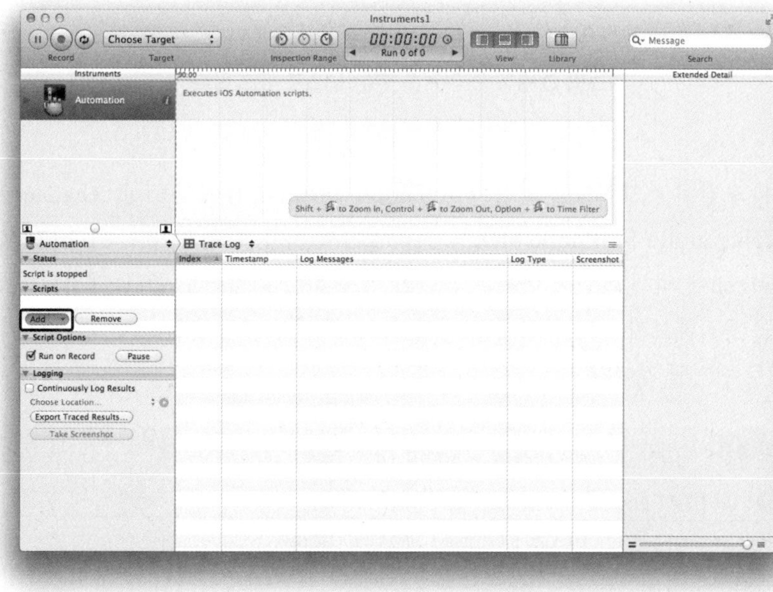

그림 D-2 ● Add → Create... 메뉴를 통해 새로운 테스트 스크립트 만들기

[그림 D-2]와 같이 윈도우의 좌측 사이드 바의 Script 섹션에서 Add → Create... 메뉴를 통해 새로운 테스트 스크립트를 만드는 편집기를 꺼낸다.

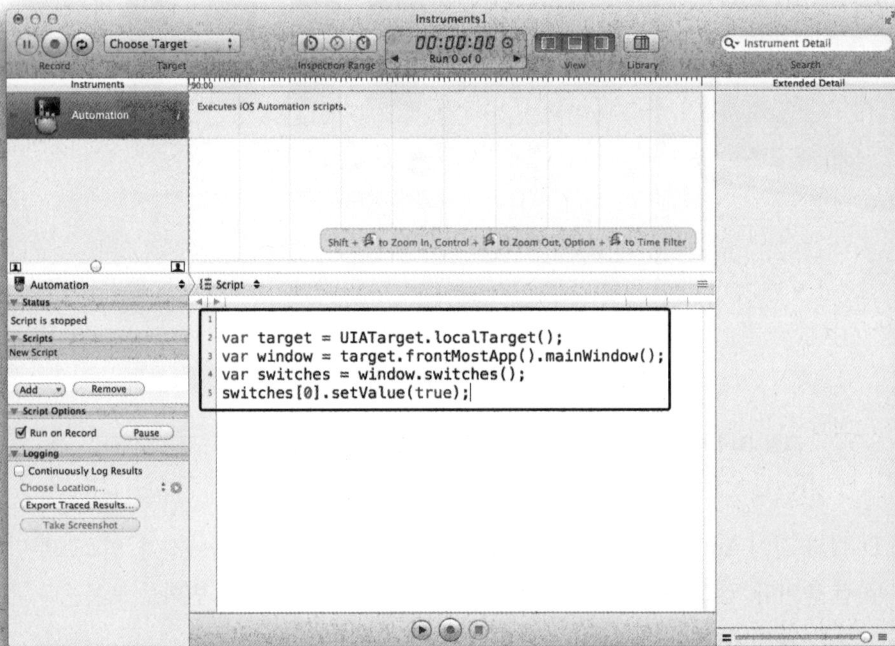

그림 D-3 ● 스위치를 켜는 테스트 스크립트

[Listing D-1]과 같이 스크립트를 작성한 뒤 Choose Target 메뉴에서 `LightTheCandle`을 선택하자. 'LightTheCandle'은 iPhone SDK 튜토리얼에서 사용한 예제이다. `LightTheCandle`이 없다면 `UISwitch`에 의해 화면이 바뀌는 간단한 앱을 하나 만들어도 좋다. 레코드 버튼을 눌러 오토메이션을 동작해보자. 스위치가 OFF에서 ON으로 바뀌면서 촛불 그림도 꺼진 이미지에서 켜진 이미지로 변경될 것이다.

[Listing D-1] LightTheCandle의 촛불을 켜는 데 사용한 자동화 스크립트

```
var target = UIATarget.localTarget();
var window = target.frontMostApp().mainWindow();
var switches = window.switches();
switches[0].setValue(true);
```

D.3 UI Automation의 기본

UI Automation은 자바스크립트 문법을 사용한다. 스크립트의 편집은 Xcode 또는 DashCode를 사용하거나 개인 취향에 따라 에디터 프로그램을 사용할 수 있다. 물론 인스트루먼츠 프로그램 내부에 있는 에디터도 충분히 쓸만하다.

테스트를 위해서는 완성된 프로그램이 있어야 한다. 여기서는 '우리아이 한자박사'라는 프로그램을 이용한다. 기본적으로 무료이므로 대부분의 테스트 작업을 해볼 수 있을 것이다. 유료 버전에서 한정된 기능 중 한가지는 테스트에 직접적인 영향을 끼치지 않는 수준이다. 무엇보다 여기에서 테스트 자동화를 공부하면서 여러분의 프로젝트에 직접 적용해보는 것을 권한다.

D.3.1 UIAElement

자동화 스크립트의 8할은 `UIAElement`라 해도 과언이 아니다. `UIAElement`는 다른 모든 `Automation` 클래스의 슈퍼클래스로서 `UI` 테스트를 자동화하기 위한 기본적인 속성을 제공한다. 뷰 오브젝트의 포함 관계 즉, 슈퍼 뷰와 서브 뷰에 대한 접근을 가능하게 하는 속성, 탭이나 스크롤 같은 사용자 액션, 오브젝트에 값을 설정하는 기능이 `UIAElement`로부터 시작된다.

D.3.2 자동화 스크립트를 위한 준비

자동화 스크립트는 접근성(Accessibility)으로부터 시작한다. 모든 `UI` 요소들은 생성 시에 기본적으로 접근성 속성이 `YES`인 상태로 만들어진다.

[그림 D-4]와 같이 인터페이스 빌더에서 `UIButton` 오브젝트를 선택하고 유틸리티 패널에서 `Identity Inspector`를 보면 `Accessi bility` 섹션에서 접근성 관련 설정을 확인할 수 있다.

그림 D-4 ● 접근성을 나타내는 Accessibility 섹션

Note | UIAccessibility Protocol

UIAccessibility Protocol을 준수하는 오브젝트들은 보조 도구를 이용해 접근 가능하다. VoiceOver 또는 자동화 스크립트를 이용해 제어 가능한 오브젝트이다.

표준 UIKit의 뷰와 콘트롤들은 UIAccessibility Protocol을 준수하므로 기본적으로 접근성을 가진다. 만약 UIView를 서브클래스해서 UI 요소를 만든다면 UIAccessibility Protocol을 준수하는 UIAccessibilityElement 오브젝트를 만들어서 접근성을 제공해야 한다.

Accessibility에 대한 보다 자세한 내용은 애플의 가이드 문서인 "Accessibility Programming Guide for iOS"를 참고하자.

UI 요소에 접근할 때는 숫자를 이용할 수 있다. 윈도우 안에 스위치가 3개 있는 경우 `window.switches()[0]`, `window.switches()[1]`, `window.switches()[2]`와 같이 각각의 스위치의 값을 읽고 쓸 수 있다. 하지만 오브젝트의 생성 순서대로 지정되는 숫자로 오브젝트를 구별하기란

여간 어려운 게 아니기 때문에 오브젝트에 접근성 재고를 위한 이름을 별도로 제공한다면 보다 편리하게 이용할 수 있다.

D.3.3 버튼 누르기

가장 기본적인 버튼 누르기부터 시작해보자. [그림 D-4]의 "시작" 버튼을 자동으로 눌러보자.

[Listing D-2]와 같이 스크립트를 만들어 실행해보았다.

[Listing D-2] '시작' 버튼을 누르기 위한 스크립트

```
var target = UIATarget.localTarget();
var window = target.frontMostApp().mainWindow();
window.buttons()[0].tap();
```

결과는 실패였다. '시작' 버튼이 윈도우 내의 첫 번째 버튼이라고 생각했는데 다른 버튼이 하나 더 있었고, 그 버튼이 0번 버튼이었다. 자동화 스크립트 실행 결과는 [그림 D-5]와 같이 화면 우측 상단의 '정보보기' 버튼이 눌러져 버렸다.

그림 D-5 ● 시작 버튼을 누르고 싶었는데 정보보기 버튼이 눌러졌다

이는 XIB 파일상의 Object ID 값에서 '정보보기' 버튼이 '시작' 버튼보다 빨랐기 때문이다. 테이블 뷰처럼 row의 값이 순서대로 나열되어 있는 경우라면 숫자를 이용해서 원하는 오브젝트를 바로 지정할 수 있지만 일반적인 경우 숫자로 오브젝트를 지정하는 방법은 원하지 않는 결과를 만들어 낸다. 정확성을 담보할 수 있는 가장 좋은 방법은 [그림 D-6]과 같이 이름을 준 뒤 [Listing D-3]처럼 그 이름을 이용해 오브젝트를 지정하는 것이다.

그림 D-6 ● 시작 버튼에 'StartButton' 이라는 이름을 지정한다

[Listing D-3] 버튼이름으로 버튼 지정해서 누르기

```
var target = UIATarget.localTarget();
var window = target.frontMostApp().mainWindow();
window.buttons()["StartButton"].tap();
```

이제 원하던 대로 '시작' 버튼이 눌러진다.

D.3.4 스크롤하기

스크롤 뷰의 경우 특정 항목이 화면에 보이도록 스크롤하는 기능이 필요하다.

UIAElement의 서브클래스인 UIAScrollView에는 스크롤과 관련된 몇 종류의 메소드가 있다.

scrollUp, scrollDown, scrollLeft, scrollRight는 각 방향으로 스크롤 뷰의 바운즈 크기만큼 스크롤한다. scrollToElementWithName, scrollToElementWithPredicate, scrollToElementWithValueForKey는 특정 아이템이 화면에 보일 때까지 스크롤한다.

스크롤을 해야 하는 이유는 자동화 시에 화면에 보이지 않는 컨트롤을 탭하는 것은 무시하기 때문이다. 탭을 원하는 오브젝트가 있으면 반드시 그 오브젝트가 화면에 보일 때까지 스크롤한 다음 탭을 해야 한다.

[그림 D-7]과 같이 '시작' 버튼을 누른 뒤 '8급' 버튼을 누르고, 스크롤 뷰를 50번째 버튼인 '나라 국' 버튼이 나올 때까지 스크롤 한 뒤, 그 버튼을 탭하는 [Listing D-4]에 있는 스크립트를 실행해본다.

그림 D-7 ● 시작 버튼 → 8급 버튼 → 스크롤 → 나라 국 버튼

[Listing D-4] 스크롤한 뒤 버튼 탭하기

```
var target = UIATarget.localTarget();
var window = target.frontMostApp().mainWindow();

window.buttons()["StartButton"].tap();

window.buttons()["GoLevel8"].tap();
target.delay(2);

var listScrollView = window.scrollViews()[0];
var name = "08_list_050.png";

var element = listScrollView.scrollToElementWithName(name);
element.tap();
```

위 스크립트에서 target에 delay를 2초간 준 것은 스크롤 뷰가 스크롤 하는 것을 확인하기 위한 것이다.

D.3.5 로그 남기기

테스트 결과는 테스트의 전 단계가 무사히 완료되었는지를 확인하는 방법도 있지만 로그를 남김으로서 원하는 결과가 만들어졌는지 보다 정확히 알 수 있다.

로그는 UIALogger를 통해 남길 수 있다. [Listing D-5]의 스크립트를 이용해 화면에 보이는 모든 버튼의 이름을 로그로 남겨보자.

[Listing D-5] 화면의 버튼 이름을 로그로 남기기

```
var buttons = window.buttons();
var i=0;
for (i=0;i<=(buttons.length -1);i++)
{
   var labelName = buttons[i].name();
   UIALogger.logMessage("Button"+i+"="+labelName);
}
```

실행 결과는 [그림 D-8]과 같다.

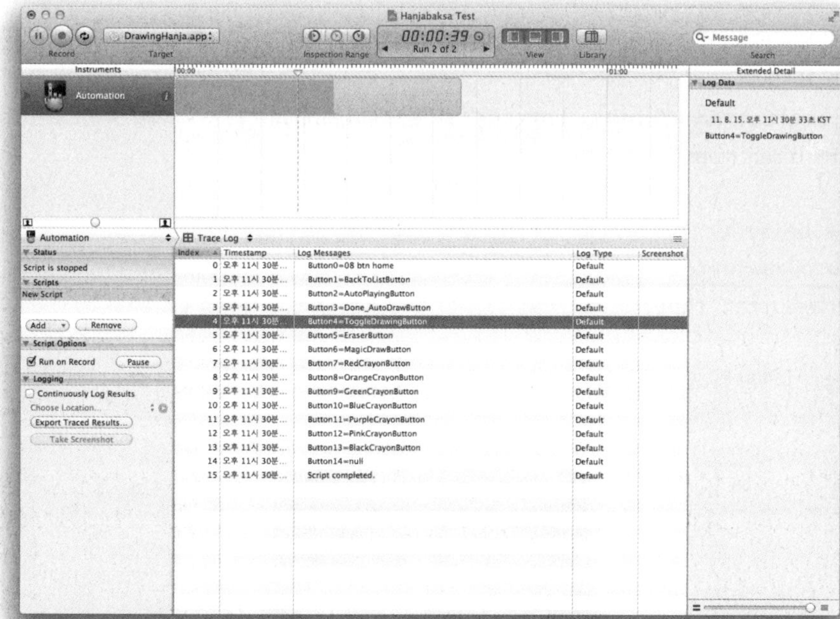

그림 D-8 ● 화면의 모든 버튼 이름 로그 남기기

D.3.6 터치

버튼이나 스위치같은 콘트롤을 탭하는 게 아니라 화면의 일정 영역을 탭하거나 드래그 해야 하는 경우가 있다. 드로잉 영역에 드래그를 함으로서 그림을 그려보자.

[ListingD-6]는 `target.dragFromToForDuration()` 메소드를 이용해서 화면에 사용자의 손가락이 직접 드래그하는 것과 같은 결과를 가져온다. 드래그 외에도 `pinchOpenFromToForDuration()`, `pinchCloseFromToForDuration()` 메소드를 이용하면 확대/축소 구현이 가능하다. 드래그와 달리 순식간에 일어나는 터치 이동인 플릭을 구현해주는 `flickFromTo()` 메소드도 있다.

[Listing D-6] 화면을 터치해서 그림 그리기

```
target.delay(2);
var drawingButton = window.buttons()["ToggleDrawingButton"];

drawingButton.tap();
```

```
target.delay(1);
target.dragFromToForDuration({x:160, y:200}, {x:100, y:300}, 1);
target.delay(1);
var eraserButton = window.buttons()["EraserButton"];
eraserButton.tap();

target.delay(1);
var autoDrawButton = window.buttons()["Done_AutoDrawButton"];
autoDrawButton.tap();
```

실행 결과는 [그림 D-9]와 같다.

그림 D-9 ● 드래그를 이용한 그림 그리기

D.3.7 스크린 샷 찍기

실행의 결과를 볼 수 있는 또 다른 방법은 화면의 스크린 샷을 찍는 것이다. 실행의 단계마다 스크린 샷을 찍어 남기면 동작이 잘 되었는지 눈으로 확인할 수 있다.

한자박사의 한자 자동 그리기 기능이 정상적으로 동작하는지 테스트하기 위해 자동 그리기 기능을 동작시킨 후 2초 기다렸다가 스크린 샷을 찍을 것이다.

[Listing D-7]의 captureScreenWithName() 메소드는 우리가 지정한 이름으로 화면 스크린 샷을 찍어 보관하는 기능이다.

[Listing D-7] 자동화 테스트 중 스크린 샷을 찍을 수 있다.

```
var autoDrawButton = window.buttons()["Done_AutoDrawButton"];
autoDrawButton.tap();

target.delay(2);
target.captureScreenWithName("Test");
```

[그림 D-10-1, D-10-2]은 자동 그리기가 완성된 장면과 스크린 샷을 찍은 인스트루먼츠 화면이다.

그림 D-10-1 ● 스크린 샷 찍기

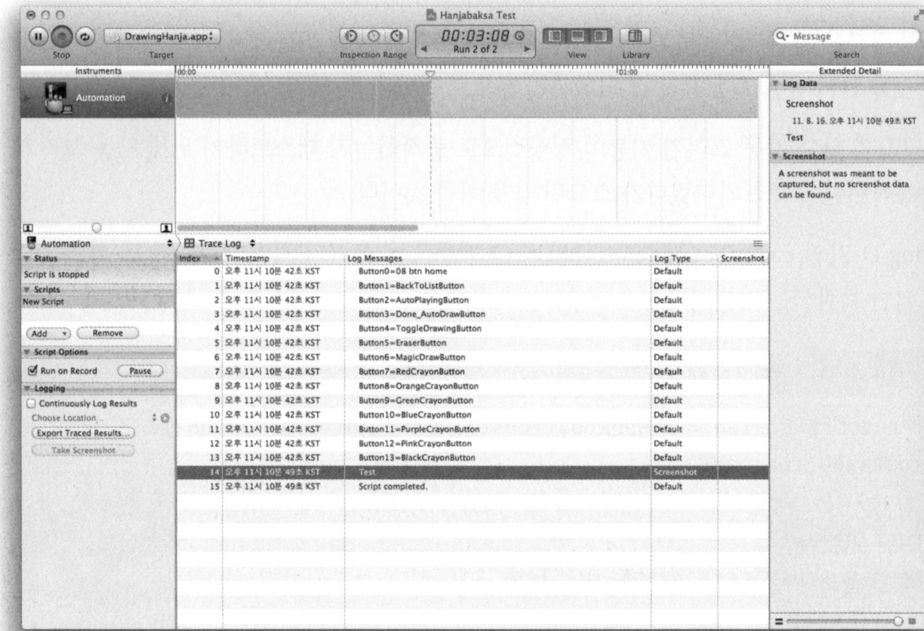

그림 D-10-2 ● 스크린 샷 찍기(인스트루먼츠 화면)

여기까지의 예제 파일
UITest_DrawingHanja_1.js

D.4 자동화로 예외 처리

D.4.1 Pass & Fail

오브젝트가 엑세스 가능한지를 점검하는 `isValid` 메소드가 있다. 테이블 뷰에 원하는 문자열을 가진 셀이 있는지, 'AddNewEmployee'라는 이름의 버튼에 엑세스 가능한지를 살펴보는 것이다. [Listing D-8]과 같이 `08_list_050.png`이라는 이름의 아이템이 화면에 보이도록 스크롤 뷰를 스크롤한 뒤 버튼을 찾았다면 `Pass`를 못 찾으면 `Fail`을 로그로 찍어본다.

[Listing D-8] 자동화 테스트 중 스크린 샷을 찍을 수 있다.

```
var listScrollView = window.scrollViews()[0];
```

```
var name = "08_list_050.png";

var element = listScrollView.scrollToElementWithName(name);
if (element.isValid()){
   UIALogger.logPass(name);
} else {
   UIALogger.logFail(name);
}
element.tap();
```

[그림 D-11]처럼 녹색으로 Pass가 찍힌다.

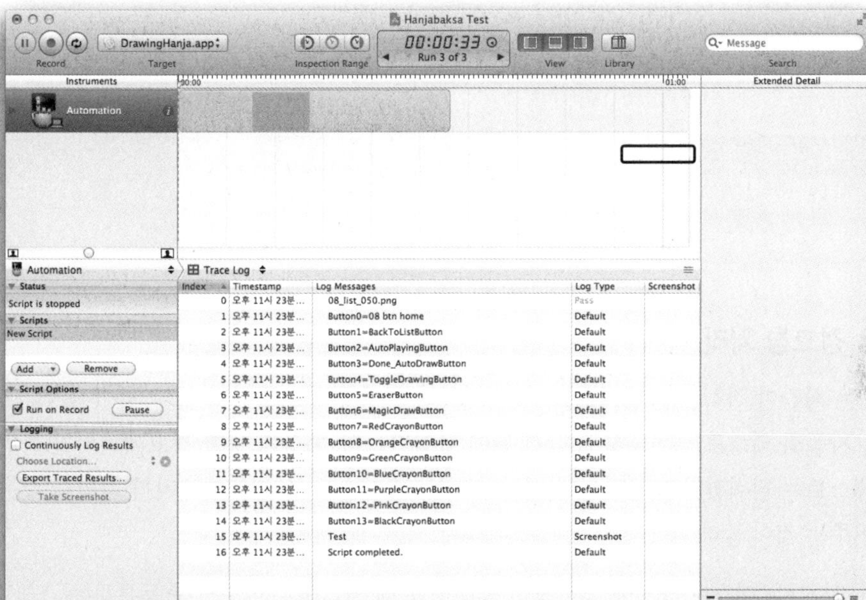

그림 D-11 ● 정상적으로 동작하면 녹색으로 Pass가 찍힌다

[Listing D-6]의 코드에서 `var name = 08_list_050.png` 부분을 `var name = 07_list_050.png`로 변경하고 다시 실행해보자. [그림 D-12]와 같이 붉은 색으로 `Fail`이 찍히고 더 이상 테스트는 진행되지 않을 것이다.

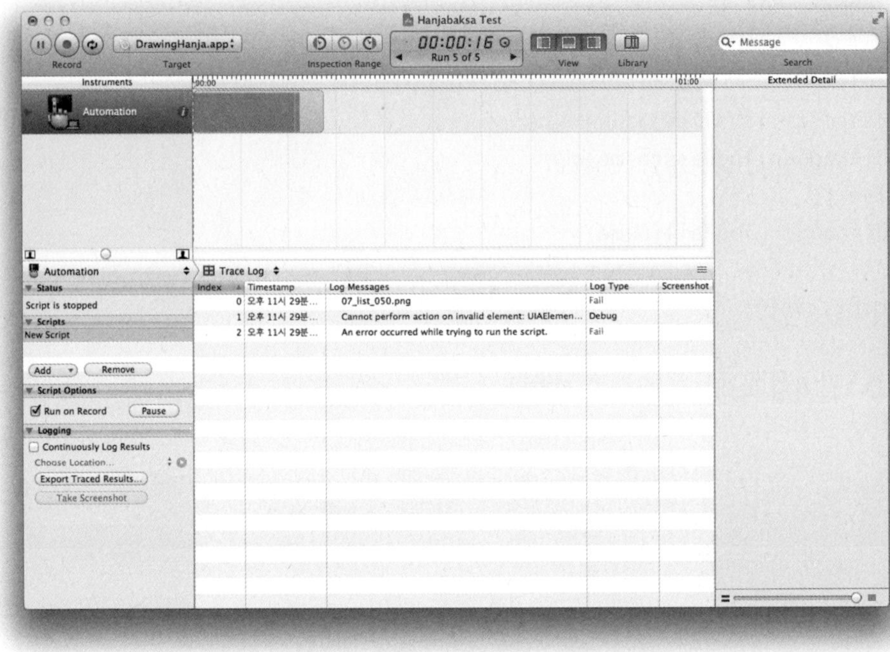

그림 D-12 ● 에러가 발생하면 붉은 색으로 Fail이 찍힌다

D.4.2 경고창 처리

테스트는 시간이 걸리는 작업이므로 온갖 예외적인 상황에 노출되어 있다. 예를 들어 1시간이 걸리는 자동화 테스트를 실행하고 잠시 뒤에 돌아왔는데, 예상치 못한 경고메세지가 화면에 떠 있고 테스트는 멈춰있다면 곤란할 것이다. 그러므로 테스트 중 경고메세지를 처리해 주는 코드를 넣어주는 것이 좋다.

[Listing D-9]은 테스트 타겟에 경고창이 발생했을 때 처리하는 메소드를 등록하는 스크립트이다. 경고가 발생하면 경고창의 이름을 로그로 찍은 뒤 경고창은 닫는다.

[Listing D-9] 자동화 테스트 중 경고창이 발생하면 경고 이름을 로그로 찍고 창은 닫는다

```
UIATarget.onAlert = function onbAlert(alert){
   var title = alert.name();

   UIALogger.logWarning("Alert with title'" + title + "' encountered!");
```

```
    return false;
}
```

만약 경고창이 우리 앱 내에서 발생한 것이고, 경고창에서 각각의 버튼을 누르는 상황도 테스트해야 한다면 어떻게 처리할까? [Listing D-10]과 같이 앱 내에서 발생한 특정 이름의 경고창에 대응하도록 스크립트를 작성해둔다.

[Listing D-10] 앱 내에서 만들어진 경고창의 경우

```
UIATarget.onAlert = function onbAlert(alert){
    var   title = alert.name();

    UIALogger.logWarning("Alert with title'" + title + "' encountered!");

    if (title == "Purchase Grade 7"){
        alert.buttons()["Purchase"].tap();
        return true;
    }
    return false;
}
```

D.4.3 멀티테스킹

iOS 4.0에서 추가된 Fast App Switching 기능에 의해 사용자가 홈 버튼을 누르면 앱은 종료되지 않고 백그라운드에서 서스펜드 되어 있는 상태가 된다. 앱이 백그라운드 모드로 들어갔다가 다시 포어그라운드로 돌아오면서 거치게 되는 몇 가지 메소드들이 정상적으로 동작하는지를 테스트하려면 [Listing D-11]에 있는 구문을 사용한다.

[Listing D-11] 멀티테스킹 테스트

```
UIALogger.logMessage("Deactivating");
UIATarget.localTarget().deactivateAppForDuration(10);
UIALogger.logMessage("Resuming");
```

D.4.4 방향

기기의 방향이 중요한 앱을 테스트하고 있다면 [Listing D-12]의 구문을 이용해 기기의 방향을 바꿔본다.

[Listing D-11] 기기의 방향 회전 테스트

```
UIATarget.localTarget().setDeviceOrientation
                                (UIA_DEVICE_ORIENTATION_LANDSCAPELEFT);
UIALogger.logMessage("Orientation="+ UIATarget.localTarget().
                    frontMostApp().interfaceOrientation);
```

D.5 스크립트 정리

지금까지 우리는 자동화 테스트의 기능을 알아보기 위해 단편적인 코드를 만들어 보았다. 하지만 테스트는 지금까지 우리가 했던 것보다 훨씬 복잡다단한 스크립트를 필요로 한다.

지금까지 만든 코드들을 보다 쓸모있게 다듬어 보자. [Listing D-12]은 리스트에 있는 50자의 한자에 대해 쓰기 기능을 테스트하는 스크립트이다.

[Listing D-12] 8급 한자 50자 전체를 테스트하는 코드

```
var target = UIATarget.localTarget();
var app = target.frontMostApp();
var window = app.mainWindow();

window.buttons()["StartButton"].tap();

window.buttons()["GoLevel8"].tap();
target.delay(1);

var listScrollView = window.scrollViews()[0];

var i=1;
for (i=1; i < 51; i++){
   var hanjaName = "08_list_"+(i<10?"00"+i:"0"+i)+".png";
   var element = listScrollView.scrollToElementWithName(hanjaName);
   if (element.isValid()){
      UIALogger.logPass(hanjaName);
   } else {
      UIALogger.logFail(hanjaName);
   }
   element.tap();

   hanjaDrawingTest(hanjaName);
```

```
    window.buttons()["BackToListButton"].tap();
}

UIATarget.onAlert = function onbAlert(alert){
    var   title = alert.name();

    UIALogger.logWarning("Alert with title'" + title + "' encountered!");

    if (title == "Purchase Grade 7"){
        alert.buttons()["Purchase"].tap();
        return true;
    }
    return false;
}

function logAllButtons() {
    var buttons = window.buttons();
    var i=0;
    for (i=0;i<=(buttons.length -1);i++)
    {
        var labelName = buttons[i].name();
        UIALogger.logMessage("Button"+i+"="+labelName);
    }
}

function hanjaDrawingTest(hanjaName){
    target.delay(1);
    var drawingButton = window.buttons()["ToggleDrawingButton"];

    drawingButton.tap();
    target.delay(1);
    target.dragFromToForDuration({x:160, y:200}, {x:100, y:300}, 1);
    target.delay(1);
    var eraserButton = window.buttons()["EraserButton"];
    eraserButton.tap();


    target.delay(1);
    var autoDrawButton = window.buttons()["Done_AutoDrawButton"];
```

```
    autoDrawButton.tap();

    target.delay(2);
    target.captureScreenWithName(hanjaName);
}
```

[그림 D-13]은 실행 결과이다. 중간 중간에 버튼을 정상적으로 찾아냈는지를 Pass/Fail 로그 찍고 자동 그리기 기능으로 그려진 한자를 스크린 샷 찍는다.

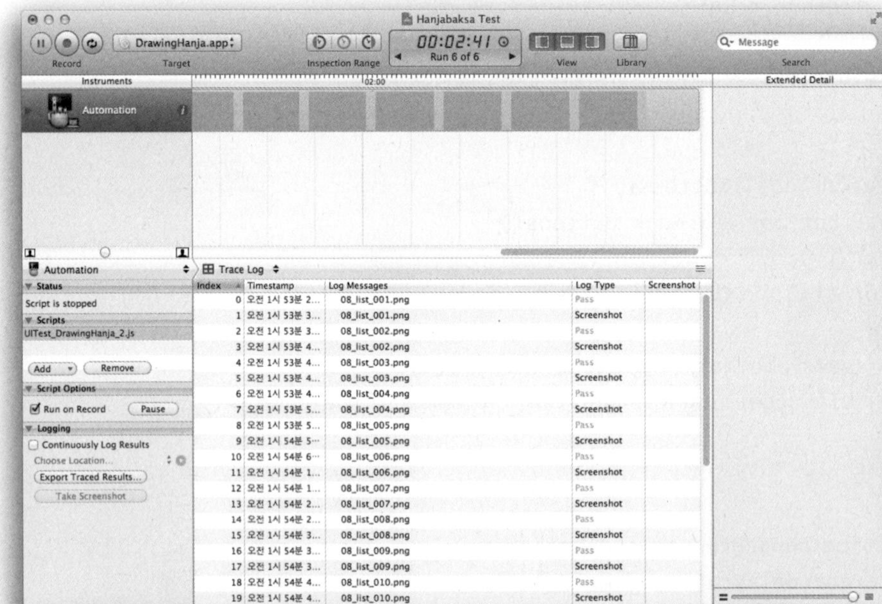

그림 D-13 ● 50자 전체에 대한 자동화 테스트가 가능하다

물론 지금보다 더 자동화 수준을 높여서 모든 급수의 모든 글자에 대해 보다 더 많은 기능을 자동화 테스트할 수 있다. 자동화 코드가 개선된다면 웹 사이트를 통해 공개하겠다.

자, 이제 여러분의 차례다.

여기까지의 예제 파일
UITest_DrawingHanja_2.zip

찾아보기

N

O

P

R

S

윤성관

링고스타 대표

Mac SE로 시작한 애플과의 인연을 끈질기게 이어가는 애플생활자

동국대학교 멀티미디어학과 겸임교수

삼성SDS 강사

TOMPA 출제위원

osxdev.org 열성회원

고준일

Monorito Game Studio 대표

2009년도부터 아이폰 앱 개발을 시작해 지금은 모노리토 게임 스튜디오(http://monorito.com)를 운영

삼성SDS 강사

TOMPA 출제위원

내 App에 날개를 달자!

iPhone SDK 튜토리얼 2

인 쇄	2012년 3월 27일 초판1쇄
발 행	2012년 4월 2일 초판1쇄
저 자	윤성관, 고준일
발 행 인	채희만
출판기획	안성일
영 업	박지훈, 박지인
편집진행	이승훈, 장은화, 백진주
관 리	최은정
발 행 처	INFINITYBOOKS
주 소	서울특별시 마포구 서교동 460-35
대표전화	02)302-8441
팩 스	02)6085-0777
Homepage	www.infinitybooks.co.kr
E-mail	helloworld@infinitybooks.co.kr
I S B N	978-89-92649-72-8
등록번호	제313-2010-241호
판매정가	28,000원